战场态势感知与信息融合

刘熹　赵文栋　徐正芹　主编
张磊　胡磊　副主编
彭来献　徐任晖　许世明　参编

清华大学出版社
北　京

内容简介

本书以战场态势感知的形成过程为主要讲解对象，主要介绍了信息融合的基本步骤及每个步骤中的典型算法。本书第1章讲解了态势感知的概念和模型；第2章介绍了常用战场传感器；第3章补充了信息融合过程中使用到的基本理论，包括数理统计、滤波、离散属性融合方面的内容；第4章介绍了雷达数据的处理；第5章介绍了战场图像处理技术；第6章详细介绍了信息融合技术在军事领域的应用，选取数据链航迹处理、JTIDS数据链相对导航、武器协同数据链协同作战能力作为典型代表进行讲解。

本书以工科本科生的数学基础为起点，系统介绍信息融合的基本概念和相关数学知识，教材内容力求自成体系，紧密联系实际，适合作为高年级本科生和研究生教材。

图书在版编目(CIP)数据

战场态势感知与信息融合/刘熹，赵文栋，徐正芹主编. —北京：清华大学出版社，2019(2024.1重印)
ISBN 978-7-302-53431-0

Ⅰ. ①战… Ⅱ. ①刘… ②赵… ③徐… Ⅲ. ①战场－信息管理－教材 Ⅳ. ①E919

中国版本图书馆CIP数据核字(2019)第166179号

责任编辑： 袁勤勇　常建丽
封面设计： 傅瑞学
责任校对： 梁　毅
责任印制： 沈　露

出版发行： 清华大学出版社
网　址： https://www.tup.com.cn，https://www.wqxuetang.com
地　址： 北京清华大学学研大厦A座　**邮　编：** 100084
社 总 机： 010-83470000　**邮　购：** 010-62786544
投稿与读者服务： 010-62776969，c-service@tup.tsinghua.edu.cn
质量反馈： 010-62772015，zhiliang@tup.tsinghua.edu.cn
课件下载： https://www.tup.com.cn，010-62795954
印 装 者： 三河市铭诚印务有限公司
经　销： 全国新华书店
开　本： 185mm×260mm　**印　张：** 18　**字　数：** 427千字
版　次： 2019年9月第1版　**印　次：** 2024年1月第9次印刷
定　价： 59.00元

产品编号：083852-01

前　言

信息融合技术来自军事需求，其目标是形成及时、准确、连续、完整和一致的战场态势。随着信息技术的迅猛发展，特别是战场传感器技术和军事通信技术的快速发展，获得统一的战场态势已经成为可能。利用统一的战场态势，可以支撑战场预警、作战决策、指挥控制、火力打击、效果评估等一系列作战活动。

信息融合早期被称为数据融合，其目标是进行多传感器数据的融合，以便及时、准确地获得运动目标的状态估计，完成对运动目标的连续跟踪。20 世纪 90 年代后，多军兵种联合作战和多平台协同作战需求的涌现以及远程精确打击武器的出现，都对战场态势感知的实时性和精确性提出了更高的要求；数据的来源和表现形式都发生了很大变化，不再局限于传统的雷达、声呐等传感器；图像视频、人工情报、网络数据等都成为战场态势信息的来源；而且融合能力也提升到战场态势估计和威胁评估等高级功能，作战应用扩展到指挥决策和精确打击。所以，人们更多地开始使用“信息融合”这个概念。

本书以战场态势感知的形成过程为主要讲解对象，要求学生学完本教材后，能理解信息融合的基本步骤，了解每个步骤中的典型算法。本书第 1 章对态势感知的概念和模型进行了讲述，这是本书的主要技术线索。第 2 章是对常用战场传感器进行了介绍，对雷达、视频、电子侦察、声呐的工作原理和输出数据类型进行了详细描述，这是理解后续信息处理算法的基础。第 3 章补充了信息融合过程中使用到的基本理论，由于信息融合的理论体系庞杂，因此我们只选取了数理统计、滤波、离散属性融合方面的内容，用途局限的粗糙集、随机集都被迫放弃。第 4 章是雷达数据的处理，这是主流的战场传感器处理，理解其中的问题和解决方法对扩展到其他传感器类型都很有帮助。第 5 章是战场图像处理技术。视频数据是新兴的数据类型，它的信息量非常大、处理难度也很大，但是理解它的基本理论和方法对后续的研究和开发有重要意义。第 6 章详细介绍了信息融合技术在军事领域的应用，选取了数据链航迹处理、JTIDS 数据链相对导航、武器协同数据链协同作战能力作为典型代表进行讲解。

本书以工科本科生的数学基础为起点，系统介绍信息融合的基本概念和相关数学知识，教材内容力求自成体系，紧密联系实际，适合作为高年级本科生和研究生的教材。

由于信息融合技术内容比较庞杂而且编者水平有限，对全书内容的取舍可能有失偏颇，有些表述还有欠准确。凡是有错误和疏漏之处，都非常感谢读者能给予指出以便我们进一步改进。

编　者

2019 年 6 月

目　　录

第1章　概　　述

1.1　战场态势的概念与模型

态势(Situation)是指现实世界中人们所关注的事物的状态及其可能出现的变化。军事领域中,战场态势是指战场环境与兵力分布的当前状态和发展变化的趋势。战场态势概念的这样表示,是对“敌我态势”的进一步深化,把静态概念发展为动态概念。

最早的态势感知(Situation Awareness)概念是由 Boelke 在第一次世界大战期间提出的,他指出了“先于敌方获取态势感知并设计达成方法的重要性”。然而,态势感知引起关注是在 20 世纪 80 年代后,最早推动其发展的动力来自航空业。由于飞行员和空中交通管理员存在高于其他行业的安全紧迫感,而安全则与态势感知的准确性和实时性紧密相关。根据对 200 次飞行事故的统计分析表明,态势感知的缺失是发生事故的主要因素。因此,态势感知的研究与提高飞行控制的自动化程度紧密结合。

1995 年,美国心理学家 Endsly 提出,态势感知概念不仅对安全领域具有重要性和可应用性,而且可以扩展到各种应用领域,尤其是论证了即使很小的态势偏差,也可能产生严重的负面影响。对于态势感知的概念,存在以下表述。

(1) Endsly 表述:态势感知是对一个时空范围内的环境元素的察觉,对其含义的理解和对其未来状态的预测。

(2) Bedny 表述:态势感知是个体对态势有意识的动态反映,它提供态势的动态取向,不仅能适时地反映态势的过去、现状和将来,还反映该态势的潜在特性。动态反映包含人的逻辑概念、想象、意识思维,以形成对外部事物的思维模式。

(3) Smith 表述:态势感知是某环境代理系统,它使用该环境的一个性能择优器生成到达指定目的需求的瞬时知识和行为。

上述第一种说法强调采用某些预测形式察觉和了解世界;第三种说法则采用人与世界的互动过程定义态势感知,主要关注人和世界中事物两个系统的协同工作;第二种说法强调态势感知的反映方式,特别是与人的某些理解和思维模式相联系。

从更深的层次讲,不同态势感知概念的差别主要体现在两个方面:一是涉及态势感知获取过程,即如何客观、准确地获取态势信息,强调态势感知的客观符合性;二是强调态势感知产品,产品是否满足用户需要,即强调态势感知结果的可用性。

1.1.1　态势感知模型

根据对态势感知的不同理解,人们提出了不同的态势感知模型,用于指导特定应用系统的研究与开发。目前占主导地位的 3 个理论方法包括信息处理方法、活动性方法和察觉周期方法。信息处理方法采用三级态势感知模型将态势感知展开为高阶认知处理予以实现;活动性方法将态势感知仅作为面向反映能力的成分之一描述;察觉周期方法则将态势感知作为人与其所在环境的一个动态交互,即从互动关系上定义态势感知。

1. Endsly 模型

Endsly 首先提出了基于航空任务的态势感知信息处理模型,后来被整理成态势轨迹的 3 个层次,该模型遵从态势察觉、理解、预测的信息处理链。在 Endsly 模型中,态势感知属于自然判断过程,属于通用的信息处理流程。

1 级态势感知:态势元素察觉(Perception)。这是态势感知的最低层,指飞行员对飞行状态(机内)和空中环境(其他飞机、地形、交管控制)信息的察觉。对原始察觉数据还没有解释和特征提取,只进行了集成。

2 级态势感知:态势理解(Comprehension)。对集成的原始察觉数据进行理解,产生数据元素的信息含义并获得一个当前画面,产生对飞行员相关任务的认识,包括可用燃油的飞行时间和距离、战术威胁态势、任务完成状态等。这样,飞行员能够判断其行动是否达到预期结果。理解程度的高低体现了飞行员的专业知识和思维能力。

3 级态势感知:未来状态预测(Prediction)。最高级别的态势感知,与对环境元素的未来预测能力相联系,如预测冲突和交战活动。预测精度依赖于第 1/2 级态势元素感知的精度和理解准确度。态势预测提供给飞行员和相关指挥员,以规划下一步采取的活动路线和行为。所有进行时敏(Time Sensitive)活动的实体都极大地依赖于所期望的活动预测,以采取适时的处置方法。

图 1-1 是 Endsly 三级态势感知模型嵌入描述人类活动的动态系统模型中的框图。

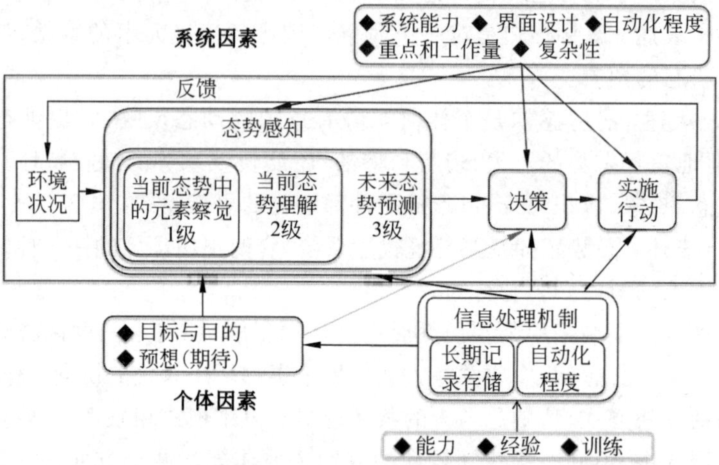

图 1-1　Endsly 三级态势感知模型嵌入描述人类活动的动态系统模型中的框图

从图 1-1 中可以看出个人因素和环境因素对态势感知的影响。能力、经验和训练程度不同的人,对同一个态势可能得到不同的结论。态势感知程度随信息处理级别的提高而增加,态势理解包含对外部察觉数据的认知、知识的提取与目标的集成,进一步形成预测状态。三级态势感知的信息处理模型符合人类的常规认知过程,为许多应用领域(特别是动态系统)提供了相关的理论框架,具有一定的通用性。

2. Bedny 模型

Bedny 模型是活动性理论的典型代表。这是从俄罗斯引入西方的一种交互式认知系统方法，它提出问题所含有的过程范围仅依赖于任务的性质和个人的目标。该理论假设由 8 个功能模块组成调节活动的功能模型，面向的任务是理解态势的含义。

每个功能模块都依赖于其动态态势性质的特定任务。作为活动性的一种系统理论，该模型是不完备的。产生态势感知的关键过程是概念模型（功能模块 8）、映像目标（功能模块 2）和主观确定的任务条件（功能模块 3）。其中，功能模块 2 是建立信息-任务-目标的概念映像，功能模块 8 建立和改进现实模型，以适应新的信息，它们是相对稳定的。而动态态势和任务的功能模块 3 具有很大的处置灵活性。如果操作人员主观上出现错误导向，则可能导致态势取向的错误，无法获得准确的态势感知，很难再重新评估重要的外界因素，恢复出逼真的态势映像。态势估计的互动子系统模型如图 1-2 所示。

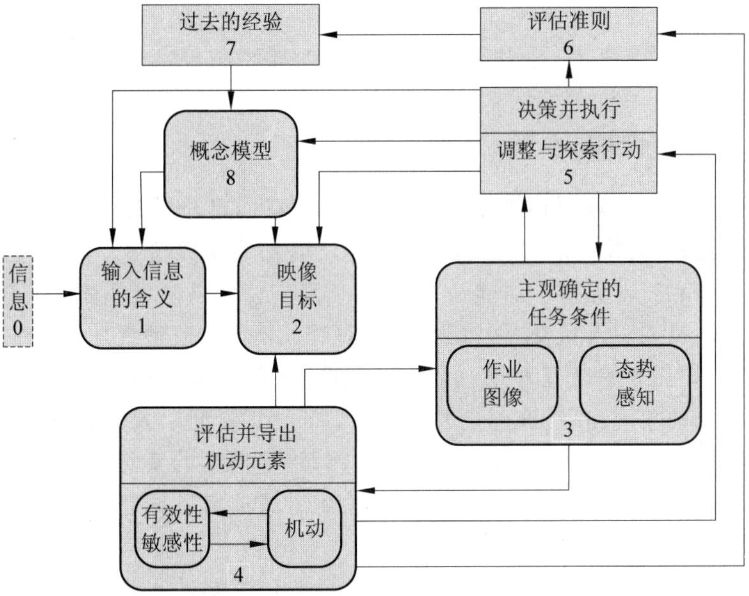

图 1-2　态势估计的互动子系统模型

3. Smith 模型

Smith 模型是察觉周期模型的典型代表。该方法认为态势感知属于人与世界的交互作用，从信息处理的角度看，态势感知过程涉及不断改进感知中的察觉和认知过程，而态势感知产品涉及采用有效信息和知识表示所感知的态势。因此，思考人与现实世界如何密切耦合交互是实现态势感知的核心。基于显示世界运行的人类思维模型，可以完成某些信息的预测，进而能指导发现和产生这些信息的行为活动。通过对现实世界运行过程和行为的采样，获得的信息能够用于人类思维模型的进一步修改和完善，从而进一步指导相应信息活动的执行。上述过程就是态势感知的察觉周期方法。图 1-3 中，圆圈内描述察觉周期，圆圈外描述通常的研究周期。

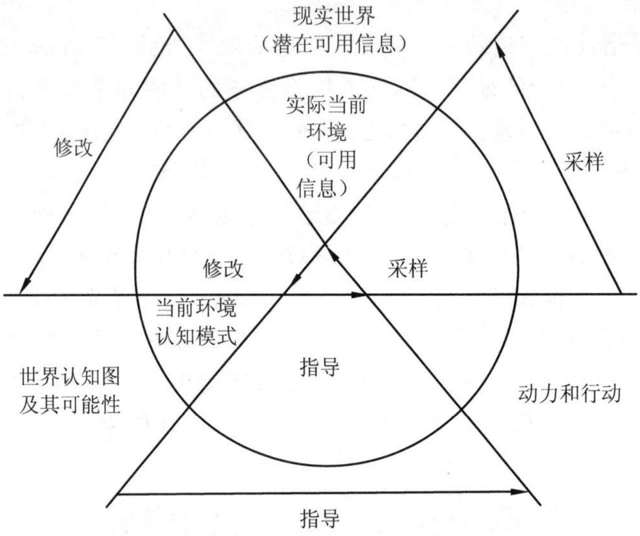

图 1-3　察觉周期扩展视图

1.1.2　态势感知的环节

上述 3 种态势感知理论和方法的目标都是获取实时、准确的态势视图，为问题决策和行动提供态势支持。其中 Endsly 的三级模型是从信息处理功能出发，体现了感知程度的逐步深化，为决策和行动提供更加准确、完整的信息支持。该模型还体现了感知-决策-行动的一体化过程，反映了人机交互与反馈控制过程。Bedny 模型更加强调主观确定的任务条件与态势感知任务的交互作用，但是没有进行态势感知活动自身功能的深化研究。因此，从态势感知的角度而言，该理论并不完善。Smith 模型以人类思维模型为基础，过分强调人的思维在态势感知中的判断和预测作用，将多周期的察觉采样最终落实为人的思维模型的修改和完善。按照此方法，不同的思维方式或者不同智慧层次的人对同一个显示很可能产生不同的态势感知结果。

这样，Endsly 的三级模型相对合理，比较符合态势感知的客观性规律。后来的研究表明，在军事领域的信息融合技术发展中，特别是在战场态势视图的生成阶段划分上，完全继承了 Endsly 的三级模型，并赋予了新的概念和内涵。

Endsly 的三级模型完全是从信息处理与理解的角度建立的。从完整的战场态势感知周期看，可以将战场态势感知周期分为 6 个环节，即信息获取、信息传输、时空配准、目标估计、态势估计、态势图的生成与分发。图 1-4 给出了战场态势感知周期中的 4 个域：物理域、信息域、认知域和社会域。

1.1.3　态势理论和逻辑模型

态势理论和逻辑是由 Barwise 和 Perry 发展并由 Devlin 加以完善的。下面介绍它的一些关键思想。

态势理论实际上提供了一种对 Lambert 观点的形式化定义：态势评估通过一系列态

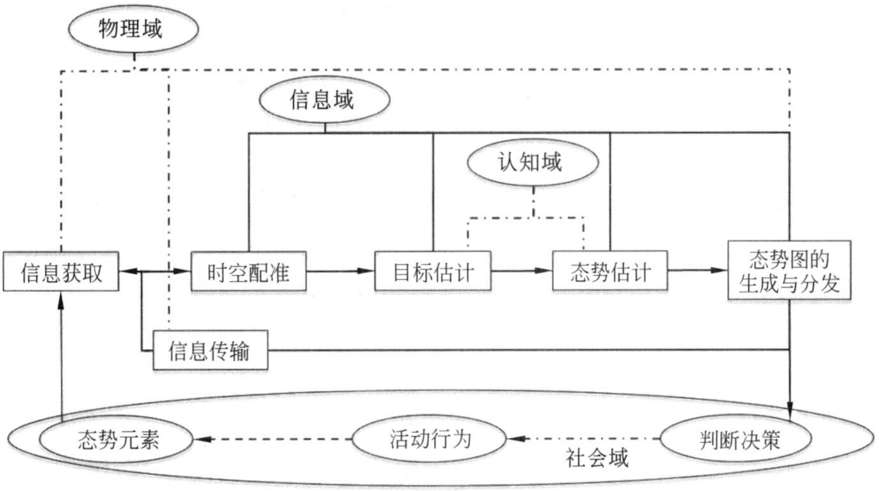

图 1-4　态势感知环节及其 4 个域

势实现对现实世界的理解，而态势是对现实世界若干表述的集合。态势逻辑的基本结构是信息元(Infon)。信息元是对一条信息的表述。

信息元是区别于陈述、命题、断言的概念。陈述是人类行为的产物，然而信息元可能适合于现实世界或某些特定的态势(包括事实的和反事实的)，与人类的断言无关。如果一个信息元适合某个给定的态势，那么此信息元则成为一个事实。

态势定义为信息元的集合。一个真实的态势是态势集合的子集：所有的信息元都是事实。

1. 经典态势逻辑

由 Devlin 发展的态势逻辑采用二级谓词演算。一级命题 $R(x_1,x_2,\cdots,x_n)$ 是一个 m 元谓词，从中抽取 n 个元素作为考虑元素，因此 $m>n$。而二级命题 $Applies(r,x_1,x_2,\cdots,x_n)$ 采用一个单一的谓词"适合"。在这种抽象中，r 与谓词 R 对应，这样就构造了一个二级谓词，我们将 $Applies(r,x_1,x_2,\cdots,x_n)$ 简写为 $(r,x_1,x_2,\cdots,x_n)$。

根据上述理论，信息元的表达式如下：

$$\sigma=(r,x_1,x_2,\cdots,x_n,h,k,p)$$

其中，r 为一个 m 元的关系，x_i 表示实体，h 表示地点，k 表示时间，且 $1\leqslant i\leqslant n\leqslant m$。

p 代表适用性，$p\in\{0,1\}$，$p=1$ 表示适用，$p=0$ 表示不适用。例如，信息元 $(r,x_1,x_2,\cdots,x_n,h,k,1)$ 可读作在地点 h 时间 k 关系 r 适用于 n 元实体 $<x_1,x_2,\cdots,x_n>$。

信息元公式的一个重要特点是可嵌套。一个信息元可作为另一个信息元中的实体。例如，信息元 $\sigma_1=(believes,x,\sigma_2,h,k,1)$ 可理解为"在地点 h 时间 k，x 相信 σ_2 是真的"，而 σ_2 是另一个信息元。类似的嵌套信息元还可使用谓词 R=感觉，假设，怀疑等，或者是它们的相互组合。例如，"在地点 h 时间 k，x_1 问 x_2x_3 是否告诉 x_4x_5 相信 σ_2"，通过这种方式，态势逻辑方案可用来描述和推理反事实的和假设的态势，推断它们的相互关系以及与现实的关系。

Barwise、Perry、Devlin 等对二级谓词演算进行了扩展，也将态势作为一个实体引入操作本体。操作符"$|=$"表示环境适应性，"$s|=\sigma$"读作态势 s 支持 σ，或 σ 在态势 s 中为

真。这种扩展为事实的、条件的、假设的和估计的信息提供了统一的表述。

态势像信息元一样，也可进行嵌套。例如，我方数据融合系统对敌方数据融合系统的估计。可通过这种方式推知敌方的知识状态以及敌方对当前和未来世界状态的估计。例如，我方对敌方可行方案结果的估计。这种方案能帮助我们从多角度对战场态势进行评估。

2. 对不确定性的处理

经典的态势逻辑模型没有提供表述和处理不确定性的机制，但 STA 必须处理不确定性，包括获取数据的不确定性（认知不确定性），理解数据的不确定性（本体不确定性）。概率统计、证据推理、模糊逻辑以及自适应方法可用来表示认知和逻辑的不确定性，但各有其不足之处。

1）模糊逻辑方法

有些态势可以被清晰地定义，而有些态势却是边界模糊的。模糊不仅出现在抽象的态势中（如经济衰退或海战），也出现在具体的态势中（如中途岛战役）。在这些情况中不可能定义清晰的限制条件。抽象的和具体的态势都可通过信息元适用性的模糊隶属度函数表示：$\mu_\Sigma(\sigma)\in[0,1]$，其中 $\Sigma=\{\sigma|s|=\sigma\}$。

模糊方法已被应用于语义匹配，提供了一种统一的描述框架将信息源与用户连接起来。有关模糊逻辑技术应用的研究已在美国空军研究工作实验室融合技术科的指导下开展，其目标是认知敌军行动并推测其意图和目的。输入参数和产生规则都是用模糊化体现不确定性或语义可变性，其输出结果经去模糊后支持独立决策。

2）概率方法

概率方法将传统的态势逻辑中信息元的适用性参数 p 由一个极性参数（只取 0、1）修改为一个概率参数。这种概率信息元可以表达传感器测量结果、跟踪结果、前期模型以及融合态势估计中的不确定性。每个概率信息元都是对应一个关系的 $\sigma=(r,x_1,x_2,\cdots,x_n,h,k,p)$ 二级表达，可理解为某时某地关系 r 以概率 p 适用于 n 元实体 $\langle x_1,x_2,\cdots,x_n\rangle$。

这种概率信息元的表达能力可被应用于增强概率本体的表达能力。Costa 等人构建了一种概率本体形式，称为 PR-OWL。他们定义的概率本体如下。

一个概率本体是对一个应用领域知识的清晰的形式化表达，包括：

(1) 领域中存在的实体类型。

(2) 这些实体的特性。

(3) 实体间的关系。

(4) 发生在实体上的过程和事件。

(5) 此领域的统计规则性。

(6) 与领域中本体相关的不明确的、有歧义的、不完整的、不可靠的以及自相矛盾的知识。

(7) 上述内容的不确定性。

1.1.4 状态转换数据融合模型

Lambert 为对象、态势、影响评估建立了一个状态转换模型。在每个层次中，世界的不同方面被预测、观察和解释，如图 1-5 所示。

- 在对象评估中，估计的目标是一个状态向量 $\underline{u}(k)$，在融合系统中被解释为$\hat{\underline{u}}(k|k)$。
- 在态势评估中，估计的目标是一个事件集 $\Sigma(k)$的状态，在融合系统中被解释为陈述集合$\hat{\Sigma}(k|k)$。
- 在影响评估中，估计的目标是一个剧本(scenario)$S(\underline{k})=\{\Sigma(n)\mid n\in Time\&n\leqslant\partial(k)\}$(在时间$\partial(k)$之前的态势集合)，在融合系统中被解释为 $\hat{S}(k)$。

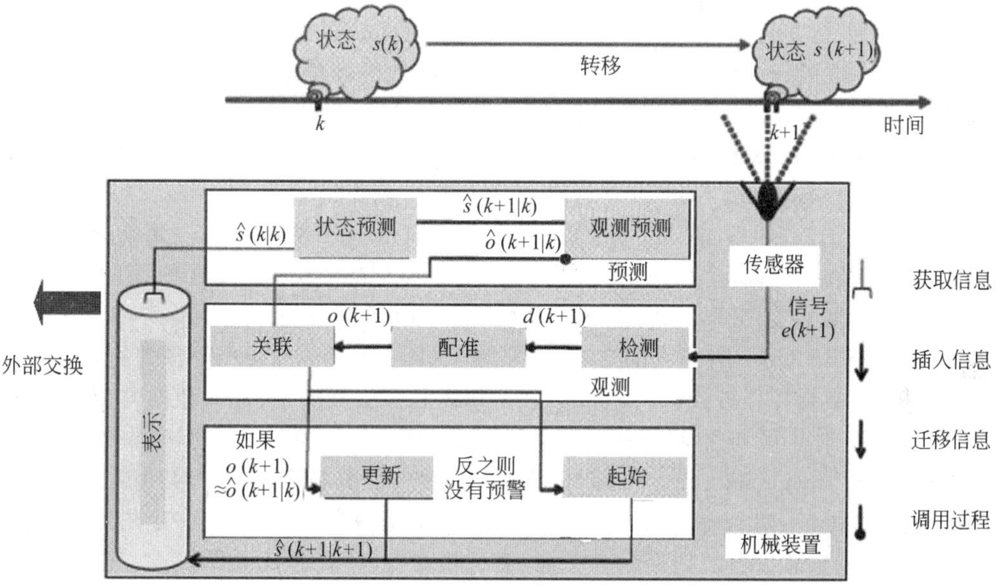

图 1-5 STDF 模型

这个模型的重要优点是提供了与 JDL1-3 级融合一致的表述和处理模型，但也存在一些问题。(a)在态势和影响评估模型中明显缺乏相关性的表述，只对时间进行了限定，而没有考虑其他影响相关性的因素。(b)人为地区分态势和剧本，如果将剧本定义为一系列态势的集合，将会削弱态势逻辑的表达能力，态势逻辑的重要特点是态势的可嵌套性，而作为剧本的一系列态势是已被分解的单个态势。(c)对意图的估计只是想要达到的结果，而没有包括打算采取的行动。

1.2 数据融合及其模型

数据融合最初是作为一种态势感知技术而被提出的。它的定义和模型是学术界研究的首要问题。由于数据融合涉及的内容广泛，要给出统一的或通用的定义非常困难，已有的定义都属于功能描述性的。目前普遍认可的数据融合模型是由美国国防部实验室联合领导机构(Joint Directors of Laboratories，JDL)提出的 JDL 融合模型。随着 JDL 数据融合模型得到广泛认可，态势感知和估计成为数据融合系统的重要内容。JDL 模型是一个试图涵盖各种应用场合的五级通用功能模型，其内涵在实践过程中不断丰富和发展。多目标跟踪属于该模型中的一级融合，是数据融合技术中最成熟的研究和应用领域，得到了广泛应用，但是在一些复杂场景下，提高跟踪性能仍然是一个难题。实际上，数据融合模型中每个级别的功能在具体实现时都面临诸多困难，尽管已经发展了很多成熟的理论和技术，但是许多问题尚未得到很好的解决。随着各种联合作战概念的发展和武器装备性能的提升，军队对战场态势感知的需求越来越高，可以预见未来数据融合还会是持续发展的研究热点。

在军事领域，数据融合技术应用最先进、最成熟的当属美国。20世纪80年代末，美军研制的第一代数据融合系统主要实现同类传感器数据融合或单平台内多(类)传感器数据融合，处于战术层次，如美军的海面监视信息融合专家系统(OSIF)、雷达-ESM情报关联系统等。

随着20世纪80年代后期“空地一体战”和90年代后期“联合作战”战略思想的出现，数据融合技术逐渐转向对跨军兵种和多维作战空间的多源信息融合研究，出现了以设计混合传感器和处理器为主要目标的第二代信息融合系统，形成了综合各种实时、非实时战场情报的面向战略、战术、火控等诸层面的人工智能系统。如全源信息分析系统(All-Source Analysis System，ASAS)作为陆军战术指控系统(Army Tactical Command and Control System，ATCCS)的5个分系统之一，对所有情报来源进行融合，每7分钟更新一幅态势图，能及时、准确、全面地提供敌方兵力部署与作战能力，分析薄弱环节，预测可能的行动方向。联合监视与目标攻击雷达系统(Joint Surveillance Target Attack Radar Subsystem，JSTARS)具有强大的空、海情报融合功能，安装在E-8A等预警指挥机上，承担空地一体作战指控任务。CEC已安装在宙斯盾和多艘战舰上，能对战斗群内几十艘战舰进行火力控制并可与陆基导弹、空中战机进行信息互通，其中的协同作战处理机(Cooperative Engagement Processor，CEP)具有高实时、高精度数据融合功能。美军主要装备的战术数据链，如Link 11、Link 16，由于传输带宽受限，虽然具有一定的航迹综合能力，但是缺乏完整意义上的数据融合功能，航迹质量与CEC相比差距较大。据美军战斗标识评估小组(All Services Combat Identification Evaluation Team，ASCIET)2001年的一项测试报告显示，CEC(协同作战能力)对一个目标会产生1.06个航迹，而Link 16为1.35个，Link 11为1.5个，Raytheon公司声称在CEC和非CEC设备的混合网络上采用其数据融合引擎，这一指标可以达到1.2航迹/目标。

1.2.1　初始定义

JDL最初于1985年在数据融合词典中给出的定义为“数据融合是对来自单一和多源的数据和信息进行关联、相关和综合，以得到更精确的位置和身份估计，对态势、威胁和其重要性进行完整的、及时的评估。这一过程的特点是持续进行估计和评估优化，并且对附加信息源的需求进行评估，甚至对过程本身也不断修正，以便获得更好的结果”。

该定义列举了数据融合技术所期望达到的功能，包括低层次的战场目标状态和属性估计，以及高层次的战场态势估计与威胁估计，并给出了一个三级功能结构。JDL模型为数据融合技术的研究提供了一种较为通用的功能框架，首次从理论上对数据融合体系进行了描述，是一个开创性成果。值得注意的是，JDL模型是一个功能模型，而不是处理流程，不应错误地认为信息流一定严格地从一级到二级、三级。图1-6为1985年版JDL数据融合模型。

1.2.2　JDL模型的演进

随着理论和应用研究的逐渐深入，数据融合初始定义的一些局限性和严谨性受到质

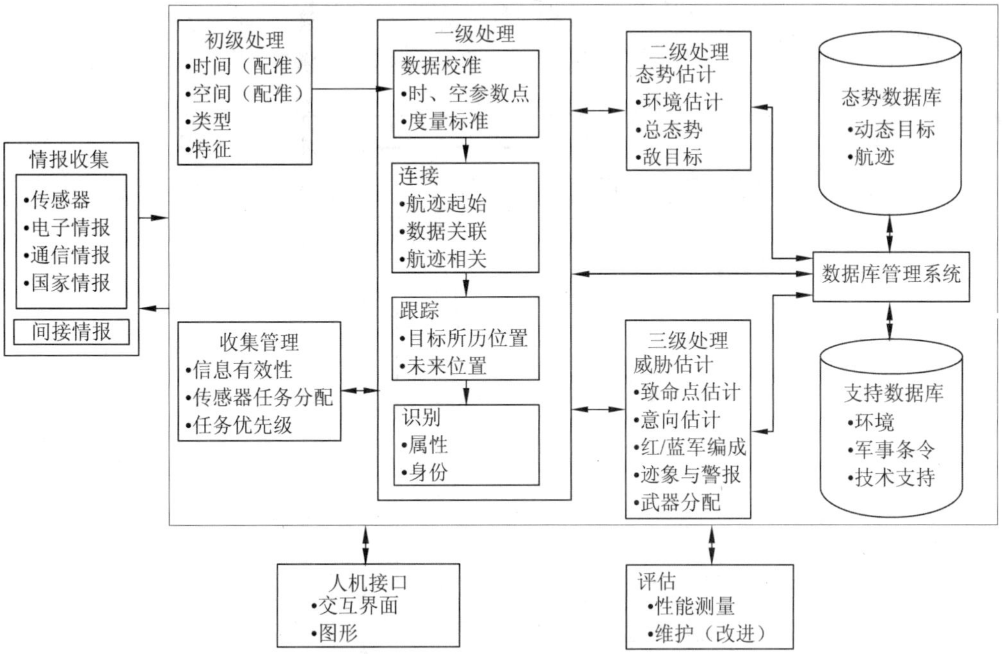

图 1-6　1985 年版 JDL 数据融合模型

疑。1992 年，JDL 推荐的修正定义是："数据融合是一个多级、多层面的数据处理过程，主要完成对来自多个信息源的数据进行自动检测、关联、相关、估计和组合等处理。"

1998 年，Steinberg 等人提出了一个简洁的定义："数据融合是估计或预测实体状态的一个数据或信息综合过程。"

除了定义上的简化，JDL 数据融合模型也进行了适当修改，主要体现在两个方面：一方面，类似"威胁估计"这样的术语过于关注军事应用，不便于数据融合技术向其他领域推广，希望从术语上更具包容性。另一方面，传感器、信号处理和网络技术的日新月异，希望融合处理能够向下延伸到传感器信号级，向上延伸到效能评估，引入第零级和第四级处理。此外，有学者认为用户在数据融合系统中的作用非常重要，应增加一个"用户优化"过程作为融合处理的第五级。

1.2.3　其他模型

除了 JDL 功能模型外，还有数据融合的处理模型和形式化模型等。处理模型描述了系统中功能之间的相互作用。形式化模型由一组控制实体的公理和规则构成，如概率、似然和证据推理框架。

1.2.4　战场数据融合的五级模型

从 JDL 模型的演进可以看出，数据融合模型并不是一成不变的，其功能划分和各种术语不断地根据应用的发展而调整。在具体的军事应用实践中，我们更倾向于采用如图 1-7 所示的五级战场数据融合模型。该模型与军事背景结合紧密，各种术语也得到了广泛认可。

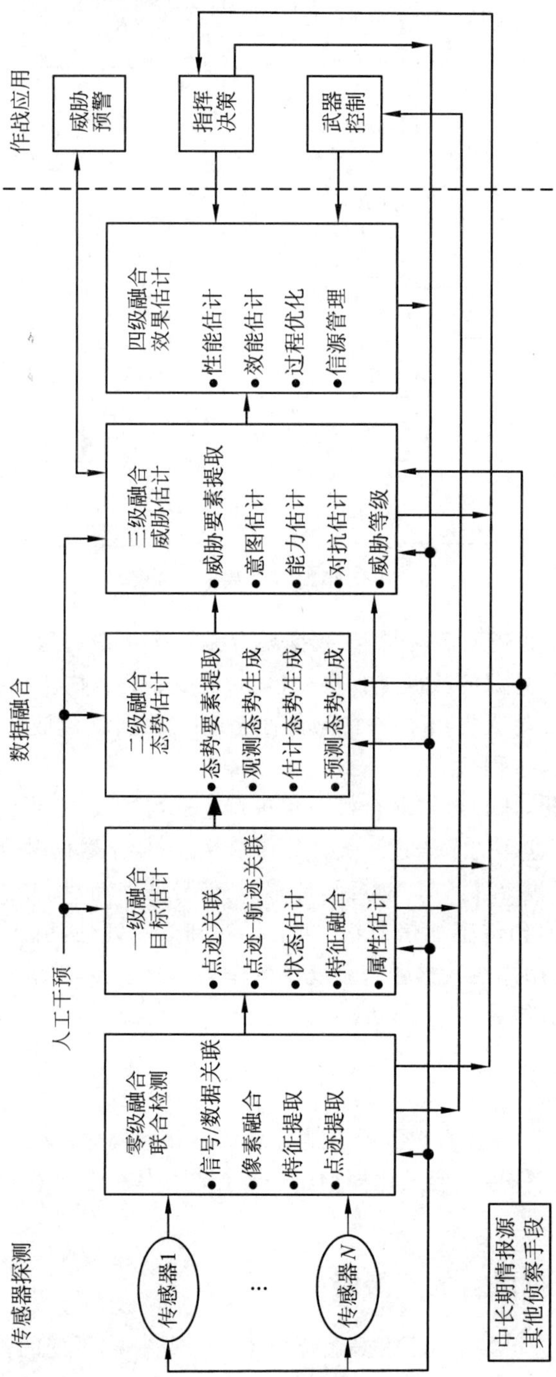

图 1-7　战场数据融合的五级模型

图 1-7 中,零级融合联合检测级的功能是对多类(多介质、多频谱)传感器原始量测信号(数据或图像)进行融合,以联合检测弱信号目标(隐身目标或机动目标)。

一级融合目标估计的主要功能包括状态估计和属性/身份识别。状态估计是直接在传感器的观测报告或测量点迹和传感器的状态估计基础上进行融合,是面向目标跟踪的融合,包括数据校准(即将各传感器的观测值变为公共坐标系,包括坐标变换、时间变换及单位变换等)、数据关联及目标跟踪。属性/身份识别的功能是对目标进行分类、表征和识别,是面向目标属性辨识的融合。

二级融合态势估计是依据一级融合获得的战场目标信息以及其他相关信息进行战场态势及其对敌、我方有利程度估计的过程。JDL 对态势估计的具体描述为:态势估计是建立关于作战活动、事件、时间、位置和兵力要素组织形式的一张视图,该视图将获得的所有战场力量的部署、活动和战场周围环境、作战意图及机动性有机结合起来,分析并确定发生的事件,估计敌方的兵力结构、使用特点,最终形成战场综合态势图。

三级融合威胁估计是建立在对象/目标状态、属性/身份估计以及态势估计基础上的更高层的信息融合技术。它依赖敌方的兵力作战/毁伤能力、作战企图,以及我方的防御能力,反映了敌方兵力对我方的威胁程度,其重点是定量估计敌方的作战能力和敌我双方攻防对抗结果,并最终给出威胁程度的定量描述。

四级融合效果估计是指根据作战(指挥决策或武器/火力控制)对信息的要求评估和反馈控制数据融合的多级处理过程,直至对信息源和融合处理的优化控制,其目的是提高整个实时系统的性能。

1.3　多传感器态势处理的关键技术

多传感器数据融合技术正在快速发展,目前研究力量主要集中在改进已有算法、开发新算法以及将这些技术与各种具体应用结合形成通用体系结构。

数据融合模型中的一级融合是目前研究最成熟的部分,即运用多传感器数据确定单个目标实体的位置、速度、属性和身份。如前所述,在密集杂波、密集目标、快速机动目标、复杂的信号传播环境等情况下,数据关联、误差配准、航迹关联等问题都很具有挑战性,如何提高目标跟踪性能仍然是学术界研究的重点。另一个棘手的问题是基于所观察的特征或属性进行自动目标识别。虽然有大量的模式识别技术可用来完成这一任务,但是最终的成功都取决于选择好的分类特征。在这个领域里,还需要进行更多的研究指导特征的选择以及明确而具体地表达目标种类知识。

二级和三级融合(态势估计和威胁估计)研究还不够成熟,目前主要采用基于知识的方法,只有一些十分简单的模拟人类完成这些功能的认知模型,很少有鲁棒的、可操作的系统。研究的主要难点在于需要建立一种包含推理规则、框架、脚本的数据库,或者其他能表示有关态势估计和威胁估计知识的方法库。开发用于进行自动态势评估和威胁评估的可靠的、基于知识的大系统还需要做许多研究工作。

四级融合用于评估和改善数据融合过程的性能和操作,使用的方法有些较为成熟,有些还不成熟。对于单传感器的操作,已利用运筹学和控制理论开发出一些有效的实用系统，它们甚至可用于复杂的传感器，如相控阵雷达。而在多传感器、外部任务约束、动态观测环境和多目标的情况下，开发实用系统还有很大困难。到目前为止，如何对任务目标和约束进行建模和具体描述，如何在最优性能、有限资源（如计算能力、通信带宽）和其他影响因素之间取得平衡，仍然是需要深入研究的课题。

总而言之，数据融合缺乏将理论研究成果转化为实际应用的方法，也缺乏精确的测试和评估方法。数据融合研究领域必须坚持高标准的算法开发、测试和评估，创建标准测试案例库，系统地研发能满足实际应用需要的融合技术。与数据融合有关的许多挑战和机遇决定了它是一个应用广泛的、活跃的研究领域。多目标跟踪（Multi-Target Tracking，MTT）处于 JDL 模型中的第一级，是数据融合界研究最成熟、成果最丰富的领域。MTT 主要研究从传感器获得的量测实现对多个目标持续、精确的估计和预测，是现代战场 C^4ISR 系统的重要组成部分。其中，战场空、海情监视是 MTT 最主要的应用场合。

MTT 融合系统最主要的输出结果是航迹。可以把航迹定义为一个动态目标按时间历程的分段数学模型或一个离散时间的（递归）数学模型。简单来说，航迹是从一组传感器量测数据估计出的目标状态轨迹。

1.3.1 MTT 面临的挑战

MTT 性能由于受到跟踪环境、传感器性能等多种因素的影响而变得非常复杂。这些因素包括：①目标数目和目标密度；②传感器的探测性能；③目标重现率和目标的动态特性；④传感器的测量精度和过程噪声；⑤传感器或模型偏差；⑥背景噪声源（如空域、地面杂波、海杂波）；⑦状态估计器的性能。

从数学角度看，MTT 的本质是各种约束条件下问题的数学描述及最优化求解。同时考虑上述七个方面的因素将是一个维数极高甚至是无穷维的问题，不可能存在一种通用的数学模型或算法能够获得最优解。对于不同的应用场景，不同的跟踪环境，各种因素对融合系统的影响程度不尽相同，所要解决的主要问题也各有侧重，可以视具体情况适当简化模型。纵观 50 多年 MTT 的学术研究成果，大量工作都集中在克服上述一条或多条因素的影响，以获得最佳或合理的问题解法。

1.3.2 面向目标跟踪的融合实现结构

鉴于 MTT 问题本身的复杂性，人们尝试从多传感器的信息流动形式和综合处理层次上进行功能解构，形成了 4 种主要的实现结构：集中式、分布式、混合式和多级式结构，如图 1-8～图 1-11 所示。

集中式融合结构中，所有的传感器原始数据或经过预处理的数据都传送到融合中心，由融合中心对这些信息进行联合检测、数据配准、数据关联、航迹起始、航迹滤波与更新。该结构的优点是信息损失小，融合精度高。缺点是对硬件资源（如存储空间、计算速度和通信带宽等）要求高，系统生存能力差。

分布式融合结构中，各传感器先对各自的测量信息进行自主式处理，然后将产生的局部航迹送至融合中心，在融合中心对各节点的航迹数据进行时空配准、航迹相关和二次融合，形成全局估计。该结构的优点是对硬件资源要求低，系统生存能力较强。缺点是各传

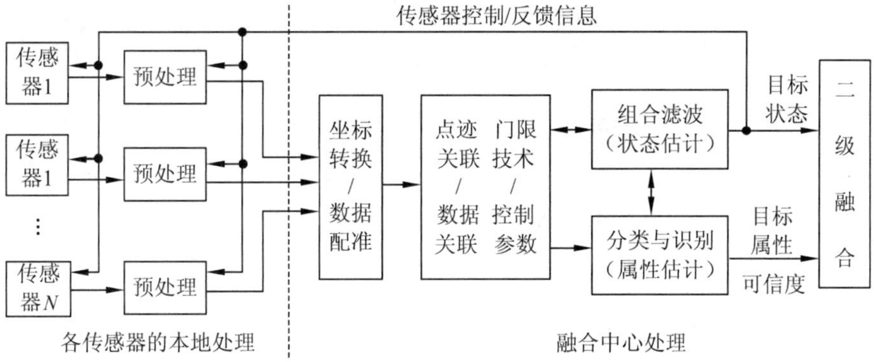

图 1-8　面向目标跟踪的集中式融合结构

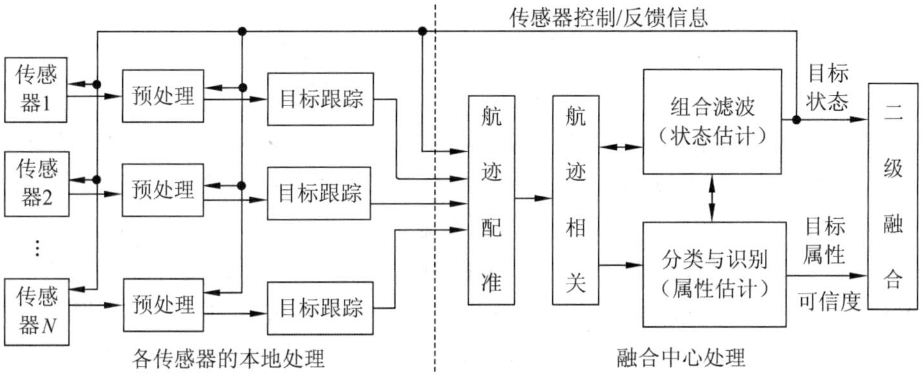

图 1-9　面向目标跟踪的分布式融合结构

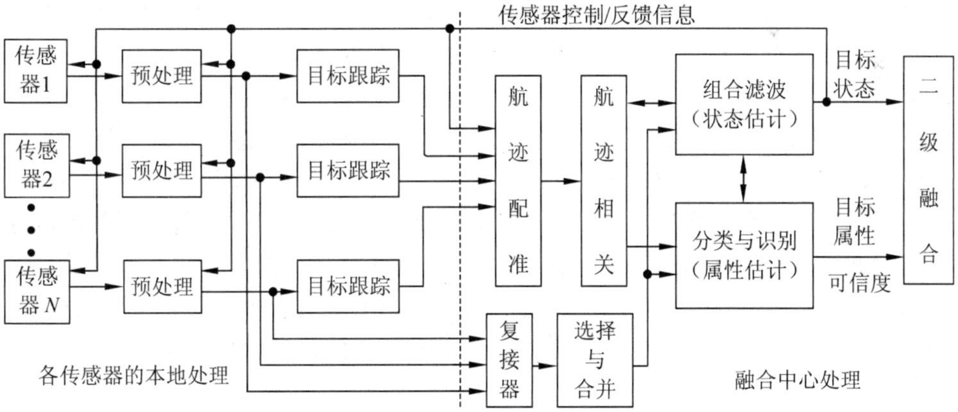

图 1-10　面向目标跟踪的混合式融合结构

感器在自主融合中会损失大量的信息，状态估计精度低于集中式结构。

混合式融合结构是集中式和分布式结构的结合。各传感器的测量信息和局部融合航迹均要传送到融合中心。融合中心通过复接器对原始量测信息进行选择接入。该结构保留了上述两种结构的优点，是跟踪性能与通信和计算能力的折中选择。

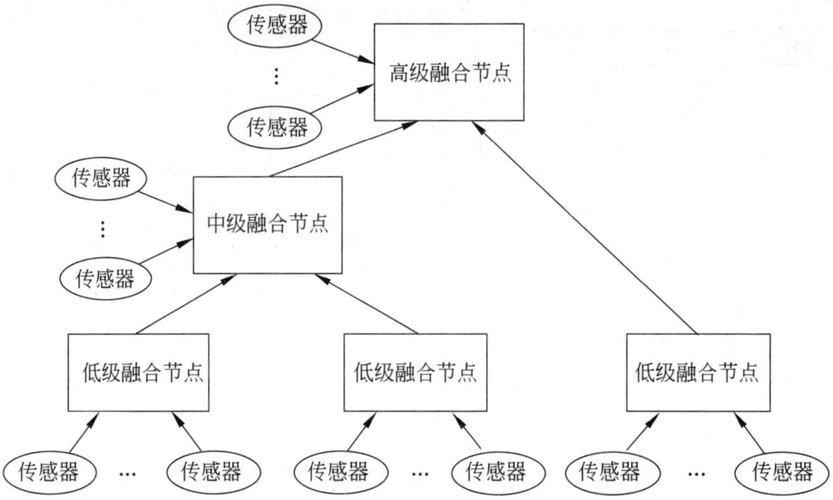

图 1-11 面向目标跟踪的三级节点融合结构

多级式融合结构是根据部队编制装备的特定需求（如雷达营、雷达团、雷达旅和相应的指挥所），在传输速度、带宽、跟踪精度和可靠性等相互影响的各种制约因素之间取得平衡。在多级式融合结构中，目标的原始量测信息可能要经多个级别的状态融合处理。图 1-11 是一个三级节点融合中心，其中最低级融合节点可以是集中式、分布式或混合式的局部融合中心，而中级和高级的融合节点处理来自各局部融合中心的目标航迹或直属传感器的目标点迹或航迹。该结构同集中式相比，降低了处理中心的负担，能够严格控制局部处理中心的运行。

上述是几种较常见的融合结构，目前学术界的共识是集中式结构能够获得更好的理论性能，因为集中式结构直接对传感器原始量测进行处理可获得全局最优估计，而分布式或多级结构的处理对象是经过局部处理以后的数据，有不同程度的信息损失。

实际应用中采取何种结构应根据不同的实际需求和技术水平选取。在设计融合体系结构时，必须考虑如通信传输、组网、数据库管理、人机接口和传感器管理等诸多支撑技术，并不拘泥于某一种固定的模式。例如，美海军的协同作战能力（Cooperative Engagement Capability，CEC）是一个分布式防空系统，每个 CEC 单元传感器探测的原始数据均通过相控阵天线高速分发到所有其他单元，再各自运行融合算法生成高质量的单一态势图。整个 CEC 系统不存在数据融合中心，形式上看似无中心的分布式结构，但是对于每个 CEC 单元，融合处理的对象是整个系统全部传感器的原始数据，显然属于集中式融合结构。

1.3.3 关键技术

综合上面几种融合结构可以看出，多目标跟踪系统需要解决的关键技术主要集中在航迹起始、数据关联、状态估计、误差配准、航迹关联、航迹融合和航迹管理等几个方面，其中航迹关联和航迹融合为多传感器系统所特有，在单传感器系统中不需要考虑。

1. 航迹起始

航迹起始是未进入稳定跟踪(航迹保持)之前的航迹确立过程,是对目标进行跟踪的第一步,有些学者将航迹起始归为点迹-点迹关联或者量测-量测关联问题。航迹起始的关键在于解决快速起始与可靠起始之间的矛盾,而衡量起始可靠性的"虚警率"和"漏警率"也是一对矛盾的指标。现有的航迹起始算法可分为顺序处理和批处理两大类。通常,顺序处理算法适用于在相对弱杂波背景中实现目标航迹起始,而批数据处理技术用于强杂波环境下目标的航迹具有较好的效果,但是会增加计算负担。航迹起始通常采用的算法有直观法、逻辑法和 Hough 变换法等。目前来看,密集杂波情况下和低检测概率情况下的航迹起始仍未能很好地解决。

2. 数据关联

数据关联问题也称为点迹-航迹关联,就是把来自一个或多个传感器的观测/点迹与已知或已经确认的事件归并到一起,即把每批目标的点迹与数据库中的航迹配对,确定观测数据源自哪个目标。广义的数据关联问题不仅包括航迹起始的量测-量测关联,也包括航迹-航迹关联。本书的数据关联仅局限于讨论点迹-航迹关联问题。数据关联算法一般采用加性高斯噪声假设,分为极大似然和贝叶斯两大类。前者的代表算法有最近邻法、航迹分叉法、联合极大似然法等,后者的代表算法有多假设法、概率数据互联类方法等。如何合理地假设概率分布模型以及降低计算复杂度是困扰数据关联的主要问题。

3. 状态估计

状态估计主要解决对目标的位置(距离、方位和高度或仰角)、速度、加速度等状态信息的准确估计和预测问题。估计处理输入的数据一般是数据关联处理的输出结果,具体表现为各种跟踪滤波算法。跟踪滤波算法的关键是对目标运动模型进行合理假设和预测。常用的滤波算法有 α-β 滤波、卡尔曼滤波、扩展卡尔曼滤波、无迹卡尔曼滤波和粒子滤波等。常见的运动模型建模方法有可调白噪声模型、Singer 模型、Jerk 模型、当前统计模型、多模型、交互多模型等。

4. 误差配准

误差配准就是借助多个传感器对公共事件的量测对传感器的偏差进行估计和补偿。一般来说,传感器系统的误差包括随机误差和确定性误差。随机误差通常由噪声引起,可通过滤波方法在一定程度上抑制或消除。确定性误差也称为配准误差,是指随着时间推移不变或者变化比较缓慢的偏差,可以采用误差配准算法克服或减轻其对融合性能的影响。误差配准问题解决得好坏在一定程度上决定多传感器跟踪系统的性能,如果配准误差不能被有效消除,融合系统的性能不仅不能令人满意,有时甚至不如单传感器的跟踪效果。

传感器的配准误差主要有传感器校准误差、姿态误差、位置误差和定时误差等几种类型。此外,承载传感器的平台、坐标转换、计算精度等都会引入误差。目前多数误差配准算法均假设已获得具有先验关联的公共量测数据,然后将各种需要配准的误差转换成需要估计的参数,进而采用参数估计的方法求解,比如最小二乘类批处理方法和卡尔曼滤波类递推方法等。

实践中,误差配准问题是比较棘手的,主要体现在两个方面：一方面,多种配准误差往往交织在一起同时存在。单纯考虑其中一种误差，通常可以获得满意的估计性能，而涉及两种以上误差源的结果都不太确定。另一方面，误差配准算法一般假设数据或航迹关联问题已经解决，然而又往往决定关联算法的正确性，从而导致配准与关联互为前提而陷入僵局。目前学术界倾向于联合解决配准和关联问题，但一般来说这是NP难问题，只能寻求特定场景下的次优算法。

5. 航迹关联

航迹关联也称为航迹-航迹关联，就是要判断来自不同传感器(跟踪系统)的两个航迹是否代表同一目标。一些学者把航迹关联也归为数据关联，但航迹是经过处理后的点迹序列，具有时间相关性和信息相关性，决定了航迹相关算法与数据相关算法有本质的区别。航迹关联问题的主要难点在于数据相关性、计算复杂以及配准误差的影响等。

对于来自不同跟踪系统的任意一对航迹的关联问题，首先需要定义某种衡量二者关联相似性的度量(或者代价函数)，再运用一定的门限方法判决航迹是否关联。经典算法以目标状态估计的马氏距离作为检验统计量将其建模成假设检验问题。一些学者采用似然函数、似然比、最大后验概率、目标空间拓扑、目标属性等作为相似性度量改善关联性能，但是这些算法往往存在需要假设先验模型、计算复杂、门限选择及性能分析困难等问题。

对于$S(S\geqslant 2)$个跟踪系统跟踪多个目标的航迹关联问题，除了要定义任意航迹对间的相似性度量外，还需要进一步构造出所有航迹对间的关联代价矩阵，并建模成所谓的S维分配问题进行求解。当$S=2$时，经典2-D分配算法均可用来求解。Castanon结合Jonker-Volgenant算法和拍卖算法提出的JVC算法因其运算速度快得到了广泛应用。当$S\geqslant 3$时，由于一般的S-D分配问题是NP难的，因此可以采用拉格朗日松弛算法、模糊聚类算法或者智能算法寻求次优解。

上述算法基本上都假设传感器数据已经过理想配准。近年来，联合解决误差配准和航迹关联问题的启发式算法受到关注，研究重点集中在确定代价函数的形式和寻找启发式搜索算法两个方面。

6. 航迹融合

航迹融合关心的问题是如何基于单传感器或本地系统的航迹信息更新全局估计信息。由于共同的过程噪声或者反馈机制产生共同的先验估计，会导致各传感器局部估计误差出现相关性并对融合性能产生影响，这是分布式融合算法需要解决的重点和难点。根据全局航迹是否参与融合，航迹融合通常有两种处理结构：传感器-传感器航迹融合和传感器-系统航迹融合。第一类结构中，由相互关联并外推至同一时刻的传感器航迹融合获得全局航迹估计，不需要全局航迹的历史信息。此类结构的优点是关联和估计误差不随时间传播，但其有效性略显不足。在第二类结构中，当融合中心收到新的传感器航迹估计时，将系统航迹外推至当前时刻，并与之融合，收到其他传感器的航迹估计时则重复上述过程。实现此类融合时，必须考虑全局航迹与各局部航迹估计误差间的互相关性。

7. 航迹管理

航迹管理是指按照一定的规则、方法，实现和控制航迹起始、航迹确认、航迹保持与更新和航迹撤销的过程。航迹管理可分为两个部分：航迹号管理与航迹质量管理。航迹号是跟踪系统分配给航迹的标识，与给定航迹相关联的所有参数都以其航迹号作为参考。目前主要有单航迹号分配法和双航迹号分配法。航迹质量管理是航迹管理的重要组成部分，是起始航迹为新目标建立档案或者撤销航迹消除多余档案的主要判据。现代战场环境日益复杂，空战飞机实施交叉、编队、迂回、低空突防等各种协同和非系统战术机动，有源和无源电子对抗带来大量的不确定性，导致传感器探测形成的航迹之间呈现错综复杂的关系，航迹管理也成为多目标跟踪系统中的一个颇具挑战性的任务。

8. 数据融合系统评估

数据融合系统评估是对系统进行设计和研究的重要内容，一方面，给定系统可以通过分析性能比较其能力的优劣；另一方面，给定要达到的性能指标可以反过来确定系统的设计实现方案。此外，系统能力的评估本身也是数据融合模型中第四级效果估计的重要内容。

评估指标一般分为 4 类：尺度参数指标、性能指标、系统效能指标、作战效能指标。尺度参数指标（Dimensional Parameter，DP）是用来表征物理实体固有的属性和特征的量。性能指标（Measures of Performance，MOP）与系统的物理或结构参数密切相关，是系统重要行为属性和功能的量化描述。系统效能指标（Measures of Effectiveness，MOE）是对系统达到规定目标程度的定量表示，反映了系统在其运行环境中总体功能的发挥情况，是对系统进行评估的基本标准。作战效能指标（Measures of Force Effectiveness，MOFE）度量系统和作战效果之间的关系，是最高层次的指标，反映了在特定的战场环境下，系统与部队/武器系统结合后完成作战任务的情况。

尺度参数和性能指标一般与环境无关，取决于系统部件或分系统本身的特性，属于技术指标的范畴。而系统的效能指标和作战效能指标必须在一定使用环境中考虑。一般地，系统设计者强调系统的尺度参数和性能指标，而用户强调系统效能和作战效能。

数据融合是 C^4ISR 系统的一个组成部分，进行作战效能评估，必须放在整个 C^4ISR 系统中，并且与武器系统结合才能完成，为此需要投入大量的人力、物力和财力。例如，20 世纪 90 年代，美国空军曾经进行了作战特别项目（Operational Special Project，OSP）实验，比较 F-15C 飞机仅使用话音指挥和使用 Link 16 数据链加话音两种情况下的作战效能。通过 12 000 多架次和 19 000 多小时的小规模空战对抗实验证明使用数据链后，在白天作战平均敌我死伤比从 3.10∶1 提高到 8.11∶1，在夜间作战平均敌我死伤比从 3.62∶1 提高到 9.40∶1。

就目前的研究水平看，复杂的数据融合系统的作战效能评估问题在世界各国均未得到很好的解决。但是，针对数据融合子系统（如传感器、MTT 等）的性能评估，采用解析分析和蒙特卡洛仿真等研究方法取得了一些研究成果。解析分析法是严谨的理论分析方法，通常可以得到闭式表达，不需要大量的计算，缺点是普适性差，一般只能针对某些简单模型进行分析，往往还要给定一些比较理想的假设条件。蒙特卡洛仿真法的优点是直观、可普遍适应于各种情况，缺点是计算量大、复杂，有时为了使结果具有说服力，还需要精心设计典型的仿真场景。

1.4　一致战场态势及其形成

态势是指战场空间中兵力分布和战场环境的当前状态以及发展变化趋势的总称。因此，态势本身是一个动态概念，既包括当前的战场状态，又包括未来的发展趋势。态势图是态势的可视化形式，由底图（电子地图）及标绘在其上描述各态势元素信息的一系列军队标号构成。此外，态势图上通常需要加注一些文字说明以便于理解。所谓一致战场态势是指遂行同一作战任务的各参战单元在协同计划和协同行动中面对的相关态势信息必须保持一致，包括对相关的态势元素状态的感知、理解和预测保持一致。态势一致是达成协同计划一致和协同行动同步的基础，在多军兵种联合作战中尤其重要。

为适应联合作战的需求，20 世纪 90 年代中后期，美海军首先提出网络中心战（Network-Centric Warfare，NCW）的概念，并引起高层的关注，迅速成为美军信息化转型的指导思想。与此同时，美军发展了与之相适应的态势图族概念——互操作作战图族（Family of Interoperable Operational Pictures，FIOP）。

1.4.1　NCW 与 FIOP

作为一种全新的信息优势驱动作战概念，NCW 利用计算机、高速数据链和网络软件将地理上分散的各种传感器、决策者与武器发射手联接成一个有机的作战整体，以便实现战场态势和武器资源的网络化共享、加快指挥速度和作战节奏、增强部队杀伤力和生存能力。NCW 分为联合复合跟踪网（Joint Composite Tracking Network，JCTN）、联合数据网（Joint Data Network，JDN）、联合计划网（Joint Planning Network，JPN）3 个网络层级，分别对应火力控制、战术指控和指挥决策 3 个层面的作战应用。与之对应的 FIOP 也包括单一综合图（Single Integrated Picture，SIP）、通用战术图（Common Tactical Picture，CTP）、通用作战图（Common Operational Picture，COP）3 个类别。NCW 的层次结构如图 1-12 所示。

第一级：联合复合跟踪网（JCTN）。JCTN 是一个概念上的传感器及控制网络，通过数据链将战区内的所有传感器链接成网络，在网络成员之间实时地传输、共享精确的传感器数据。利用 JCTN 可以生成战区 SIP，进而实现协同作战，包括打击特定火力单元探测范围之外的目标。JCTN 使用协同作战能力（Cooperative Engagement Capability，CEC）、战术瞄准网络技术（Tactical Targeting Network Technology，TTNT）等系统，网络用户数量一般在 500 个以内，信息传输时间为亚秒级，信息精度达到武器控制级。

第二级：联合数据网络（JDN）。JDN 主要完成近实时的引导和武器交战协同信息交换，以形成 CTP。典型的 JDN 网络为 Link 16、Link 11 等战术数据链，网络用户数量在 500 个以内，信息传输时间为秒级，信息精度达到兵力控制级。

第三级：联合计划网络（JPN）。JPN 是以全球指挥控制系统（Global Command and Control System，GCCS）中的非实时网络为基础的高级指挥控制网络，用以支持战略级作战计划和情报分发。利用 JPN 可以生成战区 COP，网络用户数量在 1000 个左右，信息传输时间为分钟级，精度可以达到部队协同、调度及后勤保障的需求。

全球信息栅格(Global Information Grid,GIG)是支撑 NCW 的信息基础设施,其骨干网络主要包括联合全球情报通信系统(Joint Worldwide Intelligence Communications System,JWICS)、保密 IP 路由器网络(Secure Internet Protocol Router Network,SIPRNET)、非保密 IP 路由器网络(Non-secure Internet Protocol Router Network,NIPRNET)。

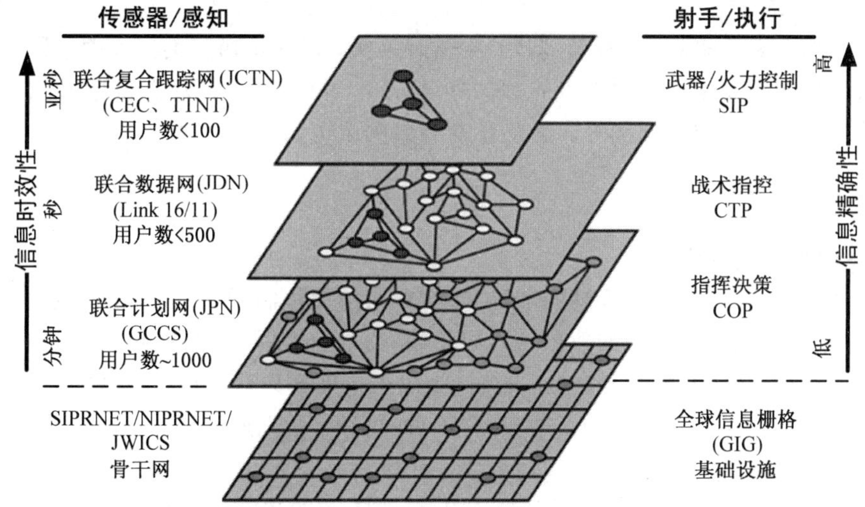

图 1-12　NCW 的层次结构

FIOP 的框架结构如图 1-13 所示。COP、CTP 和 SIP 分别通过 JPN、JDN、JCTN 连接其所属诸节点,然后通过三级网络之间的互联,实现纵向垂直连接关系。最底层的 SIP 与相应的武器系统和传感器互连。每个战区 COP/CTP 又分别与多个 CTP/SIP 连接,多个战区 COP 又与国家军事指挥中心(National Military Command Center,NMCC)连接。

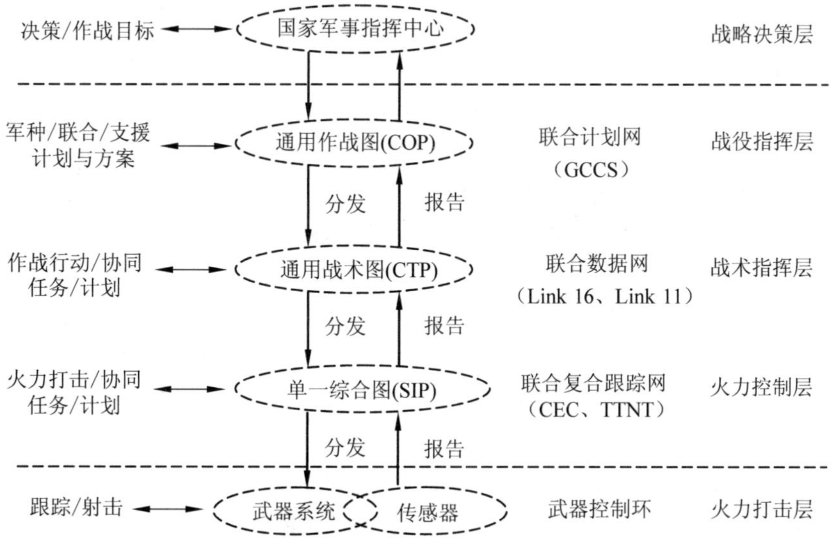

图 1-13　FIOP 的框架结构

底层传感器信息“上传”,以满足不同层次的判断/决策需求;顶层作战计划指令“下达”,以贯彻各级作战意图和决心。需要注意的是,一个 COP/CTP 需要融合多个 CTP/SIP 的态势数据。为了表述简洁,图 1-13 没有反映出这种融合关系。

1.4.2 战场态势要素

总体上讲,战场态势要素大致可分为以下 5 类:①兵力部署与作战能力类;②重要动态目标类;③战场环境类;④社会/政治/经济环境类;⑤对抗措施类。其中,对抗措施要素是指从下属四类要素中提取出来的,双方可能产生对抗的兵力、动态目标、地点和环境及可能的冲突样式和结果预测等。态势要素的层次结构如图 1-14 所示。

1.4.3 COP

1. COP 概念的演进

COP 概念最早出现在美军 1997 年版关于全球指挥控制系统(GCCS)的参联会主席令中,当时是从如何实现多个作战单元共同使用可视化的战场态势的角度提出的。美军联合作战条令中将 COP 概念描述为:“被一个以上指挥部共享的相关信息的一个单一相同显示(a single identical display)。它有利于协同规划,帮助所有层次的作战部队实现态势感知。”

最初,美军使用 COP 的目标是让所有人看到同样的战场态势图,但很快发现这个目标不合适。首先,不同层次的作战人员关心的战场范围、战术对象、态势要素及内容、信息精度与时效等都存在差异;其次是同一层次的作战人员由于所处职能部门或者分管业务不同,所关心的往往是各自业务职责有关的战场态势要素,对全局态势只需要粗粒度的了解;第三,在制订协同计划时,由于协同诸方有各自的态势信息源,在共用的态势图上,只需要保证共同关心的态势元素相同即可,其他态势元素并不需要完全一致。

2003 年,美军提出了更加切合实际应用的用户定义作战图(User Defined Operational Picture,UDOP)概念,使用户能够根据需要主动提取态势信息,而不是等待系统不加选择地分发相同的态势画面。UDOP 使 COP 得到了发展,即从“让所有人看到相同的画面”发展到“可以讨论和组合不同视角观点的协作环境”,并且 COP 从态势的可视化显示发展到相关态势数据与信息的共享。UDOP 不是对态势一致性的否定,而是运用“灵巧提取(smart pull)”思想的一种相关信息共享策略,根本目的还是为了实现态势的一致理解。

UDOP 的出现使得 COP 内涵也发生了变化,2003 版《GCCS COP 需求报告》强调“COP 是一个分布式的数据处理和交换环境,用来建立战场目标的动态数据库,并允许用户按各自的责任区域和指挥角色从该数据库过滤数据或者向其贡献数据”。

总之,COP 与联合作战概念同时产生,并随着联合作战概念和作战模式的深化而不断发展。在概念上,COP 经历了态势可视化显示、相关态势数据与信息共享环境、联合 C^4ISR 全维战场感知信息融合 3 个阶段;而在功能上,COP 一开始就作为共用操作环境(Common Operating Environment,COE)的一部分,纳入全球指挥控制系统。

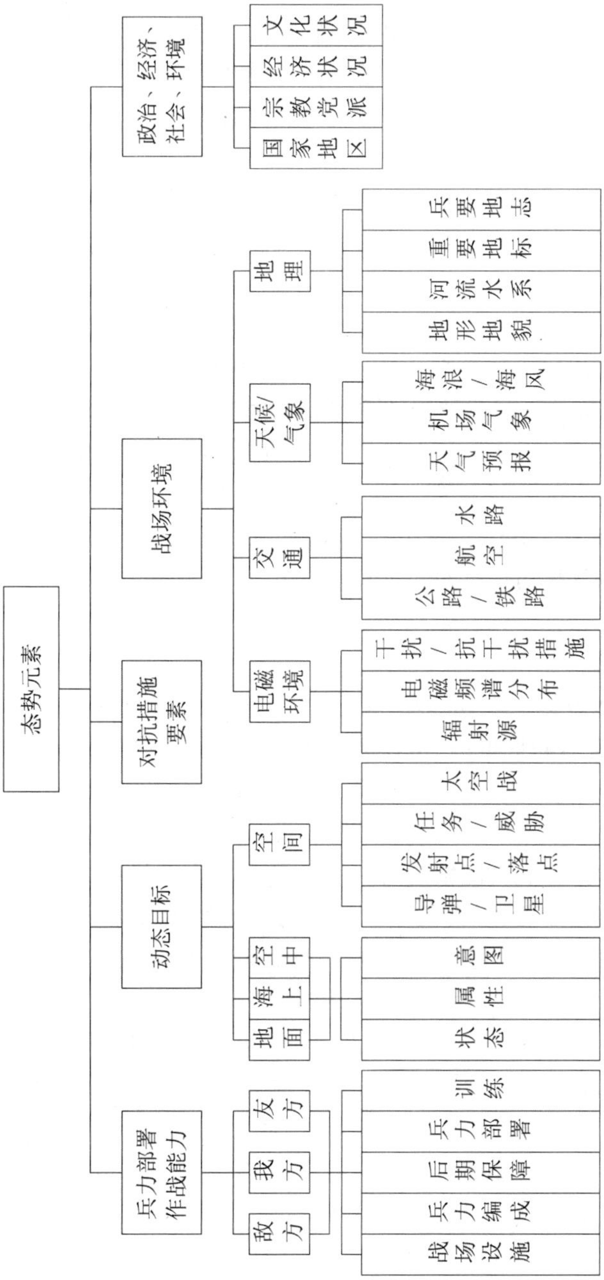

图 1-14　态势要素的层次结构

2. COP 的主要功能

COP 是 COE 的重要组成部分，所有需要战场态势感知功能的指挥控制系统都离不开 COP，如美军全球指挥控制系统族（GCCS、GCCS-M、GCCS-AF、ATCCS、GCCS-A）、陆军的 21 世纪旅及旅以下战斗指挥系统（Force XXI Battle Command Brigade and Below，FBCB2）中皆应用 COP。COP 描述并强调当前的部署和态势，同时也包含帮助指挥员预测和影响未来局势的信息。COP 具有以下 4 个主要功能。

（1）态势数据管理与处理：COP 能够收集、过滤、处理（关联/融合）、分发态势要素数据以及维护历史态势数据库。

（2）态势可视化：包括电子地图显示、更改、加载、删除以及 2D 和 3D 显示；对于不同应用系统（信息源）所提供的关于战场的不同侧面的态势信息，用特定的符号以图层方式显示在地图上。

（3）态势数据交换：COP 可为指控系统提供信息输入输出机制，以共享/接收其他系统的信息、访问外部数据库、与其他 COP 系统进行数据同步。

（4）战术辅助决策：COP 能够为战术指挥官提供辅助决策工具，包括目标轨迹运动分析预测、最接近点计算、生成拦截方案等；还能在地图上增加决策所需要的图层，如重要区域、边界、禁区、恶劣气象区域等；通过发送和接收空中任务组织指令（Air Tasking Order，ATO），参与空中任务信息的计划与监视；通过设置卫星数据库，决定目标轨迹易受卫星观测或受其他卫星信息影响的时限。

1.4.4 CTP

CTP 是相关战术数据完整、准确的显示，服务于战术级指挥控制。CTP 综合来自多个战术数据链网络、复合跟踪网络、情报网络和地面数据网络的战术信息，维持联合作战任务区域内的所有战术态势元素，以支持联合部队作战的指挥控制、态势感知和战斗识别等功能。CTP 是战术层面的 COP，主要功能分类与战区 COP 类似，只是具体内容涉及的是单次作战行动中指挥员职责区域范围内战场空间的当前描述，包括敌方、我方、中立方当前、预测、计划的兵力部署，采集的战术目标与兵力数据要求比 COP 更加精确、及时。CTP 与来自 JPN 的信息一同生成战区 COP，是战区 COP 实时态势数据的主要来源。

1.4.5 SIP

SIP 是面向某单一作战空间作战应用的多源探测/侦察信息融合图，服务于武器/火力控制层面。SIP 提供的覆盖全维作战空间（包括地面、水面、水下、空中、空间以及信息空间）的及时、融合、精确、可靠的作战对象信息，其中最主要的是经过数据融合处理并达到火控精度的目标状态估计，包括位置、属性、运动参数等。SIP 本身是一个图族，其成员及所含主要态势元素和主要用户见表 1-1。

表 1-1 SIP 态势图族成员表

成员名称	主要态势元素	主要用户
单一综合空情图（SIAP）	飞机/飞行器、导弹（如弹道、战术、巡航导弹等）、炮弹	联合部队

续表

成员名称	主要态势元素	主要用户
单一综合太空图(SISP)	卫星、太空飞行器/物体、弹道导弹、再入飞行器/诱骗器等	国防部
单一综合地情图(SIGP)	地面指挥机构、武器平台、地面车辆、物体、运动部队等	陆军/海军陆战队
单一综合海情图(SISP)	海面舰船/平台等	海军
单一综合水下图(SIUP)	潜艇、水雷、水下其他船只/设备	海军
单一综合情报图(SIIP)	侦察/监视情报、网络部署/能力/状态、备战/后勤/计划、政治/经济指标、文化/社会指数、媒体舆论等	国防部

目前，SIP 图族中最受重视、研究力量投入最多的当属 SIAP(Single Integrated Air Picture)。美军从 1998 年开始制订 SIAP 开发计划，几乎每年都要举行有关的演习，以推动研发进程。2000 年年底，美国国防部专门成立 SIAP 系统工程任务组(SIAP SE TF)指导相应的研发工作。2003 年年底，美海军经过论证最终决定采用 SIAP 取代价值 10 亿美元的 CEC Block 2 升级方案，并计划在 2009 年前实现美国国防部制定的目标。

SIAP 的技术背景和细节将在后续章节中结合武器协同数据链进行介绍。

1.4.6　战区 COP 的建立过程

COP 报告层级是依据上下级指挥关系确定的，如图 1-15 所示。COP 报告层级结构中的三个要素分别是数据源、COP 融合中心(COP Fusion Center，CFC)和 COP 关联站点(COP Correlation Site，CCS)。其中，数据源为 CCS 提供构建 COP 的各种态势元素信息。数据源包括传感器、基于全球定位系统(Global Positioning System，GPS)的跟踪设

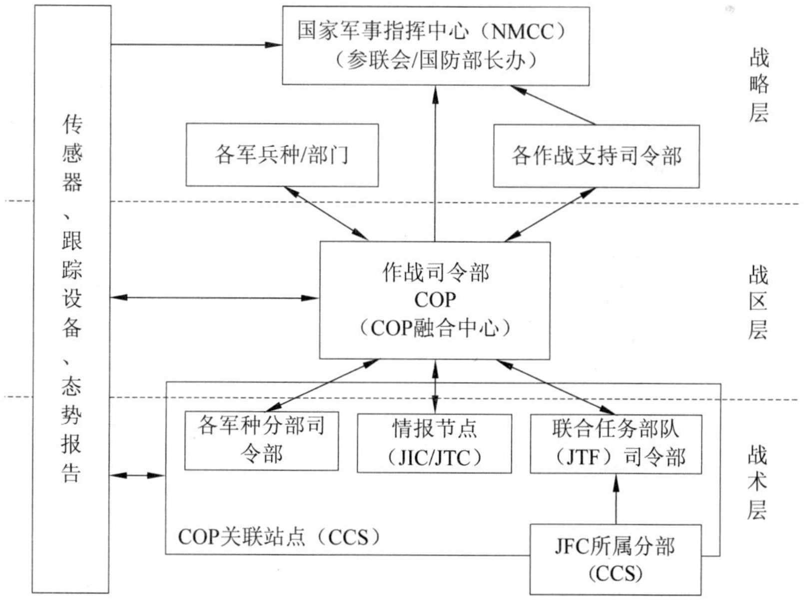

图 1-15　COP 逐级报告层次结构

备、GCCS 数据库或后勤/情报数据库、态势报告等。CFC 则全面管理从下级 CCS 获得的数据，加入必要的附加信息，并扮演网关的角色，承担向 NMCC、各军兵种、机关部门、作战支持司令部传送战区 COP 的任务。CCS 负责航迹数据管理、生成作战叠加图层，并向战区 CCS 传递本地 CTP/COP。CCS 由指挥员根据作战指挥需求和节点处理能力指定，通常包括联合任务部队(Joint Task Force，JTF)司令部、军种司令部以及主要的情报节点，如联合情报中心(Joint Intelligence Center，JIC)、联合分析中心(Joint Analysis Center，JAC)。

战区 COP/CTP 生成过程如图 1-16 所示。

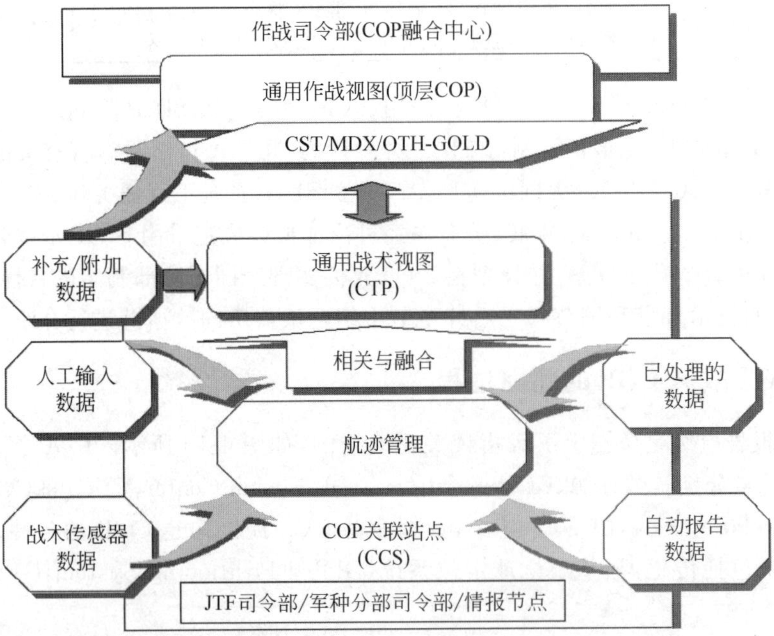

图 1-16 战区 COP/CTP 生成过程

(1) 在责任区域内调配部队以维持准确的战区 COP 是各级指挥员的职责之一。指挥员通过作战任务(Operation Task，OPTASK)消息协调/布置各种任务。CFC 具有合并、去除冲突数据，并选择合适的数据进行转发的功能。这些数据用来创建战区 COP。"顶层 COP"是指配属战区司令部作为主 COP 节点的 GCCS 服务器。

(2) 责任区域内所有具有数据合并、管理和转发目标航迹或作战单元数据的节点都被指定为 CCS。大部分 COP 数据通过 GCCS 通信接口在战区内的 CCS 之间共享。CCS 转发本地 COP 到战区 CFC，生成整个战区的或者指挥员需要的 COP。

(3) CCS 在参与作战的指挥员间共享经过过滤的信息。NMCC、军兵种司令部、作战支持司令部和其他机关部门需要与作战支持司令部进行协调，以获取未驻留在战区 COP 中的独有信息。

(4) CCS 与 CFC 之间，以及各 CCS 之间的信息交换需要采用 COP 同步工具(COP Synchronization Tool，CST)软件，点到点报文数据传输(Message Data Transmission，MDX)信道以及超视距传输文本格式(OTH-GOLD)。

(5) 在 GCCS 工作站上显示的 COP 可以根据任务需要进行裁剪。只要有 SIPRNET 接入手段，安装了 PC 版指控软件的 PC 工作站就可作为 Windows 客户机显示 COP 信息。性能较差的 PC 客户机安装增强链路虚拟信息系统(Enhanced Link Virtual Information System，ELVIS)浏览器也可以访问 COP。

1.4.7　小结

FIOP 是与 NCW 框架相适应的 COP/CTP/SIP 三层态势图族。美军 COP/CTP 概念是滚动发展的，经历了从“让所有人(司令员、飞行员，甚至步兵)看到相同的态势图”到“被一个以上指挥机构共享的相关信息的单一相同显示”，进而发展到“可以讨论和组合不同视角观点的协作环境”。

美军在伊拉克战争、阿富汗反恐，以及最近的空袭利比亚、击毙拉登等军事行动中，利用 COP 提高军事指挥机构态势感知水平取得了很大的成功。尽管如此，美军研究机构仍然认为 COP 面临诸多困难，特别是当前的 COP 建立在落后的“信息仓库”模式上，由于缺乏坚实的信息管理理论模型，无法对信息进行有效组织、检索和验证，大量的无用信息干扰指挥员决策。UDOP 的研发尚处于起步阶段，理论上仍然存在许多问题，远未达到成熟应用的程度。即便是已经实际运用的装备，如 Link 11、Link 16 等战术数据链，其生成的 CTP 质量也差强人意，而 CEC 生成的 SIP 虽然质量较高，但是如何将其与战术数据链的 CTP 有效地融合仍然是需要着力解决的问题。

此外，COP/CTP 终极目标是使战略/战术层面的参战人员对战场态势达成一致的理解，仅有一致的态势图并不能达到这一目的。在实现战场态势一致性的各个环节中，需要参与同一作战任务的多个作战单元通过互操作手段进行作战协同，包含对重要动态目标和战场态势理解与估计的协同研讨，才有可能最终达成在认知域中的一致。也就是说，战场态势一致性不仅存在于其生成的诸环节中，还取决于互操作协同中。因此，除了技术层面的问题外，要想通过 COP/CTP 达到认知域的一致理解，还必须重视组织机构、军队条令、人员编制和教育训练等多个层面的综合建设。

第 2 章　常用战场传感器

2.1　概　　述

信息融合是对传感器输出数据进行处理的流程，所以传感器是信息融合的基础。随着战场态势生成需求的逐步提高，不同类型的传感器也应用到战场环境中。了解典型传感器的工作原理，对深入理解信息融合的算法具有关键性的作用。不但要了解传感器的基本工作过程，还要了解在现阶段各种传感器达到的性能水平；不但要了解传感器输出数据的表达方式，还要理解不同数据代表的意义。

由于传感器类型各异，数量非常多，而且工作原理也差别显著，所以这里只讲解常用的典型传感器。本章选择雷达、视频传感器、电子侦察传感器、声呐传感器作为代表。它们为目前战场上的主要传感器类型，对态势图的形成具有充分的感知能力。讲解每种传感器时，将从基本的工作原理入手，并侧重说明它们的军事应用。

2.2　雷　　达

雷达（Radar）以辐射电磁能量并检测反射体（目标）反射的回波的方式工作。回波信号的特性提供有关目标的信息。通过测量辐射能量传播到目标并返回的时间可得到目标的距离。目标的方位通过方向性天线（具有窄波束的天线）测量回波信号的到达角确定。如果是移动目标，雷达能推导出目标的轨迹或航迹，并能预测未来它的位置。动目标的多普勒效应使接收的回波信号产生频移，雷达根据频移能把希望检测的动目标（如飞机）和不希望的固定目标（如地杂波和海杂波）区分开。当雷达具有足够高的分辨力时，它能识别目标尺寸和形状的某些特性。

雷达在距离上、角度上或这两方面都可获得分辨力。距离分辨力要求雷达具有大的带宽，角度分辨力要求大的电尺寸雷达天线。在横向尺度上，雷达获得的分辨力通常不如其在距离上获得的分辨力高。但是，当目标的各个部分与雷达间存在相对运动时，可运用多普勒频率固有的分辨力分辨目标的横向尺寸。

雷达是一种有源装置，它有自己的发射机，不像大多数光学和红外传感器那样依赖于外界的辐射。在任何气象条件下，雷达都能探测或远或近的小目标，并精确测量它们的距离，这是雷达和其他传感器相比具有的主要优势。

雷达原理已在几兆赫兹（高频或电磁频谱的高频端）到远在光谱区外（激光雷达）的频率范围内得到应用。这个范围内的频率比高达 109：1。在如此宽的频率范围内，为实现雷达功能而应用的具体技术差别巨大，但是基本原理是相同的。

2.2.1　雷达框图

雷达系统的基本组成如简化框图 2-1 所示。发射机产生的雷达信号(通常是重复的窄脉冲串)由天线辐射到空间。收发开关使天线时分复用于发射和接收。反射物或目标截获并辐射一部分雷达信号,其中少量信号沿着雷达的方向返回。雷达天线收集回波信号,再经接收机加以放大。如果接收机输出的信号幅度足够大,就说明目标已被检测。雷达通常测定目标的方位和距离,但回波信号也包含目标特性的信息。显示器显示接收机的输出,操纵员根据显示器的显示判断目标存在与否,或者采用电子设备处理接收机的输出,以便自动判断目标存在与否,并根据发现目标后的一段时间内的检测建立目标的航迹。使用自动检测和跟踪(ADT)设备时,通常向操纵员提供处理后的目标航迹,而不是原始雷达检测信号。在某些应用中,处理后的雷达输出信号可直接用于控制一个系统(如制导导弹),而无需操纵员的干预。

1. 发射机

图 2-1 的发射机是一个功率放大器,如速调管、行波管、正交场放大器或固态器件。发射机不仅能产生大功率、高稳定的波形,而且常常还要在很宽的频率范围内高效、长时间无故障工作。

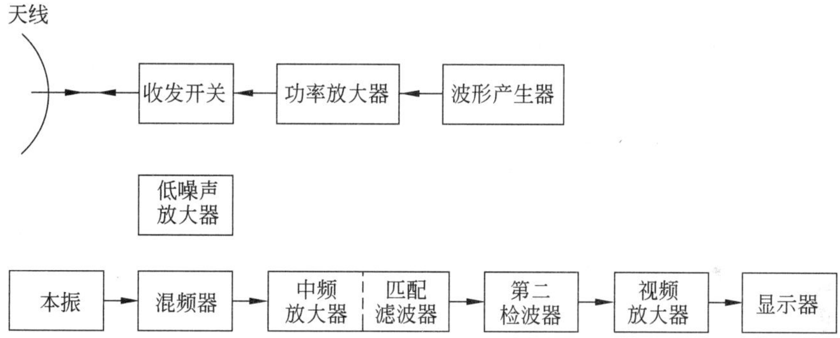

图 2-1　采用功率放大发射机和超外差接收机雷达的简化框图

2. 收发开关

收发开关是用于保护接收机免受大功率发射机工作漏能损坏的快速转换开关。在接收时,发射机关闭,收发开关将接收到的弱信号送入接收机,而不是进入发射机。它通常是气体放电元件,并可与固态或气体放电接收机保护器共同使用。有时用固态环流器进一步隔离发射机和接收机。

3. 天线

发射机能量由方向性天线集聚成一个窄波束辐射到空中。在雷达中,机械控制抛物面反射面天线和平面相控阵天线都得到广泛的应用。电扫相控阵天线也有应用。大多数雷达天线特有的定向窄波束不仅能将能量集中到目标上,而且能测量目标的方位。用于探测或跟踪飞机的雷达,天线波束宽度的典型值约为 1°或 2°。专用跟踪雷达一般有一副对称的天线,它辐射笔状波束的波瓣图。常用的探测目标距离和方位的地面对空警戒雷达通常采用机械转动的反射面天线,它的扇形波束水平方向窄,垂直方向宽。机载雷达和三坐标对空警戒雷达(它们在方位上机械转动,以测量方位,但在垂直方向上使用电控扫描或波束形成测量仰角)经常使用平面阵列孔径。对于绝大多数的雷达应用来说,雷达天线采用机械扫描是令人满意的。当波束必须快速扫描而用机械扫描又无法实现,并且可接受高成本时,雷达可使用电扫相控阵天线。电扫相控阵天线的波束控制可在微秒或更短的时间完成。

无论是地面雷达或车载雷达,天线尺寸都部分取决于雷达的工作频率和工作环境。由于机械和电气容差与波长成正比,频率越低,制造大尺寸的天线就越容易。在超高频波段(UHF),一个大型天线(无论是反射面,还是相控阵天线)的尺寸可达 100 英尺(1 英尺=0.3048 米)或更大;在较高的微波频率(如 X 波段),雷达天线的尺寸超过 10 英尺或 20 英尺,就算是相当大的(曾经建造过比此更大的天线,但不常见)。尽管有波束宽度窄到 0.05°的微波天线,但雷达天线波束宽度很少小于 0.2°,这近似对应 300 个波长的孔径。X 波段大约为 31 英尺,UHF 波段大约为 700 英尺。

4. 接收机

天线收集的回波信号送往接收机。接收机几乎都是超外差式的。接收机的用途:①将所需的回波信号从始终存在的噪声和其他干扰信号中分离出来;②放大信号,使其幅度足以在阴极射线管之类的显示器中显示或能被数字设备自动处理。在微波频段,接收机输出端的噪声通常源于接收机自身,而不是从天线进入的外部噪声。接收机的输入级不能引入过大的噪声,以免干扰信号的检测。在许多雷达应用中,第一级采用晶体管放大器时,它的低噪声是可接受的。接收机输入级的噪声系数的典型值为 1dB 或 2dB。许多民事应用要求有低噪声接收机前端(第一级),但可达到的最小噪声系数对军用雷达来说并不总是最合适的。在高噪声环境下,无论是无意的干扰或敌方的人为干扰,采用低噪声接收机的雷达都比采用高噪声接收机的雷达更容易受到影响。并且采用低噪声放大器前端将导致接收机的动态范围更小。这一点在某些情况下是不希望的,如当雷达面对敌方电子干扰或要利用多普勒效应探测强杂波下的小目标时,为了避免低噪声接收机的缺点,可不用高放级而只用混频器作为接收机的前端。混频器较大的噪声系数可通过等效地增加发射功率的方法弥补。

超外差接收机混频器将射频信号转变为中频信号。中频放大器的增益使接收机信号电平增大。中频放大器还有匹配滤波器的功能:它使输出信噪比最大。中频输出信噪比最大使信号的可检测性最大。几乎所有雷达的接收机都近似为匹配滤波器。

接收机的第二检波器是包络检波器,它消除中频载波,并让调制包络通过。在 CW 雷达、MTI 雷达、PD 雷达中,由于使用了多普勒处理,相位检波器代替了包络检波器。相位检波器通过与一个频率为发射信号频率的参考信号比较,可提取目标的多普勒频率。接收机还必须包括用于消除固定杂波的滤波器和通过动目标多普勒频移信号的带通滤波器。

视频放大器将信号电平提高到便于显示它所含有信息的程度。只要视频带宽不小于中频带宽的一半,视频放大器对信号的可检测性就不会产生负面的影响。

在视频放大器的输出端建立一个用于检测判决的门限。若接收机的输出超过该门限,则判定有目标。判决可由操纵员作出,也可无须操纵员的干预而由自动检测设备得出。

5. 信号处理

雷达的信号处理由哪些部分构成一直没有得到普遍的认同，但通常认为，信号处理是消除不需要的信号（如杂波），并通过所需的目标信号。信号处理在作出检测判决的门限检测前完成。信号处理包括匹配滤波器、MTI 以及脉冲多普勒雷达的多普勒滤波器。脉冲压缩在检测判决前实现，尽管它并不符合上述的定义，但有时仍被认为是信号处理。

6. 数据处理

检测判决之后的处理称为数据处理。自动跟踪是数据处理的主要实例。目标识别则是另一实例。最好在能滤除大部分无用信号的优良雷达中使用自动跟踪系统，这时跟踪系统只需处理目标数据而不涉及杂波。当雷达不能消除所有的有害回波时，在跟踪系统的输入端必须有维持 CFAR 电路。

接收机的 CFAR 部分通常正好位于检测判决之前。当杂波和（或）噪声背景发生变化时，它能保持虚警率恒定。其目的是为了防止外部杂乱回波使自动跟踪系统过载。CFAR 电路从邻近目标的噪声或杂波中感知杂波回波的大小，并利用这一信息建立门限，从而使噪声或杂波的回波被门限滤除，而不至于被自动跟踪系统误认为目标。

令人遗憾的是，CFAR 降低了检测概率，并导致信噪比的损失和距离分辨力降低。当自动跟踪计算机不能处理大量的回波信号时，CFAR 或其等效物是必要的，但如果有可能，应尽量避免采用 CFAR。若由操纵员完成门限判决，则在有限容量的自动跟踪系统中无须 CFAR，因为操纵员通常能识别由杂波或增强了的噪声（如干扰）造成的回波，而不致使它们与所需目标回波相混淆。

7. 显示器

警戒雷达的显示器通常是 PPI（平面位置显示器）格式的阴极射线管。PPI 提供亮度调制、地图形式的图像。它用极坐标（距离和方位）标识目标的位置。旧式雷达直接显示接收机的视频输出（称为原始视频），但现代雷达一般只显示处理后的视频信号，也就是自动检测装置或自动检测和跟踪（ADT）装置处理后的视频信号。因为噪声和背景杂波已被消除，所以有时称为廓清显示。

8. 雷达控制

为了使雷达在不同环境条件下的性能达到最佳，现代雷达能工作在不同的雷达参数下，这些参数包括频率、发射波形、信号处理和极化方式。根据当地的天气、杂波环境（在距离和方位上都很少是均匀的）、是否受其他电子设备的干扰或干扰了其他电子设备等条件，以及敌意 ECM（电子干扰）环境（军用雷达），雷达参数要随之改变。在特定条件下雷达性能要达到最优，上述的参数是不同的。这些参数可以按预期的环境预先编程送入，或者由操纵员根据环境条件实时地选择。另一方面，雷达控制能自动识别环境条件的变化，并自动选择适当的雷达参数，使雷达性能最优，而这一切都不需操纵员辅助。

9. 波形

重复窄脉冲串是最常见的雷达波形。当脉冲串不能实现要求的特殊功能时，雷达使用其他波形。在利用多普勒频移测量目标的径向速度的专用雷达中，使用连续正弦波。而当 CW 雷达要测距时，采用频率调制连续波（FM-CW）。当要得到窄脉冲的分辨力和宽脉冲的能量时，采用脉冲压缩波形。对低 PRF MTI 雷达和高 PRF PD 雷达而言，为了消除距离和(或)多普勒模糊，波形采用多个脉冲重复周期参差工作的脉冲串。

2.2.2 雷达方程

雷达方程是描述影响雷达性能诸因素的唯一并且也是最有用的方式。它根据雷达特性，给出雷达的作用距离。一种给出接收信号功率 P_r 的雷达方程形式为

$$P_r = \frac{P_t G_t}{4\pi R^2} \times \frac{\sigma}{4\pi R^2} \times A_e \tag{2-1}$$

为了描写所发生的物理过程，式(2-1)右侧写成 3 个因子的乘积。第一个因子是在距辐射功率为 P_t、天线增益为 G_t 的雷达 R 处的功率密度。第二个因子的分子是以平方米表示的目标截面积 σ，分母表示电磁辐射在返回途径上随距离的发散程度，如同第一因子的分母表示电磁波在向外辐射途径上的发散程度一样。前两项的乘积表示返回到雷达的每平方米的功率。有效孔径为 A_e 的天线截获功率的一部分，其数量由上述 3 个因子的乘积给出。如果雷达的最大作用距离定义为，当接收功率 P_r 等于接收机最小可检测信号 $S_{\min}$时的雷达作用距离，则雷达方程可写为

$$R_{\max}^4 = \frac{P_t G_t A_e \sigma}{(4\pi)^2 S_{\min}} \tag{2-2}$$

当同一天线兼作发射和接收时，发射增益 G_t 与有效接收孔径 A_e 的关系式为 $G_t = 4\pi A_e/\lambda^2$。式中，λ 表示雷达电磁能量的波长。将该式代入式(2-2)得到雷达方程的另外两种形式为

$$R_{\max}^4 = \frac{P_t G_t^2 \lambda^2 \sigma}{(4\pi)^3 S_{\min}} \tag{2-3a}$$

$$R_{\max}^4 = \frac{P_t A_e^2 \sigma}{4\pi\lambda^2 S_{\min}} \tag{2-3b}$$

上面给出的雷达方程可用于粗略计算雷达测距性能，但由于过于简化，故不能得到实用的结果。至少有两个主要原因可用于解释简化的雷达方程不能精确估算实际雷达的作用距离。首先，方程不包括雷达的各种损失；其次，目标截面积和最小可检测信号本质上是统计量。所以，作用距离必须用统计值规定。虽然在式(2-3)中作用距离为 4 次幂，但在特定的条件下，它也可以是 3 次幂、2 次幂或 1 次幂。

方程中的最小可检测信号 $S_{\min}$是一个统计量，它必须用检测概率和虚警概率描述。为了在接收机检测判决点上信号能被可靠地检取，$S_{\min}$ 必须大于噪声(通常为 10～20dB)。最小可检测信号可表示为可靠检测所需的信噪比与接收机噪声的乘积。接收机噪声用相对于理想接收机产生的热噪声表示。热噪声等于 kTB，其中，k 是玻耳兹曼常数；T 是热力学温度；B 是接收机带宽。接收机噪声为热噪声与接收机噪声系数 F_n 的乘积。接收机噪声系数是相当于基准温度(T_0＝290K，接近室温)测定的，此时 $kT_0 = 4\times 10^{-21}$ W/Hz。雷达方程中的最小可检测信号可写为

$$S_{\min} = kT_0 B F_n \frac{S}{N} \tag{2-4}$$

有时因子 $T_0 F_n$ 用系统噪声温度 T_s 代替。

虽然功率是由矩形脉冲组成的常用雷达波形的一种为人熟知的特性，但对于更复杂的波形，总信号能量通常是波形可检测性的更方便的测量标准。理论上看，它也更恰当。基于统计检测理论的理论分析，信号能量与噪声能量的比值（记为 E/N_0）是一个比信号功率与噪声功率之比更基本的参数。无论接收波形如何，只要接收机被设计为一个匹配滤波器，匹配滤波器输出端信噪（功率）比的峰值就为 $2E/N_0$。

对于宽度为τ的矩形脉冲，信号功率是 E/τ，噪声功率是 N_0B，其中，E 为信号能量；N_0 为噪声能量或单位带宽的噪声功率（假设噪声在频域内是均匀分布的）；B 为接收机带宽。用这些变量表示，$S_{\min}$ 就等于 $kT_0F_n(E/N_0)/\tau$，代入式(2-2)得到

$$R_{\max}^4=\frac{E_tG_tA_e\sigma}{(4\pi)^2kT_0F_n(E/N_0)} \tag{2-5}$$

式中，$E_t=P_t\tau$ 是发射波形的能量。虽然式(2-5)假定发射波形是矩形脉冲，但是只要 E_t 是发射波形所包含的能量及噪声系数为 F_n 的接收机被设计成匹配滤波器，它也适用于任何波形。某些已发表的雷达检测理论给出检测概率和虚警概率时用 S/N，而不用 E/N_0。

2.2.3　从雷达回波可获取的信息

尽管雷达一词源于无线电探测和测距(radio detection and ranging)，但雷达所能提供的信息超出其名称的含义。“探测”目标意味着发现目标的存在。可以将“探测”与信息的提取分别考虑，但是仅对目标是否存在感兴趣，而对目标在空间的位置和特性不感兴趣是不常见的。因此，提取目标的有用信息是雷达工作的重要组成部分。

“探测”与信息的提取相互独立并不意味着二者之间没有联系。为实现最优处理，信息的提取通常要求采用匹配滤波器或其等效措施。事先了解的目标信息越多，检测效率就越高。例如，如果目标的位置已知，则天线可先指向合适的方向，而不必在空间搜索中浪费能量和时间。又如，如果目标的相对速度已知，则接收机可先调谐至正确的接收频率，而不必在多普勒频移可能出现的整个频率范围内搜索。

常规雷达提供目标的方位和距离。通过测量目标距离和方位随时间的变化可得到目标位置的变化率，并由此可建立目标的航迹。在许多雷达应用中，只有建立了航迹，才可称为探测到目标。

在一维或多维坐标中，当雷达具有足够的分辨力时，它就能识别目标的大小和形状。由极化可得到目标的对称性。原则上说，雷达可检测目标表面的粗糙度及某些与电介质特性方面有关的性质。

1. 距离

通过测量雷达信号往返目标的时间，雷达可测出距目标的距离。这可能是常规雷达突出的、也是最重要的特性。在远距离上和不利气候条件下测量目标的距离，其他传感器都达不到雷达的测量精度。在仅受视线限制的距离上（通常为 200～250 海里（1 海里＝1.852 千米）），地面雷达测量飞机的距离精度可达几十米。已经证明，雷达测量行星间距获得的精度仅受传播速度精度的限制。在适中的距离上，测距精度可达几厘米。

窄脉冲是测距的常用雷达波形。脉冲越窄，测距精度越高。窄脉冲具有宽的频谱。

宽脉冲也能达到窄脉冲的效果，只是用相位调制和频率调制使宽脉冲的频谱扩展。已调制宽脉冲通过匹配滤波器后，其输出是压缩后的脉冲，并且压缩脉冲的宽度等于已调制宽脉冲频谱宽度的倒数，这就是脉冲压缩，它具有窄脉冲的分辨力和宽脉冲的能量。频率调制或相位调制的连续波也能进行目标距离的精确测量。通过比较两个或多个连续波频率的相位，也可测量单个目标的距离。连续波测距已广泛用于机载雷达高度计和勘测仪器。

2. 径向速度

对目标距离的连续测量可获得距离变化率或径向速度。动目标回波的多普勒频移也能用来测量目标的径向速度。但是在许多脉冲雷达中，多普勒频率测量是高度模糊的，因此降低了直接用它测量径向速度的有用性。连续波距离测量法能在较短的时间得到更精确的测量，所以在允许应用这种方法时，通常优先采用它测量目标的径向速度。

无论是测量距离变化率，还是测量多普勒频移，速度测量都需时间。观察目标的时间越长，测速的精度越高(观察目标的时间延长，也可增大另一个提高测量精度的因素——信噪比)。虽然在某些实际应用中，多普勒频移用于测量目标的径向速度(例如，各种警用测速计和卫星监视雷达)，但是它被广泛用作分选固定杂波和移动目标的基础，如在 MTI 雷达、AMTI 雷达、PD 雷达和 CW 雷达中那样。

3. 方向角

通过测量回波波前到达雷达的角度，雷达可测出目标的方向。雷达的测角通常用方向性天线(即窄辐射波瓣图天线)实现。当接收到的信号最大时，天线所指的方向就是目标方向。和其他测角方法相同，上述测角方法假设大气层不扰乱电磁波的直线传播。

入射波方向也可通过测量两个分立的接收天线相位差得出，如干涉仪中的那样。测量两个天线中信号的相位是比相单脉冲雷达测角的基础。比幅单脉冲雷达则是比较同一天线产生的两个倾斜波束所接收到的信号幅度来测量到达角。天线孔径的尺寸决定到达角的测量精度。天线孔径越大，波束宽度越窄，测角精度也就越高。

到达角或目标方向并不是严格意义上的雷达测量(如距离和径向速度)。角度的测量只利用了单向路径。不过，角度的测量仍是绝大多数警戒雷达和跟踪雷达不可分割的组成部分。

4. 尺寸

若雷达具有足够的分辨力，它就能测量目标的宽度或尺寸。因为许多感兴趣的目标尺寸的量级是几十米，所以雷达分辨力必须是几米或更小。这一量级的分辨力在距离坐标上很容易得到。对于常规雷达天线和通常的作用距离而言，角度分辨力远低于距离分辨力。但是，运用多普勒频域的分辨力，雷达可得到与距离分辨力相当的目标横向距离维(角度维)分辨力。但这要求目标的各部分和雷达间存在相对运动。目标和雷达之间的相对运动是 SAR 具有优良目标横向距离分辨力的基础。在 SAR 中，雷达载体的飞机或航天器的运动使雷达和目标存在相对运动。而在 ISAR 中，这种相对运动是由目标的相对转动提供的。

5. 形状

目标的尺寸本身很少令人感兴趣，但目标的形状和尺寸对识别目标类型来说却很重要。高分辨力雷达获得目标的距离和横向距离(如 SAR 和 ISAR)，并由此能提供目标的尺寸和形状。层析 X 射线摄影术也能得到目标的形状，它是采用不同的观察方向测量三维物体的某一截面断层的相位分布和幅度分布，然后重建其二维图像(雷达可绕着固定物体旋转或物体绕固定雷达的轴旋转)，此时距离分辨力对相参断层雷达来说并不需要。

表面粗糙度是目标形状的一个特征。对来自地面或海面的回波的表面粗糙度的度量显得尤其重要。粗糙的目标对入射的电磁能量产生漫反射；光滑的目标则镜面反射电磁能量。通过观测作为入射角的函数的后向散射信号的特性可判断目标的表面是否光滑。表面粗糙度是一个相对值，它取决于照射信号的波长。在某一波长照射下是粗糙的表面，当用更长的波长照射时，它有可能是光滑的表面。因此，测量目标表面粗糙度的另一种方法是改变照射的频率，然后观测目标散射由镜面反射到漫反射的转折点。直接测量目标粗糙度的方法是观测物体的散射，并且观测的分辨力要能分辨物体的粗糙尺度。

6. 其他目标测量

正像从时域的多普勒频移可确定目标的径向速度一样，从相似的空域多普勒频移可得到目标速度的切向(横向距离)分量。空域多普勒频移扩展或压缩视在的天线辐射方向图(恰如径向速度分量能扩展或压缩动目标回波的时间波形，以产生时域的多普勒频移)。切向速度的量度需要长基线天线，如干涉仪。但由于它要求的基线太长，因而切向速度的测量并没有得到实际应用。

从接收信号幅度随时间的变化，可记录下复杂目标回波径向投影的变化。径向投影的变化通常表现为雷达截面积的变化。

目标的振动、飞机螺旋桨的转动或喷气发动机的转动使雷达回波产生特殊的调制，它可通过雷达回波信号的频谱分析检测。

2.2.4　雷达频率

雷达的工作频率没有根本性的限制。无论工作频率如何，只要是通过辐射电磁能量检测和定位目标，并且利用目标反射回波提取目标信息的任何设备都可认为是雷达。已经使用的雷达工作频率从几兆赫兹到紫外线区域。任何工作频率的雷达，其基本原理都是相同的，但具体的实现却差别很大。

雷达工程师利用表 2-1 给出的字符标识雷达常用工作频段。这些字符表示的波段名称在雷达领域是通用的。它作为一种标准已被电气和电子工程师学会(IEEE)正式接受，并被美国国防部认可。过去，人们试图用其他字符细分波段的整个频谱，但表 2-1 是雷达界采用的唯一频段标识。

表 2-1　标准的雷达频率命名法

波段名称	频率范围	据国际电信联盟的规定Ⅱ区的雷达频段
HF	3～30MHz	
VHF	30～300MHz	138～144MHz 216～225MHz
UHF	300～1000MHz	420～450MHz 890～942MHz

续表

波段名称	频率范围	据国际电信联盟的规定Ⅱ区的雷达频段
L	1000～2000MHz	1215～1400MHz
S	2000～4000MHz	2300～2500MHz 2700～3700MHz
C	4000～8000MHz	5250～5925MHz
X	8000～12 000MHz	8500～10 680MHz
K_u	12.0～18GHz	13.4～14.0GHz 15.7～17.7GHz
K	18～27GHz	24.05～24.25GHz
K_a	27～40GHz	33.4～36.0GHz
V	40～75GHz	59～64GHz
W	75～110GHz	76～81GHz 92～100GHz
毫米波	110～300GHz	126～142GHz 144～149GHz 231～235GHz 238～248GHz

最初的代码(如 P、L、S、X 和 K)是在“二战”期间为保密而引入的。尽管后来不再需要保密,但这些代码仍沿用至今。由于雷达使用了新的频段,其他字符是后来增加的(其中 UHF 代替了 P 波段,P 波段不再使用)。

雷达的常用工作频段用字母标识很方便。在军事应用上,它的重要作用是不必用雷达的确切频率描述雷达的工作频段。当实际需要时,可加上确切的工作频率或替换掉字母。

国际电信联盟(ITU)为无线电定位(雷达)指定了特定的频段。它们适用于包括北美、南美在内的 ITU 第Ⅱ区。其他两个区的划分略有不同。例如,尽管 L 波段的范围为 1000～2000MHz,但是实际上 L 波段雷达的工作频率在国际电信联盟指定的 1215～1400MHz 的范围内。

2.2.5 脉冲多普勒雷达

脉冲多普勒(PD)是指下列雷达:

(1) 雷达采用相参发射和接收,即发射脉冲和接收机本振信号都与一个高稳定的自激振荡器信号同步。

(2) 雷达的 PRF 足够高,距离是模糊的。

(3) 雷达采用相参处理抑制主瓣杂波,以提高目标的检测能力和辅助进行目标识别或分类。

PD 主要应用于需要在强杂波背景下检测动目标的雷达系统,广泛应用在机载或空间监视、机载火控、地面监视、导弹引导头、气象等方面，特别是应用在机载雷达中。

1. 脉冲重复频率

PD 雷达通常分为两大类，即中 PRF 和高 PRF 的 PD 雷达。在中 PRF 的 PD 雷达中，我们关心的目标距离、杂波距离和速度通常都是模糊的。但在高 PRF 的 PD 雷达中，只有距离是模糊的，而速度是不模糊的(或如后面讨论的最多只有一阶速度模糊)。

在通常被称为移动目标显示(MTI)器的低 PRF 雷达中，人们关心的距离是不模糊的，但速度通常是模糊的。尽管 MTI 雷达和 PD 雷达的工作原理相同，但通常并不把它列入 PD 雷达。表 2-2 给出了 MTI 雷达和 PD 雷达的比较。

表 2-2　MTI 雷达和 PD 雷达的比较

	优　点	缺　点
MTI 雷达 低 PRF	① 根据距离可区分目标和杂波； ② 无距离模糊； ③ 前端 STC 抑制了副瓣检测和降低对动态范围的要求	① 由于多重盲速，多普勒能见度低； ② 对慢目标抑制能力弱； ③ 不能测量目标的径向速度
PD 雷达 中 PRF	① 在目标的各个视角都有良好的性能； ② 有良好的慢速目标抑制能力； ③ 可以测量目标的径向速度； ④ 距离遮挡比高 PRF 时小	① 有距离幻影； ② 副瓣杂波限制了雷达性能； ③ 由于有距离重叠，因此导致稳定性要求高
PD 雷达 高 PRF	① 在目标的某些视角上可以无副瓣杂波干扰； ② 唯一的多普勒盲区在零速； ③ 有良好的慢速目标抑制能力； ④ 可以测量目标的径向速度； ⑤ 仅检测速度可提高探测距离	① 副瓣杂波限制了雷达性能； ② 有距离遮挡； ③ 有距离幻影； ④ 由于有距离重叠，因此导致稳定性要求高

2. 脉冲多普勒频谱

PD 雷达的发射频谱由位于载频 f_0 和边带频率 $f_0 \pm i f_R$ 上的若干离散谱线组成。其中，f_R 为 PRF；i 为整数。频谱的包络由脉冲的形状决定。对常用的矩形脉冲而言，其频谱的包络是 $(\sin x)/x$。

固定目标的接收频谱谱线有正比于雷达平台和目标之间视线或径向速度的多普勒频移。电磁波往返的多普勒频移为 $f_d=(2V_R/\lambda)\cos\Psi_0$。式中，$\lambda$ 为雷达波长；V_R 为雷达平台的速度；Ψ_0 为速度矢量和目标视线之间的夹角。图 2-2 给出的是来自连续杂波(如地物回波或云雨杂波等)和离散目标(如飞机、汽车、坦克等)回波的频谱。

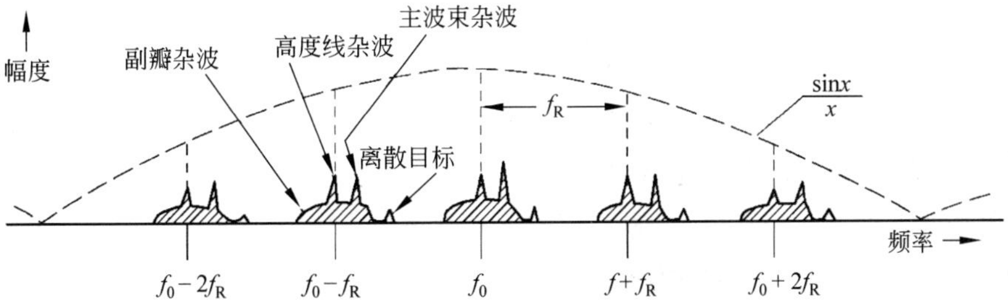

图 2-2　水平运动平台的杂波和目标频谱

图 2-3 给出了当雷达平台以速度 V_R 水平移动时的无折叠频谱，即没有邻近脉冲重复频率谱线的频谱折叠。无杂波区是指不存在地物杂波的频谱区(中 PRF 通常不存在无杂波区)。宽度为 $4V_R/\lambda$ 的副瓣杂波区包含由天线副瓣进入的地杂波功率，在某些区域其杂波功率可能低于噪声功率。位于 $f_0+(2V_R/\lambda)\cos\Psi_0$ 的主波束区包含天线主波束及由速度矢量测得的扫描角 Ψ_0 扫过地面产生的强回波。当主波束照射到雨或箔条云时，也会产生强的雨或箔条杂波。此外，由于风的影响，其频谱在频域上会发生位移或展宽。

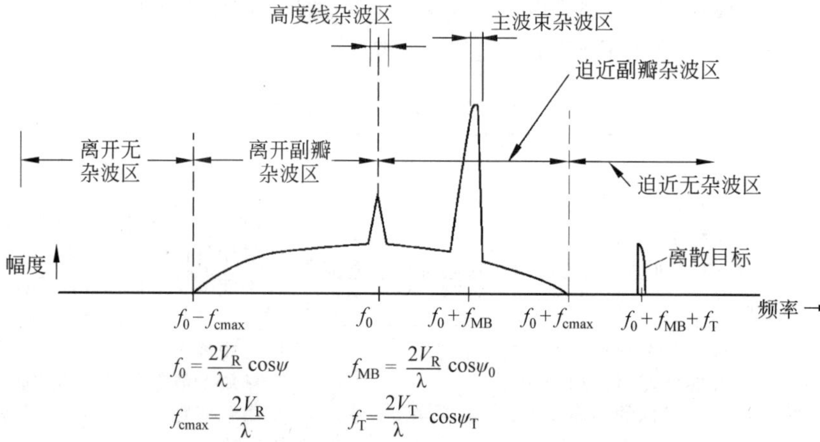

图 2-3 无折叠频谱图(无杂波跟踪)

若雷达平台的垂直运动速度为零，则由雷达平台正下方几乎垂直处的地面产生的高度线杂波落在零多普勒频移上。由主波束返回的离散目标回波的频谱位于 $f_T=f_0+(2V_R/\lambda)\cos\Psi_0+(2V_T/\lambda)\cos\Psi_T$。式中，$V_T$ 为目标速度；Ψ_T 为雷达目标视线和目标速度矢量之间的夹角。

3. 模糊和 PRF 的选择

PD 雷达的距离或多普勒频率通常是模糊的或者二者都是模糊的。不模糊距离 R_u 为 $c/2f_R$。其中，c 为光速；f_R 为 PRF。如果被观测的最大目标速度是 $\pm V_{Tmax}$，则若想在速度上(大小和多普勒符号，即正的和负的)不模糊，那么最小的脉冲重复频率值 f_{Rmin} 为

$$f_{Rmin}=4V_{Tmax}/\lambda \tag{2-6}$$

然而，某些 PD 雷达采用仅速度大小上无模糊的 PRF，即 $f_{Rmin}=2V_{Tmax}/\lambda$，并依靠在照射目标期间用多重 PRF 检测解决多普勒符号上的模糊问题。如果过去的高 PRF(没有速度模糊)雷达的定义扩展为可允许一个多普勒符号的速度模糊，则这些雷达可归属为高 PRF 类雷达。这种较低 PRF 不仅可保留高 PRF 在零多普勒频率附近只有一个盲速区的优点，而且还使目标距离测量变得容易。

高 PRF 和中 PRF 之间的选择涉及许多考虑，如发射脉冲占空比限制、脉冲压缩可行性、信号处理能力、导弹照射要求等，但通常取决于目标全方位可检测性的需要。全方位覆盖要求具有良好的尾追性能，此时目标多普勒频率位于副瓣杂波区中并接近于高度线。在高 PRF 雷达中，距离折叠使距离维几乎无清晰区，因此降低了目标的探测能力。若采用较低的或中 PRF，则距离上的清晰区增大，但这是以高多普勒目标的速度折叠为代价

的，而在高 PRF 时，它们位于无杂波区。例如，图 2-4 在距离-多普勒坐标上画出了杂波加噪声与噪声之比。其中，高度取 6000 英尺，PRF 取 12kHz。图 2-4 中画出了主波束杂波、高度线杂波和副瓣杂波。距离坐标表示不模糊距离间隔 R_u，频率坐标表示 PRF 间隔。由图 2-4 可知，存在一个副瓣杂波低于热噪声且具有较好目标检测能力的距离-多普勒区。主波束杂波可用滤波器滤除。

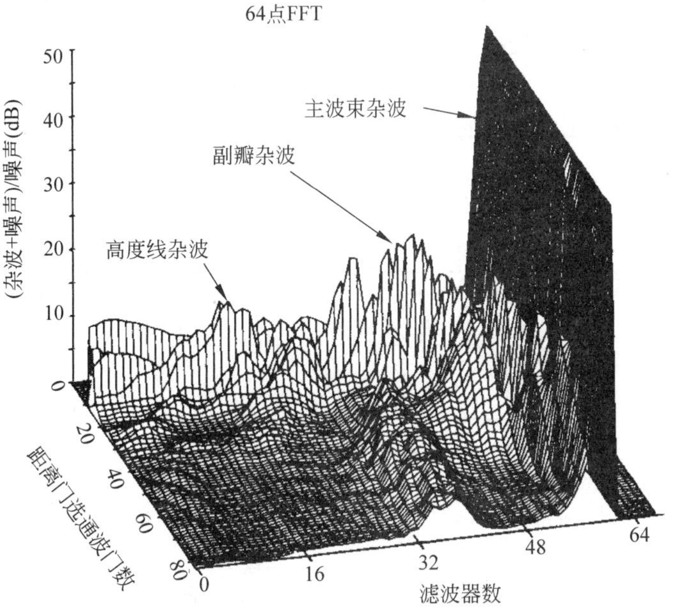

图 2-4　在距离-多普勒空间上的杂波加噪声与噪声之比

因为中 PRF 在距离和多普勒频率上杂波是折叠的，因此需要采用多重 PRF 取得令人满意的检测概率，以解决距离模糊和多普勒模糊。多重 PRF 通过移动无杂波区的相对位置达到对目标的全方位覆盖。由于副瓣杂波通常覆盖人们感兴趣的多普勒频率区，因此低于噪声的副瓣杂波区和整个距离-多普勒空间之比是雷达高度、雷达速度和天线副瓣电平的函数。

若采用高 PRF 波形，则由于在不模糊距离间隔内副瓣杂波折叠，因此距离清晰区也就没有了。对那些最恶劣的主波束杂波情况而言，要求系统稳定边带远低于噪声。总之，尽管中 PRF 可提供全方位的目标覆盖，但是目标在全方位上都要与副瓣杂波抗争，而用高 PRF，目标在波束前方无副瓣杂波。

4. 解距离模糊

在高 PRF 多普勒雷达中可使用多种测距方法，而在中 PRF 雷达中只能使用多重离散的 PRF 测距。

1）高 PRF 测距

在高 PRF 系统中，解距离模糊是通过调制发射信号和观测回波中调制的相移实现的。调制的方法包括连续或离散地改变 PRF、射频载波的线性或正弦调频、其他形式的脉冲调制，如脉宽调制(PWM)、脉冲位置调制(PPM)或脉冲幅度调制(PAM)。在这些调制方法中，由于遮挡和跨接导致接收调制被限幅，脉宽调制和脉位调制有很大的误差，且脉冲幅度调制在接收机和发射机中都难以实现。因此，在这里不做进一步讨论。

若用几个(通常为两个或3个)固定的PRF测距，则首先应相继测量每个PRF的模糊距离，然后通过比较测量结果消除距离模糊。

图2-5说明了在高PRF系统中使用两重PRF测距的原理。该系统使用的两个PRF必须有相同的公约数频率$1/T_u$。如果发射的脉冲串在重合检波器中进行比较，就能得到公约数频率。与此相似，若接收波门也在重合检波器中进行比较，则由目标距离延迟T_r而引起的时延公约数频移同样可以得出。用这两组重合脉冲测得的时间延迟就能得出真实的目标距离。三重PRF系统的原理与此类似，其优点是增大了可实现的不模糊距离。

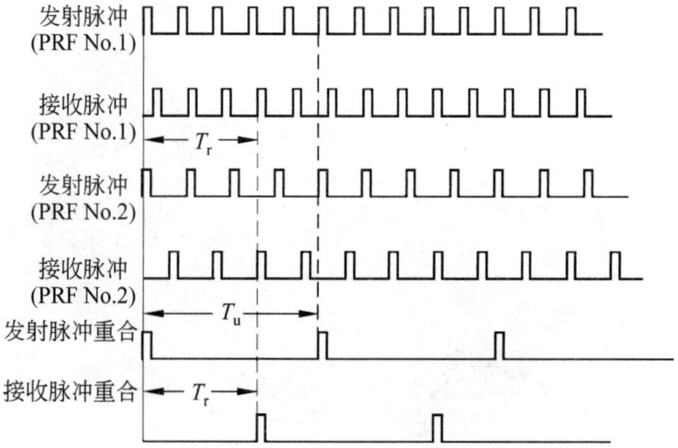

图2-5 两重PRF测距原理

在监视雷达中可使用多个接收机波门检测出现在脉冲间隔内的任何目标。图2-6中的波门间隔τ_s、波门宽度τ_g和发射脉宽τ_t等全部都是不相同的。它说明了在一般情况下波门间隔的常用处理方法，若选择$\tau_g > \tau_s$，则可降低距离门跨接损耗，但增大了距离幻影的概率；若选择$\tau_t = \tau_g$，则可使测距性能最优。

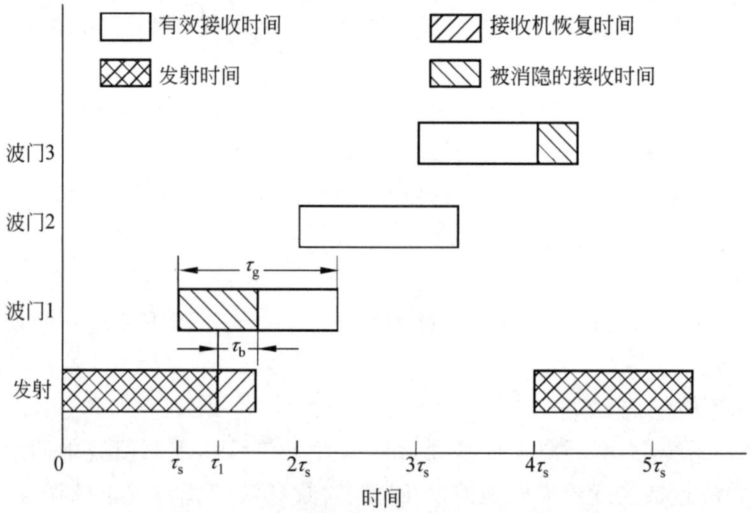

图2-6 在脉冲间周期中3个距离波门等间隔的例子

多重 PRF 间的比值通常是非常接近的素数 m_1、m_2 和 m_3，见表 2-3。因此，如果一个三重 PRF 系统采用距离波门时钟频率 $f_c=1/\tau_s$ 的 7、8 和 9 次分频作为它们的 PRF，则得到的不模糊距离是单独使用中间一个 PRF 时的 7×9=63 倍。

表 2-3　多重 PRF 测距参数

项　　目	两重 PRF	三重 PRF
测距参数：$m_1>m_2>m_3$	m_1, m_2	m_1, m_2, m_3
距离波门通道数目	m_1-1	m_1-1
PRF		
f_{R1}	$1/m_1\tau_s$	$1/m_1\tau_s$
$f_{R2}(f_{R3}>f_{R2}>f_{R1}\geqslant f_{Rmin})$	$1/m_2\tau_s$	$1/m_2\tau_s$
f_{R3}		$1/m_3\tau_s$
不模糊距离(R_{max})	$m_2 c/2f_{R1}$	$m_2 m_3 c/2f_{R1}$
发射机占空比，d	$\tau_t f_{R2}$	$\tau_t f_{R3}$
最高与最低 PRF 之比	m_1/m_2	m_1/m_3

注：m_1、m_2、m_3 必须互为素数；τ_t 为发射脉宽；τ_g 为距离波门宽度；τ_b 为接收机恢复引起的消隐宽度；τ_s 为距离波门间隔；$f_c=1/\tau_s$ 为距离波门时钟频率。

通常希望 m_1 为 8～50，所以两重 PRF 系统的不模糊距离是十分有限的，但三重 PRF 系统却能提供很大的不模糊距离。影响 m_1 选择的考虑如下。

(1) 为了使硬件设备尽可能少，应采用小的 m_1 值，因为要处理的最大距离波门数是 m_1-1。

(2) 对于三重 PRF 系统而言，至少在一个 PRF 内的遮挡概率为 $3/m_1$，因为如果任何一个 PRF 都发生遮挡，就不能测量目标的距离，因此 m_1 至少要大于或等于 8。

(3) 要获得大的不模糊距离，应采用大的 m_1 值。

(4) 要获得好的距离分辨力，则应采用小的 τ_t。然而，小的 τ_t 要求的 m_1 值较大(在波束扫过目标期间，目标距离的变化又限制了 τ_t 的最小值)。

(5) 为了使发射机占空比最小和各 PRF 间发射机平均功率的变化率最小，m_1 值应较大。

在边搜索边测距的雷达系统中，中国剩余定理是从几个模糊测量中计算出实际距离的一种方法。剩余定理可由 3 个模糊距离单元数 A_1、A_2、A_3(对两重 PRF 系统而言，则为两个模糊距离单元数)直接计算出真实距离值单元数 R_C(单元数是以脉冲宽度为单位表示的距离，其值为 $0\sim m_i-1$)。对三重 PRF 系统而言，此定理可表示成同余式(2-7)。

$$R_C=(C_1A_1+C_2A_2+C_3A_3)\quad \mathrm{mod}(m_1m_2m_3) \tag{2-7}$$

满足式(2-7)的 R_C 最小值等于括号内的项被 $m_1m_2m_3$ 整除后的余数。因此，$0\leqslant R_C<m_1m_2m_3$。常数 C_1、C_2、C_3 与 m_1、m_2、m_3 的关系同余式为

$$C_1=b_1m_2m_3,\ \text{s.t.}\ b_1m_2m_3 \bmod m_1=1$$

$$C_2=b_2m_1m_3,\ \text{s.t.}\ b_2m_1m_3 \bmod m_2=1$$

$$C_3 = b_3 m_1 m_2 \text{, s.t. } b_3 m_1 m_2 \bmod m_3 = 1$$

式中，b_1 为最小的正整数，b_1 乘上 $m_2 m_3$ 再除以 m_1 的余数为 1(其他 b_i 与此相似)。

一旦 m_1、m_2、m_3 值选定后，便可根据 C 值和目标的模糊距离单元数(A_1、A_2、A_3)计算被检测目标的距离。例如，如果 $m_1=7$，$m_2=8$，$m_3=9$，则 $b_1=4$，$b_2=7$，$b_3=5$，距离 $R_C=(288A_1+441A_2+280A_3)\bmod(504)$。若目标在发射脉冲后的第一个距离波门中，则 $A_1=A_2=A_3=1$，$R_C=(288+441+280)\bmod(504)=1$。代替中国剩余定理的其他方法有使用硬件实现的相关器或采用特殊用途的计算机。这些设备接收所有 PRF 的探测结果，然后输出两次或三次相关的所有结果。

2）中 PRF 测距

和高 PRF 一样，多重独立的 PRF 测距同样也适用于中 PRF，但 PRF 的选择准则不同。若采用 3 组 PRF，且每组 PRF 包含 3 个间隔较小的 PRF，则上述采用的方法可用于中 PRF 测距，并且加大脉冲组的间隔可提高多普勒可见度。每组的中心 PRF 称为主 PRF，相邻的称为子 PRF。测距时要求主 PRF 和子 PRF 都对目标检测，实际上是 3 次检测机会中严格检测到目标 3 次的一种准则。从幻影目标的角度看，这种采用 3 个脉冲组的方法具有吸引力，但由于只有 3 重 PRF，因此导致它的多普勒可见度差。

适用于中 PRF 的一种更好的方法是采用七重或八重 PRF，它们在频域上几乎覆盖了一个倍频程，并且要求至少在三重 PRF 中可检测到目标。这种方法的优点是多普勒可见度比主-子 PRF 方法的高，因而在副瓣杂波中具有更好的测距性能(这里，某些 PRF 可能被杂波遮蔽)。但是，由于较高的多普勒可见度使其对幻影目标比较灵敏，因此可以用解多普勒模糊和采用正确的多普勒频率相关处理消除幻影目标的方法缓解。

2.2.6　脉冲压缩

脉冲压缩包括发射宽编码脉冲和处理接收回波以获得窄脉冲。这样，脉冲压缩雷达既保持了窄脉冲的高距离分辨力，又能获得宽脉冲雷达系统的强检测能力。脉冲压缩还有许多其他优点：发射宽脉冲能更有效地利用雷达具有的平均功率容量，从而避免产生高峰值功率信号；雷达不需增加脉冲重复频率就可提高平均功率，因而也就减少了雷达的距离模糊；采用宽脉冲还可以提高系统的多普勒分辨力；此外，脉冲压缩雷达较少受和发射编码信号不同的干扰信号的影响。

宽脉冲可由窄脉冲产生。窄脉冲含有许多彼此间存在精确相位关系的频率分量。若用相位畸变滤波器改变相应的相位，则各频率分量的合成能产生拉长的或展宽的脉冲。此展宽脉冲就是发射脉冲。接收机的压缩滤波器处理接收回波。压缩滤波器重新调整各频率分量的相对相位，从而得到窄脉冲或压缩脉冲。脉冲压缩比就是展宽脉冲与压缩脉冲的宽度比。脉冲压缩比也等于发射信号的时宽与频宽的乘积(时宽-带宽乘积)。

脉冲压缩雷达是匹配滤波器系统的一种实际实现。编码信号可以用编码滤波器的频率响应 $H(\omega)$ 或脉冲冲激的时间响应 $h(t)$ 表示。图 2-7(a)的编码信号是用一个单位冲激脉冲激励编码滤波器 $H(\omega)$ 获得的。接收信号输入匹配滤波器，其中匹配滤波器的频率响应是编码滤波器频率响应的复数共轭 $H^*(\omega)$。匹配滤波器的输出就是压缩脉冲，它等于信号频谱 $H(\omega)$ 和匹配滤波器响应 $H^*(\omega)$ 乘积的傅里叶反变换，即

$$y(t)=\frac{1}{2\pi}\int_{-\infty}^{+\infty}|H(\omega)|^{2}e^{j\omega t}d\omega \tag{2-8}$$

图 2-7(a)中的实现方法是使用互共轭的展宽滤波器和压缩滤波器。

如果信号是滤波器单位冲击响应时间倒置的共轭复数，那么信号也和滤波器匹配。如图 2-7(b)所示，利用接收信号的时间倒置加到压缩滤波器就可实现这一点。脉冲的展宽和压缩可以使用相同的滤波器，或同一个滤波器，只需在发射和接收间进行适当的切换。由信号 $h(t)$和匹配滤波器的共轭冲激响应 $h^*(-t)$的卷积得到滤波器的输出。

$$y(t)=\int_{-\infty}^{+\infty}h(\tau)h^*(t-\tau)d\tau \tag{2-9}$$

匹配滤波的结果是使接收信号和发射信号相关。因此，图 2-7(c)所示的相关处理与匹配滤波是等效的。在实际应用中，采用多延迟和多相关器覆盖整个感兴趣的距离范围。

匹配滤波器的输出由压缩脉冲组成，并伴有其他距离上的响应，也就是所谓的时间或距离副瓣。通常采用输出信号的频域加权降低副瓣。这将导致失配，并使匹配滤波器的输出信噪比减小。若有多普勒频移，则需要采用匹配滤波器组，并且每个滤波器匹配不同的频率，从而覆盖预期的多普勒频段。

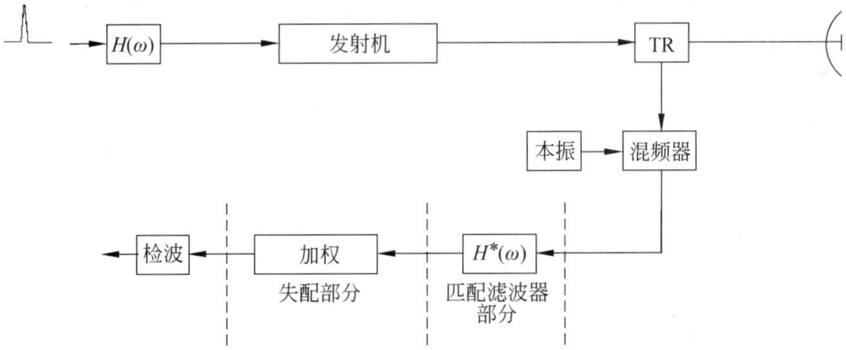

(a) 采用共轭滤波器

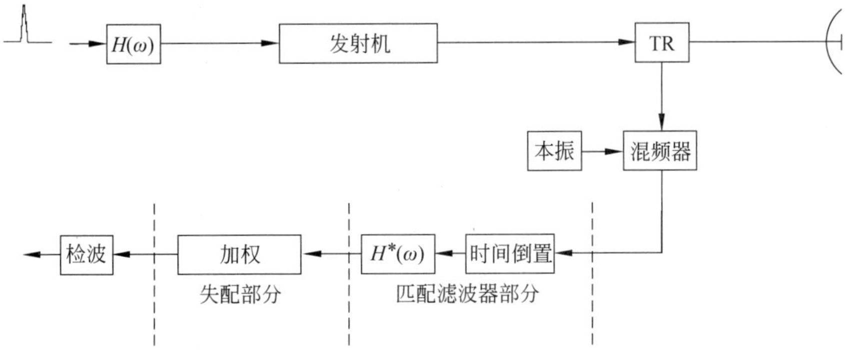

(b) 采用时间倒置

图 2-7　脉冲压缩雷达

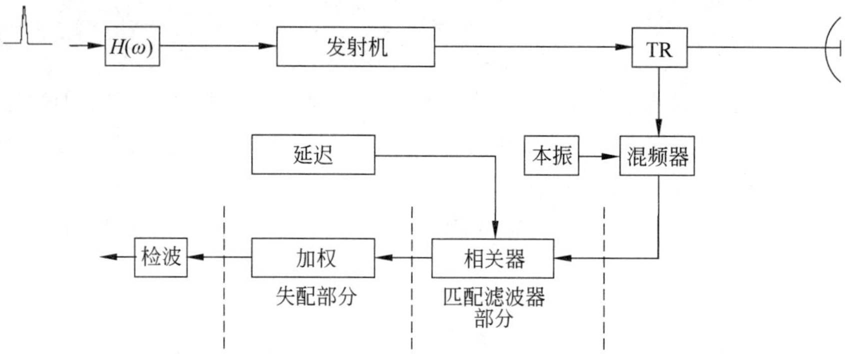

(c) 采用相关技术(其中TR是收发开关)

图 2-7(续)

1. 影响选用脉冲压缩系统的因素

是否选用脉冲压缩系统取决于所选的波形及其产生和处理的方法。而影响是否选择某种特定波形的主要因素通常是雷达的作用距离、多普勒频率范围、距离和多普勒副瓣电平、波形灵活性、干扰抑制性能和信噪比等。根据产生和处理信号使用的是有源还是无源技术,脉冲压缩的实现方法可分成两大类,即有源法和无源法。

有源法是指对载波进行相位或频率调制,得到信号波形,但实际上它并没有进行时间展宽。载波的数字相位控制就是一个例子。无源法则是用窄脉冲激励某种器件或网络获取时间展宽的编码脉冲。由声表面波(SAW)延迟器件组成的展宽网络就是一个例子。有源法信号处理是将延迟后的发射脉冲样本与接收信号混频,是一种相关处理法。无源法的处理则是使用与展宽网络共轭的压缩网络处理接收信号,是一种匹配滤波法。尽管在一个雷达系统中可同时使用有源和无源技术,但是大多数系统的信号产生和处理都采用同一种方法,如基于无源技术的脉压雷达系统同时采用无源信号产生和无源信号处理。

系统性能比较的前提是假设目标信息是通过处理单个波形提取的,这与多脉冲处理不同。符号 B 和 T 分别代表发射波形的带宽和时宽。波动损失是指有源系统中目标由一个距离单元移动到另一个距离单元时信噪比出现的起伏和波动所引起的信噪比损失。单个脉冲波形杂波抑制性能的评估是基于多普勒响应,而不是距离分辨力。脉冲压缩提高了距离分辨力,因而具有更好的杂波抑制性能。在多普勒频移不够大的应用中,距离分辨力是发现杂波中目标的主要手段。

2. 线性调频

线性调频波形最容易产生。其压缩脉冲的形状和信噪比对多普勒频移不敏感。由于线性调频波形较流行,因而已研制出比其他任何编码波形都多的信号产生方法和处理方法。它的主要缺点:①具有较大的距离和多普勒交叉耦合,如果距离或多普勒是未知的或不可测定的,将产生误差;②通常要进行加权处理使压缩脉冲时间副瓣降低到允许的电平。时域和频域加权对线性调频来说是等效的,信噪比均要降低 1～2dB。

3. 非线性调频

尽管非线性调频波形具有明显的优点,但较少用。因为人们可通过调频方式的设计,使其产生所需的幅度频谱，所以非线性调频波形不需时域或频域加权抑制距离副瓣。在这种设计中，匹配滤波接收和低副瓣是兼容的。因此，非线性调频可以避免采用失配技术加权处理带来的信噪比损失。如果采用对称的频率调制和时域加权降低频率副瓣，则非线性调频波形可得到接近理想的模糊函数。典型的对称波形频率具有以下特点：在脉冲的前半部分，频率随时间递增（或递减）；在脉冲的后半部分，频率随时间递减（或递增）。对称波形的一半就是非对称波形，如图 2-8 所示。

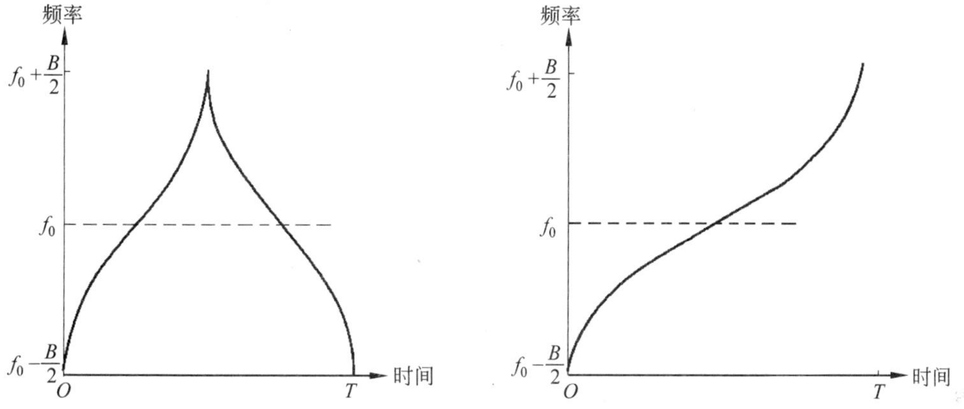

(a) 对称　　(b) 非对称

图 2-8　40dB 泰勒加权的非线性调频波形

非线性调频波形的缺点：①系统比较复杂；②非线性调频波形产生器件的研制和开发有限；③为达到所需的副瓣电平，必须为每个幅度频谱设计各自的频率调制。由于模糊函数的锐度，非线性调频波形在距离和多普勒频率近乎已知的跟踪系统中的用途最大。

带宽为 W 的非对称发射脉冲，要得到 40dB 的泰勒时间副瓣图形，其频率-时间函数为

$$f(t)=W\left(\frac{t}{T}+\sum_{n=1}^{7}K_n\left|\sin\frac{2\pi nt}{T}\right|\right) \tag{2-10}$$

式中，$K_1=-0.1145$；$K_2=+0.0396$；$K_3=-0.0202$；$K_4=+0.0118$；$K_5=-0.0082$；$K_6=+0.0055$；$K_7=-0.0040$。基于上述波形，用 $T/2$ 代替 T 则得到对称频率-时间函数 $f(t)$ 的前半部分（$t\leqslant T/2$），用 $T/2$ 代替 T 及 $T/2-t$ 代替 t，则得到它的后半部分（$t\geqslant T/2$）。

4. 相位编码波形

相位编码波形与调频波形不同，它将脉冲分成许多子脉冲。每个子脉冲的宽度相等，但各自有特定的相位。每个子脉冲的相位根据一个给定的编码序列选择。应用最广泛的相位编码波形使用两个相位，即二进制编码或二相编码。二进制编码由 0，1 序列或 +1，−1 序列组成。发射信号的相位依照码元（0 和 1 或 +1 和 −1）的次序在 0°和 180°间交替变换，如图 2-9 所示。由于发射频率通常不是子脉冲宽度倒数的整倍数，因此编码信号在反相点上一般是不连续的。

在接收端，通过匹配滤波或相关处理得到压缩脉冲。压缩脉冲半幅度点的宽度应等

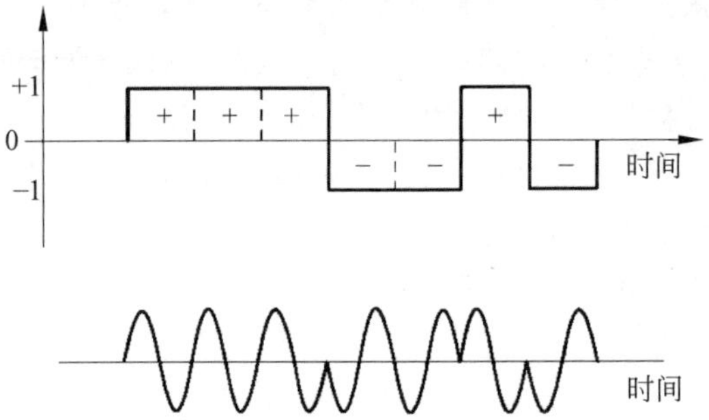

图 2-9 二进制相位编码信号

于子脉冲的宽度。因此，距离分辨力就正比于编码码元的时间宽度，压缩比等于波形中子脉冲的数目，即编码码元的数目。

2.3 视频传感器

光电传感器是通过把光强度的变化转换成电信号的变化实现控制的，它的基本结构如图 2-10(a)所示，它首先把被测量的变化转换成光信号的变化，然后借助光电元件进一步将光信号转换成电信号。光电传感器一般由光源、光学通路和光电元件 3 部分组成。光电检测方法具有精度高、反应快、非接触等优点。

2.3.1 红外传感器

红外辐射是一种人眼不可见的光线，俗称红外线，因为它是介于可见光中红色光和微波之间的光线。红外线的波长范围为 0.76～1000μm，对应的频率大致为 $4\times10^{4}\sim3\times10^{11}$ Hz，工程上通常把红外线占据的波段分成近红外、中红外、远红外和极远红外 4 个部分。

在红外技术中，一般将红外辐射分为 4 个区域。

(1) 近红外区：770nm～1.5μm。

(2) 中红外区：1.5～6μm。

(3) 远红外区：6～40μm。

(4) 极远红外区：40～1000μm。

红外辐射本质上是一种热辐射。任何物体，只要它的温度高于绝对零度，就会向外部空间以红外线的方式辐射能量。一个物体向外辐射的能量大部分是通过红外线辐射这种形式实现的。物体的温度越高，辐射出的红外线越多，辐射的能量就越强。另一方面，红外线被物体吸收后可以转化成热能。

红外线作为电磁波的一种形式，是以波的形式在空间直线传播的，具有电磁波的一般特性，如反射、折射、散射、干涉和吸收等。红外辐射的强度及波长与物体的温度和辐射率有关。

热效应 一切物体都在不停地辐射红外线。物体的温度越高，辐射的红外线越多。

红外线照射到物体上最明显的效果就是产生热。根据红外线的热效应，人们研究出了红外线夜视仪。红外线夜视仪在漆黑的夜晚也可以发现人的存在。夜间人的体温比周围草木或建筑的温度高，人体辐射出的红外线就比它们强。可以帮助人们在夜间进行观察、搜索、瞄准和驾驶车辆等。这种相机拍出来的照片叫热谱图。

物体在辐射红外线的同时，也在吸收红外线。各种物体吸收红外线后，温度会升高。

穿透能力　一切物体都在不停地辐射红外线，并且不同物体辐射红外线的强度不同，利用灵敏的红外线探测器接收物体发出的红外线，然后用电子仪器对接到的信号进行处理，就可以察知被测物体的形状和特征，这种技术叫做红外遥感技术。红外辐射在大气中传播时，由于大气中的气体分子、水蒸气以及固体微粒、尘埃等物质的吸收和散射作用，使辐射能在传输过程中逐渐衰减。空气中对称的双原子分子，如 N_2、H_2、O_2 不吸收红外辐射，因而不会造成红外辐射在传输过程中衰减。红外辐射在通过大气层时被分割成3个波段，即 2～2.6μm、3～5μm 和 8～14μm，统称为"大气窗口"。这3个大气窗口对红外技术应用特别重要，因为一般红外仪器都工作在这3个窗口之内。

红外传感器是利用红外辐射实现相关物理量测量的一种传感器。红外传感器的构成比较简单，它一般由光学系统、探测器、信号调节电路和显示单元等几部分组成。其中，红外探测器是红外传感器的核心器件。红外探测器的种类很多，按探测机理的不同，通常分为两大类：热探测器和光子探测器。

热探测器　红外线被物体吸收后将转变为热能。热探测器正是利用了红外辐射的这一热效应。当热探测器的敏感元件吸收红外辐射后将引起温度升高，使敏感元件的相关物理参数发生变化，通过对这些物理参数及其变化的测量，就可确定探测器吸收的红外辐射。

热探测器的主要优点是：响应波段宽，响应范围为整个红外区域，室温下工作，使用方便。热探测器主要有4种类型：热敏电阻型、热电阻型、高莱气动型和热释电型。在这4种类型的探测器中，热释电探测器的探测效率最高，频率响应最宽，所以这种传感器发展得比较快，应用范围也最广。

光子探测器　光子探测器型红外传感器是利用光电效应进行工作的传感器。所谓光电效应，是当有红外线入射到某些半导体材料上，红外辐射中的光子流与半导体材料中的电子相互作用，改变了电子的能量状态，引起各种电学现象。通过测量半导体材料中电子性质的变化，可以知道红外辐射的强弱。光子探测器主要有内光电探测器和外光电探测器两种，外光电探测器分为光电导、光生伏特和光磁电探测器3种类型。半导体红外传感器广泛应用于军事领域，如红外制导、响尾蛇空对空及空对地导弹、夜视镜等设备。

光子探测器的主要特点是灵敏度高、响应速度快，具有较高的响应频率，但探测波段较窄，一般工作于低温。

光子探测器和热探测器的主要区别是：光子探测器在吸收红外能量后，直接产生电效应；热探测器在吸收红外能量后，产生温度变化，从而产生电效应，温度变化引起的电效应与材料特性有关。光子探测器非常灵敏，其灵敏度依赖于本身温度。要保持高灵敏度，必须将光子探测器冷却至较低的温度。通常采用的冷却剂为液氮。热探测器一般没有光子探测器的灵敏度高，但在室温下也有足够好的性能，因此不需要低温冷却，而且热探测器的响应频段宽,响应范围可扩展到整个红外区域。

2.3.2 光学传感器

目前,图像传感器主要有 CCD、CMOS 两种类型。CCD(Charge-Coupled Device)电荷耦合器件,1969 年由美国 Bell 试验室的 Willard S. Boyle 和 George E. Smith 发明,两位科学家也因发明了电荷耦合器件图像传感器 CCD 而获得 2009 年诺贝尔物理学奖。CMOS(Complementary Metal Oxide Semiconductor)互补金属氧化物半导体,是一种电压控制的逻辑运算放大器件,也是制造影像器材的感光元件。其中前者发展时间比较长,应用较广泛,而我们常见的摄像头则多用价格相对低廉的 CMOS 作为传感器。在摄像机、数码相机、摄像头中主要使用传感器阵列,将具有敏感特性的元件封装成 $M \times M$ 单元的稳定阵列。光学传感器及传感器阵列如图 2-10 所示。

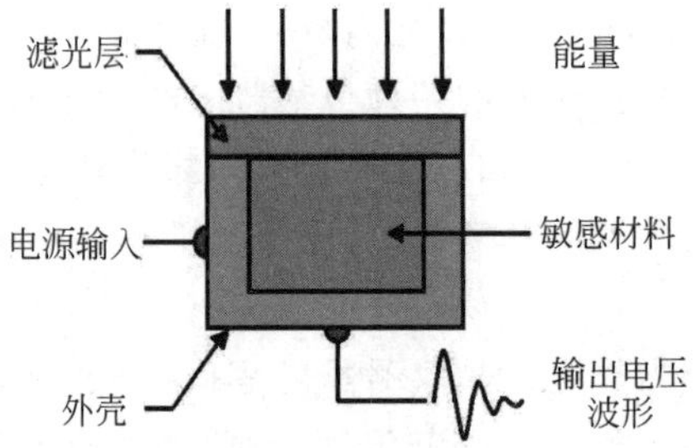

(a) 单个传感器

(b) 传感器阵列

图 2-10　光学传感器及传感器阵列

数字图像是将连续模拟图像信号进行采样和量化后的结果,可以用一个矩阵表示,如下:

$$f(x,y)=\begin{bmatrix} f(0,0) & f(0,1) & \cdots & f(0,N-1) \\ f(1,0) & f(1,1) & \cdots & f(1,N-1) \\ \vdots & \vdots & & \vdots \\ f(M-1,0) & f(M-1,1) & \cdots & f(M-1,N-1) \end{bmatrix}$$

$f(x,y)$就表示了一幅 M 行 N 列的数字图像,矩阵中的每个元素称为一个像素。数字图像有彩色图像、灰度图像、二值图像等形式,若一幅图像每个像素有 2^k 级不同的颜色,则该图像称为 k 比特图像。

由于工艺上的原因,敏感元件和信号处理电路不能集成在同一芯片上,造成由 CCD 图像传感器组装的摄像机体积大、功耗大。CMOS 图像传感器以其体积小、功耗低、灵敏度高、噪声低,逐步成为图像传感器的主流。由于 CMOS 图像传感器的应用,新一代图像系统的开发研制得到了极大的发展,并且随着经济规模的形成,其生产成本也得到降低。现在,CMOS 图像传感器的画面质量也能与 CCD 图像传感器相媲美,这主要归功于图像传感器芯片设计的改进,以及亚微米和深亚微米级设计增加了像素内部的新功能。

更确切地说,CMOS 图像传感器应当是一个图像系统。一个典型的 CMOS 图像传感器通常包含一个图像传感器核心、时序逻辑、单一时钟及芯片内的可编程功能，如增益调节、积分时间、窗口和模数转换器。与传统的 CCD 图像系统相比，把整个图像系统集成在一块芯片上不仅降低了功耗，而且具有重量较轻，占用空间减少以及总体价格更低的优点。

CCD 型和 CMOS 型固态图像传感器在光检测方面都利用了硅的光电效应，不同点在于像素光生电荷的读出方式。

典型的 CCD 器件存储的电荷信息需在同步信号控制下一位一位地实施转移后读取，电荷信息转移和读取输出需要有时钟控制电路和 3 组不同的电源相配合，整个电路较为复杂，速度较慢。CCD 器件的成像点为 $X-Y$ 纵横矩阵排列，每个成像点由一个光电二极管和其控制的一个电荷存储区组成；CCD 仅能输出模拟电信号，输出的电信号还需经后续地址译码器、模数转换器、图像信号处理器处理，并且还需提供三相不同电压的电源和同步时钟控制电路。

典型的 CMOS 像素阵列是一个二维可编址传感器阵列。传感器的每一列与一个数据线相连，行选通线允许所选择的行内每一个传感单元输出到它所对应的数据线上。数据线末端是多路选择器，按照各列独立的列编址进行选择。根据像素的不同结构，CMOS 图像传感器可以分为无源像素被动式传感器和有源像素主动式传感器。CMOS 光电传感器经光电转换后直接产生电压信号，信号读取十分简单，还能同时处理各单元的图像信息，速度比 CCD 快得多。

CMOS 传感器芯片已广泛用于数码相机、保安监控和医疗设备等诸多领域。在低分辨率应用领域，娱乐和玩具行业的成像系统、指纹识别系统中大量使用；在中、高分辨率应用领域，有 1024×1024 阵列的 CMOS 图像传感器的彩色相机。

2.4 电子侦察传感器

电子战定义为利用电磁能确定、剥夺、削弱或者防止雷达使用电磁频谱的军事行动。电子战由两大部分构成：电子支援措施(Electronic Support Measures，ESM)和电子干扰措施(Electronic Counter Measures，ECM)。基本上，电子战以减弱雷达能力为己任。而雷达却以能在电子战条件下成功地得以运用为目标，这一目标的实现依赖于电子干扰对抗措施(Electronic Counter-Counter Measures，ECCM)技术。从目前的技术发展方向看，电子战逐步形成了电子进攻(Electronic Attack，EA)、电子支援(Electronic Support，ES)和电子防护(Electronic Protection，EP)的概念，把电子战从单纯的防御行为延伸到进攻行为，使得电子战在现代战场上承担了更广泛的任务。

2.4.1 ESM 的测量功能

ESM 作为电子战的一部分，是为利用敌方电磁辐射而采取的军事支援行动，包括对辐射电磁能的搜寻、截获、定位、记录和分析等。因此，ESM 是电子战的信息源，可为电子干扰、威胁检测、告警及逃逸提供所需的信息。ECM 作为电子战的一部分，其功用是阻止或削弱雷达对电磁频谱的有效运用。ECM 系统的目的是使雷达无法得到探测、跟踪、定位及识别目标的信息，或使有用的信息淹没在许多假目标中，以致无法提取真正的信息。ECCM是雷达采用的一系列措施，尽管敌方使用电子战，这些措施仍能确保雷达有效地运用电磁频谱。ECCM技术的主要目标是，当用在雷达系统中时，在与敌方ECM的对抗中保证己方雷达任务顺利完成。采用ECCM技术后，雷达将在下列方面具有优势：①阻止雷达饱和；②提高信干比；③辨别定向干扰；④抑制假目标；⑤维持目标跟踪；⑥对抗ESM；⑦提高系统的生存能力。

ESM以截获接收机和告警接收机的应用为基础，而且在很大程度上依赖于预先收集和编辑好的战术和战略电子情报（Electrical Intelligence，ELINT）。ESM完全是无源的，仅限于对辐射信号的识别和定位。雷达截获是本节中特别令人感兴趣的问题，它依赖于对雷达发射信号分析所得到的信息。ESM的工作环境通常是拥挤的雷达脉冲信号，文献中常常引用的数据是$5\times10^5\sim5\times10^6$pps。交织在一起的脉冲串经过ESM接收机处理，识别出每个脉冲的中心频率、幅度、脉宽、到达时间（Time Of Arrival，TOA）和指向。然后将这些信息送往脉冲分选处理器，该处理器将这些交织脉冲分检成适合于每一发射机的脉冲重复周期（Pulse Repeat Interval，PRI）。再与存储的已知雷达种类进一步对比，可生成一个按战术性能分类的辐射源清单。ESM一般用于部署ECM的使用及运行，ESM与ECM间的联系通常是自动的。

所接收的单个雷达脉冲信号由许多可测量的参数标识。设计分检系统时，测量的可用性、分辨力和精度要加以考虑，这是因为所采用的处理方法依赖于现有的参数数据组。显然，参数测量的分辨力和精度越高，脉冲分选处理器完成的任务越有效。但是，从ESM系统外部（如多通道）、ESM系统内部（如定时限制、接收期间的静止时间），以及从效费比考虑，测量过程均受到限制。由于目标方向在脉冲间不变化，到达角大概是实现有效分检的最重要的分类参数。旋转定向天线能用于定向（Direction Finding，DF）。然而，具有多个天线的干涉系统性能更好，因为其截获概率比仅有一部天线的系统更高。

载频是用于分检的第二个十分重要的脉冲参数。普通的频率测量方法是利用搜索式超外差接收机，其优点是具有高的灵敏度和好的频率分辨力。不幸的是，与旋转定向测量系统相似，这种接收机的截获概率低。如果发射脉冲是频率捷变的（随机变化的），或者是频率跳变的（按规则变化的），情况将更坏。克服的方法之一是，采用一组相邻的接收通道。目前，由于精确的声表面波滤波器和一体式光学频谱分析仪的应用，这种处理方法是可行的，一体式光学频谱分析仪利用声表面波产生的光导波束的Bragg折射，完成频谱分析。由于多路径传输所导致的严重恶化，脉宽是一种不可靠的分类参数。多路径传输使脉冲包络严重畸变，如脉冲出现长的拖尾，脉峰甚至产生偏移。

脉冲的TOA可取为信号超过某一门限的瞬间，但是在有噪声和畸变存在时，这是一种结果多变的测量值。尽管如此，TOA常用于测量雷达的重复周期。脉冲幅度取其峰值。动态范围至少必须按信号幅度波动和扫描波瓣起伏变化的3个数量级加以考虑。实际上，60dB的瞬时动态范围为最小值；在许多应用场合要求更大。幅度测量与TOA一起可用于获取辐射源的扫描方向图。

雷达截获接收机以不同的复杂程度实现，其中最简单的是雷达告警接收机。用一种机载设备时，它通过座舱显示器向飞行员通告敌导弹制导雷达等所构成的威胁方向。这种接收机是一种简单的低灵敏度设备，其工作带宽按可能出现的威胁预先设定，并可利用其探测距离优势，在飞机进入火力范围之前就指示出威胁的存在。从战术的 ESM 到完全的 ELINT，所用的雷达截获接收机的复杂程度越来越大。现代的 ELINT 接收机要求具有 0.01～40GHz 的瞬时频率覆盖，优于－60dBm 的灵敏度，大于 60dB 的瞬时动态范围，以及 1～5MHz 的频率分辨力。这种接收机必须能以高截获概率(POI)和低虚警率接收各种信号，如脉冲信号、连续波信号、频率捷变信号、脉冲重复频率捷变信号、脉内调制信号(如线性调频、相位编码等)。

2.4.2　测角定位的原理

DOA(Direction Of Arrival)也被称作 AOA(Angle Of Arrival)，是对波达方向进行测量的方法。通过对 DOA 的测量，可以获得电信号发送节点的相对方位。把 DOA 与接收平台自身的定位信息结合，可以画出空间的方位线，发送节点一定位于这个方位线上。通过多根方位线相交，就可以融合出发送节点的空间坐标。所以，对 DOA 的测量无疑是一项关键技术。

信号的 DOA 估计算法大多是一种极值搜索法，即首先形成一个包含待估计参数的函数，然后通过对该函数进行峰值搜索，得到的极值就是信号的波达方向。这些算法主要包括：1965 年 Bartlett 基于波束形成的思想提出的 DOA 估计算法，但是该算法不能分辨出两个空间距离小于波束宽度的信号源。1968 年 Schweppe 首先研究了极大似然估计算法，但是比较重要的还是后来 Capon 提出的高精度 ML，该算法对于服从高斯分布的信源估计可以达到克拉美罗界，但是需要对接收阵列数据的自相关矩阵进行求逆运算，运算量相当大。1979 年，Schmidt 提出了多重信号分类法(Multiple Signal Classification，MUSIC)以及各种改进的 MUSIC 算法等，它们通过进行矩阵特征值分解，可以得到精度比较高的参数估计，但是计算量太大。1985 年，Roy 和 Kailath 提出一种借助旋转不变技术的参数估计算法(Estimating Signal Via Rotational Invariance Techniques，ESPRIT)，能够比较方便地得到所需要的估计参数。在此之后，人们以 MUSIC 和 ESPRIT 为基础提出了各种各样的算法，如最小范数法、ROOT-MUSIC、TLS-ESPRIT 等。

1. 到达角的估计

将一组传感器设置在空间不同的位置可以组成传感器阵列，此传感器阵列能够接收空间的传播信号。对接收到的信号经过适当的处理，可以提取出信号源的属性信息，包括信号辐射源辐射信号的数目、方向、幅度等。构成阵列的阵元可以按照任意方式进行排列，但是通常是按照直线等距、圆周等距或平面等距排列的，并且取向相同。为了简化天线阵列的分析，通常作如下假设。

(1) 窄带假设：这样可以保证所有阵元几乎同时接收到该信号，即阵元接收之间的信号包络没有变化。

(2) 信号的统计特性：假设入射到阵列的信号为平稳且各态历经，这样可以用时间平均代替统计平均。噪声为互不相关的白噪声，方差为 σ_n^2。

(3) 忽略阵元之间的互耦。

(4) 信号的数目要小于阵元的数目，并且阵列接收到的不同信号源波达方向互不相同，信号之间互不相关。

(5) 平面波假设：假设信源到阵列的距离远大于阵列的口径，从而所有入射到阵列的信号波前可以近似为平面波。

假设在天线阵的远场存在 D 个信号源，则所有到达阵列的波前可近似为平面波。若天线阵由 M 个全向天线组成，将第一个阵元设为参考阵元，则到达参考阵元的第 i 个信号为

$$s_i(t) = z_i(t)\mathrm{e}^{j\omega_0 t}, \quad i = 0,1,\cdots,D-1$$

式中，$z_i(t)$为第 i 个信号包含信号信息的复包络。$\mathrm{e}^{j\omega_0 t}$ 为空间信号的载波。由于信号满足窄带假设条件，则 $z_i(t-\tau)\approx z_i(t)$，那么经过传播延迟 τ 后的信号可以表示为

$$s_i(t-\tau) = z_i(t-\tau)\mathrm{e}^{j\omega_0(t-\tau)} \approx s_i(t)\mathrm{e}^{-j\omega_0\tau}, \quad i = 0,1,\cdots,D-1$$

理想情况下，第 m 个阵元接收到的信号可以表示为

$$x_m(t) = \sum_{i=0}^{D-1} s_i(t-\tau_{mi}) + n_m(t)$$

式中，τ_{mi} 为第 i 个阵元到达第 m 个阵元时相对于参考阵元的时延；$n_m(t)$为第 m 个阵元上的加性噪声。整个天线阵接收到的信号为

$$\boldsymbol{X}(t) = \sum_{i=0}^{D-1} s_i(t)\boldsymbol{a}_i + \boldsymbol{N}(t) = \boldsymbol{AS}(t) + \boldsymbol{N}(t)$$

式中，$\boldsymbol{a}_i=[\mathrm{e}^{-j\omega_0\tau_{1i}},\mathrm{e}^{-j\omega_0\tau_{2i}},\cdots,\mathrm{e}^{-j\omega_0\tau_{Mi}}]^{\mathrm{T}}$ 为信号 i 的方向向量；$\boldsymbol{A}=[a_0,a_1,\cdots,a_{D-1}]$ 为阵列流形；$\boldsymbol{S}(t)=[s_0(t),s_1(t),\cdots,s_{D-1}(t)]^{\mathrm{T}}$ 为信号矩阵；$\boldsymbol{N}(t)=[n_1(t),n_2(t),\cdots,n_M(t)]^{\mathrm{T}}$ 为加性噪声矩阵。

这里以均匀线阵为对象，分析到达角的估计方法。均匀线阵是最简单的常用阵列形式，如图 2-11 所示，将 M 个阵元等距离排列成一直线，阵元间距为 d。假定一信源位于远场，其信号到达各阵元的波前为平面波，其波达方向定义为与阵列法线的夹角 θ。

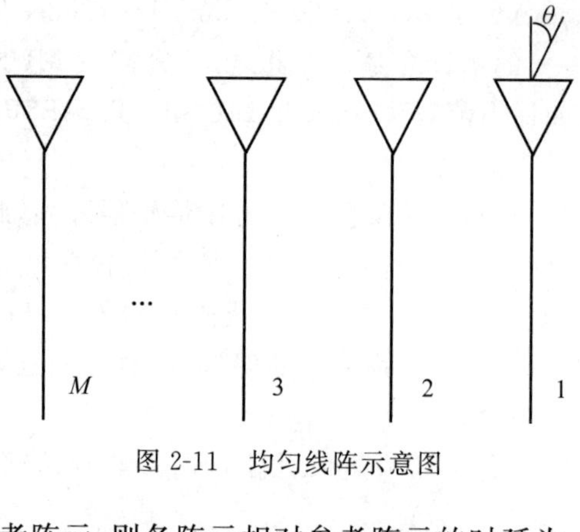

图 2-11　均匀线阵示意图

以第一个阵元为参考阵元，则各阵元相对参考阵元的时延为

$$\tau_m = -\frac{1}{c}\sin(\theta)(m-1)d$$

由此可得等距线阵的方向向量为

$$\boldsymbol{a}=\left[1,\mathrm{e}^{-j\frac{\omega_0}{c}d\sin(\theta)},\mathrm{e}^{-j\frac{\omega_0}{c}2d\sin(\theta)},\cdots,\mathrm{e}^{-j\frac{\omega_0}{c}(M-1)d\sin(\theta)}\right]^{\mathrm{T}}$$
$$=\left[1,\mathrm{e}^{-j\frac{2\pi}{\lambda_0}d\sin(\theta)},\mathrm{e}^{-j\frac{2\pi}{\lambda_0}2d\sin(\theta)},\cdots,\mathrm{e}^{-j\frac{2\pi}{\lambda_0}(M-1)d\sin(\theta)}\right]^{\mathrm{T}}$$

当波长和阵列的几何结构确定时，该方向向量只与空间角 θ 有关，因此等距线阵的方向向量记为 $\boldsymbol{a}(\theta)$，它与基准点的位置无关。若有 D 个信号源，其波达方向分别为 θ_i，$i=1,2,\cdots,D$，则阵列流形矩阵为

$$\mathbf{A}=[a(\theta_1),a(\theta_2),\cdots,a(\theta_D)]$$
$$=\begin{bmatrix} 1 & 1 & \cdots & 1 \\ \mathrm{e}^{-j\frac{2\pi}{\lambda_0}d\sin(\theta_1)} & \mathrm{e}^{-j\frac{2\pi}{\lambda_0}d\sin(\theta_2)} & \cdots & \mathrm{e}^{-j\frac{2\pi}{\lambda_0}d\sin(\theta_D)} \\ \vdots & \vdots & & \vdots \\ \mathrm{e}^{-j\frac{2\pi}{\lambda_0}(M-1)d\sin(\theta_1)} & \mathrm{e}^{-j\frac{2\pi}{\lambda_0}(M-1)d\sin(\theta_2)} & \cdots & \mathrm{e}^{-j\frac{2\pi}{\lambda_0}(M-1)d\sin(\theta_D)} \end{bmatrix}$$

以上为等距线阵的方向向量的表示形式。实际使用的阵列结构要求方向向量 $\boldsymbol{a}(\theta)$ 与空间角 θ 一一对应，不能出现模糊现象。这里需要说明的是：阵元间距 d 是不能任意选定的，甚至有时需要非常精确的校准。假设 d 很大，相邻阵元的相位延迟就会超过 2π，此时阵列方向向量无法在数值上分辨出具体的相位延迟，就会出现相位模糊。可见，对于等距线阵来说，为了避免方向向量和空间角之间的模糊，其阵元间距不能大于半波长 $\lambda_0/2$，以保证阵列流形矩阵的各个列向量线性独立。天线阵列的输出为

$$y(t)=\sum_{m=1}^{M}s(t)w_m^*\,\mathrm{e}^{-j\frac{2\pi}{\lambda_0}(m-1)d\sin\theta}$$

其向量形式为

$$y(k)=\boldsymbol{w}^H\boldsymbol{X}(k)$$

式中，$\boldsymbol{w}=[w_1,w_2,\cdots,w_M]^{\mathrm{T}}$ 为权重向量。

谱估计法是通过计算空间谱求取其局部最大值，从而估计出信号的波达方向。Bartlett 波束形成方法是经典傅里叶分析对传感器阵列数据的一种自然推广。Bartlett 方法使波束形成器的输出功率相对于某个输入信号最大。设希望来自 θ 方向的输出功率最大，则代价函数为

$$\theta=\arg\max_{w}\{E[\boldsymbol{w}^H\boldsymbol{X}(n)\boldsymbol{X}^H(n)\boldsymbol{w}]\}$$
$$=\arg\max_{w}\{E[|d(t)|^2]\,|\boldsymbol{w}^H\boldsymbol{a}(\theta)|^2+\sigma_n^2\|\boldsymbol{w}\|^2\}$$

在白噪声方差 σ_n^2 一定的情况下，权重向量的范数 $\|\boldsymbol{w}\|$ 不影响输出信噪比，故取权重向量的范数为 1，用拉格朗日因子的方法求得上述最大优化问题的解为

$$\boldsymbol{w}_{BF}=\frac{\boldsymbol{a}(\theta)}{\|\boldsymbol{a}(\theta)\|}$$

可以看出，阵列权重向量是使信号在各阵元上产生的延迟均衡，以便使它们各自的贡献最大限度地综合在一起。空间谱是以空间角为自变量分析到达波的空间分布，其定义为

$$P_{BF}(\theta)=\frac{\boldsymbol{a}^H(\theta)\boldsymbol{R}_{xx}\boldsymbol{a}(\theta)}{\boldsymbol{a}^H(\theta)\boldsymbol{a}(\theta)}$$

将所有方向向量的集合$\{\boldsymbol{a}(\theta)\}$称为阵列流形。在实际应用中，阵列流形可以在阵列

校准时确定或者利用接收的采样值计算得到。利用空间谱的峰值就可以估计出信号的波达方向。当有 $D>1$ 个信号存在时，对于不同的 θ，计算得到不同的输出功率，最大输出功率对应的空间谱的峰值也就最大，而最大空间谱峰值对应的角度即为信号波达方向的估计值。

古典谱估计方法将阵列所有可利用的自由度都用于在所需观测方向上形成一个波束。当只有一个信号时，这个方法是可行的。但是，当存在来自多个方向的信号时，阵列的输出将包括期望信号和干扰信号，估计性能会急剧下降。而且该方法要受到波束宽度和旁瓣高度的限制，这是由于大角度范围的信号会影响观测方向的平均功率，因此这种方法的空间分辨率比较低。我们可以通过增加天线阵列的阵元提高分辨率，但是这样会增加系统的复杂度和算法对于空间的存储要求。性能更好的 MUSIC 和 ESPRIT 算法在这里不做讲解，请查阅相关的文献资料。

2. 基于角度的目标定位

通过高精度的侧向设备在两个或者两个以上的观测站对辐射源进行测向，然后根据各观测站的角度测量信息和观测站位置，可以确定辐射源的位置。目前常用的是多站测向定位，进行单站测向定位需要更多的测量参数类型。

这里简要接收利用角度进行测向定位的原理，如图 2-12 所示。

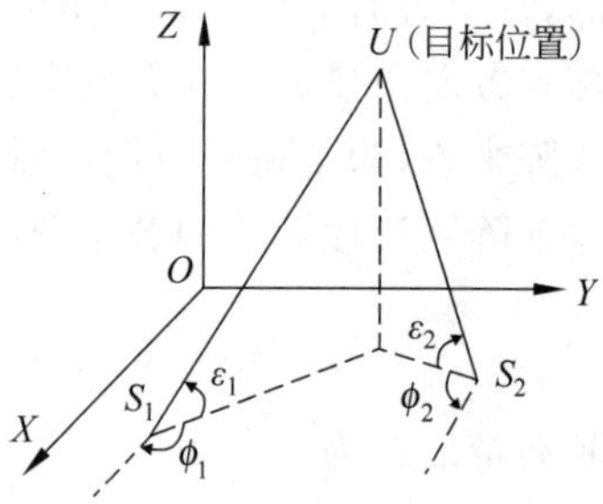

图 2-12　三维空间的测向定位原理图

设有两个观测站，在局部直角坐标系中它们的位置分别是(x_1,y_1,z_1)和(x_2,y_2,z_2)，辐射源的位置是(x,y,z)。两个观测站的输出方位角和俯仰角分别为(ϕ_1,ε_1)和(ϕ_2,ε_2)。建立角度与直角坐标的关系：

$$\tan\phi_1 = (y-y_1)/(x-x_1)$$
$$\tan\varepsilon_1 = (z-z_1)\sin\phi_1/(y-y_1)$$
$$\tan\phi_2 = (y-y_2)/(x-x_2)$$

把这些关系展开后，可得：

$$x\times\tan\phi_1 - y = x_1\times\tan\phi_1 - y_1$$
$$y\times\tan\varepsilon_1 - z\times\sin\phi_1 = y_1\times\tan\varepsilon_1 - z_1\times\sin\phi_1$$
$$x\times\tan\phi_2 - y = x_2\times\tan\phi_2 - y_2$$

上式的左侧都用未知辐射源坐标表示，右侧都与已知测量值和观测站坐标有关。可以建立线性方程组：

$$\begin{bmatrix}\tan\phi_1 & -1 & 0\\ 0 & \tan\varepsilon_1 & -\sin\phi_1\\ \tan\phi_2 & -1 & 0\end{bmatrix}\times\begin{bmatrix}x\\ y\\ z\end{bmatrix}=\begin{bmatrix}x_1\times\tan\phi_1-y_1\\ y_1\times\tan\varepsilon_1-z_1\times\sin\phi_1\\ x_2\times\tan\phi_2-y_2\end{bmatrix}$$

通过矩阵求逆运算可以容易地解出辐射源坐标。

本书只是对辐射源的测量和解算原理进行了讲述，关于角度测量性能和解算的误差性能等重要内容都没有深入讲解。简单的矩阵求逆在实际中会带来很多问题，人们也对此进行了很多研究和改进。

2.4.3 时差定位的原理

TDOA(Time Difference Of Arrival)利用平面或空间中的多个测量站(接收机)分别测出同一个辐射源信号到达各测量站的到达时间差,由此确定辐射源在平面或空间中的位置。在二维平面中,辐射源信号到达两测量站的时间差规定了一对以两站为焦点的双曲线,利用三站就可形成两条单边双曲线产生交点,以确定辐射源的位置。在空间情况下,则至少需要 4 个测量站,以确定辐射源的位置。根据测量站间基线的长短,无源时差定位系统又可分为长基线时差定位系统和短基线时差定位系统。在地基情况下,采用长基线时差定位,具有精度高、对设备要求低的优点。由于时间差的测量是绝对的,没有模糊性,因此这项技术在保持高精度测向定位的同时不会产生相位模糊,时差测向定位适应的工作频带宽,定位精度高,所需信道数量少,对天线方向图要求不苛刻,定位精度与频率无关,特别适用于天线难于做成一致和信号频率未知、快变的情况,但这些优点是以技术难度作为代价的,时差法定位对接收机系统提出了很高的要求,这些要求集中反映在各路接收机的幄度(增益)一致性、相位一致性和响应带宽一致性。

1. 时差的测量

准确并迅速地估计出接收机或接收机阵列接收到的同源信号之间的时间差是时间延迟估计要解决的基本问题。在实际情况中,各种噪声带来的干扰使得接收到的信号往往被淹没其中。因此,对信号进行时间延迟估计之前首先要进行预处理,尽可能排除噪声的干扰,提高信号的信噪比,从而提高时间延迟估计的精度。

在被测目标非静止的情况下,此时目标与接收机之间的相对运动将使时间延迟变成时变参量,即时间延迟信息随时间变化,这时需要时间延迟估计算法具有一定的目标跟踪能力,随着目标的运动自适应地调整系统本身的参数,不断更新时间延迟的估计值。

在实际应用中,信源发出的信号存在多径问题;另外,还经常有时间延迟估计中的多源问题。在多径多源的条件下,时间延迟估计问题将变得非常复杂,除了要考虑噪声的干扰之外,多个时间延迟的分辨问题将成为需要着力解决的关键问题。

在被动时间延迟估计问题中,一般假设信号在信道中是以无色散球面波进行传播的。此外,我们还经常假设信号源与接收机在同一个平面内,这样就可以将三维空间简化为二维空间。对于二维空间,球面波便退化为柱面波。如果信源与接收机或接收机阵列的距离很远,则可以认为信源辐射出的信号是以平面波的形式进行传播的。

时间延迟估计的基本模型为双基元模型,如图 2-13 所示。图中,A 与 B 是相距为 L 的两个接收机,S 表示目标信源。设 A 与 B 接收到的信号分别为 $x(t)$ 和 $y(t)$,则时间延迟估计的连续双基元模型为

$$\begin{cases} x(t)=s(t)+v_i(t) \\ y(t)=\lambda s(t-D)+v_2(t) \end{cases}$$

其中 $s(t)$ 表示源信号;D 表示时间延迟真值;λ 表示幅度衰减因子。$v_1(t)$ 和 $v_2(t)$ 分别为接收机 A 与 B 的噪声。为了便于分析,通常假定源信号 $s(t)$ 和两噪声信号 $v_1(t)$、$v_2(t)$ 均服从均值为 0 的高斯分布,且三者之间互不相关。

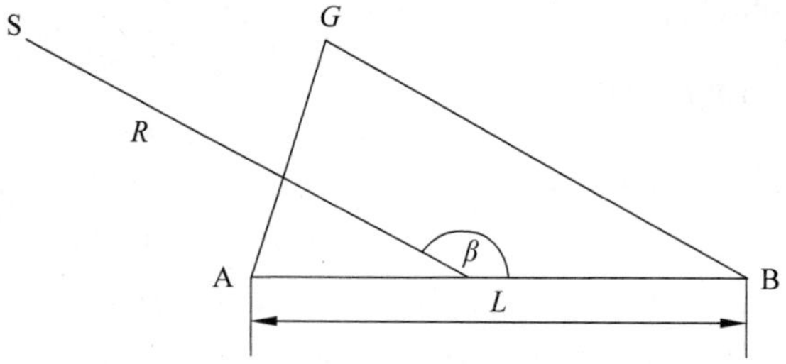

图 2-13　时差估计模型

对于离散时间系统，其离散双基元时间延迟模型可以表示为

$$\begin{cases} x(n)=s(n)+v_i(n) \\ y(n)=\lambda s(n-D)+v_2(n) \end{cases}$$

随着信号处理理论的不断改进，时间延迟估计技术也在不断发展，目前已经研究出很多经典的时间延迟估计方法，如相关类时延估计法，这其中又包括基本相关法、广义相关法、循环相关法及谱相关法等。

基本相关法通过信号的自相关函数滞后的峰值估计信号之间延迟的时间差。这种方法简单，容易实现，不足之处是要求信号和噪声、噪声和噪声互不相关，对非平稳信号和可变时延估计的估计误差大，甚至不能估计。假设两个监测站在时间上同步，同一时刻，天线 1 接收到的信号为 x_1；天线 2 接收到的信号为 x_2，考虑到接收机的噪声，则

$$x_1(t) = s(t) + n_1(t)$$

$$x_2(t) = As(t-\tau) + n_2(t)$$

式中，A 为两个信号的幅度差。通过计算这两个信号的相关函数 R_{12}，可以得到

$$R_{12}(\Delta t) = AR_{ss}(\Delta t-\tau) + AR_{sn_1}(\Delta t-\tau) + R_{sn_2}(\Delta t-\tau) + R_{n_1n_2}(\Delta t)$$

若假定信号与噪声之间互不相关，则上式后 3 项均为零，由此可得

$$R_{12}(\Delta t) = AR_{ss}(\Delta t-\tau)$$

当 $\Delta t=\tau$ 时，相关函数 R_{12} 为最大值。因此，通过求 R_{12} 最大值就可以求得时间差 Δt。

为了改进基本时延估计算法的缺陷，在此基础上提出了广义加权相关时延估计算法(GCC)。GCC 先对信号进行预白处理再作相关，这样就增强了信噪比较高的频率成分，通过提高信噪比提高时延估计精度。广义加权相关法的原理图如图 2-14 所示。

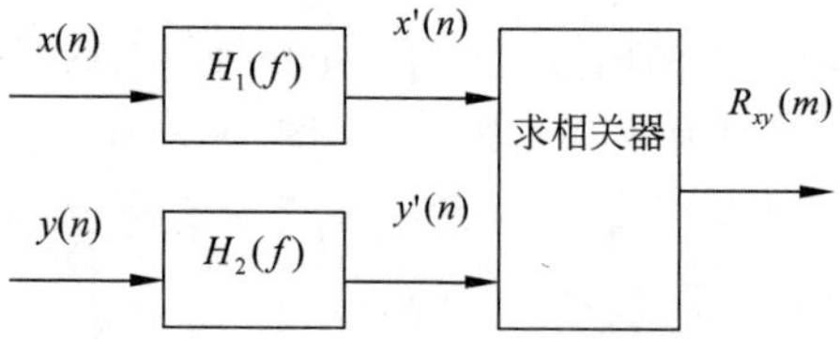

图 2-14　广义加权相关法的原理图

两个接收信号的互相关函数定义为

$$R_{x_1x_2}(\tau) = E[x_1(t)x_2(t-\tau)] = R_{ss}(\tau-D)$$

对于遍历随机过程，互相关函数的估计可以这样得到：

$$R_{x_1x_2}(\tau)=\frac{1}{T-\tau}\int_{\tau}^{T}x_1(t)x_2(t-\tau)\mathrm{d}t$$

输入信号的互功率谱为互相关函数的傅里叶变换：

$$R_{x_1x_2}(\tau)=\int_{-\infty}^{\infty}G_{x_1x_2}(f)\mathrm{e}^{j2\pi f\tau}\mathrm{d}t$$

这样，根据卷积定理，滤波器输出信号的互谱和互相关函数为

$$G_{y_1y_2}(f)=H_1(f)H_2^*(f)G_{x_1x_2}(f)$$

$$R_{y_1y_2}^{(g)}(\tau)=\int_{-\infty}^{\infty}\Psi_g(f)G_{x_1x_2}(f)\mathrm{e}^{j2\pi f\tau}\mathrm{d}t$$

这里，$\Psi_g(f)=H_1(f)H_2^*(f)$。

因此，互相关函数的估计为

$$R_{y_1y_2}^{(g)}(\tau)=\int_{-\infty}^{\infty}\Psi_g(f)\,G_{x_1x_2}(f)\mathrm{e}^{j2\pi f\tau}\mathrm{d}t$$

对于信号的传输模型，互相关函数可以进一步写为

$$R_{x_1x_2}(\tau)=R_{ss}(\tau-D)+R_{n_1n_2}(\tau)$$

$R_{x_1x_2}(\tau)$的傅里叶变换为

$$G_{x_1x_2}(f)=G_{ss}(f)\mathrm{e}^{-j2\pi fD}+G_{n_1n_2}(f)$$

因为假设两个接收信号中噪声不相关，所以 $G_{n_1n_2}(f)=0$，则 $R_{x_1x_2}(\tau)$可以表达为

$$R_{x_1x_2}(\tau)=R_{ss}(\tau)*\delta(t-D)$$

其中，符号 * 表示卷积算子。该式说明冲击函数被傅里叶频谱“扩展”了，如果信号是白噪声，则这种“展开”不会发生。自相关函数的一个重要特性就是 $R_{ss}(\tau)\leqslant R_{ss}(0)$，因此，不论是否“扩展”，互相关函数都会在 D 时刻达到峰值。当存在单个时延时，问题不是很严重。但是，当信号存在多径时延时，信号的互相关函数就变为

$$R_{x_1x_2}(\tau)=R_{ss}(\tau)*\sum_i\delta(\tau-D_i)$$

在这种情况下，信号自相关函数的扩展作用使相关峰重叠，相关峰被展宽，时延估计出现误差，所以，$\Psi(f)$应当适当选择使相关峰尽可能窄，但是过窄的相关峰受限于有限的观察时间，尤其是在低信噪比的情况下，会使系统不稳定。$\Psi(f)$的选择就是在分辨率和稳定性之间取得折中。广义互相关时延估计就是探测频域加权的两个传感器接收信号互谱的傅里叶反变换的峰值位置，它假定信号和噪声是统计独立的平稳随机过程，只有相干时间 T 足够长时，才能较好地估计互谱和互相关函数，才能有窄的相关峰。从某种意义上说，广义相关时延估计器是一种理想的估计器，权值的选择依赖于发射信号的先验知识，估计器性能受多径和信号信噪比的影响较大。

2. 基于时差的目标定位

得到时差数据后，通过求解一组非线性方程可以得到辐射源的位置。时差 TDOA 定位法的各接收基站对来自同一辐射源的信号进行记录，然后将记录数据传送到定位处理中心，最后由中心计算各基站两两之间的 TDOA 并解算出辐射源的位置坐标。

每个 TDOA 测量值确定一对双曲线，该双曲线以参与该 TDOA 测量的两个接收基站为焦点，需要定位的目标移动台就在这对双曲线的某一条分支上。因此，最少有两组

TDOA 值就可以两对双曲线的交点得到移动用户的精确位置。其原理图如图 2-15 和图 2-16 所示。

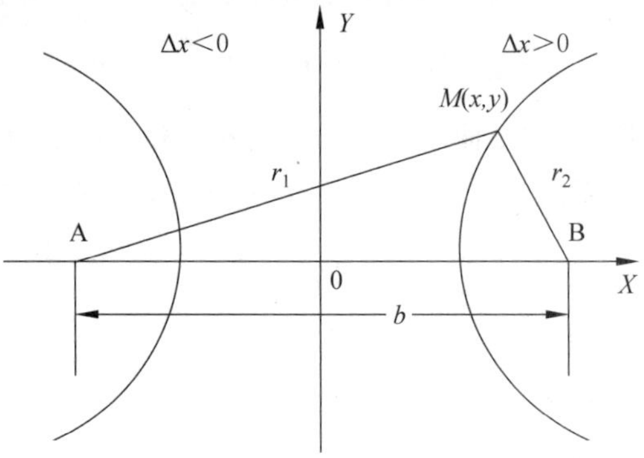

图 2-15　TDOA 测量值确定的双曲线

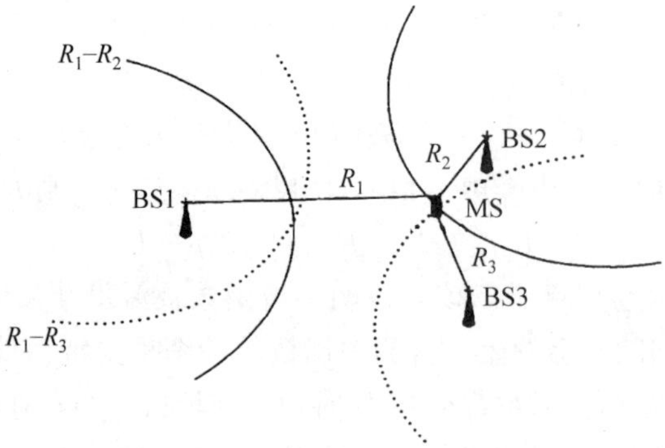

图 2-16　3 个基站进行 TDOA 定位示意图

设基站 A、B 间的距离为 b，(x,y)为移动台的位置，移动台发射的信号到达 A、B 的时间差为 τ，则相应的距离差为

$$r = r_1 - r_2 = c\tau$$

由此可列出以 A、B 为焦点的双曲线方程，移动台在双曲线的一支上。

$$\sqrt{(x-b/2)^2+y^2}-\sqrt{(x+b/2)^2+y^2}=\pm c\tau$$

显然，这是一个双曲线方程，焦点为 A、B，并且确定了到达时间差为 τ 的移动台位置(x,y)的轨迹。如果同时存在 3 个基站 A、B、C，目标移动台在同一时刻发出的信号到达这 3 个基站的时间差为 τ_1、τ_2，于是可以确定两组双曲线方程，联立求解两组双曲线的交点即为目标移动台所在位置。

更一般化地，设 3 个测量基站的位置分别为(x_1,y_1)、(x_2,y_2)、(x_2,y_2)，由时差确定的距离差分别是 $d_{21}=c\tau_1$ 和 $d_{31}=c\tau_2$，则联立方程组是

$$\begin{cases}\sqrt{(x_2-x)^2+(y_2-y)^2}-\sqrt{(x_1-x)^2+(y_1-y)^2}=d_{21}\\ \sqrt{(x_3-x)^2+(y_3-y)^2}-\sqrt{(x_1-x)^2+(y_1-y)^2}=d_{31}\end{cases}$$

上述方程组可以通过迭代法求解，但是需要给出辐射源的初始位置，初始位置的精度

对最终迭代结果有直接影响。用极坐标参数方程表示辐射源的坐标，则

$$\begin{cases} x = r\cos\theta + x_1 \\ y = r\sin\theta + y_1 \end{cases}$$

令 $x_{21}=x_2-x_1$，$x_{31}=x_3-x_1$，$y_{21}=y_2-y_1$，$y_{31}=y_3-y_1$，则联立方程转换为

$$\begin{cases} 2x_{21}r\cos\theta + 2y_{21}r\sin\theta = x_{21}^2 + y_{21}^2 - d_{21} - 2d_{21}r \\ 2x_{31}r\cos\theta + 2y_{31}r\sin\theta = x_{31}^2 + y_{31}^2 - d_{31} - 2d_{31}r \end{cases}$$

解上述线性方程组，可得

$$r = \frac{x_{21}^2 + y_{21}^2 - d_{21}^2}{2(x_{21}\cos\theta + y_{21}\sin\theta + d_{21})} = \frac{x_{31}^2 + y_{31}^2 - d_{31}^2}{2(x_{31}\cos\theta + y_{31}\sin\theta + d_{31})}$$

经过进一步推导、化简，可得

$$a\cos\theta + b\sin\theta = c$$

其中

$$a = (d_{31}^2 - x_{31}^2 - y_{31}^2)x_{21} - (d_{21}^2 - x_{21}^2 - y_{21}^2)x_{31}$$
$$b = (d_{31}^2 - x_{31}^2 - y_{31}^2)y_{21} - (d_{21}^2 - x_{21}^2 - y_{21}^2)y_{31}$$
$$c = (d_{31}^2 - x_{31}^2 - y_{31}^2)d_{21} + (d_{21}^2 - x_{21}^2 - y_{21}^2)d_{31}$$

所以

$$\theta = \arcsin\frac{c}{\sqrt{a^2 + b^2}} - \Phi(a,b)$$

或者

$$\theta = \pi - \arcsin\frac{c}{\sqrt{a^2 + b^2}} - \Phi(a,b)$$

其中 $\Phi(a,b)$ 是在正弦函数积化和差时的角度常数。根据得到的 θ，可以计算得到

$$r = \frac{x_{21}^2 + y_{21}^2 - d_{21}^2}{2(x_{21}\cos\theta + y_{21}\sin\theta + d_{21})}$$

把解得的 r 和 θ 代入参数方程的辐射源坐标，可以得到直角坐标系下的辐射源坐标。在实际系统中，噪声的存在使得时差测量不准确，导致双曲线的交点出现偏移，甚至没有交点。所以对算法的抗噪声性能，特别是在冗余传感器环境下的跟踪性能分析非常重要。限于篇幅，这里不再详述。

当需要对三维空间的辐射源进行定位时，由一个时差测量值确定的就是一个双曲面。完成对一个辐射源位置的解算至少需要 4 个测量站。定位和解算的过程也需要相应扩展到三维坐标系中进行。

2.5　声呐传感器

声呐(SOund Navigation And Ranging，SONAR)是一种利用声波在水下的传播特性，通过电声转换和信息处理，完成水下探测和通信任务的电子设备。它有主动式和被动式两种类型，属于声学定位的范畴。声呐是利用水中声波对水下目标进行探测、定位和通信的电子设备，是水声学中应用最广泛、最重要的一种装置。

声呐技术至今已有100多年历史,它是1906年由英国海军的刘易斯·尼克森发明的。他发明的第一部声呐仪是一种被动式的聆听装置,主要用来侦测冰山。这种技术在第一次世界大战时被应用到战场上,用来侦测潜藏在水底的潜水艇。

目前,声呐是各国海军进行水下监视使用的主要技术,用于对水下目标进行探测、分类、定位和跟踪;进行水下通信和导航,保障舰艇、反潜飞机和反潜直升机的战术机动和水中武器的使用。此外,声呐技术还广泛用于鱼雷制导、水雷引信,以及鱼群探测、海洋石油勘探、船舶导航、水下作业、水文测量和海底地质地貌的勘测等。

2.5.1 声呐的原理

在水中进行观察和测量,具有得天独厚条件的只有声波。这是由于其他探测手段的作用距离都很短,光在水中的穿透能力很有限,即使在最清澈的海水中,人们也只能看到十几米到几十米内的物体;电磁波在水中也衰减太快,而且波长越短,损失越大,即使用大功率的低频电磁波,也只能传播几十米。然而,声波在水中传播的衰减就小得多,在深海声道中爆炸一个几千克的炸弹,在两万千米外还可以收到信号,低频的声波还可以穿透海底几千米的地层,并且得到地层中的信息。在水中进行测量和观察,至今还没有发现比声波更有效的手段。

声呐装置一般由基阵、电子机柜和辅助设备三部分组成。基阵由水声换能器以一定几何图形排列组合而成,其外形通常为球形、柱形、平板形或线列行,有接收基阵、发射机阵或收发合一基阵之分。电子机柜一般有发射、接收、显示和控制等分系统。辅助设备包括电源设备、连接电缆、水下接线箱和增音机、与声呐基阵的传动控制配套的升降、回转、俯仰、收放、拖曳、吊放、投放等装置,以及声呐导流罩等。

换能器是声呐中的重要器件,它是声能与其他形式的能如机械能、电能、磁能等相互转换的装置。它有两个用途:一是在水下发射声波,称为"发射换能器",相当于空气中的扬声器;二是在水下接收声波,称为"接收换能器",相当于空气中的传声器(俗称"麦克风"或"话筒")。换能器在实际使用时往往同时用于发射和接收声波,专门用于接收的换能器又称为"水听器"。换能器的工作原理是利用某些材料在电场或磁场的作用下发生伸缩的压电效应或磁致伸缩效应。

声呐的分类可按其工作方式,按装备对象,按战术用途,按基阵携带方式和技术特点等分类方法分为各种不同的声呐。例如,按工作方式分为主动声呐和被动声呐;按装备对象分为水面舰艇声呐、潜艇声呐、航空声呐、便携式声呐和海岸声呐等。

主动声呐:主动声呐技术是指声呐主动发射声波"照射"目标,而后接收水中目标反射的回波,以测定目标的参数。大多数采用脉冲体制,也有采用连续波体制的。它由简单的回声探测仪器演变而来,它主动发射超声波,然后收测回波进行计算,适用于探测冰山、暗礁、沉船、海深、鱼群、水雷和关闭了发动机的隐蔽潜艇。

被动声呐:被动声呐技术是指声呐被动接收舰船等水中目标产生的辐射噪声和水声设备发射的信号,以测定目标的方位。它由简单的水听器演变而来,它收听目标发出的噪声,判断出目标的位置和某些特性,特别适用于不能发声暴露自己而又要探测敌舰活动的潜艇。

现代声呐的工作频段可以降低到 500～2000Hz 范围内，极个别的甚至可以达到 200Hz 的频段。在基阵长度上，有些核潜艇的阵列长度可以达到 60m，作用距离达到 50 海里（1 海里＝1852 米）左右。

2.5.2　拖曳线列阵声呐

拖曳线列阵声呐（以下简称拖线阵）是拖曳声呐中的一种，但与传统的拖曳变深声呐相比，两者在基阵阵型和工作性能上都存在较大差异。传统的拖曳变深声呐是将声呐基阵安置到一个透声导流罩内（拖体），并用拖缆拖曳于舰艇尾部，以实现声呐的拖曳变深与离舰（艇）工作。但基阵阵型与壳体声呐的区别并不大，只是基阵布置位置发生了根本的改变。而拖线阵声呐是将一定间隔的水听器以线列阵型式布置到具有中性浮力的透声保护导管内，在基阵阵型上和传统拖曳变深声呐有本质区别。拖线阵的声学段前后还分别有仪表段、数字段、隔振段、稳定尾绳和拖缆等，结构上和传统的拖曳变深声呐也存在很大差异。拖线阵声呐相比壳体声呐和传统拖曳变深声呐在探测性能上有显著的优势，具体概括大致有以下 4 方面。

（1）声阵配置不受舰体布置条件限制，声阵孔径大、工作频率低、探测距离远。

在水中，低频声波的传播衰减小，传播距离远。声呐要提高探测距离和探测性能，增大声阵孔径，降低工作频率是最直接的方法，但壳体声呐与传统的拖曳变深声呐受到基阵布置空间的限制，声阵孔径难以进一步增大，工作频率无法进一步降低，声呐的探测距离和探测性能要进一步提升已非常困难。而拖线阵的声换能器以线列阵型式布置，并拖曳于舰体外，不受舰体和拖体布置空间的制约，水听器数量多，声阵长度长且孔径大，可接受低频乃至甚低频声波，探测距离远远大于传统的壳体声呐和拖曳变深声呐。以美国的潜用战术拖线阵为例，TB-29 的声阵长达 634m，而战略型拖线阵 SURTASS 的声阵段长达 2614m，最远搜索范围可达 1500 海里。

（2）声阵离体布置工作环境好、声阵可变深水文环境适应性强。

拖线阵通过较长的拖缆拖曳于舰艇较远处，加上通过布置隔阵段等措施，舰艇本体的机械震动噪声与推进器噪声对其影响小，声呐工作环境好，能显著改善接收信噪比，提高声呐的检测能力。一般认为舰艇自噪声降低 20dB，被动声呐工作距离可增加一倍，拖线阵因为离舰布置，在改善工作环境、提高探测性能上具备先天优势。另外，拖线阵具备变深功能，声阵可通过控制机构布放于更适合声呐工作的深度，选择有利水文环境提高声呐的探测能力。舰艇还可通过改变拖线阵的布置深度探测利用温跃层、盐跃层等不同声速剖面进行隐蔽的潜艇。此外，利用拖线阵可升降的特点，还可测出海区不同深度的声速分布和声传播规律，为载体（特别是潜艇）提供更好的声场预报服务。这对于艇上指挥人员充分利用周边有利水文环境，选择本艇最佳航行深度，进一步提高潜艇的隐蔽性都非常有利。

（3）可弥补壳体声呐盲区，与壳体声呐配合可实现全景探测。

光有壳体声呐的水面舰船往往存在较大的探测盲区，潜艇可以布置舷侧阵声呐，探测盲区要比水面舰船小。但舷侧阵声呐在潜艇尾部推进器方向依旧存在较大的监听盲区，敌方潜艇可利用这一漏洞对我方潜艇进行隐蔽跟踪和有效攻击，严重削弱我方潜艇的生存力。拖线阵一般只在舰艇首部20°扇角内存在监听盲区，与壳体声呐配合可以形成舰艇的全景探测，大大提高舰艇的实时警戒能力。这对于一些艇体庞大机动性较差的弹道导弹核潜艇，改善自我防卫水平意义重大。对于攻击型潜艇提高与敌潜艇互相攻防的作战性能，也有重要作用。

(4) 目前拖线阵声呐存在的一些缺陷。

拖线阵的声学段是柔性的，所以在水下拖曳时，易受舰艇机动与洋流的影响，出现阵型畸变后探测性能下降，甚至无法工作的状态，如拖线阵的垂直孔径过小，没有垂直增益，难以获取目标深度信息。还有，传统的单线拖线阵是由无指向性声压水听器构成的直线阵，在以线阵为轴的同一转角圆锥面上，对入射信号的响应是完全一致的。这造成拖线阵在舰艇尾部一定角度内存在方向辨别模糊的问题。最后，拖线阵的探测距离虽远，但探测精度相对较低，只能满足潜艇远距发现、远程警戒的需要。

2.5.3 潜艇配备的声呐

随着现代潜艇日渐扩展的任务多样性，以及水下作战时日渐苛刻的隐蔽性要求，如老式潜艇那样只装备一个性能单一的主水声站，已远远不能满足现代条件下的作战需求。又由于任务细分后的声呐因为工作原理不同造成基阵型式和艇体布置都存在较大差异，所以现代潜艇往往会装备七八种不同特性的声呐，来提高潜艇的水下探测水平。

现代艇艏声呐系统一般以圆柱状声呐基阵和球形声呐基阵为主。圆柱阵和球阵将阵元沿圆柱面或者球面排列，通过补偿器形成波束和实现波束扫描。或者以相控阵方式，在每一个基元中均加一个移相器，利用调整移相获得波束扫描。圆柱阵和球阵的空间监测范围大，配合现代声呐的相控阵数字多波束技术，其扫描速度快，多目标跟踪能力强。由于圆柱阵和球阵的体积较大，所以声阵孔径增大，工作频率降低，可以接收海水中衰减小的更低频段噪声，并利用海底反射、深海声道等多种传播途径，让声呐系统的工作距离进一步增加，探测性能得到有效提高。自20世纪70年代后，这类声呐广泛采用数字计算机和微处理器，美国等西方发达国家还实现了全数字化，并采用了先进的信号处理技术，如多波束形成、时间相关压缩接收、分波束相关定向、高分辨力谱估计、线谱检测等，使得声呐系统提取和处理信息的数量增多，质量大幅提高。现代潜艇可以根据艇体布置空间安装体积合适的圆柱阵和球阵。苏联的核潜艇以装备大型圆柱阵声呐为主，而美国偏爱球艏声呐，自长尾鲨级核潜艇开始，艇艏声呐都装备了体积硕大的球形基阵。球形基阵的阵元多，快速扫描能力强，空间监测范围广。

艇艏基阵受到艇体布置的限制，进一步增大声阵孔径和降低工作频段都较为困难，使得声呐的被动探测距离受到限制。同时，艇艏声呐基阵在艇体舷侧和艇体后方也都存在盲区，不能做到全方位监测，影响了潜艇的实时警戒和监测范围。为了提高潜艇的探测能力，现代潜艇又开始在艇体上布置舷侧阵声呐。舷侧阵声呐是指将众多水听器沿艇体纵向方向布置在艇体左右两舷侧的声呐。由于舷侧阵声呐可以充分利用艇体长度扩大基阵的声阵孔径，在工作频段上可以进一步降低，所以被动探测距离也得到了有效的提高。舷侧阵声呐以被动方式工作其隐蔽性好，声呐的湿端位于艇体两舷侧，所以监测范围大，而且能直接判别目标的方位。舷侧阵在探测距离和探测范围上都优于艇艏声呐系统，在探测距离上虽然不及拖曳线列阵声呐，但是舷侧阵声呐没有基阵的收放拖曳问题，对潜艇的水下机动影响小，也不存在拖曳线列阵声呐的左右舷模糊、柔性声阵容易畸变失真的问题。舷侧阵声呐可以实时进行被动探测工作，提高了潜艇的快速反应能力。现代潜艇，如英国的机敏、法国的凯旋、日本的苍龙、德国的 212 和 214 等一大批新型潜艇都装备了舷侧阵声呐。

不管是艇艏声呐，还是舷侧阵声呐，都要受限于艇体布置条件，基阵体积不能无限扩大，声阵孔径受到限制，声呐的工作频段难以进一步降低，在探测距离上无法进一步提高。为了改变这种情况，20 世纪六七十年代国外开始在潜艇上装备拖曳线列阵声呐。因为拖曳线列阵的声学段远离潜艇，不受潜艇自噪的干扰，所以工作环境较好，有益于提高声呐的探测性能。同时，拖曳线列阵也能通过布放和拖曳机构进行变深布置，可拖曳在海水温跃层以下，探测艇体声呐不能探测到的潜艇或其他目标。拖曳线列阵的变深功能还可以让声学段在最有利的深度上工作，能充分利用海洋条件和多种声传播途径发挥声呐的潜在能力。同时，拖曳线列阵也改变了以往艇体声呐难以监测尾部区域的弊端，很好地弥补了潜艇尾部的传统探测盲区，提高了潜艇的全向警戒能力。

第3章　态势信息处理的理论基础

本章对信息融合过程中常用的基础理论进行集中描述。这些理论从概率统计理论出发，首先介绍统计判决方面的基础知识，它们在航迹处理的数据关联和航迹相关时会使用到，然后介绍线性滤波理论，并推导 Kalman 滤波器，给出 Kalman 滤波器的工作流程和扩展的 EKF、UKF 滤波器，并用粒子滤波作为对滤波理论的总结。滤波器是航迹跟踪的基础理论，对处理传感器的输出数据、序贯地获得运动目标状态具有重要作用。最后，本章概要描述属性融合的基本理论，包括贝叶斯方法和 DS 证据理论，它们在航迹的身份信息融合时能发挥主要作用。这些基本理论只是信息融合这个大框架中使用到的部分内容，当需要从其他角度对信息融合问题进行描述时，还会用到其他理论工具。

3.1　统计与判决理论

3.1.1　随机数及其生成

定义在样本空间 Ω 上的实数函数 $X=X(w)$称为随机变量。仅取有限个或可列个值的随机变量称为离散随机变量；取值充满某个区间(a,b)的随机变量称为连续随机变量，这里 a 可为$-\infty$，也可为$+\infty$。

设 X 是一个随机变量，对任意实数 x，称 $F(x)=P(X\leqslant x)$为 X 的分布函数，记为 $X\sim F(x)$。分布函数具有如下 3 条基本性质。

1）单调性

$F(x)$是单调非减函数，即对任意的 $x_1<x_2$，都有 $F(x_1)\leqslant F(x_2)$。

2）有界性

对任意的 x，有 $0\leqslant F(x)\leqslant 1$，且

$$F(-\infty)=\lim_{x\to-\infty}F(x)=0,\quad F(+\infty)=\lim_{x\to+\infty}F(x)=1$$

3）右连续性

$F(x)$是 x 的右连续函数，即对任意的 x_0，都有

$$\lim_{x\to x_0^+}F(x)=F(x_0),\quad \text{即 } F(x_0+0)=F(x_0)$$

可以证明：具有上述 3 条性质的函数 $F(x)$一定是某一个随机变量的分布函数。

若离散随机变量 X 的可能取值是 $x_1,x_2,\cdots,x_n,\cdots$，则称 X 取 x_i 的概率

$$p_i=p(x_i)=P(X=x_i),i=1,2,\cdots,n,\cdots$$

为 X 的概率分布列，简称分布列。分布列也可用列表方式表示。

X	x_1	x_2	$\cdots$	x_n	$\cdots$
P	$p(x_1)$	$p(x_2)$	$\cdots$	$p(x_n)$	$\cdots$

分布列 $p(x_i)$ 具有如下两个基本性质。

1）非负性

$p(x_i)\geqslant 0, i=1,2,\cdots$；

2）正则性

$$\sum_{i=1}^{+\infty} p(x_i) = 1$$

离散随机变量 X 的分布函数为 $F(x) = \sum_{x_i \leqslant x} p(x_i)$，它是有限级或可列无限级阶梯函数，离散随机变量 X 取值于区间 $(a,b]$ 上的概率为 $P(a < X \leqslant b) = F(b) - F(a)$。常数 c 可看作仅取一个值的随机变量 X，即 $P(X = c) = 1$，它的分布常称为单点分布或退化分布。

记连续随机变量 X 的分布函数为 $F(x)$，若存在一个非负可积函数 $p(x)$，使得对任意实数 x，都有 $F(x) = \int_{-\infty}^{x} p(t)\mathrm{d}t$，则称 $p(x)$ 为 X 的概率密度函数，简称密度函数。连续随机变量 X 的分布函数 $F(x)$ 是 $(-\infty, +\infty)$ 上的连续函数，它可能在有限个点或可列个点上不可导，除此以外，还有 $F'(x) = p(x)$。

1. 期望与方差

$$EX = \begin{cases} \sum_{i} x_i p(x_i) & X \text{ 为离散随机变量} \\ \int_{-\infty}^{+\infty} x p(x)\mathrm{d}x & X \text{ 为连续随机变量} \end{cases}$$

为 X 的数学期望，简称期望或均值，且称 X 的数学期望存在，否则称数学期望不存在。

数学期望是由分布决定的，它是分布的位置特征。只要两个随机变量同分布，则其数学期望总是相等的。假如把概率看作质量、把分布看作某物体的质量分布，那么数学期望就是该物体的重心位置。

数学期望的性质

（1）X 的某一函数 $g(X)$ 的数学期望为

$$E[g(X)] = \begin{cases} \sum_{i} g(x_i)p(x_i) & \text{离散场合} \\ \int_{-\infty}^{+\infty} g(x)p(x)\mathrm{d}x & \text{连续场合} \end{cases}$$

（2）若 c 是常数，则 $E(c)=c$。

（3）对任意常数 a，都有 $E(aX)=aE(X)$。

（4）对任意的两个函数 $g_1(x)$ 和 $g_2(x)$，都有

$$E[g_1(X) \pm g_2(X)] = E[g_1(X)] \pm E[g_2(X)]$$

方差称随机变量 X 对期望 $E(X)$ 的偏差平方的数学期望（设其存在）

$$\mathrm{Var}(X) = E[X - E(X)]^2$$

为 X 的方差，称方差的正平方根 $\sigma(X)=\sigma_X=\sqrt{\mathrm{Var}(X)}$ 为 X 的标准差。

方差是由分布决定的，它上分布的散度特征，方差越大，分布越分散；方差越小，分布越集中。标准差与方差的功能相似，只是量纲不同。

方差的性质　以下涉及的方差均假设其存在。

(1) $\mathrm{Var}(X)=E(X^2)-[E(X)]^2$。

(2) 若 c 是常数，则 $\mathrm{Var}(c)=0$。

(3) 若 a,b 是常数，则 $\mathrm{Var}(aX+b)=a^2\mathrm{Var}(X)$。

(4) 若随机变量 X 的方差存在，则 $\mathrm{Var}(X)=0$ 的充要条件是 X 几乎处处为某个常数 a，即 $P(X=a)=1$。

随机变量的标准化　对任意随机变量 X，如果 X 的数学期望和方差存在，则称

$$X^* = \frac{X-E(X)}{\sqrt{\mathrm{Var}(X)}}$$

为 X 的标准化随机变量，此时 $E(X^*)=0,\mathrm{Var}(X^*)=1$。

2. 常用随机变量的分布

二项分布　若 X 的概率分布列为

$$P(X=k)=\binom{n}{k}p^k(1-p)^{n-k},\quad k=0,1,\cdots,n$$

则称 X 服从二项分布，记为 $X\sim b(n,p)$，其中 $0<p<1$。n 重伯努利试验中成功的次数 X 服从二项分布 $b(n,p)$，其中 p 为一次伯努利试验中成功发生的概率。

泊松分布　若 X 的概率分布列为

$$(X=k)=\frac{\lambda^k}{k!}\mathrm{e}^{-\lambda},\quad k=0,1\cdots$$

则称 X 服从泊松分布，记为 $X\sim P(\lambda)$，其中参数 $\lambda>0$。单位时间(或单位面积、单位产品等)上某稀有事件(这里稀有事件是指不经常发生的事件)发生的次数常服从泊松分布 $P(\lambda)$，其中 λ 为该稀有事件发生的强度。在 n 重伯努利试验中，记事件 A 在一次试验中发生的概率为 p_n，当 $n\to+\infty$ 时，有 $np_n\to\lambda$，二项分布趋近于泊松分布。

几何分布　若 X 的概率分布列为

$$P(X=k)=(1-p)^{k-1}p,\quad k=1,2,\cdots$$

则称 X 服从几何分布，记为 $X\sim Ge(p)$，其中 $0<p<1$。在伯努利试验序列中，事件 A 首次出现时的试验次数 X 服从几何分布 $Ge(p)$，其中 p 为每次试验中事件 A 发生的概率。几何分布的无记忆性：若 $X\sim Ge(p)$，则对任意正整数 m 与 n，都有

$$P(X>m+n\mid X>m)=P(X>n)$$

正态分布　若 X 的密度函数为

$$p(x)=\frac{1}{\sqrt{2\pi}\sigma}\mathrm{e}^{-\frac{(x-\mu)^2}{2\sigma^2}},\quad -\infty<x<+\infty$$

则称 X 服从正态分布，记作 $X\sim N(\mu,\sigma^2)$，其中参数 $-\infty<\mu<+\infty,\sigma>0$。一个变量若是大量微小的、独立的随机因素的叠加结果，则此变量一定是正态变量(服从正态分布的变量)。测量误差是由量具零点偏差、测量环境的影响、测量技术的影响、测量人员的心理影响等随机因素叠加而成的，所以常认为测量误差服从正态分布。

μ 是正态分布的数学期望，即 $E(X)=\mu$，称 μ 为正态参数的位置参数。μ 是正态分布的对称中心，在 μ 的左侧和 $p(x)$ 下的面积为 0.5；在 μ 的右侧和 $p(x)$ 下的面积也为 0.5，

所以 μ 也是正态分布的中位数。若 $X \sim N(\mu,\sigma^2)$，则在离越近取值的可能性越大，离越远取值的可能性越小。

σ^2 是正态分布的方差，即 $\mathrm{Var}(X)=\sigma^2$。σ 是正态分布的标准差，σ 越小，正态分布越集中；σ 越大，正态分布越分散。σ 又称为正态分布的尺度参数。若 $X \sim (\mu,\sigma^2)$，则其密度函数 $p(x)$ 在 $\mu \pm \sigma$ 处有两个拐点。

称 $\mu=0,\sigma=1$ 时的正态分布 $N(0,1)$ 为标准正态分布。若 $X \sim N(\mu,\sigma^2)$，则 $U=(X-\mu)/\sigma \sim N(0,1)$，其中 $U=(X-\mu)/\sigma$ 称为 X 的标准化变换。

均匀分布　若 X 的密度函数和分布函数分别为

$$p(x)=\begin{cases}\dfrac{1}{b-a}, & a<x<b\\ 0, & \text{其他}\end{cases}\qquad F(x)=\begin{cases}0, & x<a\\ \dfrac{x-a}{b-a}, & a\leqslant x<b\\ 1, & x\geqslant b\end{cases}$$

则称服从区间 (a,b) 上的均匀分布，记作 $X \sim U(a,b)$。

向区间 (a,b) 随机投点，落点坐标 X 一定服从均匀分布 $U(a,b)$。这里，"随机投点"是指点落在任意相等长度的小区间上的可能性是相等的。区间 $(0,1)$ 上的均匀分布是导出其他分布随机数的桥梁。

指数分布　若 x 的密度函数为

$$p(x)=\begin{cases}\lambda \mathrm{e}^{-\lambda x}, & x\geqslant 0\\ 0, & x<0\end{cases}$$

则称 X 服从指数分布，记作 $X \sim \mathrm{Exp}(\lambda)$，其中参数 $\lambda>0$。

若一个元器件（或一台设备，或一个系统）遇到外来冲击时即告失效，则首次冲击来到的时间 X（寿命）服从指数分布，很多产品的寿命可认为服从或近似服从指数分布。指数分布的无记忆性：若 $X \sim \mathrm{Exp}(\lambda)$，则对任意 $s>0,t>0$，都有

$$P(X>s+t \mid X>s)=P(X>t)$$

伽马分布　$\Gamma(\alpha)=\int_0^{+\infty} x^{\alpha-1}\mathrm{e}^{-x}\mathrm{d}x$ 为伽马函数，其中参数 $\alpha>0$。伽马函数具有如下性质：

(a) $\Gamma(1)=1$；　(b) $\Gamma(1/2)=\sqrt{\pi}$；

(c) $\Gamma(\alpha+1)=\alpha\Gamma(\alpha)$；　(d) $\Gamma(n+1)=n\Gamma(n)=n!\,(n\in N)$

若 X 的密度函数为

$$p(x)=\begin{cases}\dfrac{\lambda^\alpha}{\Gamma(\alpha)}x^{\alpha-1}\mathrm{e}^{-\lambda x}, & x\geqslant 0\\ 0, & x<0\end{cases}$$

则称 X 服从伽马分布，记作 $X \sim \mathrm{Ga}(\alpha,\lambda)$，其中 $\alpha>0$ 为形状参数，$\lambda>0$ 为尺度参数。若一个元器件（或一台设备，或一个系统）能抵挡一些外来冲击，但遇到第 k 次冲击时即失效，则第 k 次冲击来到的时间 X（寿命）服从形状参数为 k 的伽马分布 $\mathrm{Ga}(k,\lambda)$。$\alpha=1$ 时的伽马分布就是指数分布，即 $\mathrm{Ga}(1,\lambda)=\mathrm{Exp}(\lambda)$。称 $\alpha=n/2,\lambda=1/2$ 时的伽马分布为自由度为 n 的 χ^2（卡方）分布，记为 $\chi^2(n)$，其密度函数为

$$p(x)=\begin{cases}\dfrac{1}{2^{\frac{n}{2}}\Gamma\left(\dfrac{n}{2}\right)}\mathrm{e}^{-\frac{x}{2}}x^{\frac{n}{2}-1}, & x>0\\ 0, & x\leqslant 0\end{cases}$$

$\chi^2(n)$分布的期望和方差分别为 $E(X)=n$，$\mathrm{Var}(X)=2n$。若形状参数为整数 k，则伽马变量可表示成 k 个独立同分布的指数变量之和，即若 $X\sim \mathrm{Ga}(k,\lambda)$，则 $X=X_1+X_2+\cdots+X_k$，其中 $X_1,X_2,\cdots,X_k$ 是相互独立且都服从指数分布 $\mathrm{Exp}(\lambda)$的随机变量。

3. 随机数的生成

1）同余法

同余法(Linear Congruence Generator，LCG)是 Lehmer 于 1951 年提出的。同余法利用数论中的同余运算原理产生随机数。同余法是目前发展迅速且使用普遍的方法之一。

LCG 的递推公式为

$$x_n=(ax_{n-1}+c)(\mathrm{mod}\ m)\quad (n=1,2,\cdots) \tag{3-1}$$

其中 x_n、a、c 均为正整数。只需给定初值 x_0，就可以由式(3-1)得到整数序列$\{x_n\}$，对每一个 x_n，作变换 $u_n=x_n/m$，则$\{u_n\}(n=1,2,\cdots)$就是$[0,1)$上的一个序列。如果$\{u_n\}$通过了统计检验，那么就可以将 u_n 作为$[0,1)$上的均匀分布随机数。

在式(3-1)中，若 $c=0$，则称相应的算法为乘同余法，并称 a 为乘子；若 $c\neq 0$，则称相应的算法为混合同余法。同余法也称为同余发生器，其中 x_0 称为种子。

由式(3-1)可以看出，对于十进制数，当取模 $m=10^k$（k 为正整数）时，求其同余式运算较简便。例如，$36=31236(\mathrm{mod}\ 10^2)$，只要对 31236 从右截取 $k=2$ 位数，即得余数 36。同理，对于二进制数，取模 $m=2^k$ 时，求其同余式运算更简便了。

电子计算机通常是以二进制形式表示数的。在整数尾部字长为 L 位的二进制计算机上，按式(3-1)求以 m 为模的同余式时，可以利用计算机具有的整数溢出功能。设 L 为计算机的整数尾部字长，取模 $m=2^L$，若按式(3-1)求同余式时，显然有

当 $ax_{n-1}+c<m$ 时，则 $x_n=ax_{n-1}+c$；

当 $ax_{n-1}+c\geqslant m$ 时，则 $x_n=ax_{n-1}+c-m[(ax_{n-1}+c)/m]$。

这里，$[x]$是取 x 的整数部分。在计算机上由 x_{n-1} 求 x_n 时，可利用整数溢出原理，不进行上面的除法运算。实际上，由于计算机的整数尾部字长为 L，机器中可存放的最大整数为 2^L-1，而此时 $a^{x_{n-1}}+c\geqslant m\geqslant 2^L-1$，因此 $a^{x_{n-1}}+c$ 在机器里存放时占的位数多于 L 位，于是发生溢出，只能存放 x_n 的右后 L 位。这个数值恰是模 $m=2^L$ 的剩余，即 x_n。这就减少了除法运算，而实现了求同余式。经常取模 $m=2^L$（L 为计算机尾部字长），正是利用了溢出原理减少除法运算。

由式(3-1)产生的 $x_n(n=1,2,\cdots)$到一定长度后，会出现周而复始的周期现象，即$\{x_n\}$可以由其某一子列的重复出现而构成，这种重复出现的子列的最短长度称为序列 x_n 的周期。由式(3-1)不难看出，$\{x_n\}$中两个重复数之间的最短距离长度就是它的周期，用 T 代表周期。周期性表示一种规律性，它与随机性是矛盾的。因此，通常只能取$\{x_n\}$的一个周期作为可用的随机序列。这样，为了产生足够多的随机数，就必须使$\{x_n\}$的周期尽可

能大。由前所述，一般取 $m=2^L$，这就是说模 m 已取到计算机能表示的数的最大数值，即使产生的随机数列 $\{x_n\}$ 的周期达到可能的最大数值，如适当地选取参数 x_0、a、c 等，还可能使随机数列 $\{x_n\}$ 达到满周期。

2）组合法

组合法的基本思想是把预定概率密度函数 $f(x)$ 表示为其他一些概率密度的线性组合，而这些概率密度的随机抽样容易产生。通过这种避难就易的手段，也许可以达到较快的输出速度和较好的性能。若分布密度函数 $f(x)$ 可表示为式(3-2)所示的函数项级数的和，

$$f(x) = \sum_{i=1}^{\infty} p_i f_i(x) \tag{3-2}$$

其中 $\sum_{i=1}^{\infty} p_i$、$f(x)$ 皆为概率密度函数。依照如下步骤可得到分布为 $f(x)$ 的一次抽样。

(1) 产生一个随机自然数 I，使 I 服从分布律：$P(I=i)=p^i, i=1,2,3,\cdots$

(2) 产生服从 $f_I(x)$ 的随机数 X_0。

利用全概率公式，有

$$\begin{aligned} P(x < X \leqslant x + \mathrm{d}x) &= \sum_{i=1}^{\infty} P(I = i) P(x < X \leqslant x + \mathrm{d}x \mid I = i) \\ &= \sum_{i=1}^{\infty} p_i f_i(x) \mathrm{d}x \\ &= f(x) \mathrm{d}x \end{aligned}$$

故 X 服从 $f(x)$ 分布。下面以产生双指数或拉普拉斯(Laplace)分布的随机数为例简单说明这种方法。双指数分布具有概率密度函数 $f(x)=0.5\mathrm{e}^{-|x|}$，$f(x)$ 可表述为

$$f(x)=0.5f_l(x)+0.5f_r(x)$$

3）舍选法

这种方法的实质是从许多均匀随机数中选出一部分，使之成为具有给定分布的随机数。给定随机变量的密度函数 $f(x)$，设 $f(x)$ 集中于有限区间 (a,b) 且在 (a,b) 上有限，即 $\int_a^b f(x)\mathrm{d}x = 1$，于是可选取正常数 α，使得对一切 $x \in (a,b)$ 都满足 $\alpha f(x) < 1$。又设 ξ、η 是两个独立的随机变数，ξ 在 (a,b) 上均匀分布，而 η 在 $(0,1)$ 上均匀分布，则

$$P(\xi \leqslant d \mid \alpha f(\xi) \geqslant \eta) = \int_a^d f(x)\mathrm{d}x \quad (a < d < b)$$

产生方法为

(1) 产生 (a,b) 上均匀分布的随机数 ξ。

(2) 产生 $(0,1)$ 上均匀分布的随机数 η。

(3) 若 $\eta \leqslant \alpha f(\xi)$，则返回 ξ，否则重新产生 ξ、η。

若 $f(x)$ 不是集中于有限区间，假设为 $(-\infty,+\infty)$，可选择任意一个在 $(-\infty,+\infty)$ 分布的函数 $g(x)$，若 $\alpha f(x)/g(x)<1$，将上述方法改为产生按 $g(x)$ 分布的随机数 ξ，要求 $\eta \leqslant \alpha f(\xi)/g(\xi)$。

$$P(\xi \leqslant d \mid \eta \leqslant \alpha f(\xi)/g(\xi)) = \frac{P(\xi \leqslant d, \eta \leqslant \alpha f(\xi)/g(\xi))}{P(\eta \leqslant \alpha f(\xi)/g(\xi))}$$

$$= \frac{\int_{-\infty}^{d}\int_{0}^{\alpha f(x)/g(x)} g(x)\mathrm{d}x\mathrm{d}y}{\int_{-\infty}^{+\infty}\int_{0}^{\alpha f(x)/g(x)} g(x)\mathrm{d}x\mathrm{d}y} = \int_{-\infty}^{d} f(x)\mathrm{d}x = F(x)$$

随机数产生的效率：按照 $g(x)$ 产生的随机数，被接受的概率

$$P(\eta \leqslant \alpha f(\xi)/g(\xi)) = \int_{-\infty}^{+\infty}\int_{0}^{\alpha f(x)/g(x)} g(x)\mathrm{d}x\mathrm{d}y = \alpha\int_{-\infty}^{+\infty} f(x)\mathrm{d}x = \alpha$$

由 $\alpha f(x)/g(x) < 1$，得 $\alpha = \min g(x)/f(x)$。由于 $\int_{-\infty}^{+\infty} f(x)\mathrm{d}x = \int_{-\infty}^{+\infty} g(x)\mathrm{d}x = 1$，所以必然存在 $x, g(x) \leqslant f(x), \alpha \leqslant 1$。$g(x)$ 与 $f(x)$ 越接近，随机数产生的效率越高。

对无穷区间的随机变量需要求出 $\alpha \leqslant \min g(x)/f(x)$，在很多情况下无法得到 α，使得舍选法无法使用。在无穷区间采样时，舍选法按 $g(x)$ 产生的随机数 ξ 被选中的概率与 $f(\xi)$ 成正比，与 $g(\xi)$ 成反比，基本可以抵消 ξ 产生的概率密度 $g(\xi)$。这样，选中的随机数 ξ 基本上符合分布 $f(\xi)$。按上述思路，改进的舍选法有限样本法采取的策略是：按照按 $g(x)$ 产生随机数 $\xi_i, i=1,2,\cdots,n$，然后按照与 $f(\xi)$ 成正比，与 $g(\xi)$ 成反比的概率从 $\Xi=\{\xi_i \mid i=1,2,\cdots,n\}$ 中选择 ξ_i，选出的数值 $\eta=\xi_i$ 服从 $f(x)$ 分布。

有限样本法的具体步骤：按照 $g(x)$ 分布产生随机数 $\xi_i, i = 1,2,\cdots,n$，定义 $\omega_i = f(\xi_i)/g(\xi_i)$，将 ω_i 归一化得 $q_i = \omega_i / \sum_{j=1}^{n} \omega_j$，定义离散随机变量 η 的分布 $p(\eta = \xi_i) = q_i$，则 η 的分布近似为 $f(x)$，即 $p(\eta \leqslant a) \approx \int_{-\infty}^{a} f(x)\mathrm{d}x$。

3.1.2　假设检验

参数空间 $\Theta=\{\theta\}$ 的非空子集或有关参数 θ 的命题称为统计假设，简称假设。原假设即根据需要而设立的假设，常记为 $H_0: \theta \in \Theta_0$。备择假设即在原假设被拒绝后而采用(接受)的假设，常记为 $H_1: \theta \in \Theta_1$。对原假设 $H_0: \theta \in \Theta_0$ 作出判断的法则称为检验法则，简称检验。检验有两个结果："原假设不正确"，称为拒绝原假设，或称检验显著；"原假设正确"，称为接受原假设，或称检验不显著。

两类错误及其发生的错误。原假设 H_0 正确，但被拒绝，这种判断错误称为第一类错误，其发生概率称为犯第一类错误的概率，或称拒真概率，常记为 α；原假设 H_0 不正确，但被接受，这种判断错误称为第二类错误，其发生概率称为犯第二类错误的概率，或称受伪概率，常记为 β。

假设检验的基本步骤如下。

(1) 建立假设。根据要求建立原假设 H_0 和备择假设 H_1。

(2) 选择检验统计量，给出拒绝域 W 的形式。

- 用于对原假设 H_0 作出判断的统计量称为检验统计量。
- 使原假设被拒绝的样本观察值所在区域称为拒绝域，常用 W 表示。
- 一个拒绝域 W 唯一确定一个检验法则，反之，一个检验法则唯一确定一个拒绝

域 W。

(3) 选择显著性水平 $\alpha(0<\alpha<1)$。只控制犯第一类错误的概率不超过 α 的检验称为水平为 α 的检验,或称为显著性检验,但也不能使 α 过小,在适当控制 α 中制约 β,最常用的 $\alpha=0.05$,有时也选择 $\alpha=0.10$ 或者 $\alpha=0.01$。

(4) 给出拒绝域。由概率等式 $P(W)=\alpha$ 确定具体的拒绝域。

(5) 作出判断。

- 当样本 $(x_1,\cdots,x_n)\in W$,则拒绝 H_0,即接受 H_1。
- 当样本 $(x_1,\cdots,x_n)\in \overline{W}$,则接受 H_0。

表 3-1 为单个正态总体均值的假设检验。

表 3-1　单个正态总体均值的假设检验

检验法	条件	原假设 H_0	备择假设 H_1	检验统计量	拒绝域
u 检验	σ 已知	$u\leqslant u_0$	$u>u_0$	$u=\dfrac{\bar{x}-u_0}{\dfrac{\sigma}{\sqrt{n}}}$	$\{u\geqslant u_{1-\alpha}\}$
		$u\geqslant u_0$	$u<u_0$		$\{u\leqslant u_\alpha\}$
		$u=u_0$	$u\neq u_0$		$\{\lvert u\rvert\geqslant u_{1-\frac{\sigma}{2}}\}$
t 检验	σ 未知	$u\geqslant u_0$	$u>u_0$	$t=\dfrac{\bar{x}-u_0}{\dfrac{s}{\sqrt{n}}}$	$\{t\geqslant t_{1-\alpha}(n-1)\}$
		$u\leqslant u_0$	$u<u_0$		$\{t\leqslant t_\alpha(n-1)\}$
		$u=u_0$	$u\neq u_0$		$\{\lvert t\rvert\geqslant t_{1-\frac{\alpha}{2}}(n-1)\}$

表 3-2 为单个正态总体均值差的假设检验。

表 3-2　单个正态总体均值差的假设检验

检验法	条件	原假设 H_0	备择假设 H_1	检验统计量	拒绝域
u 检验	σ_1、σ_2 已知	$u\leqslant u_0$ $u\geqslant u_0$ $u=u_0$	$u>u_0$ $u<u_0$ $u\neq u_0$	$u=\dfrac{(\bar{x}-\bar{y})}{\sqrt{\dfrac{\sigma_1{}^2}{m}+\dfrac{\sigma_2{}^2}{n}}}$	$\{u\geqslant u_{1-\alpha}\}$ $\{u\leqslant u_\alpha\}$ $\{\lvert u\rvert\geqslant u_{1-\frac{\sigma}{2}}\}$
t 检验	σ_1、σ_2 未知 $\sigma_1=\sigma_2$	$u\leqslant u_0$ $u\geqslant u_0$ $u=u_0$	$u>u_0$ $u<u_0$ $u\neq u_0$	$t=\dfrac{(\bar{x}-\bar{y})}{s_w\sqrt{\dfrac{1}{m}+\dfrac{1}{n}}}$	$\{t\geqslant t_{1-\alpha}(m+n-2)\}$ $\{t\leqslant t_\alpha(m+n-2)\}$ $\{\lvert t\rvert\geqslant t_{1-\frac{\alpha}{2}}(m+n-2)\}$
大样本 u 检验	σ_1、σ_2 已知,m、n 充分大	$u\leqslant u_0$ $u\geqslant u_0$ $u=u_0$	$u>u_0$ $u<u_0$ $u\neq u_0$	$u=\dfrac{(\bar{x}-\bar{y})}{\sqrt{\dfrac{s_x{}^2}{m}+\dfrac{s_y{}^2}{n}}}$	$\{u\geqslant u_{1-\alpha}\}$ $\{u\leqslant u_{1-\alpha}\}$ $\{\lvert u\rvert\geqslant u_{1-\frac{\sigma}{2}}\}$
近似 t 检验	σ_1、σ_2 未知,m、n 不很大	$u\leqslant u_0$ $u\geqslant u_0$ $u=u_0$	$u>u_0$ $u<u_0$ $u\neq u_0$	$t=\dfrac{(\bar{x}-\bar{y})}{\sqrt{\dfrac{s_x{}^2}{m}+\dfrac{s_y{}^2}{n}}}$	$\{t\geqslant t_{1-\alpha}(l)\}$ $\{t\leqslant t_\alpha(l)\}$ $\{\lvert t\rvert\geqslant t_{1-\frac{\alpha}{2}}(l)\}$

3.1.3　常用的统计模型

在一个统计问题中,研究对象的全体称为总体,构成总体的每个成员称为个体。若关心的是总体中每个个体的一个数量指标，则该总体称为一维分布。若关心的是总体中的每个个体的两个数量指标，则该总体称为二维总体。二维总体就是一个二维分布，以此类推。

不含未知参数的样本函数称为统计量。统计量的分布称为抽样分布。从总体中随机抽取的部分个体构成的集合称为样本空间，样本空间中的个体称为样本，样本个数称为样本容量或样本量。样本常用 n 个指标值 $x_1,x_2,\cdots,x_n$ 表示。

若将样本观测值 $x_1,x_2,\cdots,x_n$ 由小到大排列，得有序样本 $x_{(1)}\leqslant x_{(2)}\leqslant\cdots\leqslant x_{(n)}$，用有序样本定义如下函数

$$F_n(x)=\begin{cases}0, & x<x_{(1)}\\ k/n, & x_{(k)}\leqslant x<x_{(k+1)},k=1,2,\cdots,n-1\\ 1, & x\geqslant x_{(n)}\end{cases}$$

则称 $F_n(x)$ 为该样本的经验分布函数。

格里纹科定理 设 $x_1,x_2,\cdots,x_n$ 是取自总体分布函数为 $F(x)$ 的样本，$F_n(x)$ 是该样本的经验分布函数，则当 $n\to\infty$ 时：$P(\sup\limits_{-\infty<x<\infty}|F_n(x)-F(x)|)=1$。

此定理表明：当 n 相当大时，经验分布函数 $F_n(x)$ 是总体分布函数 $F(x)$ 的一个良好的近似。该定理是经典统计学的一块基石。

样本均值 样本 $x_1,\cdots,x_n$ 的算术平均值称为样本均值，记为 $\bar{x}$。

分组样本均值：$\bar{x}=\dfrac{1}{n}\sum\limits_{i=1}^{k}x_if_i$，其中 n 为样本量，k 为组数，x_i 与 f_i 为第 i 组的组中值与频数，分组样本均值是完全样本均值的一种较好的近似。样本均值的性质：

(1) $\sum\limits_{i-1}^{n}(x_i-\bar{x})=0$，样本数据 x_i 对样本均值 $\bar{x}$ 的偏差之和为零。

(2) 样本数据 x_i 与样本均值 $\bar{x}$ 的偏差平方之和最小，即对任意实数 c，都有

$$\sum_{i=1}^{n}(x_i-\bar{x})^2\leqslant\sum_{i=1}^{n}(x_i-c)^2$$

(3) 若总体分布为 $N(\mu,\sigma^2)$，则 $\bar{x}$ 的精确分布为 $N(\mu,\sigma^2/n)$。

(4) 若总体分布未知，但其期望 μ 与方差 σ^2 存在，则当 n 较大时，$\bar{x}$ 的渐近分布为 $N(\mu,\sigma^2/n)$，这里渐近分布是指 n 较大时的近似分布。

样本方差与样本标准差 样本方差有两个，样本方差 s^{*2} 与样本无偏方差 s^2 如下。

$$s^{*2}=\frac{1}{n}\sum_{i=1}^{n}(x_i-\bar{x})^2,\quad s^2=\frac{1}{n-1}\sum_{i=1}^{n}(x_i-\bar{x})^2$$

实际中常用的是无偏样本方差 s^2。这是因为当 σ^2 为总体方差时，总有

$$E[s^{*2}]=\frac{n-1}{n}\sigma^2,\quad E[s^2]=\sigma^2$$

这表明：s^{*2} 有系统偏小的误差，而 s^2 无此系统偏差。今后称 s^2 为样本方差，称 $s=\sqrt{s^2}$ 为样本标准差。

s^2 的计算有如下 3 个公式可供选用。

$$s^2=s^2=\frac{1}{n-1}\sum(x_i-\bar{x})^2=\frac{1}{n-1}\left[\sum x_i^2-\frac{(\sum x_i)^2}{n}\right]=\frac{1}{n-1}\left[\sum x_i^2-n\bar{x}^2\right]$$

三大抽样分布：χ^2 分步、F 分布、t 分布

设 $x_1,x_2,\cdots,x_n$ 和 $y_1,y_2,\cdots,y_n$ 是来自标准正态分布的两个相互独立的样本，则此 3 个统计量的构造及其抽样分布见表 3-3。

表 3-3　三大抽样分布及其数字特征

统计量的构造	抽样分布密度函数	期望	方差
$\chi^2=x_1^2+x_2^2+\cdots+x_n^2$	$p(y)=\frac{1}{\Gamma\left(\frac{n}{2}\right)2^{n/2}}y^{\frac{n}{2}-1}e^{-\frac{y}{2}}I_{\{y>0\}}$	n	$2n$
$F=\frac{(y_1^2+y_2^2+\cdots+y_m^2)/m}{(x_1^2+x_2^2+\cdots+x_n^2)/n}$	$p(y)=\frac{\Gamma\left(\frac{m+n}{2}\right)}{\Gamma\left(\frac{m}{2}\right)\Gamma\left(\frac{n}{2}\right)}\left(\frac{m}{n}\right)^{m/2}y^{\frac{m}{2}-1}$ $(1+\frac{m}{n}y)^{-\frac{m+n}{2}}I_{\{y>0\}}$	$\frac{n}{n-2}(n>2)$	$\frac{2n^2(m+n-2)}{m(n-2)^2(n-4)}$
$t=\frac{y_1}{\sqrt{(x_1^2+x_2^2+\cdots+x_n^2)/n}}$	$p(y)=\frac{\Gamma\left(\frac{n+1}{2}\right)}{\sqrt{n\pi}\Gamma\left(\frac{n}{2}\right)}(1+\frac{1}{n}y^2)^{-\frac{n+1}{2}}$	$0(n>1)$	$\frac{n}{n-2}(n>2)$

今后正态总体参数的置信区间与假设检验大多数将基于这三大抽样分布。

一个重要的定理

设 $x_1,\cdots,x_n$ 是来自正态总体 $N(\mu,\sigma^2)$ 的样本，其样本均值与样本方差分别为

$$\bar{x}=\frac{1}{n}\sum_{i=1}^{n}x_i,\quad s^2=\frac{1}{n-1}\sum(x_i-\bar{x})^2$$

则有①$\bar{x}$ 与 s^2 相互独立；②$\bar{x}\sim N(\mu,\delta^2/n)$；③$\frac{(n-1)s^2}{\delta^2}\sim\chi^2(n-1)$。

一些重要推论

(1) 设 $x_1,x_2,\cdots,x_n$ 是来自正态总体 $N(\mu,\delta^2)$ 的样本，则有 $t=\frac{\sqrt{n}(\bar{x}-\mu)}{s}\sim t(n-1)$。

其中 $\bar{x}$ 为样本均值，为样本标准差。

(2) 设 $x_1,x_2,\cdots,x_m$ 是来自 $N(\mu_1,{\delta_1}^2)$ 的样本，$y_1,y_2,\cdots,y_n$ 是来自 $N(\mu_2,{\delta_2}^2)$ 的样本，且此两个样本相互独立，则有 $F=\frac{{s_x}^2/{\delta_1}^2}{{s_y}^2/{\delta_2}^2}\sim F(m-1,n-1)$。

其中 ${s_x}^2$、${s_y}^2$ 分别是两个样本的方差。若 ${\delta_1}^2={\delta_2}^2$，则 $F={s_x}^2/{s_y}^2\sim F(m-1,n-1)$。

3.2　正交投影与最小二乘估计

3.2.1　引言

首先看一个过原点的直线拟合问题。若 $y=ax+w$，w 为随机误差，给出 n 个观测值 (y_i,x_i)，估计参数 a 使 $e=\sum_{i=1}^{n}(y_i-ax_i)^2$ 最小。

由 $\frac{\mathrm{de}}{\mathrm{d}a}=-2\sum_{i=1}^{n}(y_i-ax_i)x_i=0$ 得 $\sum_{i=1}^{n}(y_ix_i-ax_i^2)=0$，即 $\hat{a}=\frac{\sum_{i=1}^{n}y_ix_i}{\sum_{i=1}^{n}x_i^2}$

设 $\boldsymbol{Y}=(y_1,y_2,\cdots,y_n)^{\mathrm{T}}$，$\boldsymbol{X}=(x_1,x_2,\cdots x_n)^{\mathrm{T}}$，$e=(\boldsymbol{Y}-\hat{a}\boldsymbol{X})^{\mathrm{T}}(\boldsymbol{Y}-\hat{a}\boldsymbol{X})$，若 $\boldsymbol{Y}=a\boldsymbol{X}$，则 $e=0$。否则，求 a 的估计，使 e 最小。

在 n 维空间中，$\boldsymbol{Y}=a\boldsymbol{X}$ 意味着 $\boldsymbol{Y}$ 与 $\boldsymbol{X}$ 在同一维空间中，如图 3-1(a)所示。若 $\boldsymbol{Y}\neq a\boldsymbol{X}$，如图 3-1(b)所示，求 a 的估计，使 $e=(\boldsymbol{Y}-\hat{a}\boldsymbol{X})^{\mathrm{T}}(\boldsymbol{Y}-\hat{a}\boldsymbol{X})$ 最小。显然，仅当误差 $\boldsymbol{Y}-\hat{a}\boldsymbol{X}$ 与矢量 $\boldsymbol{X}$ 垂直(正交)时，$e=(\boldsymbol{Y}-\hat{a}\boldsymbol{X})^{\mathrm{T}}(\boldsymbol{Y}-\hat{a}\boldsymbol{X})$ 达到最小。

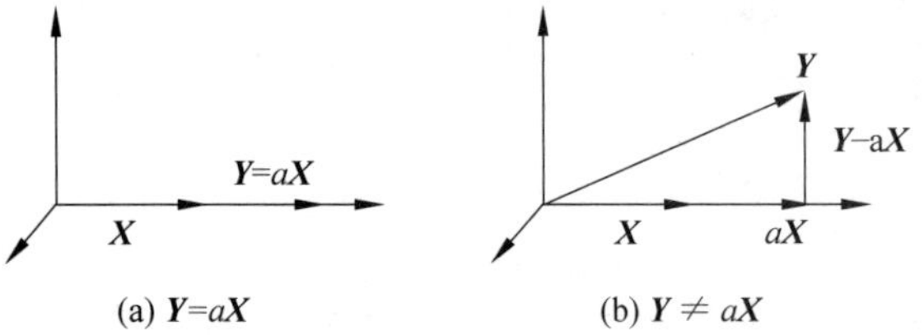

图 3-1　$\boldsymbol{Y}$ 与 $a\boldsymbol{X}$ 的关系

问题转化为求 a 的估计 $\hat{a}$，使 $\boldsymbol{Y}-\hat{a}\boldsymbol{X}$ 与 $\boldsymbol{X}$ 正交：$(\boldsymbol{Y}-a\boldsymbol{X})^{\mathrm{T}}\boldsymbol{X}=0$，由此得

$$(\boldsymbol{Y}-a\boldsymbol{X})^{\mathrm{T}}\boldsymbol{X}=\sum_{i=1}^{n}y_ix_i-a\sum_{i=1}^{n}x_i^2=0$$

从而有 $\hat{a}=\frac{\sum_{i=1}^{n}y_ix_i}{\sum_{i=1}^{n}x_i^2}$。

上面给出了过原点直线的拟合结果，利用 n 个观测值(y_i,x_i)估计参数 a。对于一般的直线，设 $y=ax+b+w$，w 为随机误差，由 n 个观测值(y_i,x_i)估计两个参数 a、b，使 $e=\sum_{i=1}^{n}(y_i-\hat{a}x_i-\hat{b})^2$ 最小。显然，e 是待估计参数 $\hat{a}$、$\hat{b}$ 的函数，通常可用求导数的方法求其极值。

由 $\begin{cases}\frac{\partial e}{\partial a}=-2\sum_{i=1}^{n}(y_i-ax_i-b)x_i=0\\ \frac{\partial e}{\partial b}=-2\sum_{i=1}^{n}(y_i-ax_i-b)=0\end{cases}$ 得 $\begin{cases}\sum_{i=1}^{n}y_ix_i-a\sum_{i=1}^{n}x_i^2-b\sum_{i=1}^{n}x_i=0\\ \sum_{i=1}^{n}y_i-a\sum_{i=1}^{n}x_i-nb=0\end{cases}$

因此，$\begin{cases}\hat{a}=\frac{\sum_{i=1}^{n}y_ix_i-\left(\sum_{i=1}^{n}x_i\right)\left(\sum_{i=1}^{n}y_i\right)}{n\sum_{i=1}^{n}x_i^2-\left(\sum_{i=1}^{n}x_i\right)^2}\\ \hat{b}=\frac{1}{n}\sum_{i=1}^{n}y_i-\frac{\hat{a}}{n}\sum_{i=1}^{n}x_i\end{cases}$

对于直线 $y=ax+b$ 的参数估计，由 n 个观测值，可以得到

$$\begin{cases} y_1 = ax_1 + b \\ y_2 = ax_2 + b \\ \vdots \\ y_n = ax_n + b \end{cases}$$

写成矩阵形式为

$$\begin{pmatrix} y_1 \\ y_2 \\ \vdots \\ y_n \end{pmatrix} = \begin{pmatrix} x_1 & 1 \\ x_2 & 1 \\ \vdots & \vdots \\ x_n & 1 \end{pmatrix} \begin{pmatrix} a \\ b \end{pmatrix}$$

设 $\boldsymbol{Y}=\begin{pmatrix} y_1 \\ y_2 \\ \vdots \\ y_n \end{pmatrix}$，　$\boldsymbol{A}=\begin{pmatrix} x_1 & 1 \\ x_2 & 1 \\ \vdots & \vdots \\ x_n & 1 \end{pmatrix}$，　$\boldsymbol{Z}=\begin{pmatrix} a \\ b \end{pmatrix}$，则方程可写成 $\boldsymbol{Y}=\boldsymbol{AZ}$。

如果没有观测噪声，则对所有 $1 \leqslant i \leqslant n$，$y_i = ax_i + b$，由 2 个观测值即可求得参数 a、b。若存在观测噪声，则方程 $\boldsymbol{Y}=\boldsymbol{AZ}$ 无解，此时该方程称为矛盾方程。对于矛盾方程，求 $\boldsymbol{Z}$，使得 $(\boldsymbol{Y}-\boldsymbol{AZ})^{\mathrm{T}}(\boldsymbol{Y}-\boldsymbol{AZ})$ 最小。此时得到的解称为矛盾方程的最小二乘解。

设 $\alpha_1=(x_1, x_2, \cdots, x_n)^{\mathrm{T}}$，$\alpha_2=(1,1,\cdots,1)^{\mathrm{T}}$，则 $\boldsymbol{A}=(\alpha_1, \alpha_2)$。由 $\boldsymbol{Y}=\boldsymbol{AZ}$ 得 $\boldsymbol{Y}=a\alpha_1+b\alpha_2$，即 $\boldsymbol{Y}$ 是矩阵 $\boldsymbol{A}$ 列矢量的线性组合，或者说存在矢量 $\boldsymbol{Z}$，使得 $\boldsymbol{Y}-\boldsymbol{AZ}$，也可以讲 $\boldsymbol{Y}$ 属于 $\boldsymbol{A}$ 列矢量构成的空间，记为 $\boldsymbol{Y} \in R(\boldsymbol{A})$，如图 3-2(a)所示。若对所有 $\boldsymbol{Z}$，$\boldsymbol{Y} \neq \boldsymbol{AZ}$，则方程无解，或者说 $\boldsymbol{Y} \notin R(\boldsymbol{A})$，如图 3-2(b)所示。

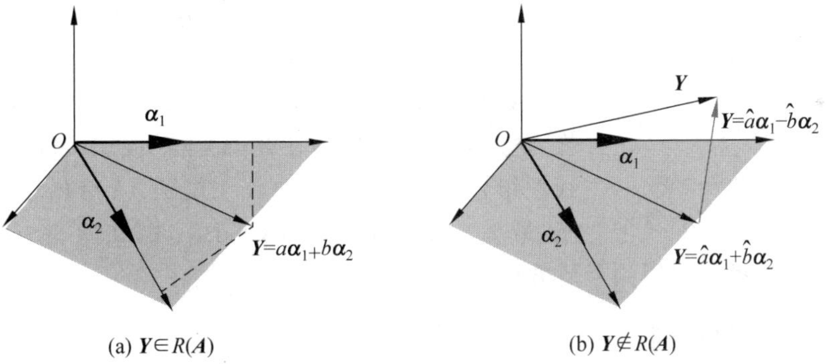

图 3-2　$\boldsymbol{Y}$ 与 $R(\boldsymbol{A})$ 的关系

显然，求 $\boldsymbol{Z}=(a,b)^{\mathrm{T}}$ 的估计，使 $(\boldsymbol{Y}-\boldsymbol{AZ})^{\mathrm{T}}(\boldsymbol{Y}-\boldsymbol{AZ})$ 最小，就是使矢量 $\boldsymbol{Y}-(\hat{a}\boldsymbol{\alpha}_1+\hat{b}\boldsymbol{\alpha}_2)$ 最短(范数最小)。直观上看，仅当矢量 $\boldsymbol{Y}-(\hat{a}\boldsymbol{\alpha}_1+\hat{b}\boldsymbol{\alpha}_2)$ 与 $\boldsymbol{\alpha}_1$、$\boldsymbol{\alpha}_2$ 所在平面垂直时，$\boldsymbol{Y}-(\hat{a}\boldsymbol{\alpha}_1+\hat{b}\boldsymbol{\alpha}_2)$ 最短。也就是说，当误差矢量 $\boldsymbol{Y}-(\hat{a}\boldsymbol{\alpha}_1+\hat{b}\boldsymbol{\alpha}_2)$ 与矢量 $\boldsymbol{\alpha}_1$ 和 $\boldsymbol{\alpha}_2$ 都垂直时，或者说当误差矢量 $\boldsymbol{Y}-(\hat{a}\boldsymbol{\alpha}_1+\hat{b}\boldsymbol{\alpha}_2)$ 与矢量 $\boldsymbol{\alpha}_1$ 和 $\boldsymbol{\alpha}_2$ 都正交时，$(\boldsymbol{Y}-\boldsymbol{AZ})^{\mathrm{T}}(\boldsymbol{Y}-\boldsymbol{AZ})$ 达到最小，有

$$\begin{cases} (\boldsymbol{Y}-\boldsymbol{AZ})^{\mathrm{T}}\alpha_1 = 0 \\ (\boldsymbol{Y}-\boldsymbol{AZ})^{\mathrm{T}}\alpha_2 = 0 \end{cases}，得$$

$$\begin{cases}\sum_{i=1}^{n}(y_i-\hat{a}x_i-\hat{b})x_i=0\\ \sum_{i=1}^{n}(y_i-\hat{a}x_i-\hat{b})=0\end{cases}，解得\begin{cases}\hat{a}=\dfrac{\sum_{i=1}^{n}y_ix_i-(\sum_{i=1}^{n}x_i)(\sum_{i=1}^{n}y_i)}{n\sum_{i=1}^{n}x_i^2-(\sum_{i=1}^{n}x_i)^2}\\ \hat{b}=\dfrac{1}{n}\sum_{i=1}^{n}y_i-\dfrac{\hat{a}}{n}\sum_{i=1}^{n}x_i\end{cases}$$

利用正交性原理，得到了相同的结果。显然，利用正交性原理，不仅运算简单，而且更加直观。

这样，利用正交性原理，解决了直线的最小二乘拟合问题。从前面的讨论可知，直线的拟合问题可以归结为矛盾方程组最小二乘解问题。

下面讨论一般的方程组 $\boldsymbol{Y}=\boldsymbol{AX}$ 求解问题。这里，$\boldsymbol{A}=(\alpha_1,\alpha_2,\cdots,\alpha_n)$ 为 $m\times n$ 的矩阵，$\boldsymbol{X}=(x_1,x_2,\cdots,x_n)^{\mathrm{T}}$。我们记 $R(\boldsymbol{A})$ 为变换（矩阵）$\boldsymbol{A}$ 的值域，即 $R(\boldsymbol{A})=\{y\mid \exists_x y=\boldsymbol{A}x\}$。显然，$R(\boldsymbol{A})$ 中的矢量都是 $\alpha_1,\alpha_2,\cdots,\alpha_n$ 的线性组合，$R(\boldsymbol{A})$ 就是 $\alpha_1,\alpha_2,\cdots,\alpha_n$ 构成的空间。

若 $\boldsymbol{Y}\in R(\boldsymbol{A})$，则方程有解，表示存在 $\boldsymbol{X}=(x_1,x_2,\cdots,x_n)^{\mathrm{T}}$，满足 $\boldsymbol{Y}=\sum_{i=1}^{n}x_i\alpha_i$，或者说，$\boldsymbol{Y}$ 是 $\alpha_1,\alpha_2,\cdots,\alpha_n$ 的线性组合，或等同地讲，$\boldsymbol{Y}$ 属于 $\alpha_1,\alpha_2,\cdots,\alpha_n$ 构成的空间。

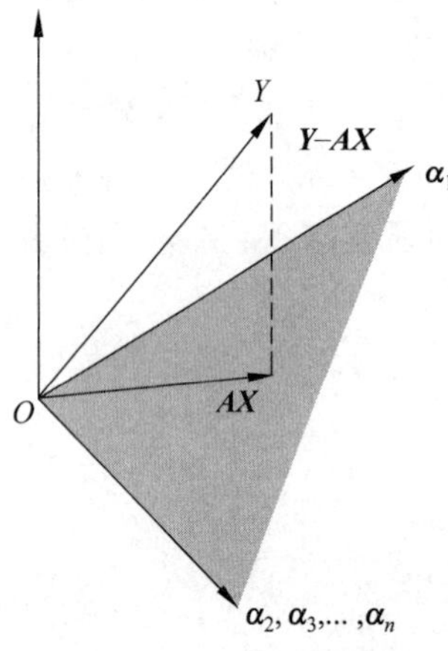

图 3-3　$\boldsymbol{Y}-\boldsymbol{AX}$ 的几何意义

若方程无解，则说明不存在 $\boldsymbol{X}=(x_1,x_2,\cdots,x_n)^{\mathrm{T}}$，满足 $\boldsymbol{Y}=\sum_{i=1}^{n}x_i\alpha_i$，或者说，$\boldsymbol{Y}$ 不是 $\alpha_1,\alpha_2,\cdots,\alpha_n$ 的线性组合（$\boldsymbol{Y}$ 不属于 $\alpha_1,\alpha_2,\cdots,\alpha_n$ 构成的空间）。对于矛盾方程组，我们的目标是求使 $\|(\boldsymbol{Y}-\boldsymbol{AX})\|=(\boldsymbol{Y}-\boldsymbol{AX})^{\mathrm{T}}(\boldsymbol{Y}-\boldsymbol{AX})$ 最小的最小二乘解。

我们用 $P_{R(\boldsymbol{A})}$ 表示将矢量投影到空间 $R(\boldsymbol{A})$ 的投影变换，$P_{R(\boldsymbol{A})}\boldsymbol{Y}$ 就是矢量 $\boldsymbol{Y}$ 在 $R(\boldsymbol{A})$ 上的投影，可以表示成 $\boldsymbol{A}$ 的线性组合，即 $P_{R(\boldsymbol{A})}\boldsymbol{Y}\in R(\boldsymbol{A})$，方程 $\boldsymbol{AX}=P_{R(\boldsymbol{A})}\boldsymbol{Y}$ 有解。显然，最小二乘解 $\boldsymbol{X}$ 满足 $\boldsymbol{AX}=P_{R(\boldsymbol{A})}\boldsymbol{Y}$，如图 3-3 所示。有了投影矩阵 $P_{R(\boldsymbol{A})}$，就可以得到矛盾方程组的最小二乘解。

3.2.2　内积空间

本科线性代数教程已介绍过线性空间的基本概念。但是，基本的线性空间概念仅包含矢量的加法及标量与矢量的乘法。本节介绍矢量空间中另一种基本的运算——矢量的内部乘积（简称内积）。

如图 3-4 所示，设 $\boldsymbol{a}$、$\boldsymbol{b}$ 为二维坐标中的两个矢量，其顶点坐标分别为 (x_1,y_1) 和 (x_2,y_2)，则矢量 $\boldsymbol{a}$、$\boldsymbol{b}$ 的长度分别为 $||\boldsymbol{a}||=\sqrt{{x_1}^2+{y_1}^2}$ 和 $||\boldsymbol{b}||=\sqrt{{x_2}^2+{y_2}^2}$。

$$x_1=||\boldsymbol{a}||\cos\alpha,\ y_1=||\boldsymbol{a}||\sin\alpha;$$
$$x_2=||\boldsymbol{b}||\cos\beta,\ y_2=||\boldsymbol{b}||\sin\beta;$$

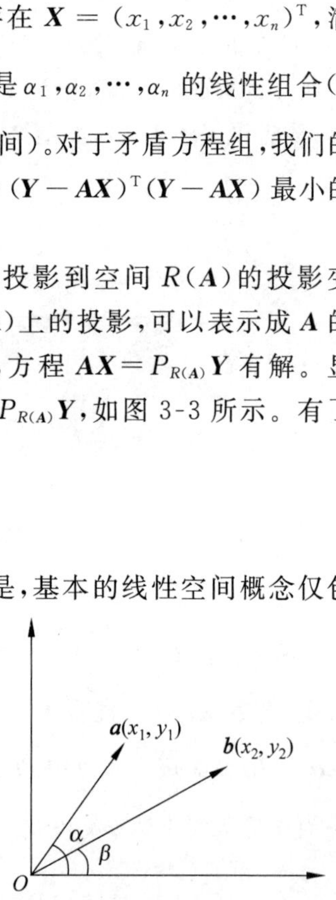

图 3-4　矢量关系

矢量 $\boldsymbol{a}$ 与 $\boldsymbol{b}$ 之间的夹角余弦为

$$\cos(\alpha-\beta)=\cos\alpha\cos\beta+\sin\alpha\sin\beta=\frac{x_1x_2+y_1y_2}{||\boldsymbol{a}||\cdot||\boldsymbol{b}||}。$$

数值 $x_1x_2+y_1y_2=||\boldsymbol{a}||\cdot||\boldsymbol{b}||\cos(\alpha-\beta)$ 为矢量 $\boldsymbol{a}$ 在矢量 $\boldsymbol{b}$ 方向投影的长度 $||\boldsymbol{a}||\cos(\alpha-\beta)$ 与矢量 $\boldsymbol{b}$ 长度的乘积，也可以解释为矢量 $\boldsymbol{b}$ 在矢量 $\boldsymbol{a}$ 方向投影的长度 $||\boldsymbol{b}||\cos(\alpha-\beta)$ 与矢量 $\boldsymbol{a}$ 长度的乘积。如果矢量 $\boldsymbol{a}$ 或矢量 $\boldsymbol{b}$ 为单位长度，则数值 $x_1x_2+y_1y_2$ 表示了一个矢量在一个单位矢量方向的投影长度。若矢量 $\boldsymbol{a}$ 和矢量 $\boldsymbol{b}$ 的夹角为 0，则 $x_1x_2+y_1y_2=||\boldsymbol{a}||\cdot||\boldsymbol{b}||$。

$x_1x_2+y_1y_2$ 是两个矢量之间的一种运算，我们将其定义为矢量 $\boldsymbol{a}$ 和矢量 $\boldsymbol{b}$ 的内积 $<\boldsymbol{a},\boldsymbol{b}>=x_1x_2+y_1y_2$。有了内积的定义，矢量 $\boldsymbol{a}$、$\boldsymbol{b}$ 间夹角的余弦可表示为

$$\cos(\alpha-\beta)=\frac{<\boldsymbol{a},\boldsymbol{b}>}{||\boldsymbol{a}||\cdot||\boldsymbol{b}||}$$

若矢量 $\boldsymbol{a}$ 和矢量 $\boldsymbol{b}$ 相互垂直(正交)，则 $<\boldsymbol{a},\boldsymbol{b}>=0$。矢量 $\boldsymbol{a}$ 的长度可表示为 $||\boldsymbol{a}||=\sqrt{<\boldsymbol{a},\boldsymbol{a}>}$。

我们推广二维空间的定义，定义 n 维空间的两个矢量 $\boldsymbol{x}=(x_1,x_2,\cdots,x_n)^{\mathrm{T}}$、$\boldsymbol{y}=(y_1,y_2,\cdots,y_n)^{\mathrm{T}}$ 的内积为 $<\boldsymbol{x},\boldsymbol{y}>=x^{\mathrm{T}}y=x_1y_1+x_2y_2+\cdots x_ny_n$，同样定义矢量间的夹角为 $\arccos\dfrac{<\boldsymbol{x},\boldsymbol{y}>}{||\boldsymbol{x}||\cdot||\boldsymbol{y}||}$。

不难验证，按照上述定义的内积 $<\boldsymbol{x},\boldsymbol{y}>=\boldsymbol{x}^{\mathrm{T}}\boldsymbol{y}=x_1y_1+x_2y_2+\cdots+x_ny_n$ 满足交换律、分配率、齐次性和非负性，即

(1) 交换律：$<\boldsymbol{x},\boldsymbol{y}>=<\boldsymbol{y},\boldsymbol{x}>$。

(2) 分配率：$<\boldsymbol{x},\boldsymbol{y}+\boldsymbol{z}>=<\boldsymbol{x},\boldsymbol{y}>+<\boldsymbol{x},\boldsymbol{z}>$。

(3) 齐次性：$<k\boldsymbol{x},\boldsymbol{y}>=k<\boldsymbol{x},\boldsymbol{y}>$。

(4) 非负性：$<\boldsymbol{x},\boldsymbol{x}>\geqslant 0$，当且仅当 $x=0$ 时，$<\boldsymbol{x},\boldsymbol{x}>=0$。

作为上述运算的推广，对线性空间上的任意二元运算，只要满足满足交换律、分配率、齐次性和非负性，都可以将其定义为空间上矢量的内积。

定义 3-1　设 V 是实数域 R 上的线性空间，V 中任意两个矢量 $\boldsymbol{x}$ 和 $\boldsymbol{y}$ 的内积 $<\boldsymbol{x},\boldsymbol{y}>$ 都为满足下列 4 个条件的 $V\times V\rightarrow R$ 映射。

(1) 交换律：$<\boldsymbol{x},\boldsymbol{y}>=<\boldsymbol{y},\boldsymbol{x}>$。

(2) 分配率：$<\boldsymbol{x},\boldsymbol{y}+\boldsymbol{z}>=<\boldsymbol{x},\boldsymbol{y}>+<\boldsymbol{x},\boldsymbol{z}>$。

(3) 齐次性：$<k\boldsymbol{x},\boldsymbol{y}>=k<\boldsymbol{x},\boldsymbol{y}>$。

(4) 非负性：$<\boldsymbol{x},\boldsymbol{x}>\geqslant 0$，当且仅当 $\boldsymbol{x}=0$ 时，$<\boldsymbol{x},\boldsymbol{x}>=0$。

所谓**欧几里得空间**，就是定义了内积的**实**线性空间，又称为**内积空间**或**欧氏空间**。而定义了内积的**复线性空间**称为**酉空间**。酉空间的理论与欧氏空间的理论很接近，有一套平行的理论。如不特别声明，我们所说的空间主要指欧氏空间。

有了内积的定义，同样可以定义矢量 $\boldsymbol{x}$、$\boldsymbol{y}$ 的夹角为 $\arccos\dfrac{<\boldsymbol{x},\boldsymbol{y}>}{||\boldsymbol{x}||\cdot||\boldsymbol{y}||}$，矢量间的距离为 $\|\boldsymbol{x}-\boldsymbol{y}\|=\sqrt{<\boldsymbol{x}-\boldsymbol{y},\boldsymbol{x}-\boldsymbol{y}>}$。

由定义 3-1 可知，内积是我们直观上三维空间运算的推广，并不特指某一个运算，而是指满足条件的任意二元运算。有了内积的定义，就可以定义矢量的长度(范数)和矢量间的距离和夹角了。

设 x、y 是两个二阶矩随机变量，不难验证，运算 $E(xy)$ 也满足内积性质，即

(1) 交换律：$E(xy)=E(yx)$。

(2) 分配率：$E(x(y+z))=E(xy)+E(xz)$。

(3) 齐次性：$E(kxy)=kE(xy)$。

(4) 非负性：$E(x^2)\geqslant 0$，$E(x^2)=0$ 的充要条件是 $x\overset{a.s}{=}0$。

这里，$x\overset{a.s}{=}0$ 表示 x 以概率 1 趋近于 0。

在随机过程中，我们知道，全体二阶矩随机变量组成的集合按照通常定义的随机变量的加法及数乘构成线性空间。如果定义内积 $<\boldsymbol{x},>aE(xy)$，则该线性空间构成欧几里得空间。同时，该空间具有完备性，可以证明它是一个 Hilbert 空间。

3.2.3 正交投影矩阵

1. 线性子空间

在直角坐标系中，通常使用一个 3 元组 (x,y,z) 表示一个点的坐标。实际上，这个点也可以用一个二维坐标 (x,y) 和一个一维坐标 z 表示。很容易验证，XOY 平面和 Z 轴构成了三维空间的二维和一维子空间。实际上，在三维空间中，任何一个过原点的直线都构成了一个一维子空间；同样，任何一个过原点的平面都构成了一个二维子空间。只要过原点的直线不在这个平面上，则这条直线和平面上的任何两条直线都可以构成三维空间的基。这条直线和该平面是三维几何空间的一个部分，它们对于原来的运算也都构成一个线性空间，因此可以给出线性子空间的定义。

定义 3-2 设 V_1 是数域 K 上的线性空间 V 的一个非空子集，且 V 已有的线性运算满足以下条件：

(1) 若 $x,y\in V_1$，则 $x+y\in V_1$；

(2) 若 $x\in V_1$，$k\in K$，则 $kx\in V_1$。

则称 V_1 为 V 的**线性子空间或子空间**。

显然，任何一个线性子空间 V_1 的维数都不大于整个线性空间 V 的维数，即 $\dim V_1\leqslant\dim V$。

例如，设 $\boldsymbol{A}$ 为一个 $m\times n$ 阶的实数矩阵，假设 $m\geqslant n$，其列矢量为 $\alpha_1,\alpha_2,\cdots,\alpha_n$。我们记 $R(\boldsymbol{A})$ 为变换(矩阵)$\boldsymbol{A}$ 的值域，即 $R(\boldsymbol{A})=\{y\mid\exists_x y=\boldsymbol{A}x\}$。显然，$R(\boldsymbol{A})$ 中的矢量都是 $\alpha_1,\alpha_2,\cdots,\alpha_n$ 的线性组合，$R(\boldsymbol{A})$ 就是 m 维空间中 $\alpha_1,\alpha_2,\cdots,\alpha_n$ 构成的一个 n 维子空间。对于任意一个 m 维矢量 $\boldsymbol{b}$，$\boldsymbol{b}\in R(\boldsymbol{A})$，当且仅当方程 $\boldsymbol{A}x=b$ 有解。显然，$R(\boldsymbol{A})\subset R^m$，其维数等于矩阵 $\boldsymbol{A}$ 的秩，即 $\dim R(\boldsymbol{A})=\mathrm{rank}\boldsymbol{A}$。由于 $\mathrm{rank}\boldsymbol{A}=\mathrm{rank}\boldsymbol{A}^{\mathrm{T}}$，则 $\dim R(\boldsymbol{A})=\dim R(\boldsymbol{A}^{\mathrm{T}})=\mathrm{rank}\boldsymbol{A}$。

容易看出，每个非零线性空间至少有两个子空间，一个是它自己，另一个是仅由零矢量构成的子集，通常称后者为**零子空间**。由于零子空间不含线性无关的矢量，因此它没有

基，规定其维数为零。

不难验证，任意 m 阶齐次线性方程组 $\boldsymbol{Ax}=0$ 的解空间也是 R^m 的子空间，称为 $\boldsymbol{A}$ 的**核空间或零空间**，记为 $N(\boldsymbol{A})$，$N(\boldsymbol{A})=\{x\mid \boldsymbol{A}x=0\}$。$\boldsymbol{A}$ 的核空间的维数，称为 $\boldsymbol{A}$ 的**零度**，记为 $n(\boldsymbol{A})$。容易证明，$n(\boldsymbol{A})=n-\text{rank}\ \boldsymbol{A}$，$n(\boldsymbol{A}^{\mathrm{T}})=m-\text{rank}\ \boldsymbol{A}^{\mathrm{T}}$。因而有

$$\text{rank}\boldsymbol{A}+n(\boldsymbol{A})=n$$

$$\text{rank}\boldsymbol{A}^{\mathrm{T}}+n(\boldsymbol{A}^{\mathrm{T}})=m$$

$$n(\boldsymbol{A})-n(\boldsymbol{A}^{\mathrm{T}})=n-m$$

2. 子空间的交与和

线性空间 V 的两个子空间 V_1、V_2 是集合 V 的两个子集。V_1、V_2 的并 $V_1\cup V_2$ 与交 $V_1\cap V_2$ 同样也是 V 的子集。那么，$V_1\cup V_2$ 与 $V_1\cap V_2$ 是否是 V 的子空间？

在三维空间中，任何过原点的平面都构成其二维子空间。设 V_1、V_2 是两个过原点的平面，对于 V_1、V_2 中的两个非零矢量 $\boldsymbol{x}_1\in V_1$，$\boldsymbol{x}_2\in V_2$，有 $\boldsymbol{x}_1\in V_1\cup V_2$，$\boldsymbol{x}_2\in V_1\cup V_2$，但 $\boldsymbol{x}_1+\boldsymbol{x}_2\notin V_1\cup V_2$，即 $V_1\cup V_2$ 对运算＋不封闭，不构成空间。因此，$V_1\cup V_2$ 是 V 的子集，但不是 V 的子空间。

对于交运算，我们知道，在三维空间中，任何两个过原点平面的交集都是一个过原点的直线，它是三维空间中的一个一维子空间。

对于一般情况，若 V_1、V_2 是空间 V 的子空间，则 $0\in V_1\cap V_2$。对于 $V_1\cap V_2$ 中任意两个矢量 $\boldsymbol{x}_1\in V_1\cap V_2$，$\boldsymbol{x}_2\in V_1\cap V_2$，有 $\boldsymbol{x}_1+\boldsymbol{x}_2\in V_1$，并且 $\boldsymbol{x}_1+\boldsymbol{x}_2\in V_2$，因此，$\boldsymbol{x}_1+\boldsymbol{x}_2\in V_1\cap V_2$，即 $V_1\cap V_2$ 对运算＋是封闭的。容易验证，$V_1\cap V_2$ 对数乘运算也是封闭的。因此，$V_1\cap V_2$ 是 V 的子空间。

定理 3-1　如果 V_1、V_2 是数域 K 上的线性空间 V 的两个子空间，那么它们的交 $V_1\cap V_2$ 也是 V 的子空间。

在三维空间中，任何一个矢量 (x,y,z) 都可以表示成 XOY 平面上的矢量 $(x,y,0)$ 和 Z 轴上的矢量 $(0,0,z)$ 之和，即 $(x,y,z)=(x,y,0)+(0,0,z)$。实际上，矢量 $(x,y,0)$ 就是 (x,y,z) 沿着 Z 轴在 XOY 平面上的投影；矢量 $(0,0,z)$ 就是 (x,y,z) 沿着 XOY 平面在 Z 轴上的投影。对于任何过原点的直线和平面，它们构成的子空间分别记为 V_1 和 V_2，只要直线不在平面上（V_1 不是 V_2 的子空间），则三维空间中的任何一个矢量都可以表示成空间 V_1 上一个矢量与 V_2 上一个矢量之和。同样，二维空间的任何一个矢量也可以表示成两个一维空间中矢量的和。

对于一般情况，设 V_1、V_2 都是数域 K 上的线性空间 V 的子空间，我们称 V_1 上元素与 V_2 上元素之和构成的集合为 V_1 与 V_2 的和，记为 $V_1+V_2=\{z\mid \exists_{x\in V_1}\ \exists_{y\in V_2}\ z=x+y\}$。

显然，$0\in V_1+V_2$。

对任何 $\boldsymbol{x}_1\in V_1+V_2$，$\boldsymbol{x}_2\in V_1+V_2$，都存在 $\boldsymbol{y}_1\in V_1$，$\boldsymbol{y}_2\in V_2$，$\boldsymbol{z}_1\in V_1$，$\boldsymbol{z}_2\in V_2$，满足 $\boldsymbol{x}_1=\boldsymbol{y}_1+\boldsymbol{y}_2$，$\boldsymbol{x}_2=\boldsymbol{z}_1+\boldsymbol{z}_2$。由于 $\boldsymbol{y}_1+\boldsymbol{z}_1\in V_1$，$\boldsymbol{y}_2+\boldsymbol{z}_2\in V_2$，因此 $\boldsymbol{x}_1+\boldsymbol{x}_2=(\boldsymbol{y}_1+\boldsymbol{z}_1)+(\boldsymbol{y}_2+\boldsymbol{z}_2)\in V_1+V_2$，即集合 V_1+V_2 对运算＋封闭。很容易验证，V_1+V_2 对数乘运算也是封闭的，因此 V_1+V_2 是空间 V 的子空间。

定理 3-2　若 V_1、V_2 都是数域 K 上的线性空间 V 的子空间，则它们的和 V_1+V_2 也

是 V 的子空间。

不难证明，若 $V_1 \subseteq W$，并且 $V_2 \subseteq W$，则 $V_1 + V_2 \subseteq W$，即 $V_1 + V_2$ 是包含 V_1 和 V_2 的最小子空间。

在三维空间中，如果两个平面既不重叠，也不平行，那么这两个平面的交就为一条直线(一维空间)，三维空间中任何一个矢量都可以表示成这两个平面中矢量的和。也就是说，这两个二维平面的和空间构成三维空间，两个空间之和的维数等于两个空间维数之和减去其交空间的维数。对于一般情况，有定理 3-3。

定理 3-3(维数公式) 若 V_1、V_2 都是数域 K 上的线性空间 V 的子空间，则 $\dim(V_1 + V_2) = \dim V_1 + \dim V_2 - \dim(V_1 \cap V_2)$。

证明：设 $\dim V_1 = n_1$，$\dim V_2 = n_2$，$\dim(V_1 \cap V_2) = m$，显然 $m \leqslant \min\{n_1, n_2\}$。不失一般性，假设 $n_1 \leqslant n_2$。

若 $m = n_1$，由 $V_1 \cap V_2 \subseteq V_1$ 知 $V_1 \cap V_2 = V_1$，因此 $V_1 = V_1 \cap V_2 \subseteq V_2$，从而 $V_1 + V_2 = V_2$。所以，$\dim(V_1 + V_2) = \dim V_2 = n_1 + n_2 - m$。

若 $m < n_1$，设 $x_1, x_2, \cdots, x_m$ 为 $V_1 \cap V_2$ 的基，则可以分别找到 $n_1 - m$ 个矢量 $y_1, y_2, \cdots, y_{n_1-m}$ 和 $n_2 - m$ 个矢量 $z_1, z_2, \cdots, z_{n_2-m}$，使得 $x_1, x_2, \cdots, x_m, y_1, y_2, \cdots, y_{n_1-m}$ 和 $x_1, x_2, \cdots, x_m, z_1, z_2, \cdots, z_{n_2-m}$ 分别构成 V_1 和 V_2 的基。显然，$x_1, x_2, \cdots, x_m, y_1, y_2, \cdots, y_{n_1-m}, z_1, z_2, \cdots, z_{n_2-m}$ 都是 $V_1 + V_2$ 子空间中的矢量。

如果 $x_1, x_2, \cdots, x_m, y_1, y_2, \cdots, y_{n_1-m}, z_1, z_2, \cdots, z_{n_2-m}$ 线性无关，并且 $V_1 + V_2$ 中的任何矢量都可以表示成 $x_1, x_2, \cdots, x_m, y_1, y_2, \cdots, y_{n_1-m}, z_1, z_2, \cdots, z_{n_2-m}$ 的线性组合，则 $x_1, x_2, \cdots, x_m, y_1, y_2, \cdots, y_{n_1-m}, z_1, z_2, \cdots, z_{n_2-m}$ 构成 $V_1 + V_2$ 的基，$V_1 + V_2$ 的维数为 $n_1 + n_2 - m$。

显然，V_1 中任何矢量都可以表示成 $x_1, x_2, \cdots, x_m, y_1, y_2, \cdots, y_{n_1-m}$ 的线性组合，V_2 中任何矢量都可以表示成 $x_1, x_2, \cdots, x_m, z_1, z_2, \cdots, z_{n_2-m}$ 的线性组合。因此，V_1 和 V_2 中的任何矢量都可以表示成 $x_1, x_2, \cdots, x_m, y_1, y_2, \cdots, y_{n_1-m}, z_1, z_2, \cdots, z_{n_2-m}$ 的线性组合，$V_1 + V_2$ 中的任何矢量也都可以表示成 $x_1, x_2, \cdots, x_m, y_1, y_2, \cdots, y_{n_1-m}, z_1, z_2, \cdots, z_{n_2-m}$ 的线性组合。

为了证明 $x_1, x_2, \cdots, x_m, y_1, y_2, \cdots, y_{n_1-m}, z_1, z_2, \cdots, z_{n_2-m}$ 线性无关，只需证明，如果存在 $n_1 + n_2 - m$ 个数 $k_1, k_2, \cdots, k_m, p_1, p_2, \cdots, p_{n_1-m}, q_1, q_2, \cdots, q_{n_2-m}$，满足 $\sum_{i=1}^{m} k_i x_i + \sum_{j=1}^{n_1-m} p_j y_j + \sum_{l=1}^{n_2-m} q_l z_l = 0$，则 $k_1, k_2, \cdots, k_m, p_1, p_2, \cdots, p_{n_1-m}, q_1, q_2, \cdots, q_{n_2-m}$ 全为 0。

令 $x = \sum_{l=1}^{n_2-m} q_l z_l = -\sum_{i=1}^{m} k_i x_i - \sum_{j=1}^{n_1-m} p_j y_j$，则由 $x = \sum_{l=1}^{n_2-m} q_l z_l$ 得 $x \in V_2$，由 $x = -\sum_{i=1}^{m} k_i x_i - \sum_{j=1}^{n_1-m} p_j y_j$ 得 $x \in V_1$，所以，$x \in V_1 \cap V_2$。因此，x 可以写成 $x_1, x_2, \cdots, x_m$ 的线性组合，即存在 $t_1, t_2, \cdots, t_m$，$x = \sum_{i=1}^{m} t_i x_i$。由此得 $\sum_{i=1}^{m} t_i x_i - \sum_{l=1}^{n_2-m} q_l z_l = 0$。但 $x_1, x_2, \cdots, x_m, z_1, z_2, \cdots, z_{n_2-m}$ 是 V_2 的基，它们线性无关，因此 $t_1 = t_2 = \cdots = t_m = q_1 = q_2 = \cdots = q_{n_2-m} = 0$，$x = 0$。

由 $x=0$ 可得 $\sum_{i=1}^{m}k_ix_i+\sum_{j=1}^{n_1-m}p_jy_j=0$，但 $x_1,x_2,\cdots,x_m,y_1,y_2,\cdots,y_{n_1-m}$ 是 V_1 的基，得

$$k_1=k_2=\cdots=k_m=p_1=p_2=\cdots=p_{n_1-m}=0。$$

由此，证明了若 $\sum_{i=1}^{m}k_ix_i+\sum_{j=1}^{n_1-m}p_jy_j+\sum_{l=1}^{n_2-m}q_lz_l=0$，则 $k_1,k_2,\cdots,k_m,p_1,p_2,\cdots,p_{n_1-m}$，$q_1,q_2,\cdots,q_{n_2-m}$ 全为0，即 $x_1,x_2,\cdots,x_m,y_1,y_2,\cdots,y_{n_1-m},z_1,z_2,\cdots,z_{n_2-m}$ 线性无关，它们构成了 V_1+V_2 的基。

证毕

根据和空间 V_1+V_2 的定义，空间 V_1+V_2 中任一个矢量 $\boldsymbol{z}$ 都存在 $x\in V_1$、$y\in V_2$，满足 $z=x+y$。但一般这种表示并不唯一。

例如，设 V 为一个三维空间。在三维空间 V 中，如果两个平面 V_1 和 V_2 既不重叠，也不平行，那么，在 V_1 中任选一个不为0的矢量 $\boldsymbol{a}$，在 V_2 中任选两个线性无关的矢量 $\boldsymbol{b}$ 和 $\boldsymbol{c}$，则矢量 $\boldsymbol{a}$、$\boldsymbol{b}$、$\boldsymbol{c}$ 线性无关，它们构成三维空间的一个基。三维空间中任何一个矢量都可以表示成矢量 $\boldsymbol{a}$、$\boldsymbol{b}$、$\boldsymbol{c}$ 的线性组合，即对任意矢量 $\boldsymbol{z}$，都存在 k_1、k_2、k_3，满足 $\boldsymbol{z}=k_1\boldsymbol{a}+k_2\boldsymbol{b}+k_3\boldsymbol{c}$。而 $k_1\boldsymbol{a}\in V_1$，$k_2\boldsymbol{b}+k_3\boldsymbol{c}\in V_2$，所以，$\boldsymbol{z}\in V_1+V_2$。但是，因为 $\boldsymbol{a}$、$\boldsymbol{b}$、$\boldsymbol{c}$ 是任意选择的，所以可以有多种选择。$x\in V_1$、$y\in V_2$，满足 $\boldsymbol{z}=x+y$。

在上述三维空间中，V_1 和 V_2 为两个不同的平面，维数都是二，其交集为一直线，即 $\dim(V_1\cap V_2)=1$。$\dim V=3$，$\dim V_1=\dim V_2=2$。因此，$\dim V=\dim V_1+\dim V_2-\dim(V_1\cap V_2)$。

在上例中，如果 V_1 为一个不为0的矢量，既不在 V_2 上，也不与 V_2 平行，则 $\dim(V_1\cap V_2)=0$，$\dim V=\dim V_1+\dim V_2$。对 V 中的任意矢量 $\boldsymbol{z}$，都存在唯一 $x\in V_1$、$y\in V_2$，满足 $\boldsymbol{z}=x+y$。

对于一般情况，如果 $\dim(V)=\dim(V_1)+\dim(V_2)$，那么，对 V 中的任意矢量 $\boldsymbol{z}$，都存在唯一 $x\in V_1$、$y\in V_2$，满足 $\boldsymbol{z}=x+y$。这种情况下，我们称 V_1+V_2 为 V_1 与 V_2 的直和或直接和，记为 $V_1\oplus V_2$。

定义 3-3　如果 V_1+V_2 中的任一矢量只能唯一表示为子空间 V_1 的一个矢量与子空间 V_2 的一个矢量的和，则称 V_1+V_2 为 V_1 与 V_2 的直和或直接和，记为 $V_1\oplus V_2$。

定理 3-4　和 V_1+V_2 为直和的充要条件是 $V_1\cap V_2=L(0)$。

证明：

充分性。设 $V_1\cap V_2=L(0)$，则对 $\boldsymbol{z}\in V_1+V_2$，若有

$$\boldsymbol{z}=x_1+x_2,x_1\in V_1,x_2\in V_2$$

$$\boldsymbol{z}=y_1+y_2,y_1\in V_1,y_2\in V_2$$

则有 $(x_1-y_1)+(x_2-y_2)=0$，$x_1-y_1\in V_1$，$x_2-y_2\in V_2$，即 $(x_1-y_1)=-(x_2-y_2)\in V_1\cap V_2$。因此，由 $x_1-y_1=0$，$x_2-y_2=0$，得 $x_1=y_1$，$x_2=y_2$。于是，$\boldsymbol{z}$ 的分解式唯一，V_1+V_2 为直和。

必要性。假设 V_1+V_2 为直和，证明必有 $V_1\cap V_2=L(0)$。

如果 $V_1\cap V_2\neq L(0)$，则存在 $x\neq0$，$x\in V_1\cap V_2$。因为 $V_1\cap V_2$ 为线性空间，则 $-x\in V_1\cap V_2$，由此得 $0=0+0=x+(-x)$，与 V_1+V_2 为直和的假设矛盾。

证毕

由定理 3-4,很容易得到下述推论。

推论 1 设 V_1、V_2 都是线性空间 V 的子空间,令 $U=V_1+V_2$,则 $U=V_1 \oplus V_2$ 的充要条件为 $\dim U=\dim(V_1+V_2)=\dim V_1+\dim V_2$。

推论 2 如果 $x_1,x_2,\cdots,x_k$ 为 V_1 的基,$y_1,y_2,\cdots,y_l$ 为 V_2 的基,且 V_1+V_2 为直和,则 $x_1,x_2,\cdots,x_k,y_1,y_2,\cdots,y_l$ 为 $V_1 \oplus V_2$ 的基。

在通常的三维空间中,任意 3 个线性无关的矢量 $\boldsymbol{a}$、$\boldsymbol{b}$、$\boldsymbol{c}$ 都可以构成三维空间的一个基,而矢量 $\boldsymbol{b}$ 和 $\boldsymbol{c}$ 可以构成一个二维平面。三维空间中任何一个矢量都可以表示成矢量 $\boldsymbol{a}$、$\boldsymbol{b}$、$\boldsymbol{c}$ 的线性组合,并且这种表示是唯一的。因此,我们讲三维欧氏空间可以表示为由矢量 $\boldsymbol{a}$ 构成的一维空间 V_1 和矢量 $\boldsymbol{b}$、$\boldsymbol{c}$ 构成的二维空间 V_2 的直和 $V_1 \oplus V_2$。如果矢量 $\boldsymbol{a}$ 与矢量 $\boldsymbol{b}$ 和 $\boldsymbol{c}$ 都正交,则矢量 $\boldsymbol{a}$ 与 V_2 正交。例如,在通常的直角坐标系中,Z 轴正交(垂直)于 XOY 平面。

用 $V_1^{\perp}$ 表示欧氏空间 V^n 中所有与 V_1 正交的矢量的集合。若 $x \in V_1^{\perp}$,$y \in V_1^{\perp}$,$z \in V_1$,则有

$<x+y,z>=<x,z>+<y,z>=0+0=0$,所以 $x+y \in V_1^{\perp}$

$<kx,z>=k<x,z>=k0=0$,所以 $kx \in V_1^{\perp}$。

因此,$V_1^{\perp}$ 为 V^n 的一个子空间。我们称子空间 $V_1^{\perp}$ 为 V_1 的**正交补空间**或 V_1 的**正交补**。由于 $V_1 \cap V_1^{\perp}=L(0)$,因此,如果 $V^n=V_1+V_1^{\perp}$,则由定理 3-4 可得 $V^n=V_1 \oplus V_1^{\perp}$。显然,$V_1+V_1^{\perp} \subseteq V^n$。为了证明 $V^n=V_1+V_1^{\perp}$,只需证明 $V^n \subseteq V_1+V_1^{\perp}$,即对任意 $x \in V^n$,都存在 $y \in V_1$ 和 $z \in V_1^{\perp}$ 满足 $x=y+z$。例如,对于三维空间,假设空间 V_1 为 XOY 平面,则与 V_1 正交的空间 $V_1^{\perp}$ 为 Z 轴(一维空间)。对于任意一个三维空间的矢量 $\boldsymbol{x}$,设其坐标为 (x,y,z),x 沿着 Z 方向在 V_1 空间的投影为 $y=(x,y,0)$,则 $z=x-y=(0,0,z) \in V_1^{\perp}$。对于一般情况,取 y 为 x 沿着 $V_1^{\perp}$ 空间在空间 V_1 上的投影,容易证明 $z=x-y$ 与空间 V_1 正交,即 $z \in V_1^{\perp}$。可以得到定理 3-5。

定理 3-5 任意欧氏空间 V^n 都为其子空间 V_1 及 V_1 的正交补空间 $V_1^{\perp}$ 的直和,即 $V^n=V_1 \oplus V_1^{\perp}$。

证明:若 $V_1=\{0\}$,则 $V_1^{\perp}=V^n$,从而 $V^n=V_1 \oplus V_1^{\perp}$ 成立。

若 $V_1 \neq \{0\}$,设 $\dim V_1=m(1 \leqslant m \leqslant n)$,且 V_1 的一个标准正交基为 $x_1,x_2,\cdots,x_m$。

对任意 $x \in V^n$,令 $a_i=<x_i,x>(i=1,2,\cdots,m)$,那么,$y=\sum_{i=1}^{n} a_i x_i \in V_1$。再令 $z=x-y$,由于 $<z,x_i>=<x-y,x_i>=<x,x_i>-<y,x_i>=0$,所以 $z \in V_1^{\perp}$。而 $x=y+z$,因此 $x \in V_1+V_1^{\perp}$,从而 $V^n \subseteq V_1+V_1^{\perp}$,得 $V^n=V_1+V_1^{\perp}$。由于 $V_1 \cap V_1^{\perp}=L(0)$,因此 $V^n=V_1 \oplus V_1^{\perp}$。

证毕

推论 设 V_1 是任意欧氏空间 V^n 的子空间,且 V_1 的维数为 m,则 $V_1^{\perp}$ 的维数为 $n-m$,即有 $n=\dim V=\dim V_1+\dim V_1^{\perp}$。

任意 n 阶齐次线性方程组 $\boldsymbol{A}x=0$ 的解空间也是 R^n 的子空间,称其为 $\boldsymbol{A}$ 的**核空间**或**零空间**,记为 $N(\boldsymbol{A})$,$N(\boldsymbol{A})=\{x \mid \boldsymbol{A}x=0\}$。$\boldsymbol{A}$ 的核空间的维数称为 $\boldsymbol{A}$ 的**零度**,记为 $n(\boldsymbol{A})$。

设 $m\times n$ 阶系数矩阵 $\boldsymbol{A}=(a_{ij})_{m\times n}$ 的秩为 r，$x=(x_1,x_2,\cdots,x_n)$，$\boldsymbol{A}$ 的第 i 个行矢量记为 $\boldsymbol{\beta}_i=(a_{i1},a_{i2},\cdots,a_{in})$。则方程组 $\boldsymbol{A}x=0$ 可改写为

$$<\beta_1,x>=0,<\beta_2,x>=0,\cdots,<\beta_m,x>=0$$

由此可见，求齐次线性方程组的解矢量，就是求所有与矢量组 $\boldsymbol{\beta}_1,\boldsymbol{\beta}_2,\cdots,\boldsymbol{\beta}_m$ 正交的矢量。设 $\beta_1,\beta_2,\cdots,\beta_m$ 生成的子空间为 $V_1=L(\boldsymbol{\beta}_1^{\mathrm{T}},\boldsymbol{\beta}_2^{\mathrm{T}},\cdots,\boldsymbol{\beta}_m^{\mathrm{T}})$，所有与 V_1 正交的矢量的集合也形成一个子空间，称其为齐次线性方程组的解空间。根据定义，齐次线性方程组 $\boldsymbol{A}x=0$ 的解空间 $N(\boldsymbol{A})$ 就是矩阵 $\boldsymbol{A}$ 的行矢量构成的空间 V_1 的正交补空间 $V_1^{\perp}$，V_1 的维数就是矩阵 $\boldsymbol{A}$ 的秩 r，解空间的维数是 $V_1^{\perp}$ 的维数 $n-r$，即 $n(\boldsymbol{A})=n-r$。同样，可以得到 $n(\boldsymbol{A}^{\mathrm{T}})=m-\operatorname{rank}\boldsymbol{A}^{\mathrm{T}}=m-\operatorname{rank}\boldsymbol{A}$。

因而，对 $m\times n$ 的矩阵 $\boldsymbol{A}$，有 $\operatorname{rank}\boldsymbol{A}+n(\boldsymbol{A})=n$，$\operatorname{rank}\boldsymbol{A}+n(\boldsymbol{A}^{\mathrm{T}})=m$，$n(\boldsymbol{A})-n(\boldsymbol{A}^{\mathrm{T}})=n-m$。

根据定义，$R(\boldsymbol{A})$ 表示 $\boldsymbol{A}$ 的列矢量构成的空间，则 $\boldsymbol{A}$ 的行矢量构成的空间 V_1 可以表示为 $R(\boldsymbol{A}^{\mathrm{T}})$。因此，$N(\boldsymbol{A})=R^{\perp}(\boldsymbol{A}^{\mathrm{T}})$，$R(\boldsymbol{A}^{\mathrm{T}})\oplus N(\boldsymbol{A})=R^n$，有定理 3-6。

定理 3-6　对于任意矩阵 $\boldsymbol{A}=(a_{ij})_{m\times n}\in R^{m\times n}$，都有

$$N(\boldsymbol{A})=R^{\perp}(\boldsymbol{A}^{\mathrm{T}}),\quad R(\boldsymbol{A}^{\mathrm{T}})\oplus N(\boldsymbol{A})=R^n$$

$$N(\boldsymbol{A}^{\mathrm{T}})=R^{\perp}(\boldsymbol{A}),\quad R(\boldsymbol{A})\oplus N(\boldsymbol{A}^{\mathrm{T}})=R^m$$

证明：设 $\boldsymbol{A}$ 的第 i 个行矢量记为 $\boldsymbol{\beta}_i$，并记 $V_1=R(\boldsymbol{A}^{\mathrm{T}})=L(\boldsymbol{\beta}_1^{\mathrm{T}},\boldsymbol{\beta}_2^{\mathrm{T}},\cdots,\boldsymbol{\beta}_m^{\mathrm{T}})\subseteq R^n$。于是有

$$\begin{aligned}V_1^{\perp}=R^{\perp}(\boldsymbol{A}^{\mathrm{T}})&=\{y\mid y\perp\boldsymbol{\beta}_i^{\mathrm{T}},i=1,2,\cdots,m\}=\{y\mid\boldsymbol{\beta}_i y=0\}=\{y\mid\boldsymbol{A}y=0\}\\&=N(\boldsymbol{A})\end{aligned}$$

因此，$R^n=V_1\oplus V_1^{\perp}=R(\boldsymbol{A}^{\mathrm{T}})\oplus N(\boldsymbol{A})$。

由 $(\boldsymbol{A}^{\mathrm{T}})^{\mathrm{T}}=\boldsymbol{A}$，可得 $N(\boldsymbol{A}^{\mathrm{T}})=R^{\perp}(\boldsymbol{A})$，$R(\boldsymbol{A})\oplus N(\boldsymbol{A}^{\mathrm{T}})=R^m$。

证毕

对于 m 维空间 R^m 中的任意 n 维子空间 V_1，定理 3-6 给出了求其正交补空间 V_1^{T} 的方法。设 V_1 的基为 $\alpha_1,\alpha_2,\cdots\alpha_n$，即 $V_1=L(\alpha_1,\alpha_2,\cdots,\alpha_n)$。令 $\boldsymbol{A}=\{\alpha_1,\alpha_2,\cdots,\alpha_n\}$，则 $V_1=R(\boldsymbol{A})$，$V_1^{\perp}=N(\boldsymbol{A}^{\mathrm{T}})$。

3. 投影变换与投影矩阵

在三维直角坐标系中，称矢量 $(x,y,0)$ 为矢量 (x,y,z) 沿着 Z 轴在 XOY 平面上的投影。同样，$(0,0,z)$ 为矢量 (x,y,z) 沿着 XOY 平面在 Z 轴上的投影，矢量 $(x,y,z)=(x,y,0)+(0,0,z)$。

设 L 和 M 都是 R^n 的子空间，并且 $L\oplus M=R^n$。由直和的定义可知，任意 $x\in R^n$ 都存在唯一的 $y\in L$ 和 $z\in M$，$x=y+z$。我们称 y 是 x 沿着 M 到 L 的投影，z 是 x 沿着 L 到 M 的投影。

定义 3-4　将任意 $\boldsymbol{x}\in R^n$ 变为沿着 M 到 L 的投影的变换称为沿着 M 到 L 的投影算子，记为 $P_{L,M}$，即 $P_{L,M}x=y$，$\boldsymbol{y}\in L$。

由定义 34 知，投影算子 $P_{L,M}$ 将整个空间 R^n 变到子空间 L。特别地，若 $x\in L$，则 $P_{L,M}x=x$；若 $x\in M$，则 $P_{L,M}\boldsymbol{x}=0$。因此，$P_{L,M}$ 的值域为 $R(P_{L,M})=L$，零空间为 M。对于任意 $x\in R^n$，$x\in M$，当且仅当 $P_{L,M}\boldsymbol{x}=0$。

容易验证，投影算子 $P_{L,M}$ 是一个线性算子，对任意矢量 X_1、$X_2 \in R^n$ 和任意实数 λ、$\mu \in R$，都有

$$P_{L,M}(\lambda X_1 + \mu X_2) = \lambda P_{L,M} X_1 + \mu P_{L,M} X_2$$

根据线性代数的知识，我们知道，当选定 R^n 的一组基后，投影算子 $P_{L,M}$ 可由 n 阶矩阵表示，我们称其为**投影矩阵**。为方便起见，投影矩阵记为 $P_{L,M}$。

在三维欧式空间中，任一个矢量 $\boldsymbol{\alpha}=(x,y,z)^{\mathrm{T}}$ 沿着 Z 轴在 XOY 平面的投影都为 $\alpha'=(x,y,0)^{\mathrm{T}}$，沿着 XOY 平面在 Z 轴上的投影都为 $\alpha''=(0,0,z)^{\mathrm{T}}$。

对于一般情况，若 $L \oplus M = R^n$，并且 $\dim L = r$，则 $\dim M = n-r$。在子空间 L 和 M 中分别取基底 $\alpha_1, \alpha_2, \cdots, \alpha_r$ 和 $\beta_1, \beta_2, \cdots, \beta_{n-r}$，则 $\alpha_1, \alpha_2, \cdots, \alpha_r, \beta_1, \beta_2, \cdots, \beta_{n-r}$ 构成 R^n 的基底。由投影矩阵的性质得 $\boldsymbol{P}_{L,M}\alpha_i = \alpha_i$，$\boldsymbol{P}_{L,M}\beta_j = 0$。设矩阵 $\boldsymbol{X}=(\alpha_1, \alpha_2, \cdots, \alpha_r)$，$\boldsymbol{Y}=(\beta_1, \beta_2, \cdots, \beta_{n-r})$，则 $\boldsymbol{P}_{L,M}[X \vdots Y]=[X \vdots 0]$。由于 $[X \vdots Y]$ 为满秩矩阵，因此投影矩阵 $\boldsymbol{P}_{L,M}=[X \vdots 0][X \vdots Y]^{-1}$。

显然，R^n 空间中的投影矩阵是一个 $n \times n$ 的方阵，并且还是一个幂等矩阵，即 $\boldsymbol{P}_{L,M}\boldsymbol{P}_{L,M}=\boldsymbol{P}_{L,M}$。

对于任意 $n \times n$ 的方阵 $\boldsymbol{A}$ 和 $\alpha \in R^n$，都有 $\boldsymbol{A}\alpha \in R(\boldsymbol{A})$。也就是说，任何矩阵 $\boldsymbol{A}$ 都将 R^n 空间中的所有矢量变换到 $R(\boldsymbol{A})$ 子空间。那么，是否任意矩阵都是投影矩阵呢？答案显然是否定的，投影不是简单地将 R^n 空间中的所有矢量都变换到某个子空间，而是要沿着某个子空间向另一个子空间投影，具有方向性。

由投影矩阵的性质知道，若矩阵 $\boldsymbol{A}$ 是投影矩阵，则对任意 $\alpha \in R(\boldsymbol{A})$ 都有 $\boldsymbol{A}\alpha = \alpha$。$R^n$ 空间中的投影矩阵一定是一个 $n \times n$ 的方阵，并且还是一个幂等矩阵。实际上，如果 $R(\boldsymbol{A}) \neq R^n$，即 $R(\boldsymbol{A})$ 是 R^n 的真子集，则矩阵 $\boldsymbol{A}$ 的秩小于 n。如果 $\boldsymbol{A}$ 为满秩矩阵，则 $\boldsymbol{A}$ 为 R^n 到 R^n 的投影矩阵。由于对任意 $\alpha \in R(\boldsymbol{A})$ 都有 $\boldsymbol{A}\alpha = \alpha$，则 $(\boldsymbol{A}-\boldsymbol{I})\alpha = 0$，得 $\boldsymbol{A}=\boldsymbol{I}$。因此，如果投影矩阵 $\boldsymbol{A}$ 为满秩矩阵，则 $\boldsymbol{A}$ 为单位矩阵，即 $\boldsymbol{A}=\boldsymbol{I}$。

不难证明，若矩阵 $\boldsymbol{A}$ 为幂等矩阵，则 $N(\boldsymbol{A})=R(\boldsymbol{I}-\boldsymbol{A})$，$\boldsymbol{A}$ 为沿着 $N(\boldsymbol{A})$ 到 $R(\boldsymbol{A})$ 的投影矩阵。

我们很容易证明 $R(\boldsymbol{I}-\boldsymbol{A}) \subseteq N(\boldsymbol{A})$。要证明 $R(\boldsymbol{I}-\boldsymbol{A})=N(\boldsymbol{A})$，关键需要证明 $\dim R(\boldsymbol{I}-\boldsymbol{A})=\dim N(\boldsymbol{A})$。

对任意 $x \in R(\boldsymbol{I}-\boldsymbol{A})$，都存在 $\gamma \in R^n$，$x=(\boldsymbol{I}-\boldsymbol{A})\gamma$。若 $\boldsymbol{A}$ 为幂等矩阵，则 $\boldsymbol{A}x=\boldsymbol{A}\gamma-\boldsymbol{A}\boldsymbol{A}\gamma=0$，得 $x \in N(\boldsymbol{A})$，因此，$R(\boldsymbol{I}-\boldsymbol{A}) \subseteq N(\boldsymbol{A})$，$\dim R(\boldsymbol{I}-\boldsymbol{A}) \leqslant \dim N(\boldsymbol{A}) = n - \dim R(\boldsymbol{A})$，即 $\operatorname{rank}(\boldsymbol{I}-\boldsymbol{A}) \leqslant n - \operatorname{rank}\boldsymbol{A}$。另一方面，由 $\boldsymbol{I}=\boldsymbol{A}+(\boldsymbol{I}-\boldsymbol{A})$ 可知 $n=\dim I \leqslant \operatorname{rank}\boldsymbol{A}+\operatorname{rank}(\boldsymbol{I}-\boldsymbol{A})$，由此得 $\operatorname{rank}(\boldsymbol{I}-\boldsymbol{A}) \geqslant n-\operatorname{rank}\boldsymbol{A}$，因此，$\operatorname{rank}(\boldsymbol{I}-\boldsymbol{A})=n-\operatorname{rank}\boldsymbol{A}$，$\dim R(\boldsymbol{I}-\boldsymbol{A})=n-\dim R(\boldsymbol{A})=\dim N(\boldsymbol{A})$。所以，$R(\boldsymbol{I}-\boldsymbol{A})=N(\boldsymbol{A})$。

为了证明 $\boldsymbol{A}$ 为沿着 $N(\boldsymbol{A})$ 到 $R(\boldsymbol{A})$ 的投影矩阵，还需要证明 $R^n=R(\boldsymbol{A}) \oplus N(\boldsymbol{A})$。

首先，对任意 $x \in R^n$，都有 $x=\boldsymbol{A}x+(\boldsymbol{I}-\boldsymbol{A})x$，即 $R^n=R(\boldsymbol{A})+N(\boldsymbol{A})$。同时，对任意 $z \in R(\boldsymbol{A}) \cap N(\boldsymbol{A})$，都存在 $u \in R^n$，$v \in R^n$，$z=\boldsymbol{A}u=(\boldsymbol{I}-\boldsymbol{A})v$，则 $z=\boldsymbol{A}u=\boldsymbol{A}^2u=\boldsymbol{A}(\boldsymbol{I}-\boldsymbol{A})v=0$，所以 $R(\boldsymbol{A}) \cap N(\boldsymbol{A})=\{0\}$。因此，若 $\boldsymbol{A}$ 为幂等矩阵，则 $R(\boldsymbol{A})+N(\boldsymbol{A})$ 为直和，$R^n=R(\boldsymbol{A}) \oplus N(\boldsymbol{A})$。

因此，矩阵 $\boldsymbol{A}$ 是投影矩阵的充要条件是 $\boldsymbol{A}$ 为幂等矩阵 $\boldsymbol{A}^2=\boldsymbol{A}$。下面我们只关心正交

投影 $\boldsymbol{P}_{L,M}$，$L^{\perp}=M$。

由定理 3-6 知，若矩阵 $\boldsymbol{A}$ 是一个 $n\times n$ 的方阵，则 $R(\boldsymbol{A})\oplus N(\boldsymbol{A}^{\mathrm{T}})=R^n$，并且 $R^{\perp}(\boldsymbol{A})=N(\boldsymbol{A}^{\mathrm{T}})$。因此，如果 $\boldsymbol{A}$ 是正交投影矩阵，$\boldsymbol{A}$ 一定是沿着 $N(\boldsymbol{A}^{\mathrm{T}})$ 到 $R(\boldsymbol{A})$ 的投影矩阵，我们可以简单记为 $P_{R(\boldsymbol{A})}$。

如果 $\boldsymbol{A}$ 是正交投影矩阵，则 $\boldsymbol{A}$ 是幂等矩阵。对任意 $\alpha\in R^n$，都存在 $\beta\in R(\boldsymbol{A})$，$\gamma\in R^{\perp}(\boldsymbol{A})$，$\alpha=\beta+\gamma$，$\beta=\boldsymbol{A}\alpha$，$\boldsymbol{A}^{\mathrm{T}}\gamma=0$。由 β 与 γ 正交得 $(\boldsymbol{A}\alpha)^{\mathrm{T}}(\alpha-\boldsymbol{A}\alpha)=\alpha^{\mathrm{T}}\boldsymbol{A}^{\mathrm{T}}(\boldsymbol{I}-\boldsymbol{A})\alpha=0$。由于对任意 $\alpha\in R^n$ 都有 $\boldsymbol{\alpha}^{\mathrm{T}}\boldsymbol{A}^{\mathrm{T}}(\boldsymbol{I}-\boldsymbol{A})\alpha=0$，所以 $\boldsymbol{A}^{\mathrm{T}}(\boldsymbol{I}-\boldsymbol{A})=0$。因此，$\boldsymbol{A}^{\mathrm{T}}=\boldsymbol{A}^{\mathrm{T}}\boldsymbol{A}$，由此得

$$\boldsymbol{A}^{\mathrm{T}}=\boldsymbol{A}^{\mathrm{T}}\boldsymbol{A}=(\boldsymbol{A}^{\mathrm{T}}\boldsymbol{A})^{\mathrm{T}}=(\boldsymbol{A}^{\mathrm{T}})^{\mathrm{T}}=\boldsymbol{A}$$

即 $\boldsymbol{A}$ 是一个对称矩阵。因此，若 $\boldsymbol{A}$ 是正交投影矩阵，则 $\boldsymbol{A}$ 一定是幂等对称矩阵。

反之，如果 $\boldsymbol{A}$ 是幂等对称矩阵，则由 $R(\boldsymbol{A})$ 的定义知，对任意 $\beta\in R(\boldsymbol{A})$，都存在 $\alpha\in R^n$，$\beta=\boldsymbol{A}\alpha$。所以，对任意 $\beta\in R(\boldsymbol{A})$，都有 $\boldsymbol{A}\beta=\boldsymbol{A}\boldsymbol{A}\alpha=\boldsymbol{A}\alpha=\beta$。

由 $\gamma\in N(\boldsymbol{A}^{\mathrm{T}})$ 得 $\boldsymbol{A}^{\mathrm{T}}\gamma=0$。若 $\boldsymbol{A}$ 是对称矩阵，则 $\boldsymbol{A}\gamma=0$。因此，若 $\boldsymbol{A}$ 是一个幂等对称矩阵，则 $\boldsymbol{A}$ 是沿着 $N(\boldsymbol{A}^{\mathrm{T}})$ 到 $R(\boldsymbol{A})$ 的投影矩阵。因此有定理 3-7。

定理 3-7　矩阵 $\boldsymbol{A}$ 是正交投影矩阵的充要条件是 $\boldsymbol{A}$ 为幂等对称矩阵，$\boldsymbol{A}^2=\boldsymbol{A}$，$\boldsymbol{A}^{\mathrm{T}}=\boldsymbol{A}$。

若已知空间 L 和 M 的基为 X 和 Y，沿着 M 到 L 的投影矩阵可表示为 $\boldsymbol{P}_{L,M}=[X\,\vdots\,0][X\,\vdots\,Y]^{-1}$。对于给定的矩阵 $\boldsymbol{A}$，若 $\boldsymbol{A}$ 为列满秩矩阵，则其列矢量就是 $R(\boldsymbol{A})$ 的基。但是，为了求 $\boldsymbol{P}_{R(\boldsymbol{A})}$，还需要求 $N(\boldsymbol{A}^{\mathrm{T}})$ 的基。下面根据投影矩阵的性质，给出一种更为简洁的表达式。

给定列满秩矩阵 $\boldsymbol{A}$，到 $R(\boldsymbol{A})$ 的投影矩阵 $\boldsymbol{P}_{R(\boldsymbol{A})}$ 一定可以表示成 $\boldsymbol{AB}$ 的形式，即存在矩阵 $\boldsymbol{B}$，$\boldsymbol{P}_{R(\boldsymbol{A})}=\boldsymbol{AB}$。由 $\boldsymbol{P}_{R(\boldsymbol{A})}\boldsymbol{A}=\boldsymbol{A}$ 可得 $\boldsymbol{ABA}=\boldsymbol{A}$。由于正交投影矩阵一定是对称矩阵 $(\boldsymbol{AB})^{\mathrm{T}}=\boldsymbol{AB}$，因此，$\boldsymbol{B}^{\mathrm{T}}\boldsymbol{A}^{\mathrm{T}}\boldsymbol{A}=\boldsymbol{A}$。如果 $\boldsymbol{A}^{\mathrm{T}}\boldsymbol{A}$ 为满秩矩阵，则 $\boldsymbol{B}^{\mathrm{T}}=\boldsymbol{A}\,(\boldsymbol{A}^{\mathrm{T}}\boldsymbol{A})^{-1}$，$\boldsymbol{B}=(\boldsymbol{A}^{\mathrm{T}}\boldsymbol{A})^{-1}\boldsymbol{A}^{\mathrm{T}}$，$\boldsymbol{P}_{R(\boldsymbol{A})}=\boldsymbol{A}\,(\boldsymbol{A}^{\mathrm{T}}\boldsymbol{A})^{-1}\boldsymbol{A}^{\mathrm{T}}$。

实际上，若 $\boldsymbol{A}$ 为列满秩矩阵，则 $\boldsymbol{A}^{\mathrm{T}}\boldsymbol{A}$ 一定是满秩方阵。对于一般情况，有引理 3-1。

引理 3-1　对于任意矩阵 $\boldsymbol{A}$，$\mathrm{rank}(\boldsymbol{A}^{\mathrm{T}}\boldsymbol{A})=\mathrm{rank}(\boldsymbol{A})=\mathrm{rank}(\boldsymbol{A}\boldsymbol{A}^{\mathrm{T}})$。

证明：

由 $\boldsymbol{AX}=0$ 可得 $\boldsymbol{A}^{\mathrm{T}}\boldsymbol{AX}=0$；

反之，由 $\boldsymbol{A}^{\mathrm{T}}\boldsymbol{AX}=0$ 得 $\boldsymbol{X}^{\mathrm{T}}\boldsymbol{A}^{\mathrm{T}}\boldsymbol{AX}=0$，即 $(\boldsymbol{AX})^{\mathrm{T}}\boldsymbol{AX}=0$，从而 $\boldsymbol{AX}=0$。

这表明 $\boldsymbol{A}$ 和 $\boldsymbol{A}^{\mathrm{T}}\boldsymbol{A}$ 有相同的零度。又因为 $\boldsymbol{A}$ 和 $\boldsymbol{A}^{\mathrm{T}}\boldsymbol{A}$ 的列数相同，故

$$\mathrm{rank}(\boldsymbol{A}^{\mathrm{T}}\boldsymbol{A})=\mathrm{rank}(\boldsymbol{A})$$

交换 $\boldsymbol{A}$ 和 $\boldsymbol{A}^{\mathrm{T}}$ 的位置得 $\mathrm{rank}(\boldsymbol{A}\boldsymbol{A}^{\mathrm{T}})=\mathrm{rank}(\boldsymbol{A}^{\mathrm{T}})=\mathrm{rank}(\boldsymbol{A})$

证毕

引理 3-1 保证，若 $\boldsymbol{A}$ 是列满秩矩阵，则 $\boldsymbol{A}^{\mathrm{T}}\boldsymbol{A}$ 一定是满秩方阵；若 $\boldsymbol{A}$ 是行满秩矩阵，则 $\boldsymbol{A}\boldsymbol{A}^{\mathrm{T}}$ 一定是满秩方阵。因此有定理 3-8。

定理 3-8　对于列满秩矩阵 $\boldsymbol{A}$，$\boldsymbol{P}_{R(\boldsymbol{A})}=\boldsymbol{A}\,[\boldsymbol{A}^{\mathrm{T}}\boldsymbol{A}]^{-1}\boldsymbol{A}^{\mathrm{T}}$。

证明：

对于列满秩矩阵 $\boldsymbol{A}$，$\boldsymbol{A}^{\mathrm{T}}\boldsymbol{A}$ 为满秩方阵，其逆矩阵 $[\boldsymbol{A}^{\mathrm{T}}\boldsymbol{A}]^{-1}$ 存在。

显然，对任意矢量 α，$\boldsymbol{A}\,[\boldsymbol{A}^{\mathrm{T}}\boldsymbol{A}]^{-1}\boldsymbol{A}^{\mathrm{T}}\alpha\in R(\boldsymbol{A})$。

$(\boldsymbol{A}\,[\boldsymbol{A}^{\mathrm{T}}\boldsymbol{A}]^{-1}\boldsymbol{A}^{\mathrm{T}})^2=(\boldsymbol{A}\,[\boldsymbol{A}^{\mathrm{T}}\boldsymbol{A}]^{-1}\boldsymbol{A}^{\mathrm{T}})(\boldsymbol{A}\,[\boldsymbol{A}^{\mathrm{T}}\boldsymbol{A}]^{-1}\boldsymbol{A}^{\mathrm{T}})=\boldsymbol{A}\,[\boldsymbol{A}^{\mathrm{T}}\boldsymbol{A}]^{-1}\boldsymbol{A}^{\mathrm{T}}$，满足幂等性。

$(\boldsymbol{A}[\boldsymbol{A}^{\mathrm{T}}\boldsymbol{A}]^{-1}\boldsymbol{A}^{\mathrm{T}})^{\mathrm{T}}=\boldsymbol{A}[\boldsymbol{A}^{\mathrm{T}}\boldsymbol{A}]^{-1}\boldsymbol{A}^{\mathrm{T}}$，满足对称性。

因此，$\boldsymbol{A}[\boldsymbol{A}^{\mathrm{T}}\boldsymbol{A}]^{-1}\boldsymbol{A}^{\mathrm{T}}$ 为一个幂等对称矩阵，$\boldsymbol{P}_{R(\boldsymbol{A})}=\boldsymbol{A}[\boldsymbol{A}^{\mathrm{T}}\boldsymbol{A}]^{-1}\boldsymbol{A}^{\mathrm{T}}$。

证毕

定理 3-8 给出了计算投影矩阵的一种方法，给定一个列满秩矩阵 $\boldsymbol{A}$，可以得到投影矩阵 $\boldsymbol{P}_{R(\boldsymbol{A})}$。$R(\boldsymbol{A})$表示一个空间，可以有多种不同的基。对于相同的空间选择不同的基，其正交投影矩阵是否唯一？

假设矩阵 $\boldsymbol{B}$ 和 $\boldsymbol{C}$ 都是空间 $R(\boldsymbol{A})$ 的正交投影矩阵，则 $R(\boldsymbol{B})=R(\boldsymbol{C})=R(\boldsymbol{A})$，并且 $\boldsymbol{B}$ 和 $\boldsymbol{C}$ 都是幂等对称矩阵，满足 $\boldsymbol{BC}=\boldsymbol{C}$，$\boldsymbol{CB}=\boldsymbol{B}$。因此有 $\boldsymbol{B}=\boldsymbol{B}^{\mathrm{T}}=(\boldsymbol{CB})^{\mathrm{T}}=\boldsymbol{B}^{\mathrm{T}}\boldsymbol{C}^{\mathrm{T}}=\boldsymbol{BC}=\boldsymbol{C}$，即对于一个子空间，其正交投影矩阵是唯一的。有定理 3-9。

定理 3-9 对于任意矩阵 $\boldsymbol{A}$，投影矩阵 $\boldsymbol{P}_{R(\boldsymbol{A})}$ 是唯一的。

若矩阵 $\boldsymbol{A}$ 的秩为 r，取 $\boldsymbol{A}$ 中线性无关的 r 个矢量，构成列满秩矩阵 $\boldsymbol{A}'$，显然 $R(\boldsymbol{A})=R(\boldsymbol{A}')$，由投影矩阵的唯一性，有 $\boldsymbol{P}_{R(\boldsymbol{A})}=\boldsymbol{P}_{R(\boldsymbol{A}')}$，所以 $\boldsymbol{P}_{R(\boldsymbol{A})}=\boldsymbol{A}'[\boldsymbol{A}'^{\mathrm{T}}\boldsymbol{A}']^{-1}\boldsymbol{A}'^{\mathrm{T}}$。

对于行满秩矩阵 $\boldsymbol{A}$，其转置矩阵 $\boldsymbol{A}^{\mathrm{T}}$ 为列满秩矩阵，因此有推论 1。

推论 对于行满秩矩阵 $\boldsymbol{A}$，$\boldsymbol{P}_{R(\boldsymbol{A}^{\mathrm{T}})}=\boldsymbol{A}^{\mathrm{T}}[\boldsymbol{A}\boldsymbol{A}^{\mathrm{T}}]^{-1}\boldsymbol{A}$。

3.2.4 正交性原理

3.2.1 节直观上介绍了矛盾方程组 $y=\boldsymbol{A}x$ 的求解问题。这里，$\boldsymbol{A}=(\alpha_1,\alpha_2,\cdots,\alpha_n)$ 为 $m\times n$ 的矩阵，$\boldsymbol{x}=(\xi_1,\xi_2,\cdots,\xi_n)^{\mathrm{T}}$。

若 $y\in R(\boldsymbol{A})$，则方程有解，表示存在 $\boldsymbol{x}=(\xi_1,\xi_2,\cdots,\xi_n)^{\mathrm{T}}$，满足 $y=\sum_{i=1}^{n}\xi_i\alpha_i$，或者说，$y$ 是 $\alpha_1,\alpha_2,\cdots,\alpha_n$ 的线性组合，或 y 属于 $\alpha_1,\alpha_2,\cdots,\alpha_n$ 构成的空间 $R(\boldsymbol{A})$，$\min\limits_{x}\|(y-\boldsymbol{A}x)\|=0$。

若方程无解，则说明不存在 $\boldsymbol{x}=(\xi_1,\xi_2,\cdots,\xi_n)^{\mathrm{T}}$，满足 $y=\sum_{i=1}^{n}\xi_i\alpha_i$，或者说，$y$ 不是 α_1，$\alpha_2,\cdots,\alpha_n$ 的线性组合（y 不属于 $\alpha_1,\alpha_2,\cdots,\alpha_n$ 构成的空间）。对于矛盾方程组，我们的目标是求使 $\|(y-\boldsymbol{A}x)\|=(y-\boldsymbol{A}x)^{\mathrm{T}}(y-\boldsymbol{A}x)$ 最小的解，即方程的最小二乘解。

对于空间 R^m 中的任一矢量 $\boldsymbol{z}$，$\boldsymbol{z}\in R(\boldsymbol{A})$，当且仅当存在 $\boldsymbol{x}=(\xi_1,\xi_2,\cdots,\xi_n)^{\mathrm{T}}$，满足 $z=\sum_{i=1}^{n}\xi_i\alpha_i$。因此，$\|(y-Ax)\|$ 表示了矢量 $\boldsymbol{y}$ 到 $R(\boldsymbol{A})$ 中各矢量的距离。直观上看，y 到一空间的最小距离就是 y 到其在空间上正交投影点的距离，即 $\min\limits_{x}\|(y-\boldsymbol{A}x)\|=\|(y-\boldsymbol{P}_{R(\boldsymbol{A})}y)\|$。事实上，由 $\boldsymbol{P}_{R(\boldsymbol{A})}(y-\boldsymbol{P}_{R(\boldsymbol{A})}y)=0$ 可知 $(y-\boldsymbol{P}_{R(\boldsymbol{A})}y)\in R^{\perp}(\boldsymbol{A})$。因此，有定理 3-10 和定理 3-11。

定理 3-10 设 $\boldsymbol{A}\in R^{m\times n}$，对任意 $y\in R^m$，$y-\boldsymbol{P}_{R(\boldsymbol{A})}y$ 与 $R(\boldsymbol{A})$ 都正交，即对任意 $x\in R(\boldsymbol{A})$，$(y-\boldsymbol{P}_{R(\boldsymbol{A})}y)^{\mathrm{T}}x=0$。

定理 3-11 设 $\boldsymbol{A}\in R^{m\times n}$，对任意 $y\in R^m$，$\min\limits_{x}\|(y-\boldsymbol{A}x)\|=\|(y-\boldsymbol{P}_{R(\boldsymbol{A})}y)\|$。

证明：

因为 $y-\boldsymbol{A}x=(\boldsymbol{P}_{R(\boldsymbol{A})}y-\boldsymbol{A}x)+(y-\boldsymbol{P}_{R(\boldsymbol{A})}y)$，而 $\boldsymbol{P}_{R(\boldsymbol{A})}y-\boldsymbol{A}x\in R(\boldsymbol{A})$，$y-\boldsymbol{P}_{R(\boldsymbol{A})}y\in R^{\perp}(\boldsymbol{A})$。

所以 $||y-\boldsymbol{A}x||^2=||\boldsymbol{P}_{R(\boldsymbol{A})}y-\boldsymbol{A}x||^2+||y-\boldsymbol{P}_{R(\boldsymbol{A})}y||^2$。

$||y-\mathbf{A}x||^2$ 取最小值的充要条件为 $\mathbf{A}x=\mathbf{P}_{R(\mathbf{A})}y$。

方程 $\mathbf{A}x=\mathbf{P}_{R(\mathbf{A})}y$ 有解，记 x_0 为其解，即 $\mathbf{A}x_0=\mathbf{P}_{R(\mathbf{A})}y$。

$\min\limits_x \|(y-\mathbf{A}x)\|=\|(y-\mathbf{A}x_0)\|=\|(y-\mathbf{P}_{R(\mathbf{A})}y)\|$。

证毕

由定理 3-10 可知，对任意 $y\in R^m$，$y-\mathbf{P}_{R(\mathbf{A})}y$ 与 $R(\mathbf{A})$ 都正交，即 $y-\mathbf{P}_{R(\mathbf{A})}y\in R^{\perp}(\mathbf{A})$。而由定理 3-11 可知，对任意 $y\in R^m$，若 $x_0\in R^n$ 满足 $\|(y-\mathbf{A}x_0)\|=\min\limits_x\|(y-\mathbf{A}x)\|$，则 $\mathbf{A}x_0=\mathbf{P}_{R(\mathbf{A})}y$。因此，得到定理 3-12。

定理 3-12（正交性原理） 设 $\mathbf{A}\in R^{m\times n}$，对任意 $y\in R^m$，$x_0\in R^n$ 都满足 $\|(y-\mathbf{A}x_0)\|=\min\limits_x\|(y-\mathbf{A}x)\|$ 的充要条件为 $y-\mathbf{A}x_0\in R^{\perp}(\mathbf{A})$。

设 $A=(\alpha_1,\alpha_2,\cdots,\alpha_n)$，由定理 3-12 可知，满足 $\|(y-\mathbf{A}x_0)\|=\min\limits_x\|(y-\mathbf{A}x)\|$ 的充要条件为对所有 $1\leqslant i\leqslant n$，$(y-\mathbf{A}x_0)^{\mathrm{T}}\alpha_i=0$。利用该性质，若已知 $y\in R^m$ 和矩阵 $\mathbf{A}$，即可求得 x_0，得到子空间 $R(\mathbf{A})$ 中与 y“距离”最近的矢量 $\mathbf{A}x_0$，即 y 在子空间 $R(\mathbf{A})$ 中的投影 $\mathbf{P}_{R(\mathbf{A})}y$。$\|(y-\mathbf{A}x_0)\|$ 即 y 到 $R(\mathbf{A})$ 的“最短”距离。

若 $y\notin R(\mathbf{A})$，则方程 $y=\mathbf{A}x$ 无解，为矛盾方程组。要求误差最小的解 x_0，就是求满足 $\|(y-\mathbf{A}x_0)\|=\min\limits_x\|(y-\mathbf{A}x)\|$ 的解 x_0。所谓正交性原理，就是最小误差解的误差矢量 $y-\mathbf{A}x_0$ 一定与子空间 $R(\mathbf{A})$ 正交。

3.2.5 线性方程组的求解

1. 相容线性方程组的通解及最小范数解

设 $\mathbf{A}\in R^{m\times n}$，$b\in R^m$，若 $b\in R(\mathbf{A})$，则称方程组 $\mathbf{A}x=b$ 为相容线性方程，即方程组有解。

对于相容方程，若 $m=n$，并且 $\mathbf{A}$ 为满秩矩阵，则有唯一解 $x=\mathbf{A}^{-1}b$。若 $\mathrm{rank}(\mathbf{A})<n$，则有无穷多个解。例如，在三维空间中，若 $\mathbf{A}$ 的秩为 3，则解为一个点；若 $\mathbf{A}$ 的秩为 2，则解的集合为一直线，是两个平面的交集；若 $\mathbf{A}$ 的秩为 1，则解的集合为一平面。在所有解中，范数最小的解就是到源点最近的解，最小范数就是直线（平面）到源点的距离。相容线性方程组的通解就是满足 $\mathbf{A}x=b$ 条件的解的一般表达式，最小范数解就是 $\|x\|$ 最小的解 x。

实际上，若 x_0 满足 $\mathbf{A}x_0=b$，y_0 满足 $\mathbf{A}y_0=0$，则 $\mathbf{A}(x_0+y_0)=b$，因此有引理 3-2。

引理 3-2 设 x_0 是 $\mathbf{A}x=b$ 的一个解，则对所有 $y\in N(\mathbf{A})$，$z=x_0+y$ 都是方程的解。

方程的解为一个特定的解加上零空间 $N(\mathbf{A})$ 中的任何一个矢量。实际上，若 $\mathbf{A}$ 的秩为 $r<m$，取 $\mathbf{A}=\{\alpha_1,\alpha_2,\cdots,\alpha_n\}$ 中 r 个线性无关的列矢量。不失一般性，设 $\alpha_1,\alpha_2,\cdots,\alpha_r$ 线性无关，令 $x_{r+1}=x_{r+2}=\cdots=x_n=0$。解方程 $[\alpha_1,\alpha_2,\cdots,\alpha_r][x_1,x_2,\cdots,x_r]^{\mathrm{T}}=b$，求得唯一的解 $[x_1,x_2,\cdots,x_r]^{\mathrm{T}}$。矢量 $[x_1,x_2,\cdots,x_r,0,\cdots,0]^{\mathrm{T}}$ 与 $N(\mathbf{A})$ 中的任何一个矢量之和都是方程 $\mathbf{A}x=b$ 的解。

$N(\mathbf{A})$ 与 $R(\mathbf{A}^{\mathrm{T}})$ 正交，即 $N(\mathbf{A})=R^{\perp}(\mathbf{A}^{\mathrm{T}})$，并且 $R(\mathbf{A}^{\mathrm{T}})\oplus N(\mathbf{A})=R^n$。$R^n$ 中任何一个矢量 $\mathbf{z}$ 都可以表示成 $R(\mathbf{A}^{\mathrm{T}})$ 中矢量 $\mathbf{z}_1$ 与 $N(\mathbf{A})$ 中矢量 $\mathbf{z}_2$ 之和，即 $\mathbf{z}=\mathbf{z}_1+\mathbf{z}_2$。由 $\mathbf{A}\mathbf{z}_2=0$ 可知，若 $\mathbf{A}\mathbf{z}=b$，则一定有 $\mathbf{A}\mathbf{z}_1=b$，并且 $\|\mathbf{z}\|^2=\|\mathbf{z}_1\|^2+\|\mathbf{z}_2\|^2\geqslant\|\mathbf{z}_1\|^2$。

引理 3-3　相容方程组 $\mathbf{A}x=b$ 的最小范数解唯一，并且这个唯一解在 $R(\mathbf{A}^{\mathrm{T}})$ 中。

证明：设 $\mathbf{A}x=b$ 的最小范数解为 x_0。若 $x_0 \notin R(\mathbf{A}^{\mathrm{T}})$，则存在 $y_0 \in R(\mathbf{A}^{\mathrm{T}})$，$y_1 \in N(\mathbf{A})$，$y_1 \neq 0$，并且 $x_0 = y_0 + y_1$。$\| x_0 \|^2 = \| y_0 \|^2 + \| y_1 \|^2 > \| y_0 \|^2$，$\mathbf{A}y_0=b$，这与 x_0 是 $\mathbf{A}x=b$ 的最小范数解矛盾，因此 $x_0 \in R(\mathbf{A}^{\mathrm{T}})$。

唯一性。若存在其他 $y_0 \in R(\mathbf{A}^{\mathrm{T}})$，$\mathbf{A}y_0=b$，则 $\mathbf{A}(x_0-y_0)=0$，即 $(x_0-y_0) \in N(\mathbf{A})$。而由 $y_0 \in R(\mathbf{A}^{\mathrm{T}})$，$x_0 \in R(\mathbf{A}^{\mathrm{T}})$ 知 $(x_0-y_0) \in R(\mathbf{A}^{\mathrm{T}})$，因此 $(x_0-y_0) \in R(\mathbf{A}^{\mathrm{T}}) \cap N(\mathbf{A}) = \{0\}$，所以 $x_0=y_0$。

证毕

不失一般性，假设 $\mathbf{A}$ 为行满秩矩阵，则 $\mathbf{A}\mathbf{A}^{\mathrm{T}}$ 为满秩方阵，$\mathbf{P}_{R(\mathbf{A}^{\mathrm{T}})} = \mathbf{A}^{\mathrm{T}}(\mathbf{A}\mathbf{A}^{\mathrm{T}})^{-1}\mathbf{A}$。由 $x_0 \in R(\mathbf{A}^{\mathrm{T}})$，得 $x_0 = \mathbf{P}_{R(\mathbf{A}^{\mathrm{T}})} x_0$。若 $\mathbf{A}x_0=b$，则 $x_0 = \mathbf{P}_{R(\mathbf{A}^{\mathrm{T}})} x_0 = \mathbf{A}^{\mathrm{T}}(\mathbf{A}\mathbf{A}^{\mathrm{T}})^{-1}\mathbf{A}x_0 = \mathbf{A}^{\mathrm{T}}(\mathbf{A}\mathbf{A}^{\mathrm{T}})^{-1}b$。这里，$x_0$ 就是我们要求的最小范数解。

定理 3-13　$x=\mathbf{B}b$ 是相容线性方程 $\mathbf{A}x=b$ 最小范数解的充要条件为 $\mathbf{B}\mathbf{A}=\mathbf{P}_{R(\mathbf{A}^{\mathrm{T}})}$

证明：

不失一般性，假设 $\mathbf{A}$ 为行满秩矩阵。

充分性：若 $\mathbf{B}\mathbf{A}=\mathbf{P}_{R(\mathbf{A}^{\mathrm{T}})}$，则 $\mathbf{B}\mathbf{A}=\mathbf{A}^{\mathrm{T}}(\mathbf{A}\mathbf{A}^{\mathrm{T}})^{-1}\mathbf{A}$。因为方程 $\mathbf{A}x=b$ 为相容方程，故 $b \in R(\mathbf{A})$，即存在 u，满足 $b=\mathbf{A}u$。若 $x=\mathbf{B}b$，则 $\mathbf{A}x=\mathbf{A}\mathbf{B}b=\mathbf{A}\mathbf{B}\mathbf{A}u=\mathbf{A}\mathbf{P}_{R(\mathbf{A}^{\mathrm{T}})}u=\mathbf{A}\mathbf{A}^{\mathrm{T}}(\mathbf{A}\mathbf{A}^{\mathrm{T}})^{-1}\mathbf{A}u=\mathbf{A}u=b$。所以，$x=\mathbf{B}b$ 为方程 $\mathbf{A}x=b$ 的解。

由 $\mathbf{B}\mathbf{A}=\mathbf{P}_{R(\mathbf{A}^{\mathrm{T}})}$ 得 $(\mathbf{B}\mathbf{A})^{\mathrm{T}}=\mathbf{B}\mathbf{A}$，$\mathbf{B}b=\mathbf{B}\mathbf{A}u=(\mathbf{B}\mathbf{A})^{\mathrm{T}}u=\mathbf{A}^{\mathrm{T}}\mathbf{B}^{\mathrm{T}}u \in R(\mathbf{A}^{\mathrm{T}})$。由最小范数解的唯一性，得 $x=\mathbf{B}b$ 是最小范数解。

必要性：若 $b \in \mathbf{R}(A)$，$x=\mathbf{B}b$ 是相容线性方程 $\mathbf{A}x=b$ 的最小范数解，则由最小范数解的唯一性得 $x=\mathbf{A}^{\mathrm{T}}(\mathbf{A}\mathbf{A}^{\mathrm{T}})^{-1}b$。因此，对所有 $b \in R(A)$，$\mathbf{B}b=\mathbf{A}^{\mathrm{T}}(\mathbf{A}\mathbf{A}^{\mathrm{T}})^{-1}b$。

设 $A=[\alpha_1,\alpha_2,\cdots,\alpha_n]$，则有 $\mathbf{B}\alpha_i=\mathbf{A}^{\mathrm{T}}(\mathbf{A}\mathbf{A}^{\mathrm{T}})^{-1}\alpha_i$。因此，$\mathbf{B}\mathbf{A}=\mathbf{A}^{\mathrm{T}}(\mathbf{A}\mathbf{A}^{\mathrm{T}})^{-1}\mathbf{A}=\mathbf{P}_{R(\mathbf{A}^{\mathrm{T}})}$。

证毕

由正交投影矩阵的唯一性可知，若 $\mathbf{B}\mathbf{A}=\mathbf{P}_{R(\mathbf{A}^{\mathrm{T}})}$，则 $\mathbf{B}\mathbf{A}=\mathbf{A}^{\mathrm{T}}(\mathbf{A}\mathbf{A}^{\mathrm{T}})^{-1}\mathbf{A}$。因此，$(\mathbf{B}\mathbf{A})^{\mathrm{T}}=\mathbf{B}\mathbf{A}$，并且 $\mathbf{A}\mathbf{B}\mathbf{A}=\mathbf{A}\mathbf{A}^{\mathrm{T}}(\mathbf{A}\mathbf{A}^{\mathrm{T}})^{-1}\mathbf{A}=\mathbf{A}$。反之，若 $(\mathbf{B}\mathbf{A})^{\mathrm{T}}=\mathbf{B}\mathbf{A}$，并且 $\mathbf{A}\mathbf{B}\mathbf{A}=\mathbf{A}$，则 $\mathbf{B}\mathbf{A}\mathbf{B}\mathbf{A}=\mathbf{B}\mathbf{A}$，矩阵 $\mathbf{B}\mathbf{A}$ 为幂等对称矩阵，$\mathbf{B}\mathbf{A}=\mathbf{P}_{R(\mathbf{B}\mathbf{A})}$。由 $\mathbf{B}\mathbf{A}=(\mathbf{B}\mathbf{A})^{\mathrm{T}}=\mathbf{A}^{\mathrm{T}}\mathbf{B}^{\mathrm{T}}$ 可知，$R(\mathbf{B}\mathbf{A})=R(\mathbf{A}^{\mathrm{T}}\mathbf{B}^{\mathrm{T}})$，而

$$R(\mathbf{A}^{\mathrm{T}}) \supseteq R(\mathbf{A}^{\mathrm{T}}\mathbf{B}^{\mathrm{T}}) \supseteq R(\mathbf{A}^{\mathrm{T}}\mathbf{B}^{\mathrm{T}}\mathbf{A}^{\mathrm{T}}) = R(\mathbf{A}^{\mathrm{T}})$$

因此，$R(\mathbf{B}\mathbf{A})=R(\mathbf{A}^{\mathrm{T}}\mathbf{B}^{\mathrm{T}})=R(\mathbf{A}^{\mathrm{T}})$，$\mathbf{B}\mathbf{A}=\mathbf{P}_{R(\mathbf{A}^{\mathrm{T}})}$。因此，$\mathbf{B}\mathbf{A}=\mathbf{P}_{R(\mathbf{A}^{\mathrm{T}})}$ 当且仅当 $(\mathbf{B}\mathbf{A})^{\mathrm{T}}=\mathbf{B}\mathbf{A}$，并且 $\mathbf{A}\mathbf{B}\mathbf{A}=\mathbf{A}$。

同理可证，$\mathbf{A}\mathbf{B}=\mathbf{P}_{R(\mathbf{A})}$ 的充要条件为 $\mathbf{A}\mathbf{B}\mathbf{A}=\mathbf{A}$，并且 $(\mathbf{A}\mathbf{B})^{\mathrm{T}}=\mathbf{A}\mathbf{B}$。因此有引理 3-4。

引理 3-4　$\mathbf{B}\mathbf{A}=\mathbf{P}_{R(\mathbf{A}^{\mathrm{T}})}$ 的充要条件为 $\mathbf{A}\mathbf{B}\mathbf{A}=\mathbf{A}$，并且 $(\mathbf{B}\mathbf{A})^{\mathrm{T}}=\mathbf{B}\mathbf{A}$；$\mathbf{A}\mathbf{B}=\mathbf{P}_{R(\mathbf{A})}$ 的充要条件为 $\mathbf{A}\mathbf{B}\mathbf{A}=\mathbf{A}$，并且 $(\mathbf{A}\mathbf{B})^{\mathrm{T}}=\mathbf{A}\mathbf{B}$。

根据定理 3-13 和引理 3-4，有如下推论。

推论　$x=\mathbf{B}b$ 是相容线性方程 $\mathbf{A}x=b$ 最小范数解的充要条件为 $\mathbf{A}\mathbf{B}\mathbf{A}=\mathbf{A}$，并且 $(\mathbf{B}\mathbf{A})^{\mathrm{T}}=\mathbf{B}\mathbf{A}$。

现在我们得到相容线性方程 $\mathbf{A}x=b$ 的最小范数解为 $x_0=\mathbf{A}^{\mathrm{T}}(\mathbf{A}\mathbf{A}^{\mathrm{T}})^{-1}b$，则对所有 $y \in N(\mathbf{A})$，$z=x_0+y$ 都是方程的解。利用投影矩阵 $\mathbf{P}_{N(\mathbf{A})}$，相容线性方程 $\mathbf{A}x=b$ 的通解可

以写成 $x=\boldsymbol{A}^{\mathrm{T}}(\boldsymbol{A}\boldsymbol{A}^{\mathrm{T}})^{-1}b+\boldsymbol{P}_{N(\boldsymbol{A})}\boldsymbol{z}$，其中 $\boldsymbol{z}$ 为任意矢量。

为了计算 $\boldsymbol{P}_{N(\boldsymbol{A})}$，有定理 3-14。

定理 3-14　$\boldsymbol{P}_{N(\boldsymbol{A})}=\boldsymbol{I}-\boldsymbol{P}_{R(\boldsymbol{A}^{\mathrm{T}})}$。

证明：

不失一般性，假设 $\boldsymbol{A}$ 为行满秩矩阵，则 $\boldsymbol{P}_{R(\boldsymbol{A}^{\mathrm{T}})}=\boldsymbol{A}^{\mathrm{T}}(\boldsymbol{A}\boldsymbol{A}^{\mathrm{T}})^{-1}\boldsymbol{A}$。

$$(\boldsymbol{I}-\boldsymbol{P}_{R(\boldsymbol{A}^{\mathrm{T}})})(\boldsymbol{I}-\boldsymbol{P}_{R(\boldsymbol{A}^{\mathrm{T}})})=\boldsymbol{I}-\boldsymbol{P}_{R(\boldsymbol{A}^{\mathrm{T}})}-\boldsymbol{P}_{R(\boldsymbol{A}^{\mathrm{T}})}+\boldsymbol{P}_{R(\boldsymbol{A}^{\mathrm{T}})}\boldsymbol{P}_{R(\boldsymbol{A}^{\mathrm{T}})}=\boldsymbol{I}-\boldsymbol{P}_{R(\boldsymbol{A}^{\mathrm{T}})}$$

$$(\boldsymbol{I}-\boldsymbol{P}_{R(\boldsymbol{A}^{\mathrm{T}})})^{\mathrm{T}}=\boldsymbol{I}-\boldsymbol{P}_{R(\boldsymbol{A}^{\mathrm{T}})}$$

因此，$\boldsymbol{I}-\boldsymbol{P}_{R(\boldsymbol{A}^{\mathrm{T}})}$ 为正交投影矩阵。

下面需要证明 $R(\boldsymbol{I}-\boldsymbol{P}_{R(\boldsymbol{A}^{\mathrm{T}})})=N(\boldsymbol{A})$。

对任意 $x\in N(\boldsymbol{A})$，取 $R(\boldsymbol{A}^{\mathrm{T}})$ 中任意矢量 $\boldsymbol{y}\in R(\boldsymbol{A}^{\mathrm{T}})$，并令 $\boldsymbol{z}=\boldsymbol{x}+\boldsymbol{y}$。由 $N^{\perp}(\boldsymbol{A})=R(\boldsymbol{A}^{\mathrm{T}})$ 可知，$y=\boldsymbol{P}_{R(\boldsymbol{A}^{\mathrm{T}})}\boldsymbol{z}$。因此 $\boldsymbol{x}=\boldsymbol{z}-\boldsymbol{y}=(\boldsymbol{I}-\boldsymbol{P}_{R(\boldsymbol{A}^{\mathrm{T}})})\boldsymbol{z}$，得 $x\in R(\boldsymbol{I}-\boldsymbol{P}_{R(\boldsymbol{A}^{\mathrm{T}})})$。

反之，对任意 $\boldsymbol{x}\in R(\boldsymbol{I}-\boldsymbol{P}_{R(\boldsymbol{A}^{\mathrm{T}})})$，都存在矢量 $\boldsymbol{z}$ 满足 $x=(\boldsymbol{I}-\boldsymbol{P}_{R(\boldsymbol{A}^{\mathrm{T}})})\boldsymbol{z}$。因此，$\boldsymbol{A}\boldsymbol{x}=\boldsymbol{A}\boldsymbol{z}-\boldsymbol{A}\boldsymbol{P}_{R(\boldsymbol{A}^{\mathrm{T}})}\boldsymbol{z}=\boldsymbol{A}\boldsymbol{z}-\boldsymbol{A}\boldsymbol{z}=0$，得 $\boldsymbol{x}\in N(A)$。

因此，$R(\boldsymbol{I}-\boldsymbol{P}_{R(\boldsymbol{A}^{\mathrm{T}})})=N(\boldsymbol{A})$。

证毕

实际上，对于一般情况，不难验证 $\boldsymbol{P}_{M,L}=\boldsymbol{I}-\boldsymbol{P}_{L,M}$。

至此，我们得到相容线性方程 $\boldsymbol{A}x=b$ 的通解 $x=\boldsymbol{A}^{\mathrm{T}}(\boldsymbol{A}\boldsymbol{A}^{\mathrm{T}})^{-1}b+\boldsymbol{P}_{N(\boldsymbol{A})}\boldsymbol{z}$，当 $\boldsymbol{z}=0$ 时，即为其最小范数解。

对于方程的任何一个解 $x=\boldsymbol{B}b$，都有定理 3-15。

定理 3-15　$x=\boldsymbol{B}b$ 为相容线性方程 $\boldsymbol{A}x=b$ 的解的充要条件为 $\boldsymbol{ABA}=\boldsymbol{A}$。

证明：

设 $\boldsymbol{A}=[\alpha_1,\alpha_2,\cdots,\alpha_n]$。

必要性：若 $x=\boldsymbol{B}b$ 为相容线性方程 $\boldsymbol{A}x=b$ 的解，则对任意 α_i 都有 $\boldsymbol{AB}\alpha_i=\alpha_i$，因此有 $\boldsymbol{ABA}=\boldsymbol{A}$。

充分性：若矩阵 $\boldsymbol{B}$ 满足 $\boldsymbol{ABA}=\boldsymbol{A}$。对任意 $b\in R(\boldsymbol{A})$，都存在矢量 $\boldsymbol{u}$ 满足 $b=\boldsymbol{A}u$。因此，$\boldsymbol{AB}b=\boldsymbol{ABA}u=\boldsymbol{A}u=b$，即 $x=\boldsymbol{B}b$ 为相容线性方程 $\boldsymbol{A}x=b$ 的解。

综上所述，$x=\boldsymbol{B}b$ 为相容线性方程 $\boldsymbol{A}x=b$ 的解的充要条件为 $\boldsymbol{ABA}=\boldsymbol{A}$。

证毕

综合定理 3-15 和引理 3-4 的推论可知，$x=\boldsymbol{B}b$ 为相容线性方程 $\boldsymbol{A}x=b$ 的解的充要条件为 $\boldsymbol{ABA}=\boldsymbol{A}$；是其最小范数解的充要条件为 $\boldsymbol{ABA}=\boldsymbol{A}$，并且 $(\boldsymbol{BA})^{\mathrm{T}}=\boldsymbol{BA}$。

由 $\boldsymbol{ABA}=\boldsymbol{A}$ 得 $(\boldsymbol{AB})(\boldsymbol{AB})=\boldsymbol{AB}$，$(\boldsymbol{BA})(\boldsymbol{BA})=\boldsymbol{BA}$，即矩阵 $\boldsymbol{AB}$ 和 $\boldsymbol{BA}$ 都是幂等矩阵，因此矩阵 $\boldsymbol{AB}$ 和 $\boldsymbol{BA}$ 都是投影矩阵，但不一定是正交投影(不一定是对称矩阵)。由引理 3-4 可知，若满足 $(\boldsymbol{AB})^{\mathrm{T}}=\boldsymbol{AB}$，则 $\boldsymbol{AB}=\boldsymbol{P}_{R(\boldsymbol{A})}$。同样，若满足 $(\boldsymbol{BA})^{\mathrm{T}}=\boldsymbol{BA}$，则 $\boldsymbol{BA}=\boldsymbol{P}_{R(\boldsymbol{A}^{\mathrm{T}})}$。

2. 矛盾方程组的最小二乘解

前面讨论了相容线性方程解的问题。设 $A\in R^{m\times n}$，$b\in R^m$，若 $b\in R(\boldsymbol{A})$，则方程组 $\boldsymbol{A}x=b$ 有解，此时称方程为相容线性方程。若 $b\notin R(\boldsymbol{A})$，则方程无解，此时需要求最小误差解，即求 x，使误差 $\|(b-\boldsymbol{A}x)\|$ 最小，我们称之为最小二乘解。

由 3.2.4 节的定理 3-11 可知，$\min\limits_{x}\|(b-\boldsymbol{A}x)\|=\|(b-\boldsymbol{P}_{R(\boldsymbol{A})}b)\|$。若 $b\in R(\boldsymbol{A})$，则

$\min_x \| (b-\boldsymbol{A}x) \| = 0$。若 $b \notin R(\boldsymbol{A})$，则方程的最小二乘解 x 满足 $\boldsymbol{A}x = P_{R(\boldsymbol{A})}b$。

设 $c = \boldsymbol{P}_{R(\boldsymbol{A})}b$，则方程 $\boldsymbol{A}x = c$ 为相容线性方程，由定理 3-15 可知，$x = \boldsymbol{B}c = \boldsymbol{B}P_{R(\boldsymbol{A})}b$ 为相容线性方程 $\boldsymbol{A}x = \boldsymbol{P}_{R(\boldsymbol{A})}b$ 的解的充要条件为 $\boldsymbol{ABA} = \boldsymbol{A}$，矩阵 $\boldsymbol{AB}$ 为到 $R(\boldsymbol{A})$ 的投影矩阵（不一定是正交投影）。因此，$\boldsymbol{ABP}_{R(\boldsymbol{A})} = \boldsymbol{P}_{R(\boldsymbol{A})}$。设方程 $\boldsymbol{A}\boldsymbol{x} = b$ 的最小二乘解为 $x = \boldsymbol{G}b$，则 $\boldsymbol{G} = \boldsymbol{BP}_{R(\boldsymbol{A})}$，满足 $\boldsymbol{AG} = \boldsymbol{P}_{R(\boldsymbol{A})}$。

定理 3-16　设 $\boldsymbol{A} \in R^{m \times n}$，$b \in R^m$，$x = \boldsymbol{G}b$ 为矛盾方程组 $\boldsymbol{A}x = b$ 的最小二乘解的充要条件为 $\boldsymbol{AG} = \boldsymbol{P}_{R(\boldsymbol{A})}$。

证明：

由定理 3-11 可知，$||\boldsymbol{A}x - b||^2$ 取最小值的充要条件为 $\boldsymbol{A}x = \boldsymbol{P}_{R(\boldsymbol{A})}b$。

若 $x = \boldsymbol{G}b$，$\boldsymbol{AG} = \boldsymbol{P}_{R(\boldsymbol{A})}$，则 $\boldsymbol{A}x = \boldsymbol{P}_{R(\boldsymbol{A})}b$。

反之，若存在矩阵 $\boldsymbol{X} \in R^{n \times m}$，对任意 b，$x = \boldsymbol{X}b$ 都满足 $\boldsymbol{A}x = \boldsymbol{P}_{R(\boldsymbol{A})}b$，则 $\boldsymbol{AXb} = \boldsymbol{P}_{R(\boldsymbol{A})}b$，$\boldsymbol{AX} = \boldsymbol{P}_{R(\boldsymbol{A})}$。

证毕

根据引理 3-4，$\boldsymbol{AG} = \boldsymbol{P}_{R(\boldsymbol{A})}$ 当且仅当 $\boldsymbol{AGA} = \boldsymbol{A}$，$(\boldsymbol{AG})^{\mathrm{T}} = \boldsymbol{AG}$。

对于矛盾方程 $\boldsymbol{A}x = b$，其最小二乘解为相容方程 $\boldsymbol{A}x = \boldsymbol{P}_{R(\boldsymbol{A})}b$ 的解。若 $\boldsymbol{A}$ 为列满秩矩阵，则解唯一，否则有多个解，这些解构成了多维空间中的一个超平面，并且该超平面上所有点的误差相同，都使 $\| \boldsymbol{A}x - b \|^2$ 达到最小。与相容方程类似，其最小范数解唯一，满足 $x = \boldsymbol{BP}_{R(\boldsymbol{A})} \in R(\boldsymbol{A}^{\mathrm{T}})$。

设 $x_0 = \boldsymbol{G}b$ 为矛盾方程组的最小范数最小二乘解，$\boldsymbol{G} = \boldsymbol{BP}_{R(\boldsymbol{A})}$，则其满足 $\boldsymbol{AGA} = \boldsymbol{A}$，$(\boldsymbol{AG})^{\mathrm{T}} = \boldsymbol{AG}$，并且矩阵 $\boldsymbol{B}$ 满足 $\boldsymbol{ABA} = \boldsymbol{A}$，$(\boldsymbol{AB})^{\mathrm{T}} = \boldsymbol{AB}$。由于又是最小范数解，则必有 $x_0 \in R(\boldsymbol{A}^{\mathrm{T}})$，$(\boldsymbol{BA})^{\mathrm{T}} = \boldsymbol{BA}$。因此，$\boldsymbol{GA} = \boldsymbol{BP}_{R(\boldsymbol{A})}\boldsymbol{A} = \boldsymbol{BA}$，$(\boldsymbol{GA})^{\mathrm{T}} = (\boldsymbol{BA})^{\mathrm{T}} = \boldsymbol{BA} = \boldsymbol{BP}_{R(\boldsymbol{A})}\boldsymbol{A} = \boldsymbol{GA}$，由此可得 $\boldsymbol{GAG} = \boldsymbol{BAG} = \boldsymbol{BP}_{(R(\boldsymbol{A}))} = \boldsymbol{G}$。根据引理 3-4 可知，$\boldsymbol{GA} = \boldsymbol{P}_{R(\boldsymbol{G})}$ 的充要条件为 $\boldsymbol{GAG} = \boldsymbol{G}$，并且 $(\boldsymbol{GA})^{\mathrm{T}} = \boldsymbol{GA}$。

定理 3-17　设 $\boldsymbol{A} \in R^{m \times n}$，$b \in R^m$，$x = \boldsymbol{G}b$ 为矛盾方程组 $\boldsymbol{A}x = b$ 的最小范数最小二乘解的充要条件为 $\boldsymbol{AG} = \boldsymbol{P}_{R(\boldsymbol{A})}$，并且 $\boldsymbol{GA} = \boldsymbol{P}_{R(\boldsymbol{G})}$。

证明：

充分性：若 $\boldsymbol{AG} = \boldsymbol{P}_{R(\boldsymbol{A})}$，并且 $\boldsymbol{GA} = \boldsymbol{P}_{R(\boldsymbol{G})}$，则 $x = \boldsymbol{G}b$ 为矛盾方程组 $\boldsymbol{Ax} = b$ 的最小范数最小二乘解。

若 $\boldsymbol{AG} = \boldsymbol{P}_{R(\boldsymbol{A})}$，则由定理 3-16 可知，$x = \boldsymbol{G}b$ 为矛盾方程组 $\boldsymbol{A}x = b$ 的最小二乘解，并且满足 $\boldsymbol{AGA} = \boldsymbol{A}$，$(\boldsymbol{AG})^{\mathrm{T}} = \boldsymbol{AG}$。

由引理 3-3 可知，$x = \boldsymbol{G}b$ 为最小范数解的充要条件为 $x \in R(\boldsymbol{A}^{\mathrm{T}})$。

由 $\boldsymbol{GA} = \boldsymbol{P}_{R(\boldsymbol{G})}$ 可知，$\boldsymbol{GAG} = \boldsymbol{G}$，并且 $(\boldsymbol{GA})^{\mathrm{T}} = \boldsymbol{GA}$。因此，

$$R(\boldsymbol{G}) = R(\boldsymbol{GAG}) = R(\boldsymbol{A}^{\mathrm{T}}\boldsymbol{G}^{\mathrm{T}}\boldsymbol{G}) \subseteq R(\boldsymbol{A}^{\mathrm{T}})$$

$$R(\boldsymbol{A}^{\mathrm{T}}) = R((\boldsymbol{AGA})^{\mathrm{T}}) = R((\boldsymbol{GA})^{\mathrm{T}}\boldsymbol{A}^{\mathrm{T}}) = R(\boldsymbol{GAA}^{\mathrm{T}}) \subseteq R(\boldsymbol{G})$$

由此得 $R(\boldsymbol{G}) = R(\boldsymbol{A}^{\mathrm{T}})$，$x = \boldsymbol{G}b \in R(\boldsymbol{G}) = R(\boldsymbol{A}^{\mathrm{T}})$。

因此，$x = \boldsymbol{G}b$ 为矛盾方程组 $\boldsymbol{A}x = b$ 的最小范数最小二乘解。

必要性：若 $x = \boldsymbol{G}b$ 为矛盾方程组 $\boldsymbol{A}x = b$ 的最小范数最小二乘解，则 $\boldsymbol{AG} = \boldsymbol{P}_{R(\boldsymbol{A})}$，并且

$\boldsymbol{GA}=\boldsymbol{P}_{R(\boldsymbol{G})}$。

由定理 3-16 可知，若 $x=\boldsymbol{G}b$ 为矛盾方程组 $\boldsymbol{A}x=b$ 的最小二乘解，则 $\boldsymbol{AG}=\boldsymbol{P}_{R(\boldsymbol{A})}$，并由此得 $\boldsymbol{AGA}=\boldsymbol{A}$，$(\boldsymbol{AG})^{\mathrm{T}}=\boldsymbol{AG}$。

对任意 $x\in R(\boldsymbol{G})$，都存在矢量 $\boldsymbol{b}$ 满足 $x=\boldsymbol{Gb}$。因为对任意 b，$x=\boldsymbol{G}b$ 都是矛盾方程组 $\boldsymbol{A}x=b$ 的最小范数最小二乘解，因此 $x\in R(\boldsymbol{A}^{\mathrm{T}})$。所以，$R(G)\subseteq R(\boldsymbol{A}^{\mathrm{T}})$。

另一方面，$R(\boldsymbol{A}^{\mathrm{T}})=R(\boldsymbol{GA})\subseteq R(\boldsymbol{G})$。

因此，$R(\boldsymbol{G})=R(\boldsymbol{A}^{\mathrm{T}})$。

所以，若 $x=\boldsymbol{G}b$ 为矛盾方程组 $\boldsymbol{A}x=b$ 的最小范数最小二乘解，则必有 $\boldsymbol{GA}=\boldsymbol{P}_{R(\boldsymbol{A}^{\mathrm{T}})}=\boldsymbol{P}_{R(\boldsymbol{G})}$。

证毕

若 $\boldsymbol{A}$ 为满秩矩阵，则方程 $\boldsymbol{A}x=b$ 有唯一解，$x=\boldsymbol{A}^{-1}b$，并且满足 $\boldsymbol{AA}^{-1}=\boldsymbol{A}^{-1}\boldsymbol{A}=\boldsymbol{I}$。对于满秩矩阵 $\boldsymbol{A}$，其投影矩阵 $\boldsymbol{P}_{R(\boldsymbol{A})}=\boldsymbol{P}_{R(\boldsymbol{A}^{\mathrm{T}})}=\boldsymbol{I}$，为单位阵 $\boldsymbol{I}$。因此，满足条件 $\boldsymbol{AG}=\boldsymbol{P}_{R(\boldsymbol{A})}$，$\boldsymbol{GA}=\boldsymbol{P}_{R(\boldsymbol{G})}$ 的矩阵 $\boldsymbol{G}$ 可以看成是逆矩阵的推广，我们称之为广义逆矩阵，可适用于更一般情况下的线性方程组求解。

3.2.6 广义逆矩阵与线性方程组

定义 3-5　设矩阵 $\boldsymbol{A}\in R^{m\times n}$，若矩阵 $\boldsymbol{B}\in R^{n\times m}$ 满足 $\boldsymbol{AB}=\boldsymbol{P}_{R(\boldsymbol{A})}$，$\boldsymbol{BA}=\boldsymbol{P}_{R(\boldsymbol{B})}$，则称 $\boldsymbol{B}$ 为 Moore 广义逆矩阵，记为 $\boldsymbol{A}^{+}$。

若 $\boldsymbol{B}=\boldsymbol{A}^{+}$，则 $(\boldsymbol{BA})^{\mathrm{T}}=\boldsymbol{BA}$，并且 $\boldsymbol{ABA}=\boldsymbol{P}_{R(\boldsymbol{A})}\boldsymbol{A}=\boldsymbol{A}$，由引理 3-4 可知，$\boldsymbol{BA}=\boldsymbol{P}_{R(\boldsymbol{A}^{\mathrm{T}})}$。

引理 3-5　若 $\boldsymbol{B}=\boldsymbol{A}^{+}$，则 $R(\boldsymbol{B})=R(\boldsymbol{A}^{\mathrm{T}})$，$\boldsymbol{BA}=\boldsymbol{P}_{R(\boldsymbol{A}^{\mathrm{T}})}$。

不难验证，$\boldsymbol{AB}=\boldsymbol{P}_{R(\boldsymbol{A})}$ 当且仅当 $\boldsymbol{ABA}=\boldsymbol{A}$，$(\boldsymbol{AB})^{\mathrm{T}}=\boldsymbol{AB}$；$\boldsymbol{BA}=\boldsymbol{P}_{R(\boldsymbol{B})}$ 当且仅当 $\boldsymbol{BAB}=\boldsymbol{B}$，$(\boldsymbol{BA})^{\mathrm{T}}=\boldsymbol{BA}$。

定理 3-18　矩阵 $\boldsymbol{B}=\boldsymbol{A}^{+}$ 当且仅当满足如下 4 个 Penrose 方程。

$$\boldsymbol{ABA}=\boldsymbol{A} \qquad \text{(i)}$$

$$\boldsymbol{BAB}=\boldsymbol{B} \qquad \text{(ii)}$$

$$(\boldsymbol{AB})^{\mathrm{T}}=\boldsymbol{AB} \qquad \text{(iii)}$$

$$(\boldsymbol{BA})^{\mathrm{T}}=\boldsymbol{BA} \qquad \text{(iv)}$$

证明：

充分性：若矩阵 $\boldsymbol{B}$ 满足 4 个 Penrose 方程，则 $\boldsymbol{B}=\boldsymbol{A}^{+}$。

若矩阵 $\boldsymbol{B}$ 满足 4 个 Penrose 方程，由性质(i)和(iii)可得，$(\boldsymbol{AB})^{2}=\boldsymbol{ABAB}=\boldsymbol{AB}$，$(\boldsymbol{AB})^{\mathrm{T}}=\boldsymbol{AB}$，所以矩阵 $\boldsymbol{AB}$ 为正交投影矩阵 $\boldsymbol{P}_{R(\boldsymbol{AB})}$。

因为，$R(\boldsymbol{A})\supseteq R(\boldsymbol{AB})\supseteq R(\boldsymbol{ABA})=R(\boldsymbol{A})$，所以 $R(\boldsymbol{AB})=R(\boldsymbol{A})$。因此，$\boldsymbol{AB}=\boldsymbol{P}_{R(\boldsymbol{A})}$。

同理，由性质(ii)和(iv)可得 $\boldsymbol{BA}=\boldsymbol{P}_{R(\boldsymbol{B})}$。

必要性：若矩阵 $\boldsymbol{B}=\boldsymbol{A}^{+}$，则 $\boldsymbol{B}$ 满足 4 个 Penrose 方程。

由 $\boldsymbol{AB}=\boldsymbol{P}_{R(\boldsymbol{A})}$，$\boldsymbol{BA}=\boldsymbol{P}_{R(\boldsymbol{B})}$ 可得，矩阵 $\boldsymbol{AB}$ 和 $\boldsymbol{BA}$ 为幂等对称矩阵 $(\boldsymbol{AB})^{\mathrm{T}}=\boldsymbol{AB}$，$(\boldsymbol{BA})^{\mathrm{T}}=\boldsymbol{BA}$，并且

$$\boldsymbol{ABA}=\boldsymbol{P}_{R(\boldsymbol{A})}\boldsymbol{A}=\boldsymbol{A}$$

$$\boldsymbol{BAB}=\boldsymbol{P}_{R(\boldsymbol{B})}\boldsymbol{B}=\boldsymbol{B}$$

因此，$\boldsymbol{B}$ 满足 Penrose 方程(i)～(iv)。

证毕

满足 4 个 Penrose 方程的广义逆矩阵又称为 $\boldsymbol{A}$ 的 Moor-Penrose 逆，两个定义等价。若 $\boldsymbol{A}$ 是满秩方阵，则 $\boldsymbol{A}^{-1}$ 满足条件 i～iv，广义逆矩阵可以看成是逆矩阵的推广。

若矩阵 $\boldsymbol{B}$ 满足 Penrose 方程中的部分条件，如条件 $i,j,\cdots,l$，$1\leqslant i,j,\cdots,l\leqslant 4$，则称 $\boldsymbol{B}$ 为矩阵 $\boldsymbol{A}$ 的 $\{i,j,\cdots,l\}$-逆，记为 $\boldsymbol{A}^{(i,j,\cdots,l)}$。$\boldsymbol{A}^{+}$ 满足所有 4 个条件，因此 $\boldsymbol{A}^{+}=\boldsymbol{A}^{(1,2,3,4)}$。

若矩阵 $\boldsymbol{B}$ 和 $\boldsymbol{C}$ 都是矩阵 $\boldsymbol{A}$ 的 Moore 广义逆矩阵，满足 $\boldsymbol{AB}=\boldsymbol{P}_{R(\boldsymbol{A})}$，$\boldsymbol{BA}=\boldsymbol{P}_{R(\boldsymbol{B})}$，并且 $\boldsymbol{AC}=\boldsymbol{P}_{R(\boldsymbol{A})}$，$\boldsymbol{CA}=\boldsymbol{P}_{R(\boldsymbol{C})}$。由引理 3-5 可知 $\boldsymbol{P}_{R(\boldsymbol{B})}=\boldsymbol{P}_{R(\boldsymbol{C})}=\boldsymbol{P}_{R(\boldsymbol{A}^{\mathrm{T}})}$，因此

$$\boldsymbol{B}=\boldsymbol{P}_{R(\boldsymbol{B})}\boldsymbol{B}=\boldsymbol{P}_{R(\boldsymbol{C})}\boldsymbol{B}=\boldsymbol{CAB}=\boldsymbol{CP}_{R(\boldsymbol{A})}=\boldsymbol{CAC}=\boldsymbol{P}_{R(\boldsymbol{C})}\boldsymbol{C}=\boldsymbol{C}$$

因此，对于矩阵 $\boldsymbol{A}$ 的广义逆矩阵，$\boldsymbol{A}^{+}=\boldsymbol{A}^{(1,2,3,4)}$ 是唯一的。但是，其他各种广义逆矩阵 $\boldsymbol{A}^{(i,j,\cdots,l)}$ 并不唯一，$\boldsymbol{A}^{(i,j,\cdots,l)}$ 的全体记为 $\boldsymbol{A}\{i,j,\cdots,l\}$。

将 3.2.5 节的结论总结如下。

(1) $x=\boldsymbol{B}b$ 为相容线性方程 $\boldsymbol{A}x=b$ 的解的充要条件为 $\boldsymbol{ABA}=\boldsymbol{A}$，即 $\boldsymbol{B}\in A\{1\}$。

(2) $x=\boldsymbol{B}b$ 是相容线性方程 $\boldsymbol{A}x=b$ 最小范数解的充要条件为 $\boldsymbol{ABA}=\boldsymbol{A}$，并且 $(\boldsymbol{BA})^{\mathrm{T}}=\boldsymbol{BA}$，即 $\boldsymbol{B}\in\boldsymbol{A}\{1,4\}$，$\boldsymbol{BA}=\boldsymbol{P}_{R(\boldsymbol{A}^{\mathrm{T}})}$。

(3) $x=\boldsymbol{B}b$ 为矛盾方程组 $\boldsymbol{A}x=b$ 的最小二乘解的充要条件为 $\boldsymbol{ABA}=\boldsymbol{A}$，$(\boldsymbol{AB})^{\mathrm{T}}=\boldsymbol{AB}$，即 $\boldsymbol{B}\in\boldsymbol{A}\{1,3\}$，$\boldsymbol{AB}=\boldsymbol{P}_{R(\boldsymbol{A})}$。

(4) $x=\boldsymbol{B}b$ 为矛盾方程组 $\boldsymbol{A}x=b$ 的最小范数最小二乘解的充要条件为 $\boldsymbol{B}=\boldsymbol{A}^{+}$，$\boldsymbol{BA}=\boldsymbol{P}_{R(\boldsymbol{A}^{\mathrm{T}})}$。

若矩阵的秩等于列数(行数)，我们称矩阵为列(行)满秩矩阵。显然，列(行)满秩矩阵的行数(列数)不小于列数(行数)。作为总结，定理 3-19 给出了广义逆矩阵 $\boldsymbol{A}^{+}$ 的表达式。

定理 3-19　对于列满秩矩阵 $\boldsymbol{A}$，$\boldsymbol{A}^{+}=[\boldsymbol{A}^{\mathrm{T}}-\boldsymbol{A}]^{-1}\boldsymbol{A}^{\mathrm{T}}$，对于行满秩矩阵 $\boldsymbol{A}$，$\boldsymbol{A}^{+}=\boldsymbol{A}^{\mathrm{T}}[\boldsymbol{AA}^{\mathrm{T}}]^{-1}$。

证明：

对于列满秩矩阵 $\boldsymbol{A}$，$\boldsymbol{A}^{\mathrm{T}}\boldsymbol{A}$ 为满秩方阵，$[\boldsymbol{A}^{\mathrm{T}}\boldsymbol{A}]^{-1}$ 存在，并且满足

$$\boldsymbol{A}([\boldsymbol{A}^{\mathrm{T}}\boldsymbol{A}]^{-1}\boldsymbol{A}^{\mathrm{T}})\boldsymbol{A}=\boldsymbol{A} \tag{i}$$

$$([\boldsymbol{A}^{\mathrm{T}}-\boldsymbol{A}]^{-1}\boldsymbol{A}^{\mathrm{T}})\boldsymbol{A}([\boldsymbol{A}^{\mathrm{T}}\boldsymbol{A}]^{-1}\boldsymbol{A}^{\mathrm{T}})=[\boldsymbol{A}^{\mathrm{T}}\boldsymbol{A}]^{-1}\boldsymbol{A}^{\mathrm{T}} \tag{ii}$$

$$[\boldsymbol{A}([\boldsymbol{A}^{\mathrm{T}}\boldsymbol{A}]^{-1}\boldsymbol{A}^{\mathrm{T}})]^{\mathrm{T}}=\boldsymbol{A}([\boldsymbol{A}^{\mathrm{T}}\boldsymbol{A}]^{-1}\boldsymbol{A}^{\mathrm{T}}) \tag{iii}$$

$$[([\boldsymbol{A}^{\mathrm{T}}\boldsymbol{A}]^{-1}\boldsymbol{A}^{\mathrm{T}})\boldsymbol{A}]^{\mathrm{T}}=([\boldsymbol{A}^{\mathrm{T}}\boldsymbol{A}]^{-1}\boldsymbol{A}^{\mathrm{T}})\boldsymbol{A} \tag{iv}$$

因此，$\boldsymbol{A}^{+}[\boldsymbol{A}^{\mathrm{T}}\boldsymbol{A}]^{-1}\boldsymbol{A}^{\mathrm{T}}$。

同理可证，对于行满秩矩阵 $\boldsymbol{A}$，$\boldsymbol{A}^{+}=\boldsymbol{A}^{\mathrm{T}}[\boldsymbol{AA}^{\mathrm{T}}]^{-1}$。

证毕

对于列满秩矩阵 $\boldsymbol{A}$，若 $b\in R(\boldsymbol{A})$，则相容方程 $\boldsymbol{A}x=b$ 有唯一解 $x=[\boldsymbol{A}^{\mathrm{T}}\boldsymbol{A}]^{-1}\boldsymbol{A}^{\mathrm{T}}b$；若 $b\notin R(\boldsymbol{A})$，则 $x=[\boldsymbol{A}^{\mathrm{T}}\boldsymbol{A}]^{-1}\boldsymbol{A}^{\mathrm{T}}b$ 为矛盾方程 $\boldsymbol{A}x=b$ 的唯一最小二乘解。

对于行满秩矩阵 $\boldsymbol{A}$，若 $b\in R(\boldsymbol{A})$，则相容方程 $\boldsymbol{A}x=b$ 有多个解，$x=[\boldsymbol{A}^{\mathrm{T}}\boldsymbol{A}]^{-1}\boldsymbol{A}^{\mathrm{T}}b$ 为其最小范数解；若 $b\notin R(\boldsymbol{A})$，矛盾方程 $\boldsymbol{A}x=b$ 有多个最小二乘解，$x=[\boldsymbol{A}^{\mathrm{T}}\boldsymbol{A}]^{-1}\boldsymbol{A}^{\mathrm{T}}b$ 为最小范数最小二乘解。

3.3　最佳线性均方误差估计与正交性原理

3.3.1　最佳线性均方误差估计

在实际应用中，经常需要根据当前可测量的观测值估计系统的状态。例如，根据雷达系统测量得到的目标方位、仰角和距离，估计目标的位置。如果测量值没有误差，则根据测量结果就可以精确地定位目标的位置，进而根据位置的变化估计出目标的运动速度和加速度。在存在测量噪声的条件下，如何通过带噪声的测量结果准确地估计系统状态具有重要的实用价值。

如果用随机过程 $S(t)$表示系统状态，如目标的位置、运动速度、加速度等状态信息；用随机过程 $X(t)$表示测量值，如方位、距离等参数。一般情况下，测量值 $X(t)$是系统状态 $S(t)$的函数加上测量噪声 $N(t)$，即 $X(t)=f(S(t))+N(t)$。现在的问题是，给出两个随机过程 $S(t)$和 $X(t)$，如何用 $X(t)$的某些值估计 $S(t)$的各个参数。

描述系统状态的参数可能有很多，通常情况下我们关心的是部分参数或者是参数的函数。在时间关系上，可以根据当前测量值估计当前的系统状态，即 $g(t)=S(t)$，这就是我们常见的**滤波**；也可以根据当前已有的测量值预测未来的状态，$g(t)=S(t+\tau)$，我们称之为**预测**；还可以根据已有的测量值估计过去的状态，$g(t)=S(t-\tau)$，我们称之为**插值**或者**平滑**。一般情况，我们将待估计量记为 $g(t)=T_s[S(t)]$，即估计量 $g(t)$是系统状态 $S(t)$的函数。

问题是如何根据某个时间区间 I 内的测量值 $X(\xi)$，$\xi\in I$，得到 $g(t)$的估计 $\hat{g}(t)$，也就是求出数据的一个适当变换 $\hat{g}(t)=T_X[X(\xi)]$，$\xi\in I$，使 $\hat{g}(t)$作为 $g(t)$的最佳估计量。

什么是最佳估计？直观意义上讲就是误差最小的估计。在无法知道真实的系统状态的情况下，只能用误差的期望值表示估计的精度，常用均方误差（MSE）$E[(g(t)-\hat{g}(t))^2]$表示估计的精度。

最小均方误差估计（MMSE）就是求变换 T_X，使得 $\hat{g}(t)=T_X[X(\xi)]$，并且 $E[(g(t)-\hat{g}(t))^2]$最小。

由概率论的知识，我们知道函数 $f(x)=E[(y-x)^2]$，当 $x=E(y)$时，$f(x)$取最小值，即对于任意 x，都有 $f(x)\geqslant E[(y-E(y))^2]$。也就是说，随机变量对于其数学期望的偏离程度比它关于其他任何值的偏离程度都小。

若随机变量 y 依随机变量 x 变化，则当 $g(x)=E(y|x)$时，函数 $E[(Y-g(X))^2]$取最小值，即对于任意函数 $g(x)$，都有 $E[(y-g(x))^2]\geqslant E[(y-E(y|x))^2]$。

定理 3-20　极小化 $E[(y-g(x))^2]$的函数 $g(x)=E(y|x)$。

证明：

$$\begin{aligned}E\{[y-g(x)]^2\} &= \int_{-\infty}^{+\infty}\int_{-\infty}^{+\infty} E\{[y-g(x)]^2\}f(x,y)\mathrm{d}x\mathrm{d}y \\ &= \int_{-\infty}^{+\infty} f_x(x)\left(\int_{-\infty}^{+\infty} E\{[y-g(x)]^2\}f(y\mid x)\mathrm{d}y\right)\mathrm{d}x\end{aligned}$$

$$\geqslant \int_{-\infty}^{+\infty} E\{[y-E(y\mid x)]^2 \mid x\} f_x(x)\mathrm{d}x$$
$$= E\{[y-E(y\mid x)]^2\}$$

证毕

对于多随机变量的情况,很容易得到类似的结果。

定理 3-21　极小化 $E[(y-g(x_1,x_2,\cdots,x_n))^2]$ 的函数 $g(x_1,x_2,\cdots,x_n)=E(y|x_1,x_2,\cdots,x_n)$。

由定理 3-21 可知,求 y 的最小均方误差估计就是求 y 的条件期望 $E(y|x_1,x_2,\cdots,x_n)$。

若 y 和 x 都为高斯分布,则条件概率分布 $P(y|x)$ 仍为高斯分布,$\hat{y}=E(y|x)=\bar{y}+P_{yx}P_{xx}^{-1}(x-\bar{x})$。如果知道 x、y 的联合分布,则很容易得到 y 的估计。由于 y 的估计值与 x 呈线性关系,在不知道联合分布的情况下,可以采用线性估计的方法得到 y 的估计。

所谓线性最小均方误差估计,就是取 $g(x_1,x_2,\cdots,x_n)=\sum_{i=1}^{n}a_ix_i$,在已知 $x_1,x_2,\cdots,x_n$ 的条件下求系数 $a_1,a_2,\cdots,a_n$,使得 $E\left[\left(y-\sum_{i=1}^{n}a_ix_i\right)^2\right]$ 达到最小。若 y 及 $x_1,x_2,\cdots,x_n$ 都是高斯分布情况下的值,则线性估计就是最小均方误差意义下的最佳估计。

对于线性最小均方误差估计,有定理 3-22。

定理 3-22(正交性原理)　给定 $n+1$ 个随机变量 $y,x_1,x_2,\cdots,x_n$,常数 $a_1,a_2,\cdots,a_n$ 是使得 $g(x_1,x_2,\cdots,x_n)=\sum_{i=1}^{n}a_ix_i$ 为 y 的最佳线性均方估计,即使得均方误差 $e=E\{[y-g(x_1,x_2,\cdots,x_n)]^2\}$ 为最小,其充要条件为这些常数使得误差 $\tilde{y}=y-\sum_{i=1}^{n}a_ix_i$ 与 $x_1,x_2,\cdots,x_n$ 正交,即 $E\left[\left(y-\sum_{i=1}^{n}a_ix_i\right)x_i\right]=0$,并且最小均方误差为 $e_m=E\left[\left(y-\sum_{i=1}^{n}a_ix_i\right)y\right]$。

证明:

全体二阶矩随机变量组成的集合,按照通常定义的随机变量的加法及数乘构成线性空间。

3.2.2 节中介绍过,可以定义内积 $<x,y> aE(xy)$,则该线性空间构成欧几里得空间。

由 3.2.4 节(正交性原理)可知,均方误差 $e=E\left\{\left[y-\sum_{i=1}^{n}a_ix_i\right]^2\right\}$ 为最小,当且仅当误差 $\tilde{y}=y-\sum_{i=1}^{n}a_ix_i$ 与 $x_1,x_2,\cdots,x_n$ 正交,即对任意 x_k,都有 $E\left[\left(y-\sum_{i=1}^{n}a_ix_i\right)x_k\right]=0$。其最小均方误差为

$$e_m=E\left[\left(y-\sum_{i=1}^{n}a_ix_i\right)^2\right]=E\left[\left(y-\sum_{i=1}^{n}a_ix_i\right)\left(y-\sum_{i=1}^{n}a_kx_k\right)\right]$$
$$=E\left[\left(y-\sum_{i=1}^{n}a_ix_i\right)y\right]$$

证毕

定理 3-22 说明,无论 y 和 $x_1,x_2,\cdots,x_n$ 是什么分布,误差满足正交性条件的线性估计,就是最小**线性**均方误差估计。若 y 和 $x_1,x_2,\cdots,x_n$ 都是高斯分布,则最小线性均方误差估计就是**最小均方误差估计**。若 y 和 $x_1,x_2,\cdots,x_n$ 不是高斯分布,则误差满足正交性条件的线性估计,只是最小线性均方误差估计,不一定是最小均方误差估计,可能存在更优的**非线性估计**。

如果定义矢量 $\boldsymbol{\alpha}=[a_1,a_2,\cdots,a_n]$,$\boldsymbol{X}=[x_1,x_2,\cdots,x_n]^{\mathrm{T}}$,则定理 3-22 可以表示为:$\alpha\boldsymbol{X}$ 是 y 的最佳线性均方估计的充要条件为 $E[(y-\alpha X)X]=0$。这里,0 是元素为全 0 的矢量。

进一步,如果求多个随机变量 $y_1,y_2,\cdots,y_m$ 的估计 $\hat{y}_i=\sum_{j=1}^{n}a_{ij}x_j$,可以定义矢量 $\boldsymbol{Y}=[y_1,y_2,\cdots,y_m]^{\mathrm{T}}$ 和 $m\times n$ 的矩阵 $\boldsymbol{\alpha}=[a_{ij}]$,则定理 3-22 可以表示为:$\alpha\boldsymbol{X}$ 是 Y 的最佳线性均方估计的充要条件为 $E[(\boldsymbol{Y}-\alpha\boldsymbol{X})\boldsymbol{X}^{\mathrm{T}}]=0$。这里,0 是元素为全 0 的 $m\times n$ 的矩阵。

如果将 $\boldsymbol{Y}$ 的估计表示成多个随机矢量的线性组合 $Y=\sum_{i=1}^{n}\alpha_i\boldsymbol{X}_i$,不难验证 $\sum_{i=1}^{n}\alpha_i\boldsymbol{X}_i$ 是 $\boldsymbol{Y}$ 的最佳线性均方估计的充要条件为:对所有 i,都满足 $E[(\boldsymbol{Y}-\alpha\boldsymbol{X})\boldsymbol{X}_i^{\mathrm{T}}]=0$。

3.3.2　K-L 变换与主成分分析

作为最佳线性估计的一个应用,下面介绍数据压缩中常用的 K-L 变换,在多元统计分析中也称之为主成分分析(Principal Compenont Analyse,PCA)。

假设原始数据为 n 维矢量 $\boldsymbol{x}=[x_1,x_2,\cdots x_n]^{\mathrm{T}}$,为了压缩数据,我们希望通过变换用维数小于 n 的矢量 $\hat{\boldsymbol{y}}=[y_1,y_2,\cdots,y_m]^{\mathrm{T}}$ 近似表示 x,这里 $m=n$,并通过反变换 $\hat{x}=C\hat{y}$ 得到 x 的估计。问题是我们应该采用何种形式的变换和反变换,使得估计误差最小。

我们用直观的二维数据说明这种变换的原理。假设二维数据的分布如图 3-5 所示。图 3-5(a)的数据呈现严格的线性关系,尽管数据是在二维平面上分布,需要用二维坐标(x,y)精确表示每一个点的位置。如果做坐标轴的旋转变换,可以将所有点变换到旋转后的 x' 轴上,只需用一个变换后的 x'坐标即可表示点的位置。然后,通过反变换即可得到严格的原始坐标(x,y)。图 3-5(b)的数据尽管不是严格的线性关系,但也可以通过坐标旋转变换,用 x'坐标近似表示原始坐标,并通过反变换得到原始坐标(x,y)的近似估计。

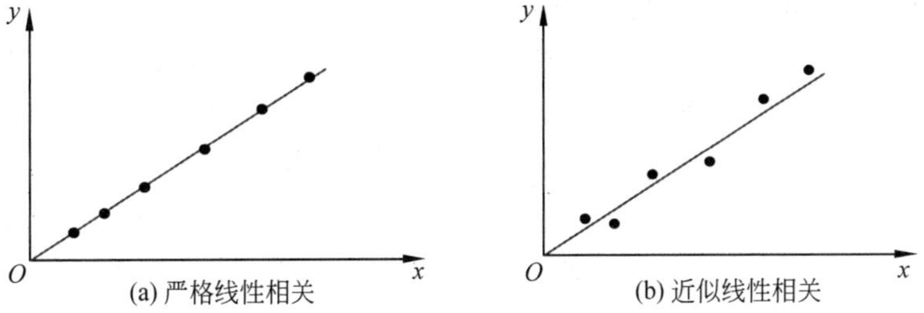

图 3-5　具有相关性的二维数据分布

上述例子说明,如果数据之间存在一定的相关性,则说明数据的表示存在冗余,可以通过一定形式的变换,用较少的数据表示原始数据,达到数据压缩的目的。同样,对于三维空间中分布的点，若数据在两个方向上分布的方差较大，而另一个方向的方差很小，则分布近似呈现为一个平面，我们可以通过变换用二维坐标表示三维数据点的位置；若数据分布近似呈现为一个直线，则可以一个变换后的坐标表示三维空间中的点的位置。

从信息论的角度看，数据在某个方向上分布的方差大，说明数据在该方向携带的信息量大。反之，若某个方向的方差很小，则说明在该方向的信息量很小。但是，通过原始数据难以区分各个方向的方差，我们希望通过正交变换，使得各分量相互正交（协方差矩阵为对角阵），通过舍弃方差小的分量达到数据压缩的目的，并使得还原后的数据误差最小。

假设变换矩阵为一个 $n\times n$ 的矩阵 $\boldsymbol{A}$，$y=\boldsymbol{AX}$，这里 $\boldsymbol{y}=[y_1,y_2,\cdots,y_n]^{\mathrm{T}}$。为了压缩数据，只取 y 中的 m 个元素，其他元素 $y_i(i\in M)$ 用某个已知的常数 e_i 代替，构成矢量 $\boldsymbol{y}$ 的近似表示 $\hat{y}=[y_1,y_2,\cdots,e_i,\cdots,e_j,\cdots,y_k\cdots,y_n]^{\mathrm{T}}$。由于选定的常数 e_i 假设为已知，因此无须传输或存储。问题变为：

（1）采用何种变换 $\boldsymbol{A}$？

（2）如何选择 y 中近似表示的元素构成集合 M？

（3）如何选择常数 e_i？

我们用 $\tilde{y}$ 表示用 $\hat{\boldsymbol{y}}$ 近似 y 所产生的误差，则 $\hat{y}=y-\tilde{\boldsymbol{y}}$，$\tilde{\boldsymbol{y}}=[0,\cdots,y_i-e_i,\cdots,y_j-e_j,\cdots,0]^{\mathrm{T}}$。假设 $\boldsymbol{e}=[e_1,e_2,\cdots,e_n]^{\mathrm{T}}$；$M$ 为下标的子集，即 $\hat{\boldsymbol{y}}$ 中用 e_i 近似 y_i 的那些下标 i 的集合，则

$$\hat{y}=\begin{cases} y_i & i\notin M \\ e_i & i\in M \end{cases}$$

可以用矩阵 $\boldsymbol{B}$ 表示集合 M，$b_{ij}=\begin{cases} 1 & i=j\hat{}i\in M \\ 0 & \text{其他} \end{cases}$，则 $\tilde{y}$ 和 $\hat{\boldsymbol{y}}$ 可以表示为

$$\tilde{y}=\boldsymbol{B}(\boldsymbol{A}x-e),\tilde{y}=\begin{cases} 0 & i\notin M \\ y_i-e_i & i\in M \end{cases}$$

$$\hat{\boldsymbol{y}}=\boldsymbol{A}x-\boldsymbol{B}(\boldsymbol{A}x-e)=(\boldsymbol{I}-\boldsymbol{B})\boldsymbol{A}x+\boldsymbol{B}e$$

假设数据恢复时采用的反变换矩阵为 $\boldsymbol{C}$，恢复后的数据（x 的估计）即为 $\hat{\boldsymbol{x}}=C\hat{\boldsymbol{y}}$。为了使恢复数据的均方误差最小，即使得 $E[(x-\hat{\boldsymbol{x}})^{\mathrm{T}}-(x-\hat{\boldsymbol{x}})]=0$ 达到最小，由正交性原理可知，应使误差 $(x-\hat{\boldsymbol{x}})$ 矢量与 $\hat{\boldsymbol{y}}$ 正交，即 $E[(x-\hat{\boldsymbol{x}})\hat{\boldsymbol{y}}^{\mathrm{T}}]=0$。因此，我们的任务是选择满足正交条件的变换矩阵 $\boldsymbol{A}$、$\boldsymbol{C}$、集合 M 和矢量 $\boldsymbol{e}$。

由 $\hat{\boldsymbol{x}}=\boldsymbol{C}\hat{\boldsymbol{y}}$ 可得 $\hat{\boldsymbol{x}}=\boldsymbol{C}(\boldsymbol{I}-\boldsymbol{B})\boldsymbol{A}x+\boldsymbol{CB}e$。正交性条件 $E[(x-\hat{\boldsymbol{x}})\hat{\boldsymbol{y}}^{\mathrm{T}}]=0$ 可表示为

$$\begin{aligned}
&E[(x-\hat{\boldsymbol{x}})(\boldsymbol{A}x-\boldsymbol{BA}x+\boldsymbol{B}e)^{\mathrm{T}}]=E[(x-\boldsymbol{CA}x+\boldsymbol{CBA}x-\boldsymbol{CB}e)(\boldsymbol{A}x-\boldsymbol{BA}x+\boldsymbol{B}e)^{\mathrm{T}}]\\
&=E\{[(\boldsymbol{I}-\boldsymbol{CA}+\boldsymbol{CBA})(x-\bar{x})-\boldsymbol{CB}e+(I-\boldsymbol{CA}+\boldsymbol{CBA})\bar{x}][(\boldsymbol{I}-\boldsymbol{B})\boldsymbol{A}(x-\bar{x})\\
&\quad+(\boldsymbol{I}-\boldsymbol{B})\boldsymbol{A}\bar{x}+\boldsymbol{B}e]^{\mathrm{T}}\}\\
&=E\{[(\boldsymbol{I}-\boldsymbol{CA}+\boldsymbol{CBA})(x-\bar{x})-\boldsymbol{CB}(e-\boldsymbol{A}\bar{x})+(\boldsymbol{I}-\boldsymbol{CA})\bar{x}][(\boldsymbol{I}-\boldsymbol{B})\boldsymbol{A}(x-\bar{x})\\
&\quad+\boldsymbol{A}\bar{x}+\boldsymbol{B}(e-\boldsymbol{A}\bar{x})]^{\mathrm{T}}\}\\
&=(\boldsymbol{I}-\boldsymbol{CA}+\boldsymbol{CBA})\Sigma_x\boldsymbol{A}^{\mathrm{T}}(\boldsymbol{I}-\boldsymbol{B})^{\mathrm{T}}-\boldsymbol{CB}(e-\boldsymbol{A}\bar{x})\bar{\boldsymbol{x}}^{\mathrm{T}}-\boldsymbol{A}^{\mathrm{T}}+(\boldsymbol{I}-\boldsymbol{CA})\bar{\boldsymbol{x}}\bar{\boldsymbol{x}}^{\mathrm{T}}\boldsymbol{A}^{\mathrm{T}}\\
&\quad-\boldsymbol{CB}(e-\boldsymbol{A}\bar{x})(e-\boldsymbol{A}\bar{x})^{\mathrm{T}}\boldsymbol{B}^{\mathrm{T}}+(\boldsymbol{I}-\boldsymbol{CA})\bar{x}(e-\boldsymbol{A}\bar{x})^{\mathrm{T}}\boldsymbol{B}^{\mathrm{T}}\\
&=0
\end{aligned}$$

令 $e=\boldsymbol{A}\bar{x}$，$\boldsymbol{CA}=I$，则 $E[(x-\hat{\boldsymbol{x}})(\boldsymbol{A}x-\boldsymbol{BA}x+\boldsymbol{B}e)^{\mathrm{T}}]=\boldsymbol{CB}\Sigma_y(\boldsymbol{I}-\boldsymbol{B})^{\mathrm{T}}=0$

令矩阵 $\boldsymbol{D}=\boldsymbol{B}\Sigma_y(\boldsymbol{I}-\boldsymbol{B})^{\mathrm{T}}$，则 $d_{ij}=\begin{cases}\lambda_{ij} & i\in M^{\wedge}j\notin M\\ 0 & \text{其他}\end{cases}$。

若 Σ_u 为对角矩阵，即对所有 $i\neq j$ 都满足 $\lambda_{ij}=0$，则 $\boldsymbol{D}=0$。主对角线上的元素 λ_{ii} 通常记为 λ_i。

综上所述，若变换满足 $e=\boldsymbol{A}\bar{x}=\bar{y}$，$\boldsymbol{CA}=\boldsymbol{I}$，并且 Σ_y 为对角矩阵，则 $(x-\hat{\boldsymbol{x}})$ 与 $\hat{\boldsymbol{y}}$ 正交，估计的均方误差最小。

为使 $\Sigma_y=\boldsymbol{A}\Sigma_x\boldsymbol{A}^{\mathrm{T}}$ 为对角矩阵，可取 $\boldsymbol{A}$ 为 Σ_x 的特征矢量构成的矩阵，Σ_y 主对角线上的元素即为 Σ_x 的特征值。因为 Σ_x 是实对称矩阵，由线性代数的知识可知，实对称矩阵不同特征值的特征矢量相互正交，同一特征值的多个线性无关的特征矢量不一定正交，但可以使用 Schmidt 正交化方法将它们正交化。因此，可以假设 $\boldsymbol{A}$ 为正交矩阵，满足 $\boldsymbol{A}^{\mathrm{T}}\boldsymbol{A}=\boldsymbol{I}$，可取 $\boldsymbol{C}=\boldsymbol{A}^{\mathrm{T}}$。

由 $\hat{\boldsymbol{x}}=\boldsymbol{A}^{\mathrm{T}}\hat{\boldsymbol{y}}$ 作为 x 的近似，其误差为 $x-\hat{\boldsymbol{x}}=x-\boldsymbol{A}^{\mathrm{T}}(\boldsymbol{A}x-\boldsymbol{BA}(x-\bar{x}))=\boldsymbol{BA}(x-\bar{x})$。对于矩阵 $\boldsymbol{B}$，显然满足 $\boldsymbol{B}^{\mathrm{T}}\boldsymbol{B}=\boldsymbol{BB}^{\mathrm{T}}=\boldsymbol{B}$，并且对任意矩阵 $\boldsymbol{A}$ 都满足 $\boldsymbol{BA}=\boldsymbol{AB}$。因此，均方误差为

$$\begin{aligned}E[(x-\hat{\boldsymbol{x}})^{\mathrm{T}}(x-\hat{\boldsymbol{x}})]&=E[(x-\bar{x})^{\mathrm{T}}\boldsymbol{A}^{\mathrm{T}}\boldsymbol{B}^{\mathrm{T}}\boldsymbol{BA}(x-\bar{x})]\\&=E[(x-\bar{x})^{\mathrm{T}}\boldsymbol{B}(x-\bar{x})]=\sum_{i\in M}\lambda_i\end{aligned}$$

假设要在 $\hat{\boldsymbol{y}}$ 保留 y 的 m 个元素，其余 $n-m$ 个元素用 $\bar{y}_i$ 近似，即 $|M|=n-m$。为使均方误差达到最小，显然需要保留特征值最大的 m 个分量，其他 $n-m$ 个分量用其均值近似。

对于一个 $m\times n$ 的图像块，如果保留原始像素，需要保存 $m\times n$ 个像素值。实际上，相邻像素之间存在很大的相关性。如果我们知道像素的均值和协方差矩阵，则可以根据设定误差仅保存部分变换后的系数，实现图像数据的压缩。

理论上讲，对于图像压缩，K-L 变换是最优变换。但是，为了恢复数据，必须知道像素的均值和协方差，无法给出通用的变换矩阵，对于每幅新给定的图像数据，都必须根据像素的协方差矩阵计算变换矩阵，这不仅在实际中无法使用，而且为了恢复图像，必须保存协方差矩阵，也无法达到数据压缩的目的。因此，人们设法寻找能够有通用变换矩阵，又具有较优变换效果(量化误差较小)的变换，K-L 变换通常用来作为一种衡量变换优劣的基准。经过研究，人们比较了傅里叶变换、哈尔变换、Hadamard 变换、斜变换、离散余弦变换(DCT)、离散正弦变换(DST)等各种正交变换，发现当图像数据满足一定的分布时，DCT、DST 与 K-L 变换的性能最接近。在实际图像压缩中，通常采用 DCT，其原理也是选择某种正交基构造变换矩阵，仅保存或传输较大的变换系数。由于 DCT 的变换矩阵与图像数据无关，因此可以构造通用的变换矩阵，因而得到了广泛的应用。

在多元统计分析中，K-L 变换又称为主成分分析(PCA)，主要用于分析多变量之间的相关性，可以利用少量变换后的数据近似表示原来的数据，不仅可以降低数据的维数，减少复杂运算的计算量，而且还可以发现数据之间的关联关系和数据的物理意义。

例如，通常可以用听、说、读、写和综合考试的成绩考核一个人的英语水平。但是，如果对每项考试都用百分制打分，则难以用多个变量比较各个人的水平。对于英语水平的考试，如果听、说、读、写和综合考试得分呈现强相关性，变换后就会发现某一个变量的方差很大，其他方差很小，这说明可以用一个变换后的指标表示英语水平。变换后的指标为各项指标的线性组合，其系数可以很合理地反映各项指标的权重，可以用各科指标的加权和作为总成绩表示一个人的英语水平。

在主成分分析中，设得到的特征值按序排列后为 $\lambda_1 > \lambda_2 > \cdots > \lambda_n$，若 $\sum_{i=1}^{k}\lambda_i \Big/ \sum_{i=1}^{n}\lambda_i > 85\%$，即可认为前 k 个主成分足以描述 x 的特征，变换矩阵的系数反映了各变量的权重。

例如，对某中学初中 12 岁的女生进行体检，测量 4 个变量：身高 x_1、体重 x_2、胸围 x_3、坐高 x_4。现测得 58 个样品，得到样本数据矩阵，经计算得 $x=(x_1,x_2,x_3,x_4)$ 的协方差矩阵的估计为

$$\Sigma_x = \begin{bmatrix} 19.94 & 10.50 & 6.59 & 8.63 \\ 10.50 & 23.56 & 19.71 & 7.97 \\ 6.59 & 19.71 & 20.95 & 3.93 \\ 8.63 & 7.97 & 3.93 & 7.55 \end{bmatrix}$$

计算得 Σ_x 特征值为 $\lambda_1 = 50.46, \lambda_2 = 16.65, \lambda_3 = 3.88, \lambda_4 = 1.0$。由 $\sum_{i=1}^{2}\hat{\lambda} \Big/ \sum_{i=1}^{4}\hat{\lambda}_i = 93\%$ 可知，前两个特征值占总方差的 93%，只需要用两个变量即可描述人体的特征。

对于特征值 λ_1 和 λ_2，其对应的特征矢量分别为

$$\gamma_1 = [0.42, 0.66, 0.57, 0.26]^{\mathrm{T}}$$

$$\gamma_2 = [0.78, -0.23, -0.47, 0.34]^{\mathrm{T}}$$

第一、二个样本主成分分别是

$$y_1 = 0.42x_1 + 0.66x_2 + 0.57x_3 + 0.26x_4$$

$$y_2 = 0.78x_1 - 0.23x_2 - 0.47x_3 + 0.34x_4$$

其中，第一个主成分 y_1 与 4 个指标 x_1、x_2、x_3、x_4 都呈正相关，显然反映了学生身材魁梧与否的因素；第二个主成分 y_2 与身高 x_1、坐高 x_4 呈正相关，与体重 x_2、胸围 x_3 呈负相关，反映了学生的胖瘦程度，值大表明被测对象较瘦。可以根据 y_1 与 y_2 对学生的身材进行推断。

y_2	y_1	
	大	小
大	瘦高个	瘦小
小	魁梧	矮胖

通过主成分分析，由 4 个测量值得到了更能反映学生身材的两个变量。但是，对变换矩阵系数的解释尚没有统一的方法，依赖于具体应用而定，带有一定的主观性。

3.4 线性卡尔曼滤波

设 k 时刻系统的状态(如位置、速度等系统状态)为 X_k,状态的变化满足 $X_{k+1}=\boldsymbol{A}X_k$,称为状态方程。若考虑噪声影响,则状态方程可写为 $X_{k+1}=\boldsymbol{AX}_k+\boldsymbol{W}$。其中,$\boldsymbol{W}$ 为高斯分布的随机矢量,设其协方差矩阵为 $\boldsymbol{A}=E(\boldsymbol{WW}^{\mathrm{T}})$。

若系统观测值 Z_k 与系统状态的关系为 $Z_k=HX_k+\boldsymbol{V}$,其中 $\boldsymbol{V}$ 为观测噪声,是高斯分布的随机矢量,设其协方差矩阵为 $\boldsymbol{R}=E(\boldsymbol{VV}^{\mathrm{T}})$。

这样,就有系统状态和观测值的联立方程(3-3)。

$$\left.\begin{aligned} X_{k+1} &= \boldsymbol{AX}_k+\boldsymbol{W} \\ \boldsymbol{Z}_k &= \boldsymbol{HX}_k+\boldsymbol{V} \end{aligned}\right\} \tag{3-3}$$

问题是如何根据当前系统状态的估计值 $\hat{\boldsymbol{X}}_k$ 和新观测值 $\boldsymbol{Z}_{k+1}$ 估计新的系统状态 $\hat{\boldsymbol{X}}_{k+1}$。对于(3-3)这样的线性系统,我们的目标是求最佳线性估计,即求系数 α、β,使得估计值 $\hat{\boldsymbol{X}}_{k+1}=\alpha_{k+1}\hat{\boldsymbol{X}}_k+\beta_{k+1}\boldsymbol{Z}_{k+1}$ 的均方误差 $E[(\boldsymbol{X}_{k+1}-\hat{\boldsymbol{X}}_{k+1})^{\mathrm{T}}(\boldsymbol{X}_{k+1}-\hat{\boldsymbol{X}}_{k+1})]$达到最小。

新的系统状态 $\hat{\boldsymbol{X}}_{k+1}$ 是 $\hat{\boldsymbol{X}}_k$ 和 $\boldsymbol{Z}_{k+1}$ 的线性组合,由最佳线性估计的正交性原理可知,为使均方误差达到最小,其误差 $\boldsymbol{X}_{k+1}-\hat{\boldsymbol{X}}_{k+1}$ 与 $\hat{\boldsymbol{X}}_k$ 和 $\boldsymbol{Z}_{k+1}$ 正交,即

$$\begin{aligned} E[(\boldsymbol{X}_{k+1}-\hat{\boldsymbol{X}}_{k+1})\hat{\boldsymbol{X}}_k^{\mathrm{T}}] &= 0 \\ E[(\hat{\boldsymbol{X}}_{k+1}-\hat{\boldsymbol{X}}_{k+1})\boldsymbol{Z}_{k+1}^{\mathrm{T}}] &= 0 \end{aligned} \tag{3-4}$$

由 $E[(\boldsymbol{X}_{k+1}-\hat{\boldsymbol{X}}_{k+1})\hat{\boldsymbol{X}}_k^{\mathrm{T}}]=0$ 可得

$$\begin{aligned} & E[(\boldsymbol{X}_{k+1}-\alpha_{k+1}\hat{\boldsymbol{X}}_k-\beta_{k+1}\boldsymbol{Z}_{k+1})\hat{\boldsymbol{X}}_k^{\mathrm{T}}] \\ &= E[\boldsymbol{X}_{k+1}\hat{\boldsymbol{X}}_k^{\mathrm{T}}]-\alpha_{k+1}E[\hat{\boldsymbol{X}}_k\hat{\boldsymbol{X}}_k^{\mathrm{T}}]-\beta_{k+1}E[\boldsymbol{Z}_{k+1}\hat{\boldsymbol{X}}_k^{\mathrm{T}}] \\ &= \boldsymbol{A}E[\boldsymbol{X}_k\hat{\boldsymbol{X}}_k^{\mathrm{T}}]-\alpha_{k+1}E[\hat{\boldsymbol{X}}_k\hat{\boldsymbol{X}}_k^{\mathrm{T}}]-\beta_{k+1}\boldsymbol{HAE}[\boldsymbol{X}_k\hat{\boldsymbol{X}}_k^{\mathrm{T}}] \\ &= 0 \end{aligned} \tag{3-5}$$

由

$$\begin{aligned} E[(\boldsymbol{X}_k-\hat{\boldsymbol{X}}_k)\hat{\boldsymbol{X}}_k^{\mathrm{T}}] &= E[(\boldsymbol{X}_k-\hat{\boldsymbol{X}}_k)(\alpha_k\hat{\boldsymbol{X}}_{k-1}+\beta_k\boldsymbol{Z}_k)^{\mathrm{T}}] \\ &= E[(\boldsymbol{X}_k-\hat{\boldsymbol{X}}_k)\hat{\boldsymbol{X}}_{k-1}^{\mathrm{T}}]\alpha_k^{\mathrm{T}}+E[(\boldsymbol{X}_k-\hat{\boldsymbol{X}}_k)\boldsymbol{Z}_k^{\mathrm{T}}]\beta_k^{\mathrm{T}} \\ &= 0 \end{aligned}$$

可得 $E[\boldsymbol{X}_k\hat{\boldsymbol{X}}_k^{\mathrm{T}}]=E[\hat{\boldsymbol{X}}_k\hat{\boldsymbol{X}}_k^{\mathrm{T}}]$。

因此,由式(3-5)可得,对任意 $\boldsymbol{X}_k$ 都满足$[(\boldsymbol{I}-\beta_{k+1}\boldsymbol{H})\boldsymbol{A}-\alpha_{k+1}]E[\boldsymbol{X}_k\hat{\boldsymbol{X}}_k^{\mathrm{T}}]=0$,因此 $\alpha_{k+1}=(\boldsymbol{I}-\beta_{k+1}\boldsymbol{H})\boldsymbol{A}$。由此可得

$$\hat{\boldsymbol{X}}_{k+1}=\boldsymbol{A}\hat{\boldsymbol{X}}_k+\beta_{k+1}(\boldsymbol{Z}_{k+1}-\boldsymbol{HA}\hat{\boldsymbol{X}}_k) \tag{3-6}$$

我们用 $\hat{\boldsymbol{X}}_{K+1}$表示由新观测值 $\boldsymbol{Z}_{k+1}$得到的状态 X 的估计,记为 $\hat{\boldsymbol{X}}_{k+1}$ @$\hat{\boldsymbol{X}}_{k+1|k+1}$,$\hat{\boldsymbol{X}}_{k+1|k}$

表示由当前状态 X 的估计值得到的状态的预测，即 $\hat{\boldsymbol{X}}_{k+1|k}@\boldsymbol{A}\hat{\boldsymbol{X}}_{k|k}$，则

$$\hat{\boldsymbol{X}}_{k+1|k+1}=\hat{\boldsymbol{X}}_{k+1|k}+\beta_{k+1}(\boldsymbol{Z}_{k+1}-\boldsymbol{H}\hat{\boldsymbol{X}}_{k+1|k})=\hat{\boldsymbol{X}}_{k+1|k}+\beta_{k+1}(\boldsymbol{Z}_{k+1}-\hat{\boldsymbol{Z}}_{k+1|k}) \tag{3-7}$$

这里，$\hat{\boldsymbol{Z}}_{k+1|k}=\boldsymbol{H}\hat{\boldsymbol{X}}_{k+1|k}$ 表示观测值的预测，即根据 X 的预测 $\hat{\boldsymbol{X}}_{k+1|k}$ 得到的新的观测值的预测。

我们将新观测值与预测值之差称为**新息** $\delta_{k+1}=\boldsymbol{Z}_{k+1}-\hat{\boldsymbol{Z}}_{k+1|k}$，也就是新的观测值 $\boldsymbol{Z}_{k+1}$ 带来的信息。新息乘以系数 β_{k+1} 后，变成对估计值的贡献。系数 β_{k+1} 称为**增益**，表示新息对估计值的贡献程度，其值的大小与 k 有关，记为 $K_{k+1}=\beta_{k+1}$。公式(3-7)可以写为

$$\hat{\boldsymbol{X}}_{k+1|k+1}=\hat{\boldsymbol{X}}_{k+1|k}+\boldsymbol{K}_{k+1}(\boldsymbol{Z}_{k+1}-\hat{\boldsymbol{Z}}_{k+1|k}) \tag{3-8}$$

这样，由 $\boldsymbol{X}_k$ 的当前估计值 $\hat{\boldsymbol{X}}_k=\hat{\boldsymbol{X}}_{k|k}$，可以得到 $\boldsymbol{X}_{k+1}$ 的预测值 $\hat{\boldsymbol{X}}_{k+1|k}=\boldsymbol{H}\hat{\boldsymbol{X}}_{k|k}$ 和 $\boldsymbol{Z}_{k+1}$ 的预测值 $\hat{\boldsymbol{Z}}_{k+1|k}=\boldsymbol{H}\hat{\boldsymbol{X}}_{k+1|k}$，由式(3-8)即可根据新的观测值 $\boldsymbol{Z}_{k+1}$ 得到 $\boldsymbol{X}_{k+1}$ 的估计值 $\hat{\boldsymbol{X}}_{k+1}=\hat{\boldsymbol{X}}_{k+1|k+1}$。现在，问题的关键是如何确定增益 K_{k+1}？

由 $E[(\boldsymbol{X}_{k+1}-\hat{\boldsymbol{X}}_{k+1|k+1})\boldsymbol{Z}_{k+1}^{\mathrm{T}}]=0$ 可得

$$\begin{aligned}&E[(\boldsymbol{X}_{k+1}-\hat{\boldsymbol{X}}_{k+1|k+1})\boldsymbol{Z}_{k+1}^{\mathrm{T}}]\\&=E[(\boldsymbol{X}_{k+1}-\hat{\boldsymbol{X}}_{k+1|k+1})(\boldsymbol{Z}_{k+1}-\hat{\boldsymbol{Z}}_{k+1|k})^{\mathrm{T}}]+E[(\boldsymbol{X}_{k+1}-\hat{\boldsymbol{X}}_{k+1|k+1})\hat{\boldsymbol{Z}}_{k+1|k}^{\mathrm{T}}]\\&=0\end{aligned}$$

而

$$\begin{aligned}&E[(\boldsymbol{X}_{k+1}-\hat{\boldsymbol{X}}_{k+1|k+1})\hat{\boldsymbol{Z}}_{k+1|k}^{\mathrm{T}}]=E[(\boldsymbol{X}_{k+1}-\hat{\boldsymbol{X}}_{k+1|k+1})(\boldsymbol{HA}\hat{\boldsymbol{X}}_{k|k})^{\mathrm{T}}]\\&=E[(\boldsymbol{X}_{k+1}-\hat{\boldsymbol{X}}_{k+1|k+1})(\hat{\boldsymbol{X}}_{k|k})^{\mathrm{T}}](\boldsymbol{HA})^{\mathrm{T}}\\&=0\end{aligned}$$

因此

$$\begin{aligned}&E[(\boldsymbol{X}_{k+1}-\hat{\boldsymbol{X}}_{k+1|k+1})\boldsymbol{Z}_{k+1}^{\mathrm{T}}]\\&=E[(\boldsymbol{X}_{k+1}-\hat{\boldsymbol{X}}_{k+1|k+1})(\boldsymbol{Z}_{k+1}-\hat{\boldsymbol{Z}}_{k+1|k})^{\mathrm{T}}]\\&=E[((\boldsymbol{X}_{k+1}-\hat{\boldsymbol{X}}_{k+1|k})-\boldsymbol{K}_{k+1}(\boldsymbol{Z}_{k+1}-\hat{\boldsymbol{Z}}_{k+1|k}))(\boldsymbol{Z}_{k+1}-\hat{\boldsymbol{Z}}_{k+1|k})^{\mathrm{T}}]\\&=E[(\boldsymbol{X}_{k+1}-\hat{\boldsymbol{X}}_{k+1|k})(Z_{k+1}-\hat{\boldsymbol{Z}}_{k+1|k})^{\mathrm{T}}]-\boldsymbol{K}_{k+1}E[(\boldsymbol{Z}_{k+1}-\hat{\boldsymbol{Z}}_{k+1|k})(\boldsymbol{Z}_{k+1}-\hat{\boldsymbol{Z}}_{k+1|k})]\\&=0\end{aligned} \tag{3-9}$$

这里，$E[(\boldsymbol{X}_{k+1}-\hat{\boldsymbol{X}}_{k+1|k})(\boldsymbol{Z}_{k+1}-\hat{\boldsymbol{Z}}_{k+1|k})^{\mathrm{T}}]$ 表示 $\boldsymbol{X}_{k+1}$ 先验估计值与新息的协方差，记为 $\boldsymbol{P}_{xz}$。$E[(\boldsymbol{Z}_{k+1}-\hat{\boldsymbol{Z}}_{k+1|k})(\boldsymbol{Z}_{k+1}-\hat{\boldsymbol{Z}}_{k+1|k})]$ 表示对观测值一步预测的协方差，也就是新息协方差，记为 $\boldsymbol{P}_{zz}$，则(3-9)可表示为

$$\begin{aligned}E&=((\boldsymbol{X}_{k+1}-\hat{\boldsymbol{X}}_{k+1|k+1})\boldsymbol{Z}_{k+1}^{\mathrm{T}})\\&=\boldsymbol{P}_{xz}-\boldsymbol{K}_{k+1}\boldsymbol{P}_{zz}\\&=0\end{aligned} \tag{3-10}$$

因此，$\boldsymbol{K}_{k+1}=\boldsymbol{P}_{xz}\boldsymbol{P}_{zz}^{-1}$

$$\begin{aligned}\boldsymbol{P}_{xz} &= E[(\boldsymbol{X}_{k+1}-\hat{\boldsymbol{X}}_{k+1|k})(\boldsymbol{Z}_{k+1}-\hat{\boldsymbol{Z}}_{k+1|k})^{\mathrm{T}}] \\ &= E\{(\boldsymbol{X}_{k+1}-\hat{\boldsymbol{X}}_{k+1|k})[\boldsymbol{H}(\boldsymbol{X}_{k+1}-\hat{\boldsymbol{X}}_{k+1|k})+\boldsymbol{V}_{k+1}]^{\mathrm{T}}\} \\ &= \boldsymbol{P}_{k+1|k}\boldsymbol{H}^{\mathrm{T}}\end{aligned} \tag{3-11}$$

这里，$\boldsymbol{P}_{k+1|k}=E[(\boldsymbol{X}_{k+1}-\hat{\boldsymbol{X}}_{k+1|k})(\boldsymbol{X}_{k+1}-\hat{\boldsymbol{X}}_{k+1|k})^{\mathrm{T}}]$表示状态 $\boldsymbol{X}_{k+1}$ 先验估计值的协方差，也称为一步预测协方差。

$$\begin{aligned}\boldsymbol{P}_{zz} &= E[(\boldsymbol{Z}_{k+1}-\hat{\boldsymbol{Z}}_{k+1|k})(\boldsymbol{Z}_{k+1}-\hat{\boldsymbol{Z}}_{k+1|k})'] \\ &= E[(\boldsymbol{H}\boldsymbol{X}_{k+1}-\boldsymbol{H}\hat{\boldsymbol{X}}_{k+1|k}+\boldsymbol{V}_{k+1})(\boldsymbol{H}\boldsymbol{X}_{k+1}-\boldsymbol{H}\hat{\boldsymbol{X}}_{k+1|k}+\boldsymbol{V}_{k+1})'] \\ &= \boldsymbol{H}\boldsymbol{P}_{k+1|k}\boldsymbol{H}'+\boldsymbol{R}\end{aligned} \tag{3-12}$$

这里，新息协方差 $\boldsymbol{P}_{zz}$ 也与 k 有关，用 $\boldsymbol{S}_{k+1}$ 表示，即 $\boldsymbol{S}_{k+1}$ @$\boldsymbol{P}_{zz}=\boldsymbol{H}\boldsymbol{P}_{k+1|k}\boldsymbol{H}'+\boldsymbol{R}$。这样，$\boldsymbol{K}_{k+1}=\boldsymbol{P}_{xz}\boldsymbol{P}_{zz}^{-1}=\boldsymbol{P}_{k+1|k}\boldsymbol{H}'\boldsymbol{S}_{k+1}^{-1}$。由公式(3-12)可知，若求得 $\boldsymbol{P}_{k+1|k}$，即可得到 $\boldsymbol{S}_{k+1}$。因此，问题的关键是如何求 $\boldsymbol{P}_{k+1|k}$?

由 $\boldsymbol{P}_{k+1|k}$的定义得

$$\begin{aligned}\boldsymbol{P}_{k+1|k} &= E[(\boldsymbol{X}_{k+1}-\hat{\boldsymbol{X}}_{k+1|k})(\boldsymbol{X}_{k+1}-\hat{\boldsymbol{X}}_{k+1|k})^{\mathrm{T}}] \\ &= E[(\boldsymbol{A}\boldsymbol{X}_{k}-\boldsymbol{A}\hat{\boldsymbol{X}}_{k}+\boldsymbol{W})(\boldsymbol{A}\boldsymbol{X}_{k}-\boldsymbol{A}\hat{\boldsymbol{X}}_{k}+\boldsymbol{W})'] \\ &= \boldsymbol{A}\boldsymbol{P}_{k|k}\boldsymbol{A}'+\boldsymbol{Q}\end{aligned} \tag{3-13}$$

这里，$\boldsymbol{P}_{k|k}=E[(\boldsymbol{X}_{k}-\hat{\boldsymbol{X}}_{k|k})(\boldsymbol{X}_{k}-\hat{\boldsymbol{X}}_{k|k})']$表示由当前观测值 $\boldsymbol{Z}_k$ 所得到的状态 $\boldsymbol{X}_k$ 的估计 $\hat{\boldsymbol{X}}_{k|k}$的协方差，称为后验估计值的协方差，也就是状态估计的协方差。

$$\begin{aligned}\boldsymbol{P}_{k|k} &= E\{[\boldsymbol{X}_{k}-\hat{\boldsymbol{X}}_{k|k-1}-\boldsymbol{K}_{k}(\boldsymbol{Z}_{k}-\hat{\boldsymbol{Z}}_{k|k-1})][\boldsymbol{X}_{k}-\hat{\boldsymbol{X}}_{k|k-1}-\boldsymbol{K}_{k}(\boldsymbol{Z}_{k}-\hat{\boldsymbol{Z}}_{k|k-1})]'\} \\ &= \boldsymbol{P}_{k|k-1}-\boldsymbol{K}_{k}\boldsymbol{S}_{k}\boldsymbol{K}'_{k}\end{aligned}$$

由 k 时刻状态估计的协方差 $\boldsymbol{P}_{k|k}$，就可以由式(3-13)得到先验估计值的协方差 $\boldsymbol{P}_{k+1|k}$，从而求得 $k+1$ 时刻的增益 $\boldsymbol{K}_{k+1}=\boldsymbol{P}_{xz}\boldsymbol{P}_{zz}^{-1}=\boldsymbol{P}_{k+1|k}\boldsymbol{H}'\boldsymbol{S}_{k+1}^{-1}$。由 $k+1$ 时刻的增益 $\boldsymbol{K}_{k+1}$，即可求得 $k+1$ 时刻的状态估计和协方差。

$$\begin{aligned}\hat{\boldsymbol{X}}_{k+1|k+1} &= \hat{\boldsymbol{X}}_{k+1|k}+\boldsymbol{K}_{k+1}(\boldsymbol{Z}_{k+1}-\hat{\boldsymbol{Z}}_{k+1|k}) \\ \boldsymbol{P}_{k+1|k+1} &= \boldsymbol{P}_{k+1|k}-\boldsymbol{K}_{k+1}\boldsymbol{S}_{k+1}\boldsymbol{K}'_{k+1}\end{aligned} \tag{3-14}$$

这样，由初始状态估计 $\hat{\boldsymbol{X}}_{0|0}$和初始协方差 $\boldsymbol{P}_{0|0}$，根据新的观测值即可得到下一个时刻的状态估计 $\hat{\boldsymbol{X}}_{1|1}$和协方差 $\boldsymbol{P}_{1|1}$。以此类推，即可不断地根据新的观测值得到当前状态的估计，计算过程如图 3-6 所示。

卡尔曼滤波是一个线性估计，由 $\hat{\boldsymbol{X}}_{k+1}=\alpha\hat{\boldsymbol{X}}_{k}+\beta\boldsymbol{Z}_{k+1}$ 可知，$\boldsymbol{X}_{k+1}$ 与 $\boldsymbol{X}_k$ 呈 $\boldsymbol{Z}_{k+1}$ 线性关系，在线性关系下是最小均方误差估计(最优线性估计)。若误差 $\boldsymbol{W}$ 和 $\boldsymbol{V}$ 为高斯分布，则条件概率分布 $P(X|Z)$仍为高斯分布，$\hat{\boldsymbol{X}}=E(X|Z)=\overline{X}+\boldsymbol{P}_{XZ}\boldsymbol{P}_{ZZ}^{-1}(z-\bar{z})$，$X$ 的估计值与 Z 呈线性关系，即无论观测值 Z 与状态 X 关系如何，线性估计都是最佳估计。

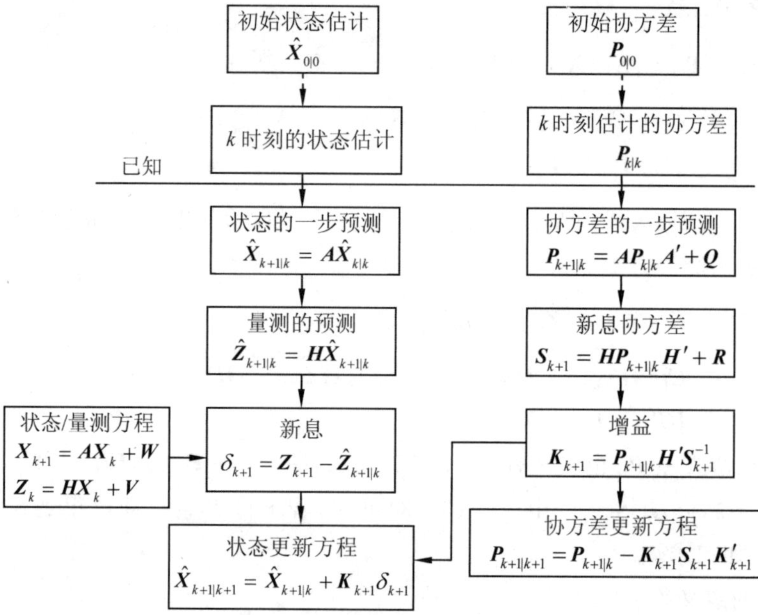

图 3-6 卡尔曼滤波计算过程

3.5 扩展卡尔曼滤波

扩展卡尔曼滤波(EKF)通过采用一阶泰勒展开提供了一种适用于非线性动态模型或非线性测量模型的方法。卡尔曼滤波保留了它基本的形式,但偏导数应用到状态转移矩阵或者测量矩阵去最小化目标状态的方差估计。实质上,卡尔曼滤波提供了一种分段线性的方法解决非线性跟踪问题。

设某非线性动态系统由如下形式的状态空间模型表示:

$$x_k = f(x_{k-1}, u_{k-1}, w_{k-1})$$
$$z_k = h(x_k, v_k)$$

该模型可以描述一大类动力学系统。其中第一个式子代表系统的状态模型,第二个式子表示动态系统的量测模型,$x_k \in R$ 为 $n_x \times 1$ 维能观测的随机状态向量;$z_k \in R$ 为 $n_z \times 1$ 维观测随机状态向量价;$u_{k-1} \in R$ 为 $n_u \times 1$ 维控制向量;$w_{k-1} \in R$ 为 $n_w \times 1$ 维模型噪声向量;$v_k \in R$ 为 $n_v \times 1$ 维量测噪声向量,这里假设 $w_{k-1} \in R$ 和 $v_k \in R$ 均为高斯白噪声,即均值为零,方差分别为 Q_{k-1} 和 R_k。$f(\cdot)$为由确定的有界非线性状态转移函数;$h(\cdot)$为有界的非线性测量函数。

首先,假定所有的随机变量都是服从高斯分布的,当非线性的卡尔曼滤波器仍通过卡尔曼滤波形式(即所谓的线性更新规则)加以实现时,其 k 时刻的状态滤波值 $\hat{x}_{k|k}$ 由下面的规则给出。

$$\hat{x}_{k,k} = \hat{x}_{k,k-1} + K_k(z_k - \hat{z}_k)$$

其中 $\hat{x}_{k|k-1}$ 为 x_k 的最优预测;$\hat{z}_k$ 为 z_k 的最优预测;K_k 称为卡尔曼滤波增益。卡尔曼

滤波器使用 $\boldsymbol{K}_k$ 反映新息对估计的重要程度。完整的滤波公式如下面3个公式。

$$K_k = P_{x_k z_k} P_{z_k}^{-1}$$

$$P_k = P_{k,k-1} - K_k P_{z_k} K_k^{\mathrm{T}}$$

$$\hat{x}_{k,k} = \hat{x}_{k,k-1} + K_k (z_k - \hat{z}_k)$$

其中一共包含5个数学期望,它们的计算方法列写如下。

$$\hat{x}_{k,k-1} = E[f(\hat{x}_{k-1}, w_{k-1})]$$

$$P_{k,k-1} = E[f(\hat{x}_{k-1}, w_{k-1}) - \hat{x}_{k,k-1}][f(\hat{x}_{k-1}, w_{k-1}) - \hat{x}_{k,k-1}]^{\mathrm{T}}$$

$$\hat{z}_k = E[h(\hat{x}_{k,k-1}, v_k)]$$

$$P_{z_k} = E[(z_k - \hat{z}_k)][(z_k - \hat{z}_k)]^{\mathrm{T}}$$

$$P_{x_k z_k} = E[(x_k - \hat{x}_{k,k-1})][(z_k - \hat{z}_k)]^{\mathrm{T}}$$

扩展卡尔曼滤波器在求出以上5个数学期望的时候,采用的方法是直接对系统方程进行线性化。根据线性化准则,可以整理得到如下EKF滤波算法。

$$\hat{x}_k = f(\hat{x}_{k-1}, w_{k-1}) + K_k \{z_k - h_k[f(\hat{x}_{k-1}, w_{k-1}), v_k]\}$$

$$K_k = P_{k,k-1} H_k^{\mathrm{T}} (H_k P_{k,k-1} H_k^{\mathrm{T}} + R_k)^{-1}$$

$$P_{k,k-1} = \phi_{k,k-1} P_{k-1} \phi_{k,k-1}^{\mathrm{T}} + Q_{k-1}$$

$$P_k = (I_{n_x} - K_k H_k) P_{k,k-1}$$

$$\hat{x}_0 = E[x_0], P_0 = E[(x_0 - \hat{x}_0)(x_0 - \hat{x}_0)^{\mathrm{T}}]$$

线性化矩阵

$$\phi_{k,k-1} = \frac{\partial f[x_{k-1}, w_{k-1}]}{\partial x_{k-1}} \mid x_{k-1} = \hat{x}_{k-1}$$

$$H_k = \frac{\partial h[x_k, v_k]}{\partial x_k} \mid x_k = f_k(\hat{x}_{k-1}, w_{k-1})$$

以上两式便是EKF滤波的完整的基本算法。从思想方法上来说,扩展卡尔曼滤波是基于某时刻状态估计值进行一阶线性化的方法。但是,在实际运算过程中,线性化参考点是变化的。当前时刻线性化总是将前一时刻的估值作为线性化的参考点。由此可知,每一步的估值精度不仅与本次的线性化有关,而且与初值精度的关系很大。

更加直观的算法流程如下。

$$\hat{x}_{k,k-1} = \phi_{k,k-1} \hat{x}_{k-1}$$

$$\rightarrow P_{k,k-1} = \phi_{k,k-1} P_{k-1} \phi_{k,k-1}^{\mathrm{T}} + Q_{k-1}$$

$$\rightarrow K_k = P_{k,k-1} H_k^{\mathrm{T}} [H_k P_{k,k-1} \boldsymbol{H}_k^{\mathrm{T}} + R_k]^{-1}$$

$$\rightarrow \hat{x}_k = \hat{x}_{k,k-1} + K_k [z_k - \boldsymbol{H}_k \hat{x}_{k,k-1}]$$

$$\rightarrow P_k = (I_{n_x} - K_k H_k) P_{k,k-1}$$

$$\xrightarrow[\hat{x}_k]{P_k} \hat{x}_{k+1,k} \text{ 以及 } P_{k+1,k}$$

EKF滤波算法在其更新规则中仅用到状态的前两阶信息均值和协方差,因此EKF滤波算法具有如下3个优点。

（1）未知分布的均值和协方差的获得仅需要保存较少的信息量，但却能支持大多数的操作过程，如确定搜索目标的区域等。

（2）均值和协方差具有线性传递性。

（3）均值和协方差估计的集合能用来表征分布的附加特征，如重要模式等。

正是由于以上优点，人们仍然希望在非线性滤波方法中应用 EKF 线性估计形式。

同时，作为对非线性函数线性化所带来的副作用，滤波器的缺点也非常明显。

（1）当系统状态的传递函数可以用线性函数逼近时，可以将非线性变换线性化。如果这个条件得不到满足，它将导致滤波器不收敛，甚至发散。当然，确定这个假设是否有效是一件很困难的事情，因为它依赖于系统的非线性变换、状态的当前估计值和误差协方差矩阵的大小。

（2）只有当系统的 Jacobian 矩阵存在时，才可以对非线性变换进行线性化处理，否则若不能将非线性系统线性化，就无法使用 EKF 滤波算法。事实上，很多系统都不存在 Jacobian 矩阵，如不连续系统（跳跃线性系统，其他参数迅速变化，如感知器返回的量化测量结果）、非奇异的系统和状态方程本身是离散的系统。

（3）Jacobian 矩阵的计算是一个很难实现并且极易出错的问题。在 Jacobian 矩阵的计算过程中频繁出现代数运算，很容易产生人为的错误。这些错误影响系统的最终性能，却不容易被发现和改正，尤其是人们不知道什么样的运算才是期望结果的情况下，则更加难以判断。因此，不管与线性化变换相关的运算是否正确，对系统的整体来说产生的问题都很难解决。如果将此技术应用于相关性很强的系统，必须验证它的有效性，这无疑又增加了系统的计算复杂度。

3.6　不敏卡尔曼滤波

在非线性系统中应用卡尔曼滤波，最常用的形式是 EKF。假设所有变换可近似为线性变换，EKF 简单用线性变换近似非线性变换，用 Jacobian 矩阵替代卡尔曼方程中的线性变换。尽管 EKF 保持了卡尔曼滤波完美的特性和计算上有效的递归更新方法，但它存在如下不足：

（1）可靠地使用线性变换近似非线性变换，其前提条件是可以用线性函数很好地近似误差的传播。如果这个条件不成立，线性化近似的性能可能会很差，至少会损害滤波器的性能，甚至导致估计值的完全偏离。然而，判定该假设是否成立本身就是十分困难的，因为它取决于变换、当前的状态估计和协方差的大小。

（2）只有当系统的 Jacobian 矩阵存在时，才可以对非线性变换进行线性化近似。然而，很多系统都不存在 Jacobian 矩阵。某些系统会包含不连续点，如过程模型可能是跳跃线性，这种系统参数可能会突然变化，传感器也可能返回过大的测量结果。有些系统包含奇异值，如透视投影方程。还有些系统，状态方程本身是离散的，例如，用于预测飞机逃逸行为的基于规则的系统。

（3）Jacobian 矩阵的计算较困难并且极易出错。Jacobian 矩阵的计算通常包含大量的代数运算，需要将这些代数运算转换成程序代码，这样可能会引入大量人为的编码错误，影响最终系统的性能，却不容易发现和改正。在有些情况下，很难知道期望的性能。因此，不管与线性化变换相关的程序是否正确，对使用者来说，要将其用于要求较高的大型系统，如何验证其正确性就成为一个问题。

不敏变换(Unscented Transform，UT)采用更加直接和直观的方法变换均值和协方差信息，解决线性化的不足。这里介绍一般的 UT 机制及各种特殊的应用技巧，满足各种不同的非线性滤波及控制应用的需求。

3.6.1　问题的描述

1. 非线性系统的卡尔曼滤波

卡尔曼滤波的系统状态方程和观测方程都是线性方程，其一般形式可写成

$$\left.\begin{aligned} x_k &= f(x_{k-1}) + W_k \\ z_k &= h(x_k) + V_k \end{aligned}\right\} \tag{3-15}$$

如果 $f(\cdot)$ 和 $h(\cdot)$ 都是线性函数，则可以直接应用卡尔曼滤波。对于非线性滤波，EKF 简单用线性变换近似非线性变换。

为了更好地理解 EKF 的局限性，首先分析卡尔曼滤波的递归方差。假设在 k 时刻估计均值和协方差为 $\hat{x}_{k|k}$ 和 $P_{k|k}$，并设估计误差为 $e_k = x - \hat{x}_{k|k}$。若 $P_{k|k} - E[e_k e_k^{\mathrm{T}}] \geqslant 0$ 成立，就认为估计是一致的。

在数理统计中，一致估计是指根据样本得到的估计值等于其期望值。这里，条件稍微放宽，是指误差估计的协方差不大于协方差的期望值。

卡尔曼滤波包括两个步骤：预测及更新。在预测阶段，滤波器根据 $k-1$ 步的估计预测当前步(第 k 步)的状态，按如下方式得到预测值。

$$\hat{x}_{k|k-1} = E[f(\hat{x}_{k-1|k-1})]$$

$$P_{k|k} = E[\hat{e}_k \hat{e}_k^{\mathrm{T}}]$$

基于线性最小均方误差估计(MSE)，可以推导出更新(测量更新)的表达式。假设均值采用线性规则更新：

$$\hat{x}_{k|k} = \hat{x}_{k|k-1} + K_k \delta_k$$

$$\delta_k = z_k - \hat{z}_{k|k-1}$$

$$\hat{z}_{k|k-1} = E[g(\hat{x}_{k|k-1})]$$

选择权重(增益)矩阵 $\boldsymbol{K}_k$，使得更新后的协方差 $P_{k|k}$ 的迹最小。容易证明权重矩阵为 $K_k = P_{xz} P_{zz}^{-1}$，P_{xz} 是 $\hat{x}_{k|k-1}$ 误差与 $\hat{z}_{k|k-1}$ 误差的互协方差，P_{zz} 是 δ_k 的协方差。由该权重可得，更新后的协方差为 $P_{k|k} = P_{k|k-1} - K_k S_k K_k^{\mathrm{T}}$。

因此，只要能计算预测的状态($\hat{x}_{k|k-1}$，$P_{k|k}$)、预测的观测值($\hat{z}_{k|k-1}$，P_{zz})，以及预测值与观测值之间的互协方差(P_{xz})，就可以实施卡尔曼滤波的更新。若系统方程都是线性的，将这些预测值代入上面的方程就可得到我们熟悉的卡尔曼滤波方程。若系统为非线性，只能采用某种方法近似这些值。因此，在非线性系统中使用卡尔曼滤波的关键问题是均值和方差的非线性变换。

2. 均值与协方差的非线性传递

假设一个随机向量的均值和协方差为 $\bar{x}$ 和 Σ_x，另一个随机向量 z 与 x 为非线性关系

$$z = h(x) \tag{3-16}$$

设 x 和 z 的维数分别为 N_x 和 N_z，$x=[x_1,x_2,\cdots,x_{N_x}]^{\mathrm{T}}$，$h(x)=[h_1(x),h_2(x),\cdots,h_{N_z}(x)]^{\mathrm{T}}$，$z=[z_1,z_2,\cdots,z_{N_z}]^{\mathrm{T}}$。

下面的问题是如何求得 z 的一致估计，包括均值 $\bar{z}$ 和协方差 Σ_z。卡尔曼滤波的预测和更新都可以表示成这种形式。其中，预测 $x_{k|k-1}=f(x_{k-1|k-1})$ 相当于 $x=x_{k-1|k-1}$，$z=x_{k|k-1}$，$h(x)=f(x)$；更新 $\hat{z}_{k|k-1}=g(\hat{x}_{k|k-1})$ 相当于 $x=\hat{x}_{k|k-1}$，$z=\hat{z}_{k|k-1}$，$h(x)=g(x)$。

做多维泰勒级数展开得

$$h(x) = h(\bar{x}+\delta x) = h(\bar{x}) + \nabla h\delta_x + \frac{1}{2}\nabla^2 h\delta_x^2 + \frac{1}{3!}\nabla^3 h\delta_x^3 + \frac{1}{4!}\nabla^4 h\delta_x^4 + \cdots \tag{3-17}$$

这里，$\nabla^i h$ 算子表示函数 $h[x]$ 的 i 阶导数。设 $\delta_x=[e_1,e_2,\cdots,e_{N_x}]^{\mathrm{T}}$，则级数的第 i 项为

$$\nabla^i h\delta_x^i = \left(\sum_{j=1}^{N_x} e_j \frac{\partial}{\partial x_j}\right)^i h[x]\bigg|_{x=\bar{x}} \tag{3-18}$$

因此，级数的第 i 项是 δ_x 作为系数的 i 阶多项式，系数由 $h(x)$ 的导数得到。

如果用算子向量 $\boldsymbol{D}=\left[\frac{\partial}{\partial x_1},\frac{\partial}{\partial x_2},\cdots,\frac{\partial}{\partial x_{N_x}}\right]^{\mathrm{T}}$ 表示算子 ∇，则 $\nabla h\delta_x$ 可表示为 $h\boldsymbol{D}^{\mathrm{T}}\delta_x$，$h\boldsymbol{D}^{\mathrm{T}}$ 即 Jacobian 矩阵。

$$\boldsymbol{J}(x) = \begin{bmatrix} \frac{\partial h_1}{\partial x_1} & \frac{\partial h_1}{\partial x_2} & \cdots & \frac{\partial h_1}{\partial x_{N_x}} \\ \frac{\partial h_2}{\partial x_1} & \frac{\partial h_2}{\partial x_2} & \cdots & \frac{\partial h_2}{\partial x_{N_x}} \\ \cdots & \cdots & & \cdots \\ \frac{\partial h_{N_z}}{\partial x_1} & \frac{\partial h_{N_z}}{\partial x_2} & \cdots & \frac{\partial h_{N_z}}{\partial x_{N_x}} \end{bmatrix}$$

严格地讲，式(3-17)中的 $\nabla^i h$ 算子是在 $\bar{x}$ 处的 i 阶导数，应该记为 $\nabla_{\bar{x}}^i h$。在不会引起混淆的情况下，为简单起见，我们略去了下标 $\bar{x}$，用 $\nabla^i h$ 算子表示 $\bar{x}$ 处的 i 阶导数。这样，式(3-18)也可以写成 $\nabla^i h\delta_x^i = h(x)(\boldsymbol{D}^{\mathrm{T}}\delta_x)^i\Big|_{x=\bar{x}}$，在不引起混淆的情况下，简单写成 $\nabla^i h\delta_x^i = h(\bar{x})(\boldsymbol{D}^{\mathrm{T}}\delta_x)^i$。

由式(3-17)可得 z 的期望值为

$$\bar{z} = E[h(\bar{x}+\delta x)] = h(\bar{x}) + E\left[\nabla h\delta_x + \frac{1}{2}\nabla^2 h\delta_x^2 + \frac{1}{3!}\nabla^3 h\delta_x^3 + \frac{1}{4!}\nabla^4 h\delta_x^4 + \cdots\right] \tag{3-19}$$

级数中 i 次项为

$$\begin{aligned} E\left[\frac{\nabla^i h\delta_x^i}{i!}\right] &= \frac{1}{i!}E\left[\left(\sum_{j=1}^{N_x} e_j \frac{\partial}{\partial x_j}\right)^i h(x)\bigg|_{x=\bar{x}}\right] \\ &= \frac{1}{i!}\left(m_{1\cdots 11}\frac{\partial^i h}{\partial x_1^i} + i \times m_{1\cdots 12}\frac{\partial^i h}{\partial x_1^{i-1}\partial x_2} + \cdots\right) \end{aligned} \tag{3-20}$$

$m_{c_1c_2\cdots c_i}=E[e_{c_1}e_{c_2}\cdots e_{c_i}]$为 i 阶距，$1\leqslant c_1,c_2,\cdots,c_i\leqslant N_x$。因此，若期望值的计算要精确到 m 阶，必须知道 $h[x]$的 m 阶以下的各阶导数和 δ_x 的 m 阶以下的各阶矩。由式(3-17)和式(3-19)可得

$$\begin{aligned}z-\bar{z}&=h(\bar{x}+\delta_x)-E[h(\bar{x}+\delta_x)]\\&=\nabla h\delta_x+\frac{\nabla^2h\delta_x^2}{2!}+\frac{\nabla^3h\delta_x^3}{3!}+\frac{\nabla^4h\delta_x^4}{4!}-E\left[\frac{\nabla^2h\delta_x^2}{2!}+\frac{\nabla^4h\delta_x^4}{4!}+\cdots\right]\end{aligned}$$

若 δ_x 为对称分布(如高斯分布)，则所有的奇数项的期望值都为 0。由于

$$E[\nabla h\delta_x(\nabla h\delta_x)^{\mathrm{T}}]=E[h\boldsymbol{D}^{\mathrm{T}}\delta_x\delta_x^{\mathrm{T}}(h\boldsymbol{D}^{\mathrm{T}})^{\mathrm{T}}]=\boldsymbol{J}(\bar{x})\Sigma_x\boldsymbol{J}^{\mathrm{T}}(\bar{x})$$

因此，z 的协方差 $\boldsymbol{\Sigma}_z=E[\{z-\bar{z}\}\{z-\bar{z}\}^{\mathrm{T}}]$为

$$\begin{aligned}\Sigma_z&=\boldsymbol{J}(\bar{x})\boldsymbol{\Sigma}_x\boldsymbol{J}^{\mathrm{T}}(\bar{x})\\&\quad+E\left[\frac{\nabla h\delta_x(\nabla^3h\delta_x^3)^{\mathrm{T}}}{3!}+\frac{\nabla^2h\delta_x^2(\nabla^2h\delta_x^2)^{\mathrm{T}}}{2\times2}+\frac{\nabla^3h\delta_x^3(\nabla h\delta_x)^{\mathrm{T}}}{3!}\right]\\&\quad-2E\left[\frac{\nabla^2h\delta_x^2}{2}\right]E\left[\frac{\nabla^2h\delta_x^2}{2}\right]^{\mathrm{T}}+\cdots\end{aligned}\tag{3-21}$$

换句话说，要精确计算协方差级数的 m 阶项，必须知道 $h(x)$ 所有 $2m$ 阶以下的项及 δ_x 的所有 $2m$ 阶以下的矩。

显然，若已知特定阶以下的矩和导数，期望值估计精度的阶数高于协方差精度的阶数。线性化方法简单假设泰勒级数所有的二阶以上的项可忽略，即 $z\approx h(\bar{x})+\nabla h\delta_x$，均值和协方差可近似为

$$\bar{z}\approx h(\bar{x})\tag{3-22}$$

$$\Sigma_z\approx J(\bar{x})\Sigma_x\boldsymbol{J}^{\mathrm{T}}(\bar{x})\tag{3-23}$$

然而，高阶项为统计量 δ_x 和非线性变换高阶导数的函数，有些时候这些项可以忽略，但有时又会明显降低估计的性能。一个有意思而又实用的例子就是极坐标到直角坐标的变换。

极坐标到直角坐标的变换是一个重要而又常用的变换，是许多传感器观测模型的基础，包括雷达和激光测距仪。传感器在其本地坐标系中返回极坐标信息(r,θ)，然后转换为目标位置估计的全局直角坐标(x,y)。

$$\begin{pmatrix}x\\y\end{pmatrix}=\begin{pmatrix}r\cos\theta\\r\sin\theta\end{pmatrix}\tag{3-24}$$

若方位误差较大，则对估计精度会产生较大影响。例如，一个距离精度较高的声呐可以得到很高的距离测量值(标准差为 2cm)，但是其方位精度可能很差(标准差为 15°)。图 3-7 表示误差的方差较大时，误差对非线性变换估计的影响。图中显示了对一个真实位置为(0,1)的目标估计结果。图 3-7(a)给出了数百个(x,y)样本，这些样本点由目标位置的真实值(r,θ)加上零均值的高斯噪声，并按照式(3-24)转换成(x,y)坐标。可以看出，样本点的分布呈现出“香蕉”形状的弧形。距离误差使样本点分布呈现带状，而方位误差使其按照圆周展开。这样，样本均值不是位于(0,1)，而是向原点靠近。图 3-9(b)是真实样本均值、方差与线性化方法的结果比较，使用随机样本和线性化方法给出了转换后坐标的样本均值和协方差，并给出了不同方法得到的 1σ 等高线。1σ 等高线是点集合$\{y|$

$(y-\bar{y})P_y^{-1}(y-\bar{y})=1\}$的轨迹，是 Σ_y 大小和方向的图形化表示。

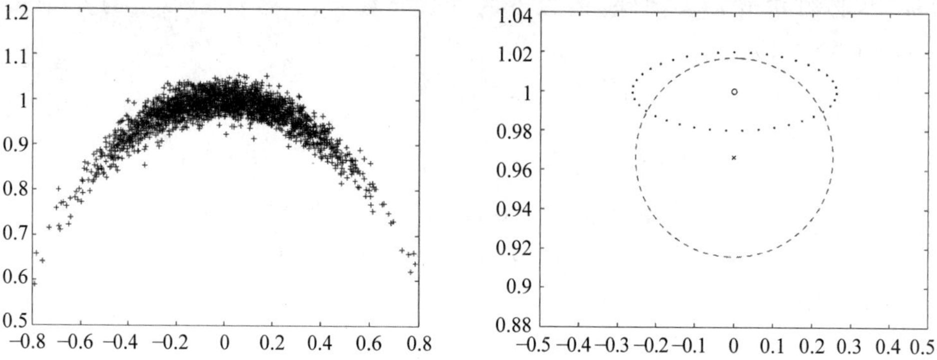

(a) 样本点

(b) 真实样本均值、方差与线性化方法的结果比较

图 3-7　误差对非线性变换估计的影响

图 3-7(b)中，真实的样本均值标记为×，虚线是不确定性椭圆（1σ 等高线）；线性化方法计算的均值标记为 o，不确定性椭圆为点线。

与真实结果相比，线性化估计呈现明显偏差，不满足一致性要求，在 y 方向上更为明显。线性化的均值为 1.0m，而真实的样本均值为 96.7cm。由于是变换过程导致的偏差，每次坐标变换时都会出现相同的误差，其符号都相同。即使没有系统误差，由于 y 方向方差估计偏小，变换也会导致不一致。这种不一致性不仅因为测量误差过大所致，在雷达跟踪应用中，方位误差的标准差小于 1°时，非线性变换也同样会导致不一致性。

这个问题有一些解决方法。最常用的方法是应用线性化，并且调整观测的协方差，将协方差矩阵加上一个足够大的正定矩阵，使得变换后的估计变为一致，过程有时也被称为“注入退火噪声”。但是，这个方法有可能在状态空间的某个方向上无谓地增加假设的不确定性，而偏差并没有减小。第二种方法是对非线性变换做详细的解析分析，在特定的分布假设下，推导变换后均值和协方差精度的解析表达式。对于极坐标到直角坐标变换，假设观测值估计为高斯分布，可以得到精度的解析表达式。然而，只有在特殊情况下，满足较苛刻的假设条件，才能得到严格的解析解。一种稍微通用的方法是具体分析线性化误差的来源。我们知道，产生线性化误差的主要原因是对真实变换估计泰勒级数的截断。因此，保持其高阶项有可能得到更好的结果。一种方法是二阶高斯滤波，假设模型是分段平方的，丢弃泰勒级数二次以上的项。然而，要实现这个滤波器，需要推导 Hessian（二阶导数的张量）矩阵。对于一般典型应用，推导 Hessian 矩阵比推导 Jacobin 矩阵更困难，对于复杂的高精度系统模型更是如此。如果不满足严格的高斯分布假设，尚不清楚在什么条件下采用 Hessian 矩阵可以提高估计的精度。

综上所述，如果可以计算预测值的一致集合，就可以在非线性系统中使用卡尔曼滤波，通过先验估计值的非线性变换得到这些预测值。虽然普遍认为 EKF 使用的线性化方法不好，但其他方法都会付出推导或计算复杂性方面的代价，因此迫切需要一种方法能够得到比线性化更高的精度，而又不过多引入其他高阶滤波技术面临的实现和计算上的问题。正是在这种应用背景下，提出了不敏变换的思想。

3.6.2　不敏变换

不敏变换(UT)基于一种直观的概念：近似一个概率分布比近似一个任意的非线性函数或变换更容易，如图 3-8 所示。选择一个点集(sigma 点)，其均值和协方差为 $\bar{x}$ 和 Σ_x；对这些点做非线性变换，产生一个变换后的“云”；计算变换后点的统计量，得到非线性变换的均值和协方差。

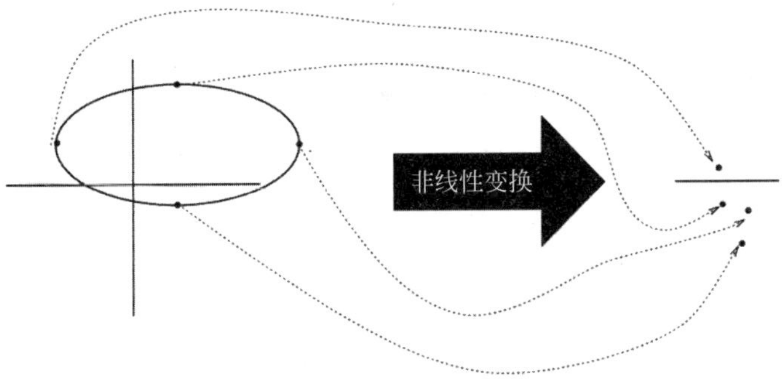

图 3-8　不敏变换原理

表面上看，该方法与粒子滤波很像，但它们有本质的区别。首先，sigma 点不是随机地选择，而是确定性地选择满足一定特性的点，如具有给定均值和协方差，这样可以用很少的固定点得到分布的高阶信息。其次，sigma 点的权重与粒子滤波样本点分布物理意义不同。例如，点的权重可以不属于[0,1]区间。

一个 sigma 点集 S 包括 $p+1$ 个矢量及相应的权重 $S=\{x^{(i)},W^{(i)}\mid i=0,1,\cdots,p\}$。权重 $W^{(i)}$ 可以为正，也可以为负，但为了保证是无偏估计，必须满足：

$$\sum_{i=0}^{p} W^{(i)} = 1 \tag{3-25}$$

给定这些点，可以按下列步骤计算 $\bar{z}$ 和 Σ_z 的估计 $\hat{z}$ 和 $\hat{\Sigma}_z$。

(1) 通过函数变换为每个点赋值，得到变换后的 sigma 点集。

$$z^{(i)} = h(x^{(i)})$$

(2) 对变换后的点加权平均，得到均值的估计。

$$\hat{z} = \sum_{i=0}^{p} W^{(i)} z^{(i)} \tag{3-26}$$

(3) 对变换后的点做加权外积，得到协方差的估计。

$$\hat{\Sigma}_z = \sum_{i=0}^{p} W^{(i)} [z^{(i)} - \hat{z}][z^{(i)} - \hat{z}]^{\mathrm{T}} \tag{3-27}$$

可以用类似的方法计算任何函数的统计量。

例如，可以按照式(3-28)，在协方差为 $\sqrt{N_x \Sigma_x}$ 的协方差等高线上对称地选择 $2N_x$ 个点 $x^{(i)}$ 构成一个对称点集。

$$
\left.\begin{aligned}
x^{(i)} &= \bar{x} + (\sqrt{N_x \Sigma_x})_i \\
W^{(i)} &= 1/2N_x \\
x^{(i+N_x)} &= \bar{x} - (\sqrt{N_x \Sigma_x})_i \\
W^{(i+N_x)} &= 1/2N_x
\end{aligned}\right\} \quad 1 \leqslant i \leqslant N_x \tag{3-28}
$$

假设 $N_x\Sigma_x$(原始协方差矩阵乘以维数)的平方根形式为 $N_x\Sigma_x = \boldsymbol{AA}^{\mathrm{T}}$，$(\sqrt{N_x\Sigma_x})_i$ 是指 $\boldsymbol{A}$ 的第 i 列，$W^{(i)}$ 是第 i 个点的权重。记 $\boldsymbol{A}$ 的第 i 列为 A_i，即 $\boldsymbol{A} = [A_1, A_2, \cdots, A_{N_x}]$，则 $\sum_{i=1}^{N_x} \boldsymbol{A}_i\boldsymbol{A}_i^{\mathrm{T}} = \boldsymbol{AA}^{\mathrm{T}} = N_x\Sigma_x$。

不难验证，式(3-28)给出的 sigma 点集满足：

$$
\sum_{i=1}^{2N_x} W^{(i)} x^{(i)} = \bar{x}
$$

$$
\sum_{i=1}^{2N_x} W^{(i)} [x^{(i)} - \bar{x}][x^{(i)} - \bar{x}]^{\mathrm{T}} = \Sigma_x
$$

由 sigma 点集，可以得到 $\bar{z}$ 和 Σ_z 的估计 $\hat{z}$ 和 $\hat{\Sigma}_z$。

$$
\hat{z} = \sum_{i=1}^{N_x} W^{(i)} [z^{(i)} + z^{(i+N_x)}]
$$

$$
\hat{\Sigma}_z = \sum_{i=1}^{N_x} W^{(i)} \{[z^{(i)} - \hat{z}][z^{(i)} - \hat{z}]^{\mathrm{T}} + [z^{(i+N_x)} - \hat{z}][z^{(i+N_x)} - \hat{z}]^{\mathrm{T}}\}
$$

下面分析 $\hat{z}$ 和 $\hat{\Sigma}_z$ 的精度。

$$
\begin{aligned}
\hat{z} &= \sum_{i=1}^{2N_x} W^{(i)} z^{(i)} = \frac{1}{2N_x} \sum_{i=1}^{N_x} \{h[\bar{x} + (\sqrt{N_x\Sigma_x})_i] + h[\bar{x} - (\sqrt{N_x\Sigma_x})_i]\} \\
&= h(\bar{x}) + \frac{1}{N_x} \sum_{i=1}^{N_x} \left\{\frac{1}{2} \nabla^2 h[(N_x\Sigma_x)_i]^2\right\} + \frac{1}{N_x} \sum_{i=1}^{N_x} \left\{\frac{1}{4!} \nabla^4 h[(\sqrt{N_x\Sigma_x})_i]^4\right\} + \cdots \\
&= h(\bar{x}) + \frac{1}{N_x} \sum_{i=1}^{N_x} \left\{\frac{1}{2} \nabla^2 h A_i^2\right\} + \frac{1}{N_x} \sum_{i=1}^{N_x} \left\{\frac{1}{4!} \nabla^4 h A_i^4\right\} + \cdots
\end{aligned}
$$

而

$$
\frac{1}{N_x} \sum_{i=1}^{N_x} \left\{\frac{1}{2} \nabla^2 h A_i^2\right\} = \frac{1}{2N_x} \sum_{i=1}^{N_x} \{h\boldsymbol{D}^{\mathrm{T}} \boldsymbol{A}_i \boldsymbol{A}_i^{\mathrm{T}} \boldsymbol{D}\} = \frac{1}{2} h\boldsymbol{D}^{\mathrm{T}} \Sigma_x \boldsymbol{D} = E\left[\frac{1}{2} \nabla^2 h\delta_x^2\right]
$$

因此，

$$
\hat{z} = h(\bar{x}) + E\left[\frac{1}{2} \nabla^2 h\delta_x^2\right] + \frac{1}{N_x} \sum_{i=1}^{N_x} \left\{\frac{1}{4!} \nabla^4 h A_i^4\right\} + \cdots
$$

由式(3-19)可知，若 δ_x 为对称分布(不一定为高斯分布)，其奇数阶项的均值为 0。与式(3-19)比较，可以看出，$\hat{z}$ 精确到泰勒级数的 3 阶项，即

$$
\hat{z} = \bar{z} + \frac{1}{N_x} \sum_{i=1}^{N_x} \left\{\frac{1}{4!} \nabla^4 h A_i^4\right\} - E\left[\frac{1}{4!} \nabla^4 h\delta_x^4\right] + \frac{1}{N_x} \sum_{i=1}^{N_x} \left\{\frac{1}{6!} \nabla^6 h A_i^6\right\} - E\left[\frac{1}{6!} \nabla^6 h\delta_x^6\right] + \cdots
$$

为了分析 $\hat{\Sigma}_z$ 的精度，需要得到 $\hat{\Sigma}_z$ 的泰勒级数。根据 $z^{(i)}$ 的定义，可以得到其泰勒展开为

$$\begin{aligned} z^{(i)} &= h(\bar{x}+A_i) = h(\bar{x}) + \nabla hA_i + \frac{1}{2!}\nabla^2 hA_i^2 + \cdots \\ z^{(i+N_x)} &= h(\bar{x}-A_i) = h(\bar{x}) - \nabla hA_i + \frac{1}{2!}\nabla^2 hA_i^2 - \cdots \end{aligned} \qquad 1 \leqslant i \leqslant N_x$$

由 $\hat{z}=h(\bar{x})+\frac{1}{N_x}\sum_{i=1}^{N_x}\left\{\frac{1}{2}\nabla^2 hA_i^2\right\}+\frac{1}{N_x}\sum_{i=1}^{N_x}\left\{\frac{1}{4!}\nabla hA_i^4\right\}+\cdots$ 可得

$$\begin{aligned} z^{(i)} - \hat{z} = &\nabla hA_i + \left[\frac{1}{2!}\nabla^2 hA_i^2 - \frac{1}{N_x}\sum_{i=1}^{N_x}\left(\frac{1}{2}\nabla^2 hA_i^2\right)\right] \\ &+ \frac{1}{3!}\nabla^3 hA_i^3 + \left[\frac{1}{4!}\nabla^4 hA_i^4 - \frac{1}{N_x}\sum_{i=1}^{N_x}\left(\frac{1}{4!}\nabla^4 hA_i^4\right)\right] + \cdots \end{aligned}$$

$$\begin{aligned} z^{(i+N_x)} - \hat{z} = &-\nabla hA_i + \left[\frac{1}{2!}\nabla^2 hA_i^2 - \frac{1}{N_x}\sum_{i=1}^{N_x}\left(\frac{1}{2}\nabla^2 hA_i^2\right)\right] \\ &- \frac{1}{3!}\nabla^3 hA_i^3 + \left[\frac{1}{4!}\nabla^4 hA_i^4 - \frac{1}{N_x}\sum_{i=1}^{N_x}\left(\frac{1}{4!}\nabla^4 hA_i^4\right)\right] + \cdots \end{aligned}$$

这里，$\nabla hA_i=J(\bar{x})A_i$。用 $\Delta_i=z^{(i)}-\hat{z}-J(\bar{x})A_i$ 和 $\Delta_{i+N_x}=z^{(i+N_x)}-\hat{z}+J(\bar{x})A_i$ 表示 $z^{(i)}-\hat{z}$ 和 $z^{(i+N_x)}-\hat{z}$ 的高阶项，则

$$\begin{aligned} \hat{\Sigma}_z = &\sum_{i=1}^{N_x} W^{(i)}\{[z^{(i)}-\hat{z}][z^{(i)}-\hat{z}]^{\mathrm{T}} + [z^{(i+N_x)}-\hat{z}][z^{(i+N_x)}-\hat{z}]^{\mathrm{T}}\} \\ = &\frac{1}{2N_x}\sum_{i=1}^{N_x}\{[z^{(i)}-\hat{z}][z^{(i)}-\hat{z}]^{\mathrm{T}} + [z^{(i+N_x)}-\hat{z}][z^{(i+N_x)}-\hat{z}]^{\mathrm{T}}\} \\ = &\frac{1}{2N_x}\sum_{i=1}^{N_x}\{[J(\bar{x})A_i+\Delta_i][J(\bar{x})A_i+\Delta_i]^{\mathrm{T}} \\ &+ [-J(\bar{x})A_i+\Delta_{i+N_x}][-J(\bar{x})A_i+\Delta_{i+N_x}]^{\mathrm{T}}\} \\ = &J(\bar{x})\Sigma_x J(\bar{x})^{\mathrm{T}} + \frac{1}{2N_x}\sum_{i=1}^{N_x}[(\Delta_i-\Delta_{i+N_x})[J(\bar{x})A_i]^{\mathrm{T}} + J(\bar{x})A_i(\Delta_i-\Delta_{i+N_x})^{\mathrm{T}}] \\ &+ \frac{1}{2N_x}\sum_{i=1}^{N_x}[\Delta_i\Delta_i^{\mathrm{T}} + \Delta_{i+N_x}\Delta_{i+N_x}^{\mathrm{T}}] \end{aligned}$$

这里，$\Delta_i-\Delta_{i+N_x}=\frac{2}{3!}\nabla^3 hA_i^3+\frac{2}{5!}\nabla^5 hA_i^5+\cdots$，为 $z^{(i)}$ 泰勒展开的 3 阶以上的项。与式(3-21)给出的协方差 $\Sigma_z=E[\{z-\bar{z}\}\{z-\bar{z}\}^{\mathrm{T}}]$ 相比，可以看出，仅精确到 1 阶项。

UT 不仅形式简单，而且具有一系列重要特性。

(1) 由于算法仅使用有限个数的 sigma 点，很容易以“黑匣子”形式做成滤波库函数使用。给定一个模型，定义输入和输出，可以采用一个标准的程序计算任意给定变换的预测值。

(2) 计算开销与 EKF 相当。最大的开销是计算矩阵平方根和外积，外积用于计算

sigma 点的协方差。但这些运算都是 $O(N_x^3)$，与 EKF 的复杂性相同。EKF 为了计算预测协方差，需要计算 $N_x \times N_x$ 矩阵的乘法。

(3) 任意能够正确编码均值与协方差的 sigma 点集，包括式(3-28)给出的点集，计算出均值和协方差都能够精确到二阶，但不需要计算 Jacobin 矩阵。

(4) 算法可用于非连续的变换。sigma 点可以表示间断点，无须要求变换的连续性，可以近似不连续变换估计的效果。3.6.4 节介绍一个非连续变换的实例。

下面用极坐标到直角坐标变换问题说明不敏变换精度。对于图 3-7 的例子，采用式(3-28)给出的 sigma 点，UT 的性能如图 3-9 所示，真实均值用"∗"标记，不确定性椭圆用虚线表示，UT 的均值用"○"标记，椭圆用实线；线性化方法的均值用 o 标注，椭圆用点线表示。图 3-9(a)给了变换的 sigma 点 $z^{(i)}$ 集合。原始的 $x^{(i)}$ 点集为原点对称分布，非线性变换将分布变为三角形，其中一个点位于中心。与真实值和线性化得到的值相比，UT 的均值和协方差如图 3-9(b)所示。UT 的均值非常靠近真实变换的分布，反映了 UT 二阶偏差修正项的效果。然而，UT 的协方差估计低估了实际变换分布真实的协方差。这是因为上述的点集仅精确到二阶。因此，尽管均值预测得很准，UT 对协方差的预测精度与线性化方法的阶数相同。通过对 Σ_x 增加退火噪声，可以使变换估计具有一致性。然而，不敏变换技术给出了更直接的机制，可以极大地提高估计的精度。

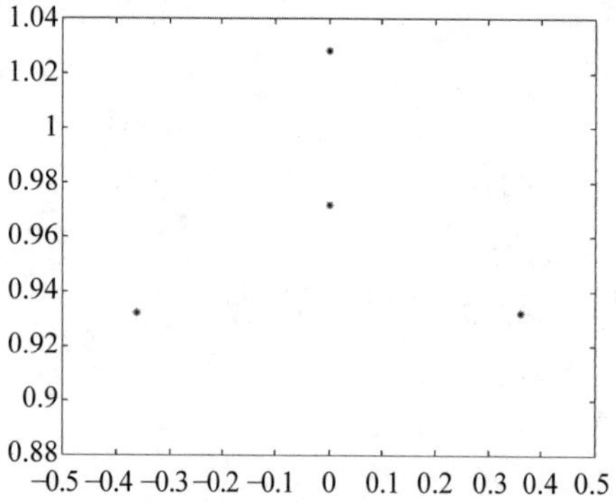

(a) 变换的sigma点集合

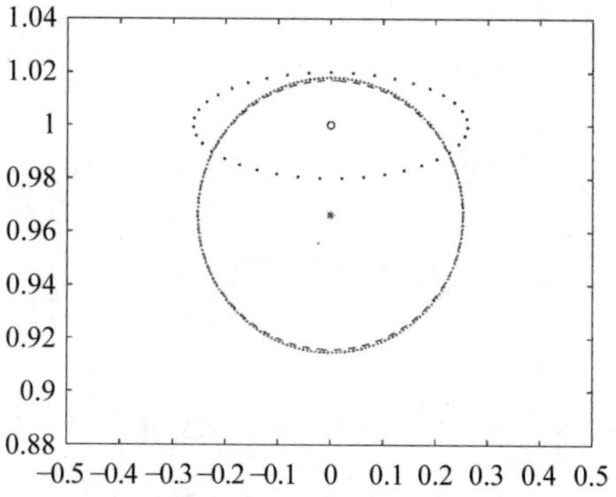

(b) 不敏变换的均值和协方差

图 3-9 线性化和不敏变换得到的均值和标准差椭圆

3.6.3 提高精度及 sigma 点集的优化选择

上一节的例子说明，采用式(3-28)的 sigma 点选择算法的不敏变换，与线性化方法相比，在实现上和精度上都有明显的优势。由于 UT 具有足够的灵活性，因此还可以进一步在 sigma 点集中体现均值和协方差以外的信息，选择一个集合，尽可能利用已知的、与估计相关的误差分布信息。

1. 扩展对称集合

假设构造了一个点集，具有给定的均值和协方差。若在集合中新增加点，新增点的均值等于给定的均值，则不会影响集合的均值，但为了保持协方差不变，需要按比例调整其他点。通过调整比例得到一个不同的 sigma 集合，其高阶矩不同，但均值和协方差相同。

我们将看到，新增点的权重可以作为一种控制参数，用于控制 sigma 点分布高阶矩的某些特性，而不会影响均值和协方差。为了表示方便，设 $W^{(0)}$ 是均值点 $\bar{x}$ 的权重，均值点编号为第 0 点。在集合中增加这个均值点，并且调整权重，保证满足系数归一性、均值和协方差等限制，新的点分布变为

$$
\begin{aligned}
x^{(0)} &= \bar{x} \\
W^{(0)} &= W^{(0)} \\
x^{(i)} &= \bar{x} + \left(\sqrt{\frac{N_x}{1-W^{(0)}}\Sigma_x}\right)_i \\
W^{(i)} &= \frac{1-W^{(0)}}{2N_x} \\
x^{(i+N_x)} &= \bar{x} - \left(\sqrt{\frac{N_x}{1-W^{(0)}}\Sigma_x}\right)_i \\
W^{(i+N_x)} &= \frac{1-W^{(0)}}{2N_x}
\end{aligned}
\tag{3-29}
$$

$W^{(0)}$ 的值可以控制其他点的位置调整，式(3-28)给出的集合相当于 $W^{(0)}=0$ 的特例。若 $W^{(0)}\geqslant 0$，则其他点向远离均值点方向调整；反之，若 $W^{(0)}\leqslant 0$，则其他点向均值点靠近。因为不敏变换的点不是概率分布函数，所以权重不受非负限制，允许 $W^{(0)}\leqslant 0$。

$$
\begin{aligned}
\hat{z} &= \sum_{i=0}^{2N_x} W^{(i)} z^{(i)} \\
&= W^{(0)} z^{(0)} + \frac{1-W^{(0)}}{2N_x}\sum_{i=1}^{N_x}\left\{h\left[\bar{x}+\left(\sqrt{\frac{N_x}{1-W^{(0)}}\Sigma_x}\right)_i\right]+h\left[\bar{x}-\left(\sqrt{\frac{N_x}{1-W^{(0)}}\Sigma_x}\right)_i\right]\right\} \\
&= h(\bar{x}) + \frac{1-W^{(0)}}{N_x}\sum_{i=1}^{N_x}\left\{\frac{1}{2}\nabla^2 h\left[\left(\sqrt{\frac{N_x}{1-W^{(0)}}\Sigma_x}\right)_i\right]^2\right\}+\frac{1-W^{(0)}}{N_x} \\
&\quad \sum_{i=1}^{N_x}\left\{\frac{1}{4!}\nabla^4 h\left[\left(\sqrt{\frac{N_x}{1-W^{(0)}}\Sigma_x}\right)_i\right]^4\right\}+\cdots \\
&= h(\bar{x}) + \frac{1-W^{(0)}}{N_x}\sum_{i=1}^{N_x}\left\{\frac{1}{2}\nabla^2 hA_i^2\right\}+\frac{1-W^{(0)}}{N_x}\sum_{i=1}^{N_x}\left\{\frac{1}{4!}\nabla^4 hA_i^4\right\}+\cdots
\end{aligned}
$$

这里，$\boldsymbol{A}_i = \left(\sqrt{\frac{N_x}{1-W^{(0)}}\Sigma_x}\right)_i$，$\sum_{i=1}^{N_x}\{\boldsymbol{A}_i\boldsymbol{A}_i^{\mathrm{T}}\} = \frac{N_x}{1-W^{(0)}}\Sigma_x$。

$$
\frac{1-W^{(0)}}{N_x}\sum_{i=1}^{N_x}\left\{\frac{1}{2}\nabla^2 hA_i^2\right\}=\frac{1-W^{(0)}}{2N_x}\sum_{i=1}^{N_x}\{h\boldsymbol{D}^{\mathrm{T}}\boldsymbol{A}_i\boldsymbol{A}_i^{\mathrm{T}}\boldsymbol{D}\} = \frac{1}{2}h\boldsymbol{D}^{\mathrm{T}}\Sigma_x\boldsymbol{D} = E\left[\frac{1}{2}\nabla^2 h\delta_x^2\right]
$$

由此得

$$
\hat{z} = h(\bar{x}) + E\left[\frac{1}{2}\nabla^2 h\delta_x^2\right]+\frac{1-W^{(0)}}{N_x}\sum_{i=1}^{N_x}\left\{\frac{1}{4!}\nabla^4 hA_i^4\right\}+\cdots
$$

$$
\begin{aligned}
\hat{z} &= \bar{z} + \frac{1-W^{(0)}}{N_x}\sum_{i=1}^{N_x}\left\{\frac{1}{4!}\nabla^4 hA_i^4\right\}-E\left[\frac{1}{4!}\nabla^4 h\delta_x^4\right]+\frac{1-W^{(0)}}{N_x} \\
&\quad \sum_{i=1}^{N_x}\left\{\frac{1}{6!}\nabla^6 hA_i^6\right\}-E\left[\frac{1}{6!}\nabla^6 h\delta_x^6\right]+\cdots
\end{aligned}
$$

可以看出，引入新的 sigma 点$\{x^{(0)}, w^{(0)}\}$并没有影响期望值的估计的低阶项，$\hat{z}$ 仍然精确到 3 阶项，但 4 阶以上的高阶项多了调节参数 $W^{(0)}$，可以通过调节 $W^{(0)}$，减少高阶项误差。

对新增加的点 $x^{(0)}$，我们定义 $\Delta_0 = a_0 - \hat{z}$，则

$$\Delta_0 = z_0 - \hat{z} = -E\left[\frac{1}{2}\nabla^2 h\delta_x^2\right] - \frac{1-W^{(0)}}{N_x}\sum_{i=1}^{N_x}\left\{\frac{1}{4!}\nabla^4 hA_i^4\right\} + \cdots$$

$$\begin{aligned}
\hat{\Sigma}_z &= W^{(0)}[z^{(0)} - \hat{z}][z^{(0)} - \hat{z}]^{\mathrm{T}} + \sum_{i=1}^{N_x} W^{(i)}\{[z^{(i)} - \hat{z}][z^{(i)} - \hat{z}]^{\mathrm{T}} \\
&\quad + [z^{(i+N_x)} - \hat{z}][z^{(i+N_x)} - \hat{z}]^{\mathrm{T}}\} \\
&= W^{(0)}[z^{(0)} - \hat{z}][z^{(0)} - \hat{z}]^{\mathrm{T}} + \frac{1-W^{(0)}}{2N_x}\sum_{i=1}^{N_x}\{[z^{(i)} - \hat{z}][z^{(i)} - \hat{z}]^{\mathrm{T}} \\
&\quad + [z^{(i+N_x)} - \hat{z}][z^{(i+N_x)} - \hat{z}]^{\mathrm{T}}\} \\
&= W^{(0)}\Delta_0\Delta_0^{\mathrm{T}} + \frac{1-W^{(0)}}{2N_x}\sum_{i=1}^{N_x}\{[j(\bar{x})A_i + \Delta_i][J(\bar{x})A_i + \Delta_i]^{\mathrm{T}} \\
&\quad + [-J(\bar{x})A_i + \Delta_{i+N_x}][-J(\bar{x})A_i + \Delta_{i+N_x}]^{\mathrm{T}}\} \\
&= J(\bar{x})\Sigma_x J(\bar{x})^{\mathrm{T}} + \frac{1-W^{(0)}}{2N_x}\sum_{i=1}^{N_x}[(\Delta_i - \Delta_{i+N_x})[J(\bar{x})A_i]^{\mathrm{T}} + J(\bar{x})A_i(\Delta_i - \Delta_{i+N_x})^{\mathrm{T}}] \\
&\quad + \frac{1-W^{(0)}}{2N_x}\sum_{i=1}^{N_x}[\Delta_i\Delta_i^{\mathrm{T}} + \Delta_{i+N_x}\Delta_{i+N_x}^{\mathrm{T}}] + W^{(0)}\Delta_0\Delta_0^{\mathrm{T}}
\end{aligned}$$

同样，引入新的 sigma 点$\{x^{(0)}, w^{(0)}\}$没有影响协方差估计的低阶项，$W^{(0)}$ 也可用于调节协方差估计的高阶误差。

下面研究如何通过调节参数 $W^{(0)}$ 减小均值估计的高阶误差。显然，为了减小均值估计高阶项的误差，应该尽可能减小$\frac{1-W^{(0)}}{N_x}\sum_{j=1}^{N_x}\{\nabla^i hA_j^i\} - E[\nabla^i h\delta_x^i]$。这里，

$$E[\nabla^i h\delta_x^i] = E\left[\left(\sum_{j=1}^{N_x} \mathrm{e}_j\frac{\partial}{\partial x_j}\right)^i h(x)\Big|_{x=\bar{x}}\right] = \left(m_{1\cdots 11}\frac{\partial^i h}{\partial x_1^i} + i\times m_{1\cdots 12}\frac{\partial^i h}{\partial x_1^{i-1}\partial x_2} + \cdots\right)$$

$$m_{c_1c_2\cdots c_i} = E[e_{c_1}e_{c_2}\cdots e_{c_i}], 1 \leqslant c_1, c_2, \cdots, c_i \leqslant N_x$$

$$\nabla hA_j^i = \left(a_{1j}^i\frac{\partial^i h}{\partial x_1^i} + i\times a_{1j}^{i-1}a_{2j}\frac{\partial^i h}{\partial x_1^{i-1}\partial x_2} + \cdots\right)$$

这里，a_{kj} 为 A_j 的第 k 个元素，即 $\mathbf{A}_j = [a_{1j}, a_{2j}, \cdots, a_{N_x j}]^{\mathrm{T}}$。不失一般性，假设 δ_x 先验分布的均值和协方差为 $\mathbf{0}$ 和 I，e_{c_k} 是高斯分布的随机变量。实际上，可以用仿射变换将其变换为任意的均值和协方差。

对于对称的高斯分布，均值估计可以精确到 3 阶。可以通过调整参数 $W^{(0)}$，尽可能减小 4 阶误差。

若 e_1、e_2、e_3、e_4 为 4 个独立的高斯分布随机变量，则

$$E[e_{k_1}^{\alpha_1}e_{k_2}^{\alpha_2}\cdots e_{k_t}^{\alpha_t}]=\prod_{j=1}^{t}E[e_{k_j}^{\alpha_j}]$$

$$E[e_i^{\alpha_j}]=\begin{cases}1\times 3\times\cdots\times(\alpha_j-1) & \alpha_j\mid 2\\ 0 & \text{其他}\end{cases}$$

对于四阶矩，有

$$E(e_ie_je_ke_l)=E(e_ie_j^3)=E(e_ie_j^2e_k)=0$$

$$E(e_i^4)=3$$

$$E(e_i^2e_j^2)=1$$

由 $\boldsymbol{AA}^{\mathrm{T}}=\dfrac{N_x}{1-W^{(0)}}\boldsymbol{I}$ 可知，矩阵 $\boldsymbol{A}$ 的行向量相互正交。

$$\sum_{j=1}^{N_x}a_{kj}a_{lj}=\begin{cases}\dfrac{N_x}{1-W^{(0)}} & k=l\\ 0 & k\neq l\end{cases}$$

$$\sum_{j=1}^{N_x}a_{kj}^2=\frac{N_x}{1-W^{(0)}},\quad 1\leqslant k\leqslant N_x$$

如果取 $\boldsymbol{A}=\sqrt{\dfrac{N_x}{1-W^{(0)}}}\boldsymbol{I}$，则

$$a_{k_1j}^{\alpha_1}a_{k_2j}^{\alpha_2}\cdots a_{k_tj}^{\alpha_t}=\begin{cases}\alpha_{jj}^4=\left(\dfrac{N_x}{1-W^{(0)}}\right)^2 & k_i=j\\ 0 & \text{其他}\end{cases}$$

$$\frac{1-W^{(0)}}{N_x}\sum_{j=1}^{N_x}\{a_{k_1j}^{\alpha_1}a_{k_2j}^{\alpha_2}\cdots a_{k_tj}^{\alpha_t}\}=\begin{cases}\dfrac{N_x}{1-W^{(0)}} & k_1=k_2=\cdots k_t=k\\ 0 & \text{其他}\end{cases}$$

这里，$\sum_{i=1}^{t}\alpha_i=4$。

为了使 $\dfrac{1-W^{(0)}}{N_x}\sum_{j=1}^{N_x}\{a_{ij}^4\}=\dfrac{N_x}{1-W^{(0)}}$，匹配 $E(e_i^4)=3$，可得 $W^{(0)}=1-\dfrac{N_x}{3}$。

这里仅匹配了前三阶矩，并没有精确匹配所有四阶矩。例如，高斯分布的矩 $E[e_k^2e_l^2]=1$，而 sigma 点集的样本矩为 $\dfrac{1-W^{(0)}}{N_x}\sum_{j=1}^{N_x}\{a_{kj}^2a_{lj}^2\}=0$。

在很多文献和教科书中，取 $W^{(0)}=\dfrac{k}{N_x+k}$，可调节参数为 k，式(3-29)变为式(3-30)。

$$x^{(0)}=\bar{x}$$

$$W^{(0)}=\frac{k}{N_x+k}$$

$$x^{(i)}=\bar{x}+(\sqrt{(N_x+k)\Sigma_x})_i$$

$$W^{(i)}=\frac{1}{2(N_x+k)}$$

$$x^{(i+N_x)}=\bar{x}-(\sqrt{(N_x+k)\Sigma_x})_i$$

$$W^{(i+N_x)} = \frac{1}{2(N_x + k)} \tag{3-30}$$

由$\frac{k}{N_x+k}=1-\frac{N_x}{3}$可得 $N_x+k=3$。

由于矩阵的平方根并不唯一，不同的解表示误差在各个状态的分布方式不同，对高阶项的误差会产生不同的影响。后面将介绍比例修正 sigma 点的方法，可以通过调整误差在不同状态的分布方式尽可能减小高阶项的误差。

下面继续以极坐标到直角坐标转换为例，分析对称集合扩展的效果。

假设本地极坐标系中传感器误差的先验分布为高斯分布，这里 $N_x=2$，则 $W^{(0)}=1/3$。图 3-10(a)显示扩充集合产生的点。增加的点位于线性化方法计算的均值(0,1)。图 3-10(b)是 UT 结果与线性化方法和蒙特卡洛方法结果的比较，这些明显的改进是由于增加的点有效控制了高阶矩。图中，数据的实际均值用“ * ”标记，不确定性椭圆用虚线表示；UT 的均值用“o”表示，不确定性椭圆用实线表示；线性化均值用“o”表示，不确定性椭圆用虚线表示。

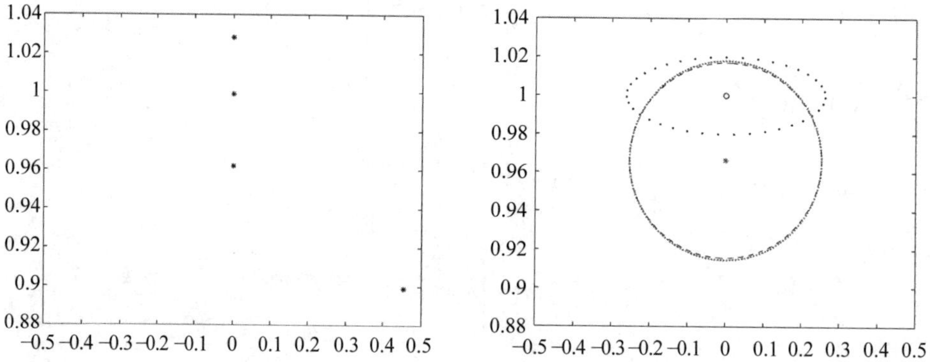

(a) 扩充集合产生的点　　(b) 不敏变换与线性化方法和蒙特卡洛方法结果的比较

图 3-10　扩展对称点集效果

2. sigma 点通用选择策略

通过上一节的扩展可以看到，sigma 点集可以考虑部分高阶信息。进一步推广这个概念，可以应用不敏变换更多地传递矩的高阶信息。

因为任何实用的滤波器不可能维护完整的状态分布，在时间步骤 k，通常采用启发式方法假设形式为 $p(x)$的简化分布。若选择的 $p(x)$在计算上或解析分析上都易于处理，并且它还能反映真实分布的主要特征，那就很容易得到非线性变换问题的近似解。一种可能就是假设所有的分布都是高斯分布，即 $p(x)$是一个高斯分布，均值和协方差为 $\bar{x}$ 和 Σ_x。

尽管在很多情况下，高斯分布并不是一个好的假设，但它可以作为一个很好的实例，说明如何利用一个 sigma 点集反映或匹配一个给定分布的各种特性。这种匹配可以写成形如 $c[S,p_x(x)]=0$ 的一组非线性约束。

例如，式(3-28)给出的对称点集匹配一个高斯分布的均值和协方差，并且由于其对称性，它还可以匹配三阶矩(偏度为 0)。这些条件可以用 $c[\cdot,\cdot]$形式写成。

$$c_1[S,p_x(x)]=\sum_{i=0}^{p}W^{(i)}x^{(i)}-\bar{x}$$

$$c_2[S,p_x(x)]=\sum_{i=0}^{p}W^{(i)}(x^{(i)}-\bar{x})(x^{(i)}-\bar{x})^{\mathrm{T}}-\Sigma_x$$

$$c_3[S,p_x(x)]=\sum_{i=0}^{p}W^{(i)}(x^{(i)}-\bar{x})^3$$

满足这些限制条件的 sigma 点集可能并不唯一，因此还可以进一步优化选择 sigma 点集，引入一个代价函数 $\mathrm{cost}[S,p_x(x)]$，限定某些不希望的特性。例如，式(3-29)给出的扩展对称集还有一些自由度，如矩阵的平方根和 $W^{(0)}$ 的取值并不唯一。$W^{(0)}$ 的取值会影响 sigma 点集的四阶及四阶以上矩。尽管四阶矩不能精确匹配，但可以选择 $W^{(0)}$，使得误差最小。

总之，通用 sigma 点选择算法可以表示成

$$\begin{aligned}&\text{最小化：}\quad \mathrm{cost}[S,p_x(x)]\\&\text{约束条件：}\quad c[S,p_x(x)]=0\end{aligned}\tag{3-31}$$

式(3-31)给出了 sigma 点集选择的一般方法，可以根据具体的应用需要和可利用的随机变量分布信息确定约束条件和优化目标，选择所需的 sigma 点集。然而，大多数情况下，一般只能知道分布的前二阶矩，对高阶项做不合理的假设反而会恶化估计器的性能。

sigma 点集的优化选择主要有两个方向：一个是用最少数量的点满足所需的统计性能，从而减少计算开销，提高系统的实时处理能力；另一个就是在满足特定阶数精度要求的前提下，使得高阶误差最小化。下面分别介绍满足均值和协方差要求的最小点集和可严格匹配高斯分布四阶矩的 sigma 点集。

3. 最小化点集及单形 sigma 集

UT 的计算开销与 sigma 点的个数成正比，因此迫切希望减少所使用的点的个数。无论是小型应用系统，还是复杂大型系统，都会面临这种需求。如航向跟踪这种小型应用系统，其状态维数不大，但实时性要求高，而天气预报却有数千上万个状态。

sigma 点的最小个数是指其均值和协方差为 $\bar{x}$ 和 Σ_x 所需的最小 sigma 点的个数。对于 $p+1$ 个点的 sigma 点集，其估计协方差为 $\sum_{i=0}^{p}W^{(i)}(x^{(i)}-\bar{x})(x^{(i)}-\bar{x})^{\mathrm{T}}$。若令

$$A=[x^{(0)}-\bar{x},x^{(1)}-\bar{x},\cdots,x^{(p)}-\bar{x}]$$

$$\boldsymbol{W}=\begin{bmatrix}W^{(0)}&&&\\&W^{(1)}&&\\&&\ddots&\\&&&W^{(p)}\end{bmatrix}$$

则 $\boldsymbol{A}$ 是一个 $N_x\times(p+1)$ 矩阵，$\sum_{i=0}^{p}W^{(i)}(x^{(i)}-\bar{x})(x^{(i)}-\bar{x})^{\mathrm{T}}=\boldsymbol{AWA}^{\mathrm{T}}$。由 $\sum_{i=0}^{p}W^{(i)}x^{(i)}=\bar{x}$，$\sum_{i=0}^{p}W^{(i)}=1$，得 $\sum_{i=0}^{p}W^{(i)}(x^{(i)}-\bar{x})=0$，向量组 $x^{(0)}-\bar{x},x^{(1)}-\bar{x},\cdots,x^{(p)}-\bar{x}$ 线性相关，$\mathrm{rank}[\boldsymbol{A}]\leqslant p$，$\mathrm{rank}[\boldsymbol{AWA}^{\mathrm{T}}]\leqslant\mathrm{rank}[\boldsymbol{A}]\leqslant p$。

对于多维分布的随机向量，其协方差矩阵通常为满秩矩阵。为了严格匹配二阶矩，必须要求 $p \geqslant N_x$，因此至少需要 N_x+1 个 sigma 点。对于二维空间，任意 2 个点都在同一条直线上，其协方差矩阵的秩不大于 1。若增加一个点，可以构成一个三角形，其协方差矩阵的秩为 2。推而广之，使用 N_x+1 个顶点的单形可以匹配一个 N_x 维空间。

从上面的分析可以知道，为了匹配二阶矩，至少需要 N_x+1 个点，但并非任意 N_x+1 个点都可以匹配前二阶矩。同时，满足要求的单形 sigma 点集也不是唯一的。例如，可以选择一个最小化分布偏度（三阶矩）的点集，也可以考虑数值与近似的稳定性，选择由超球面上的点组成的球形 sigma 点集，所有 sigma 点与原点（均值点）的距离相同。

最小偏度单形采样要求在匹配前二阶矩的前提下使得 3 阶矩（即偏度）最小。根据这一要求，式(3-31)的代价函数即为偏度，求解可得 sigma 点集。

(1) 选择 $0 \leqslant W^{(0)} \leqslant 1$。

(2) sigma 权重为

$$W^{(i)}=\begin{cases}(1-W^{(0)})/2^{N_x}, & i=1,2\\ 2^{i-1}W^{(1)}, & i=3,\cdots,p\end{cases}$$

(3) 初始化矢量序列（第一维）。

$$x_0^1=[0];x_1^1=\left[-\frac{1}{\sqrt{2W^{(1)}}}\right];x_2^1=\left[\frac{1}{\sqrt{2W^{(1)}}}\right]$$

(4) 扩展矢量序列（第 j 维），$j=2,\cdots,N_x$。

$$x_i^j=\begin{cases}\begin{bmatrix}x_0^{j-1}\\ 0\end{bmatrix}, & i=0\\ \begin{bmatrix}x_i^{j-1}\\ -\dfrac{1}{\sqrt{2W^{(j)}}}\end{bmatrix}, & i=1,\cdots,j\\ \begin{bmatrix}0_j\\ -\dfrac{1}{\sqrt{2W^{(j)}}}\end{bmatrix} & i=j+1\end{cases}$$

(5) 对所生成的 sigma 点，加入 x 的均值和协方差信息，$x^{(i)}=\bar{x}+(\sqrt{\Sigma_x})x_i^j$。

在最小偏度单形采样中所选择的 sigma 点的权重和距离都是不同的。也就是说，各个 sigma 点的重要性是不同的。低维扩维形成的 sigma 点的权重较高维直接形成的 sigma 点权重大，而且距中心点更近。随着维数的增大，有些 sigma 点的权值会变得很小，距中心点的距离也会很远。最小偏度单形采样的 sigma 点分布不是中心对称的，但服从轴对称。公式推导是依照 3 阶矩为 0 进行推导的，也就是分布的 3 阶矩为 0，确保了对于任意分布达到 2 阶截断精度，对于高斯分布达到 3 阶截断精度。

超球体单形采样只要求匹配前两阶矩，但要求除中心点外的其他 sigma 点权值相同，而且与中心点距离相同。在如上要求下，sigma 点分布在空间上呈现超球体状，所以称之为超球体单形采样。将上述条件作为约束条件，可确定 sigma 点，基本算法如下。

(1) 选择 $0 \leqslant W^{(0)} \leqslant 1$。

(2) 选择权重序列 $W^{(i)}=(1-W_0)/(N_x+1)$。

(3) 初始化矢量序列

$$x_0^1 = [0]; x_1^1 = \left[-\frac{1}{\sqrt{2W^{(1)}}}\right]; x_2^1 = \left[\frac{1}{\sqrt{2W^{(1)}}}\right]$$

(4) 扩展矢量序列，$j=2,\cdots,N_x$。

$$x_i^j = \begin{cases} \begin{bmatrix} x_0^{j-1} \\ 0 \end{bmatrix} & i=0 \\ \begin{bmatrix} x_i^{j-1} \\ -\dfrac{1}{\sqrt{j(j+1)W^{(1)}}} \end{bmatrix} & i=1,\cdots,j \\ \begin{bmatrix} 0_j \\ -\dfrac{1}{\sqrt{j(j+1)W^{(1)}}} \end{bmatrix} & i=j+1 \end{cases}$$

(5) 对所生成的 sigma 点加入 x 的均值和协方差信息，$x^{(i)}=\bar{x}+(\sqrt{\Sigma_x})x_i^j$。

超球体单形采样算法有两个明显的特征：首先，除了 0 号点，每个 sigma 点的权重都相同，与 $\sqrt{N_x}/(1-W^{(0)})$ 成正比，说明除中心点外的所有 sigma 点都具有相同的重要性；其次，除 0 号点外，所有 sigma 点的权值和到中心点的距离是相同的，位于半径为 $\sqrt{N_x}/(1-W^{(0)})$ 的超球上。

超球体单形采样不是中心对称的。公式推导是依照前两阶矩进行推导的，推导中分布的 3 阶矩不为 0，确保了对于任意分布达到 2 阶截断精度，对于高斯分布也不例外。显然，如果分布是高斯分布，对称采样以及最小偏度采样的精度就高于超球体采样 1 阶。

当输入变量的维数 $N_x=1$ 时，最小偏度采样和超球体采样的 sigma 点分布是一致的。在单形采样中，仅需确定的参数为 $W^{(0)}$，也就是 x 的均值点的 sigma 点权值。当 $W^{(0)}=0$ 时，说明没有使用均值点的 sigma 点，退化为 N_x+1 个 sigma 点。

1. 匹配高斯分布 4 阶矩的 sigma 点集

本节介绍如何选择匹配高斯分布前四阶矩的 sigma 点集。

若 sigma 点精确反映一个高斯分布的峰度，则必须满足下列条件。

$$m_{c_1c_2c_3c_4} = \begin{cases} 1 & c_1=c_2, c_3=c_4, c_1\neq c_3 \\ 3 & c_1=c_2=c_3=c_4 \\ 0 & \text{其他} \end{cases} \tag{3-32}$$

因为有 $O(N_x^2)$ 个限制，所以需要 $O(N_x^2)$ 个 sigma 点。受二阶项结构的启发，我们引入最小数目的额外点，仍然保持分布的对称性。图 3-11 显示了一个 2 维场景下一个象限里的 sigma 点，采用了 3 类点：第一类为一个点，位于原点，权重为 w_0；第二类点位于坐标轴上，距离原点距离为 s_1，权重为 w_1；第三类点有 4 个，位于 $(\pm s_2, \pm s_2)$，权重为 w_2。分布的形式可以推广到高维空间。对于三维空间，有 6 个 2 类点和 12 个三类点。三类点位

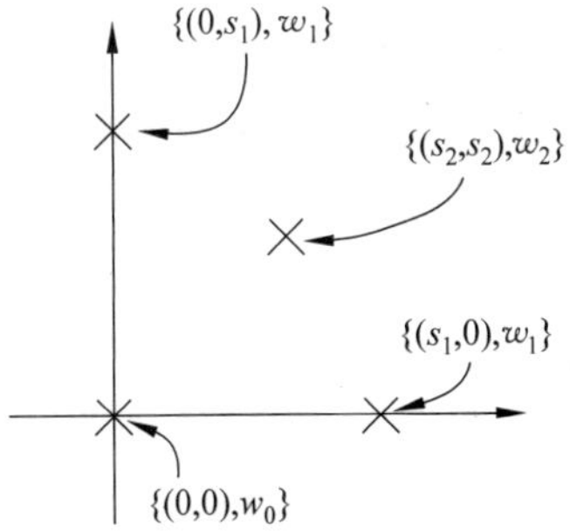

图 3-11　4 阶 sigma 点

于$(\pm s_2, \pm s_2, 0)$、$(\pm s_2, 0, \pm s_2)$和$(0, \pm s_2, \pm s_2)$。将该例扩展到更高维空间，可以证明需要 $2N_x^2+1$ 个点。因此，计算开销为 $O(N_x^4)$，阶数与解析推导的 4 阶滤波器的计算开销相同。

对这些点的限制包括协方差、峰度和归一化。点分布的对称性保证这些条件仅需要保证在 z_1 和 z_2 方向上满足

$$c[S, p_z(z)] = \begin{cases} 2w_1 s_1^2 + 4(N_x - 1)w_2 s_2^2 - 1 \\ 2w_1 s_1^4 + 4(N_x - 1)w_2 s_2^4 - 3 \\ 4w_2 s_2^2 - 1 \\ w_0 + 2N_x w_1 + 2N_x(N_x - 1)w_2 - 1 \end{cases} \tag{3-33}$$

这些方程解的自由度为 1。然而，不像二阶变换，并没有得到方便的可以反映这个自由度的参数集。即使如此，也有可能采用某种负效用函数调整所需分布的特性。扩展二阶滤波的结果，可以选择一个负效用函数，最小化 6 阶矩的误差。因为 $m_{111111}=15$，所以代价函数为

$$\text{cost}[S, p_z(z)] = |\ 2w_1 s_1^6 + 4(N_x - 1)w_2 s_2^6 - 15\ |$$

表 3-4 给出了 $N_x=3$ 时，w_0，w_1，w_2，s_1 和 s_2 的值，一共需要 19 个 sigma 点。

表 3-4 3 维空间 4 阶 UT 的点与权重

i	s_i	W_i
0	0	0.3583
1	3.2530	0.0045
2	1.4862	0.0512

2. 比例修正 sigma 点

对一个 sigma 点集变换的泰勒级数展开通常包含无限项。级数展开可以按指定的阶数匹配一个给定的分布，但其精度取决于更高阶的项。对大量实际的应用，无法得到更高阶项的信息，从解析的角度看，由于可用信息有限，因此任何匹配可用信息的 sigma 点集效果是一样的。然而，从应用的角度考虑，可能更倾向于选择具有某种特性的 sigma 点。

假设对 N_x 维状态估计只能知道均值和协方差。反映这种信息只需要 N_x+1 个 sigma 点的单形集，与式(3-28)给出的 $2N_x$ 个点的集合相比，不仅点的个数少，其计算开销也少得多。假设除 2 阶中心距外，与估计相关的任何真实分布的信息都一无所知，那么我们一定会选择 N_x+1 个 sigma 点的单形集，而不会选择 $2N_x$ 个对称点的集合。但是，有些情况下难以确定 sigma 集的优劣。例如，我们考虑未知分布的偏度(3 阶中心距)：

(1) 若真实分布的偏度为零，则 $2N_x$ 个 sigma 点的对称集精度更高。这是因为对称分布的奇数阶矩都为零，而单形点集的偏度一般不为零。

(2) 若真实分布的偏度不为零，单形集的偏度碰巧与真实分布的偏度相同，其精度高于对称集。另一方面，单形集的偏度有可能与真实偏度方向相反，反而会导致性能恶化。

考虑上述因素，我们无法确定这两个 sigma 点集平均意义上讲哪一个更精确，但可以

明确，在最坏情况下偏度集更容易导致最差的结果。旋转一个 sigma 点集，分析其效果就可以说明这一点。旋转一个 sigma 点集会影响高阶矩的模式，对性能会产生明显的影响。

这些影响可以用极坐标到直角坐标转换的例子说明。假设已经选定单形 sigma 点，取 $W^{(0)}=0$，则这些点形成一个三角形。若旋转矩阵为 $\boldsymbol{R}$

$$\boldsymbol{R}=\begin{pmatrix}\cos\theta & -\sin\theta \\ \sin\theta & \cos\theta\end{pmatrix}$$

对每个点做旋转变换，结果等价于旋转三角形。这并不影响二阶矩，但它影响三阶及三阶以上的各阶矩。旋转变换如图 3-12(a)所示，图中将 3 个不同的旋转变换后的 sigma 点集($z^{(i)}$)叠加在一起显示。旋转的影响如图 3-12(b)所示，图中显示均值并没有变化，但协方差明显改变。由 3.6.1 节的分析，我们知道协方差对级数的高阶行为更敏感。

图 3-12(a)是不同旋转后的单形集，3 个单形 sigma 点集分别旋转 $\theta=0°$(实线)、$\theta=120°$(点画线)和 $\theta=240°$(点线)，旋转对位于(0,1)的第 0 个点没有影响。图 3-12(b)显示每个集合计算的均值和协方差。虚线是在先验分布为高斯分布条件下，采用蒙特卡洛积分得到的真实变换后的估计。

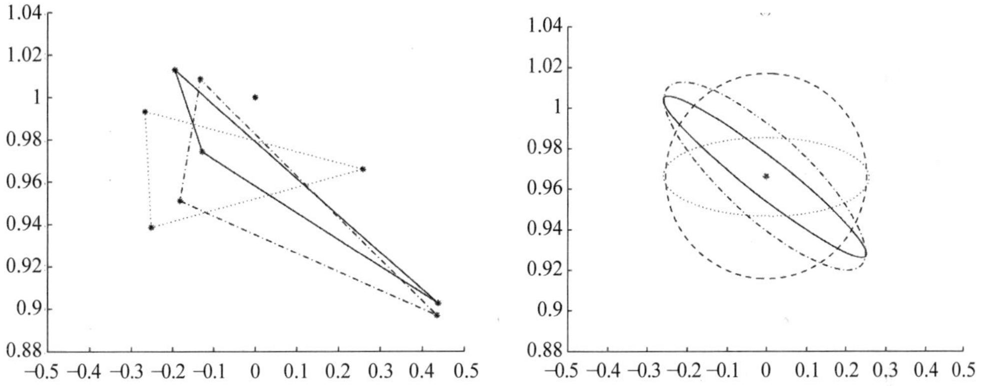

(a) 不同旋转后的单形集　　(b) 基于每个集合得到的均值和协方差

图 3-12　单形 sigma 点旋转效果

这样，对未知的分布，即使不知道级数展开严格的高阶项，也应尽可能避免出现大数量级的误差。导致这种大数量级误差的原因可能来自不可忽略而又错误的偏度项。若前两阶矩都能精确匹配，对纯粹高阶矩的影响用一种部分参数化表示方法对问题进行重新表述，可以写成不同的非线性变换。

$$\tilde{z}=\tilde{h}[x,\alpha,\mu]=\frac{h[\bar{x}+\alpha\delta_x]-h[\bar{x}]}{\mu}+h[\bar{x}] \tag{3-34}$$

这里 α 是扩展因子，它扩展了分布的分散程度；μ 是归一化常数。之所以采用这种形式，主要考虑泰勒级数展开的性质，根据式(3-17)有

$$\tilde{z}=h[\bar{x}]+\frac{\alpha}{\mu}+\nabla h\delta_x+\frac{\alpha^2}{\mu}\frac{1}{2}\nabla^2 h\delta_x^2+\frac{\alpha^3}{\mu}\frac{1}{3!}\nabla^3 h\delta_x^3+\frac{\alpha^4}{\mu}\frac{1}{4!}\nabla^4 h\delta_x^4+\cdots \tag{3-35}$$

换句话说，式(3-35)的级数形式类似 $h[x]$的级数，但是其 k 阶项乘了系数 α^k/μ。若 α 足够小，高阶项的影响就可以忽略。

若 $E[\delta_x]=0$，可设 $\mu=\alpha^2$，可以证明

$$\bar{z} \approx E[\tilde{z}]$$

$$\Sigma_z \approx E[(\tilde{z}-E[\tilde{z}])(\tilde{z}-E[\tilde{z}])^{\mathrm{T}}] \tag{3-36}$$

这里结果为近似值，式(3-36)只精确到二阶。与近似Jacobians矩阵的中心微分法不同，这里的均值包含二阶偏差修正项。不修改函数本身，在sigma点选择算法基础上通过调整sigma点集也可以达到同样的效果。

假设已构造出一个sigma点集 S，其均值和协方差为 $\bar{x}$ 和 Σ_x。

由式(3-34)可知，$\tilde{z}$ 的样本均值为

$$\begin{aligned}\hat{z} &= \sum_{i=0}^{p} W^{(i)} \tilde{h}[x^{(i)}] = \sum_{i=0}^{p} W^{(i)} \left\{ \frac{h[\bar{x}+\alpha(x^{(i)}-\bar{x})]-h[\bar{x}]}{\mu} + h[\bar{x}] \right\} \\ &= \left(\frac{W^{(0)}}{\mu} + \frac{\mu-1}{\mu}\right) h[\bar{x}] + \sum_{i=1}^{p} \frac{W^{(i)}}{\mu} h[\bar{x}+\alpha(x^{(i)}-\bar{x})]\end{aligned}$$

对于 $h(x)$ 采用不同的sigma点 $\widetilde{S}=\{i=0,\cdots,p:\tilde{x}^{(i)},\widetilde{W}^{(i)}\}$，也可以得到相同的均值。$\widetilde{S}$ 与 S 间的关系如下。

$$\tilde{x}^{(i)} = x^{(0)} + \alpha(x^{(i)} - x^{(0)})$$

$$\widetilde{W}^{(i)} = \begin{cases} (W^{(0)}+\mu-1)/\mu & i=0 \\ W^{(i)}/\mu & i \neq 0 \end{cases}$$

给定一个点集 S，按比例修正不敏变换计算其统计量如下。

$$\tilde{z}^{(i)} = h[\tilde{x}^{(i)}]$$

$$\hat{z} = \sum_{i=0}^{p} \widetilde{W}^{(i)} \tilde{z}^{(i)}$$

$$\hat{\Sigma}_z = \sum_{i=0}^{p} \widetilde{W}^{(i)} \{\tilde{z}^{(i)}-\hat{z}\}\{\tilde{z}^{(i)}-\hat{z}\}^{\mathrm{T}} + (1-\alpha^2)\{\tilde{z}^{(0)}-\hat{z}\}\{\tilde{z}^{(0)}-\hat{z}\}^{\mathrm{T}} \tag{3-37}$$

这样，我们又引入了一个调节参数 α，可以尽可能地匹配泰勒展开的高阶项。尽管sigma点仅能反映其前2阶矩及泰勒级数展开的前2阶项，若知道分布的高阶信息，则可以利用这些信息进一步扩展比例修正不敏变换，使其反映协方差泰勒级数展开四阶项部分高阶信息。根据式(3-21)，Σ_x 的四阶项为

$$\begin{aligned}A =& \frac{1}{4} \nabla^2 h \delta_x^2 (E[\delta_x^4] - E[\delta_x^2 \Sigma_x] - E[\Sigma_x \delta_x^2] + \Sigma_x^2)(\nabla^2 h \delta_x^2)^{\mathrm{T}} \\ &+ \frac{1}{3!} \nabla^3 h \delta_x^3 E[\delta_x^4](\nabla h \delta_x)^{\mathrm{T}}\end{aligned} \tag{3-38}$$

使用相同的仅匹配均值和协方差的sigma点集可以计算 $(1/2)\nabla^2 h\delta_x^2\Sigma_y^2(\nabla^2 h\delta_x^2)^{\mathrm{T}}$ 项。由式(3-17)和式(3-19)可得

$$z^{(0)} - \bar{z} = \frac{1}{2}\nabla^2 h \Sigma_x + \frac{1}{6}\nabla^2 h E[\delta_x^3] + \cdots$$

求外积得

$$(\bar{z}-z^{(0)})(\bar{z}-z^{(0)})^{\mathrm{T}} = \frac{1}{4}\nabla^2 h \Sigma_x^2 (\nabla^2 h)^{\mathrm{T}} + \cdots$$

因此，在式(3-37)的协方差估计中，对第 0 个点的权重系数额外增加一项 β，无须额外计算开销，就可以兼顾更高阶的影响。

$$\Sigma_z^* = \sum_{i=0}^{p} W^{(i)}\{z^{(i)}-\bar{z}\}\{z^{(i)}-\bar{z}\}^{\mathrm{T}} + (\beta+1-\alpha^2)\{z^{(0)}-\bar{z}\}\{z^{(0)}-\bar{z}\}^{\mathrm{T}}$$

按这种形式，四阶项的误差为

$$\Delta A = \frac{1}{4}\nabla^2 h(E[\delta_x^4] - E[\delta_x^2\Sigma_x] - E[\Sigma_x\delta_x^2] + (1-\beta)\Sigma_x^2)(\nabla^2 h)^{\mathrm{T}} + \frac{1}{3!}\nabla^3 hE[\delta_x^4](\nabla h)^{\mathrm{T}}$$

若 δ_x 为高斯分布，则 $E[\delta_x^4]=3\Sigma_x^2$，误差为

$$\Delta A = (2-\beta)\nabla^2 h\Sigma_x^2\nabla^2 h^{\mathrm{T}} + \frac{1}{3!}\nabla^3 hE[\delta_x^4](\nabla h)^{\mathrm{T}} \tag{3-39}$$

在不使用 $h[x]$ 信息的条件下，$\beta=2$ 时，该项为最小，其效果如图 3-13 所示。若先验分布为高斯分布，则 UT 估计(实线)相对于真实变换的估计(虚线)较为保守。

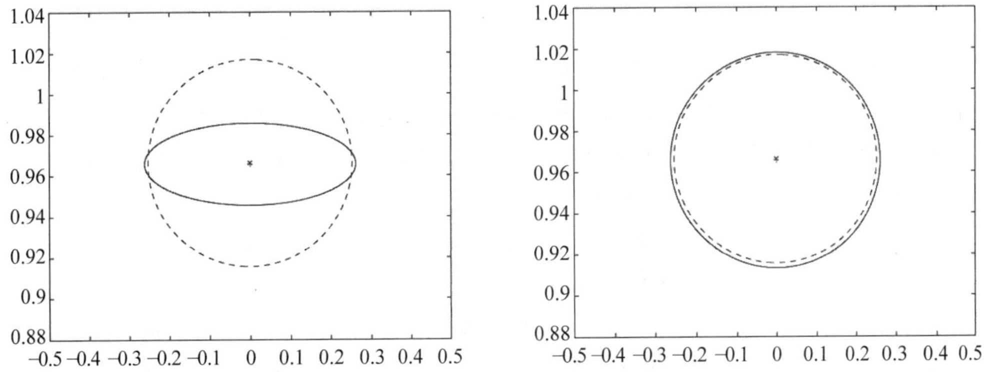

(a) 无修正项　(b) 带修正项 ($\alpha=10^{-3}$, $\beta=2$, $\mu=\alpha^2=10^{-6}$)

图 3-13　均值和协方差的比例调节不敏变换

介绍了不敏变换的基本原理和改进方向后，下面介绍如何在卡尔曼递归预测和更新结构中应用不敏变换。

3.6.4　不敏滤波及其应用

1. 基本滤波步骤

设卡尔曼滤波系统状态方程和观测方程分别为

$$x_k = Ax_{k-1} + W_k$$
$$z_k = Hx_k + V_k$$

这里，W_k、V_k 为高斯分布的随机向量，其协方差矩阵分别为 $\boldsymbol{Q}$ 和 $\boldsymbol{R}$。

在卡尔曼滤波中，需要计算估计值。

(1) 状态一步预测：$\hat{x}_{k+1|k} = \boldsymbol{A}\hat{x}_{k|k}$。

(2) 协方差一步预测：$P_{k+1|k} = \boldsymbol{A}P_{k|k}\boldsymbol{A}^{\mathrm{T}} + \boldsymbol{Q}$。

(3) 量测的预测：$\hat{z}_{k+1|k} = \boldsymbol{H}\hat{x}_{k+1|k}$。

(4) 新息协方差：$S_{k+1} = \boldsymbol{H}P_{k+1|k}\boldsymbol{H}^{\mathrm{T}} + \boldsymbol{R}$。

(5) 增益：$K_{k+1}=P_{k+1|k}\boldsymbol{H}^{\mathrm{T}}S_{k+1}^{-1}$。

对于非线性滤波，需要用不敏变换代替上述计算。

(1) 状态一步预测：$\hat{X}_{k+1|k}$。

以 $\hat{x}_{k|k}$ 为均值，$P_{k|k}$ 为协方差，构造 sigma 点集 $\{x^{(i)},\omega^{(i)}\}$，得 $\hat{x}_{k+1|k}=\sum_i \omega^{(i)} f(x^{(i)})$。

(2) 协方差一步预测：$P_{k+1|k}=\sum_i \omega^{(i)}[x^{(i)}-\hat{x}_{k+1|k}][x^{(i)}-\hat{x}_{k+1|k}]^{\mathrm{T}}+\boldsymbol{Q}$。

(3) 量测的预测：$\hat{z}_{k+1|k}$。

以 $\hat{x}_{k+1|k}$ 为均值，$P_{k+1|k}$ 为协方差，构造 sigma 点集 $\{x^{(i)},\omega^{(i)}\}$，得 $\hat{z}_{k+1|k}=\sum_i \omega^{(i)} h(x^{(i)})$。

(4) 新息协方差：$S_{k+1}=P_{zz}=\sum_i \omega^{(i)}[h(x^{(i)})-\hat{z}_{k+1|k}][h(x^{(i)})-\hat{z}_{k+1|k}]^{\mathrm{T}}+\boldsymbol{R}$。

(5) 增益：$K_{k+1}=P_{xz}P_{zz}^{-1}$。

计算互协方差 $P_{xz}=\sum_i \omega^{(i)}[x^{(i)}-\hat{x}_{k+1|k}][h(x^{(i)})-\hat{z}_{k+1|k}]^{\mathrm{T}}$，得 $K_{k+1}=P_{xz}P_{zz}^{-1}$。

上面给出的仅是不敏卡尔曼滤波的最一般形式，还可以根据具体的应用做很多特殊的优化。例如，若过程模型为线性，而观测模型为非线性，则可以使用正常的线性卡尔曼滤波器的预测方程计算 $\hat{x}_{k+1|k}$ 及协方差 $P_{k+1|k}$。可以从预测分布中获取 sigma 点，这些 sigma 点仅用于计算 $\hat{z}_{k+1|k}$、S_{k+1} 和 K_{k+1}。

下面介绍在高非线性应用中不敏卡尔曼滤波的应用。

2. 应用实例 1：飞行器再入跟踪

考虑图 3-14 表示的问题。一个飞行器从很高的高度，以很大的速度进入大气层。一个雷达跟踪该飞行器的位置，测量其距离和方位。很多文献讨论过该类问题，由于对飞行器的作用力导致很强的非线性特性，对滤波和跟踪器提出了严峻的挑战。有 3 类力的作用，最主要的是气动阻力，它是飞行器速度的函数，随着高度存在巨大的非线性变化。第二类力是重力，使飞行器向地球中心加速。最后是随机振动项。这些力的联合作用形成图 3-14 所示形状的轨迹：初始，轨迹几乎为弹道曲线，随着大气密度的增加，迟滞效果越来越明显，飞行器迅速减速，直到其运动几乎为垂直。图 3-14 中，虚线为样本飞行器的轨迹，实线为地球表面的一部分，雷达位置标记为 o。由于对飞行器的迟滞特性目前还缺少

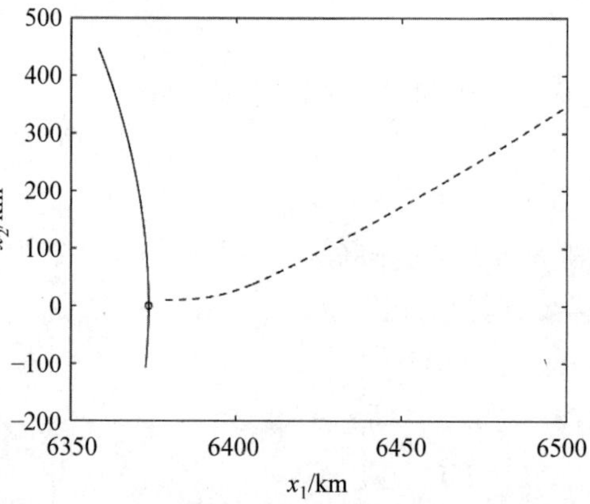

图 3-14　飞行器再入问题

全面的了解，使得跟踪问题更加困难。

总之，跟踪系统需要跟踪的物体会受到一系列复杂、高度非线性力的作用。这些力取决于当前飞行器的位置和速度，以及一些并不完全掌握的特性。滤波器的状态空间包括物体的位置(x_1 和 x_2)、速度(x_3 和 x_4)以及飞行器气动力特性参数(x_5)。飞行器状态方程为

$$
\begin{aligned}
\dot{x}_1(k) &= x_3(k) \\
\dot{x}_2(k) &= x_4(k) \\
\dot{x}_3(k) &= D(k)x_3(k) + G(k)x_1(k) + v_1(k) \\
\dot{x}_4(k) &= D(k)x_4(k) + G(k)x_2(k) + v_2(k) \\
\dot{x}_5(k) &= v_3(k)
\end{aligned} \tag{3-40}
$$

这里，$D(k)$为与阻力有关的项；$G(k)$为重力相关的项；$v_1(k)$、$v_2(k)$、$v_3(k)$为过程噪声矢量。与作用力相关的项可表示为

$$
\begin{aligned}
D(k) &= -\beta(k)e^{\frac{R_0-R(k)}{H_0}}V(k) \\
G(k) &= -\frac{Gm_0}{r^3(k)} \\
\beta(k) &= \beta_0 e^{x_5(k)}
\end{aligned}
$$

这里，$R(k)=\sqrt{x_1^2(k)+x_2^2(k)}$为飞行器到地球中心的距离；$V(k)=\sqrt{x_3^2(k)+x_4^2(k)}$为速度。该例中，$\beta_0=-0.59783$，$H_0=13.406$，$Gm_0=3.9860\times10^5$，$R_0=6374$，能够较真实地反映典型的环境和飞行器特性。弹道系数的参数化表示 $\beta(k)$用于表示飞行器特性的不确定性。β_0 是一个“典型飞行器”的弹道系数，乘上 $e^{x_5(k)}$，保证其值总是大于零。这是保证滤波器稳定性的重要一环。

位于(x_r，y_r)的雷达探测飞行器的运动能够测量距离 r 和方位 θ，更新频率为 10Hz。这里，

$$
\begin{aligned}
r_r(k) &= \sqrt{(x_1(k)-x_r)^2+(x_2(k)-y_2)^2} + w_1(k) \\
\theta(k) &= \arctan\left(\frac{x_2(k)-y_r}{x_1(k)-x_r}\right) + w_2(k)
\end{aligned}
$$

$w_1(k)$和 $w_2(k)$为零均值非相关的噪声过程，标准差分别为 1m 和 17mrad。高的数据更新率和极精确的传感器使得均值滤波器可以获得大量极高质量的数据。方位的不确定性很小，因此 EKF 可以极小的偏差精确预测传感器数据。

飞行器真实的初始条件为

$$
X(0) = \begin{pmatrix} 6500.4 \\ 349.14 \\ -1.8093 \\ -6.7967 \\ 0.6932 \end{pmatrix}
$$

$$P(0)\begin{bmatrix}10^{-6} & 0 & 0 & 0 & 0\\ 0 & 10^{-6} & 0 & 0 & 0\\ 0 & 0 & 10^{-6} & 0 & 0\\ 0 & 0 & 0 & 10^{-6} & 0\\ 0 & 0 & 0 & 0 & 0\end{bmatrix}$$

换句话说，飞行器的弹道系统为其标称值的 2 倍。

飞行器还受随机加速因素的影响。

$$Q(k)\begin{bmatrix}2.4064\times 10^{-5} & 0 & 0\\ 0 & 2.4064\times 10^{-5} & 0\\ 0 & 0 & 0\end{bmatrix}$$

假设滤波器的初始条件为

$$\mu_0=\begin{pmatrix}6500.4\\ 349.14\\ -1.8093\\ -6.7967\\ 0\end{pmatrix}$$

$$K_0=\begin{bmatrix}10^{-6} & 0 & 0 & 0 & 0\\ 0 & 10^{-6} & 0 & 0 & 0\\ 0 & 0 & 10^{-6} & 0 & 0\\ 0 & 0 & 0 & 10^{-6} & 0\\ 0 & 0 & 0 & 0 & 1\end{bmatrix}$$

滤波器使用标称的初始条件，为了补偿不确定性，初始估计的方差为 1。

滤波器都是按照离散时间处理，以 10Hz 的频率获取观测值。然而，由于飞行器动力学方程极强的非线性特性，式(3-40)给出的欧拉近似仅适合较小的时间间隔。积分步长设置为 50ms，这意味着每个更新周期内需要做两次预测。对于不敏滤波器，每个 sigma 点将按照运动方程被使用两次。对于 EKF，需要做初始预测，并在第二步之前重新线性化。

图 3-15 给出了每种滤波器的性能。该图给出了均方估计误差的估计（K_n 对角线上的元素）及实际的均方估计误差，实际的均方估计误差由 100 次蒙特卡洛仿真得到。在所有图中，实线是 EKF 得到的均方误差，点线是其估计协方差，虚线是 UKF 得到的均方误差，点画线是其估计协方差。图 3-17 中只显示了 x_1、x_3 和 x_5，x_2 与 x_1 类似，x_4 与 x_3 相同。从所有情况都可以看到，不敏滤波器能够很准确地估计均方误差，可以相信滤波器的估计。EKF 的一致性极差，x_1 的均方误差峰值为 0.4km^2，而其估计的协方差大幅降低。类似地，速度的均方误差峰值为 3.4×10^{-4}km^{2}s^{-2}，比真实均方误差大了 5 倍多。最后可以看出 EKF 得到的 x_5 偏差很大，并且这个偏差随着时间只是缓慢地减小，是线性化误差直接导致这种较差的性能。

本小节介绍了如何在卡尔曼滤波中应用不敏变换解决非线性跟踪问题。实际上，不

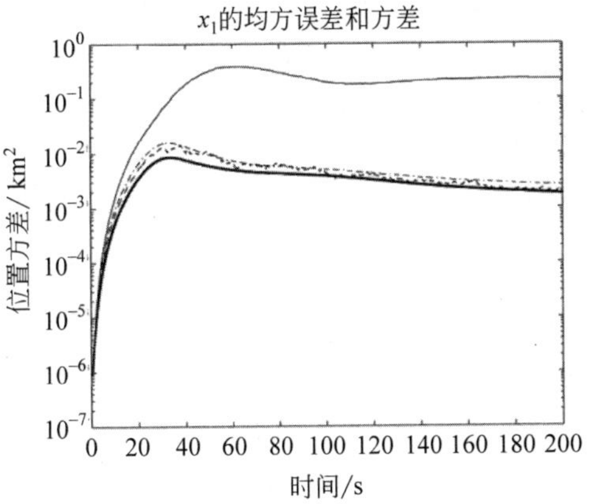

(a) x_1 的结果

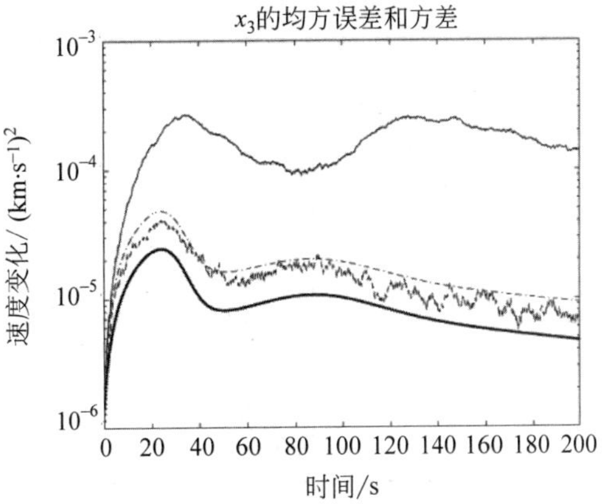

(b) x_3 的结果

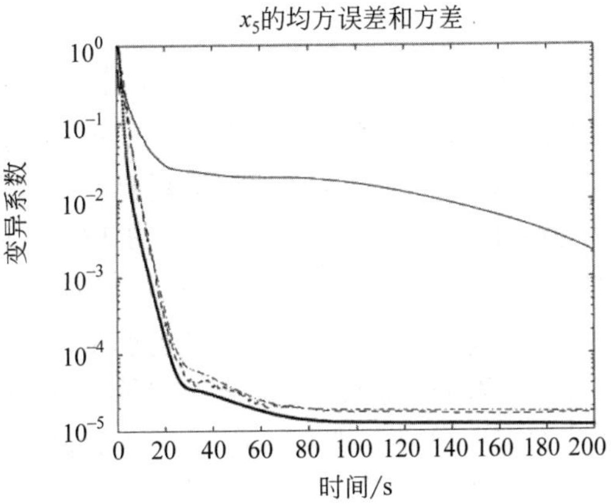

(c) x_5 的结果

图 3-15 由 EKF 和不敏滤波器得到的均方误差和估计协方差

敏变换在其他类型的变换中也同样具有巨大的应用潜能。

3. 应用实例 2：非连续变换

考虑一个二维(2-D)粒子的行为，其状态包含位置 $X(k)=[x(k),y(k)]^{\mathrm{T}}$。在时刻 1 释放该粒子，它沿着 x 方向以已知的速度 v_x 恒速运动。我们的目标是估计时刻 2 其位置 $[x(2),y(2)]^{\mathrm{T}}$ 的均值和协方差，这里 $\Delta T@t_2-t_1$。问题的困难是右下方四分之一平面 $(x\geqslant 0,y\leqslant 0)$ 有一墙会阻碍粒子的运动。若该粒子撞击到墙上，就会发生完全弹性碰撞，粒子以相同的速度弹回，否则粒子继续直线前进，如图 3-16(a)所示。图 3-16(a)还画出了初始分布的 1σ 协方差椭圆。图 3-16(b)是不同 y 值条件下的均方预测误差，实线为 UT，虚线为 EKF。

该系统的过程模型为

$$x(2)=\begin{cases}x(1)+\Delta T v_x, & y(1)\geqslant 0\\ -(x(1)+\Delta T v_x) & y(1)<0\end{cases}$$

$$y(2)=y(1)$$

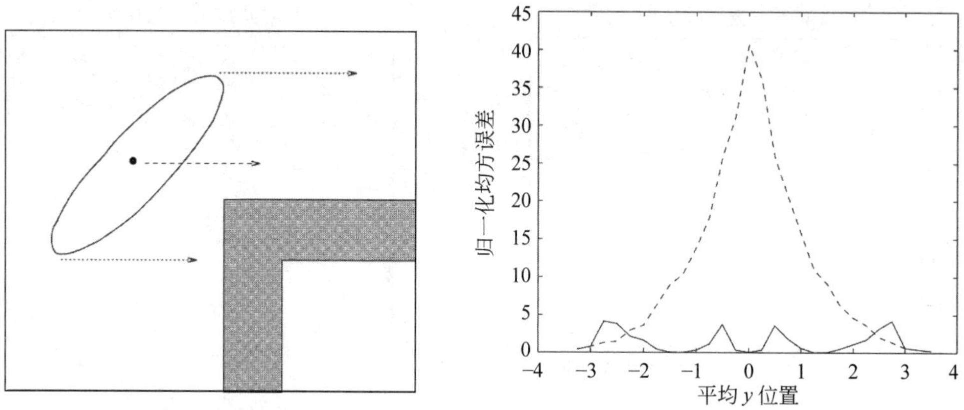

(a) 初始分布的协方差椭圆　　(b) 不同y值下的均方预测误差

图 3-16　非连续系统例子

在时刻1，粒子开始在墙的左侧 $x\leqslant 0$，位置是 $[x(1), y(1)]^{\mathrm{T}}$。估计的误差为高斯分布，均值为零，协方差为 K_1。按此初始条件，系统为一个简单的恒速率线性模型。

采用蒙特卡洛仿真方法，选择 y 的不同初始均值，得到真实的条件均值和协方差。对于不同的初始值，按照EKF和UKF得到的均方误差如图3-18(b)所示。UKF估计的均值非常接近，只有一些小的尖峰，变换的sigma点顺利地通过这堵墙。进一步分析表明，滤波器的协方差只是比真实的协方差稍微大一些，保证能够反映估计的均值与真实均值的偏离程度。EKF基于其先验均值预测条件下的条件均值的完整估计，其估计结果与真实值相差较大，除非大多数分布都撞到墙上或者都通过墙，在这种情况下非连续性的影响可以忽略。

4. 应用实例3：多级传感器融合

不敏变换也可用于将基于卡尔曼滤波的低层滤波与基于人工智能的高层系统关联起来。多级数据融合的基本问题是不同级别关注信息的不同侧面，而不同侧面的信息表示方式完全不同。例如，低级别滤波器可能处理与状态相关的信息，如一个车轮的滑动，它对高级导航系统只有间接作用，而高级导航系统处理类似车辆是否转向道路的边沿这类信息。多级数据融合问题可以分解成一组层次化的域。最底层，0级和1级(目标估计)主要考虑计算目标航迹之类的量化数据的融合问题；2级(态势估计)和3级(威胁估计)采用各种高层级数据融合和模式识别算法，从这些航迹中整理发现战略和战术信息。

主要困难是信息的表示和使用方式上存在本质的差异。一方面，低层航迹滤波仅提供均值和协方差信息，它没有说明确切的状态变化趋势，而专家系统可以依靠这些状态的变化趋势推断战术状态，如相关的企图或目的。另一方面，专家系统可以精确地预测飞行员在一些态势条件下的行为。然而，系统无法定义一个严格的低层别融合架构，用于融合上层预测与原始传感器信息，以获得适合可靠跟踪的高精度估计。在实际应用中，通常采用标准的控制和估计过程的输出结果，将其离散化为更加符号化的形式，如“减慢”或“加快”，并采用专家/模糊规则库处理。然后这种处理结果再转化为常用数据处理系统能够处理的形式。

这个问题的一种解决方法如图 3-17 所示，将不同的数据融合算法组合成单一的综合数据融合算法，输入为带有噪声的原始传感器数据，具有高级状态的推理能力。按照跟踪估计的观点，可以将高层级的融合规则看成是任意的非线性变换。按照高层级数据融合算法的观点，不敏变换将低层级跟踪器的输出转换为一组矢量。可以将每个矢量看成是动态系统的一个可能的状态，高层融合算法主要处理这些状态信息。换句话说，低层级跟踪算法不需要理解像“机动”这种高层级概念的含义，而高层级算法不需要理解或产生概率信息。

下面考虑一架飞机的跟踪问题。飞机模型包括两个部分，动力学模型主要描述在给定一组飞行员输入条件下的飞机轨迹，而专家系统主要推断飞行员的企图并预测飞行员可能的输入。采用雷达跟踪系统测量飞机的位置。

某些 sigma 点可能表示飞机正在做快速加速机动，某些可能表示为一般的加速机动，而其他的 sigma 点可能表示飞机没有明显加速。专家系统可以分别处理这些不敏变换产生的状态矢量，预测飞机未来可能的状态。对于某些矢量，专家系统可能告知飞机正在做规避机动，并据此预测飞机未来的位置。而对于其他矢量，专家系统不认为战术状态发生变化，预测飞机将维持其当前的速度和航向。不敏变换的第二步计算专家系统预测的状态矢量集合的均值和协方差。计算的均值和协方差以低层别滤波器可使用的形式给出了飞机的预测状态，返回给低层别滤波器使用。重要的一点是均值和协方差反映了飞机将发生机动的概率，而专家系统并不产生任何概率信息，低层级滤波器也不了解“机动”的含义。

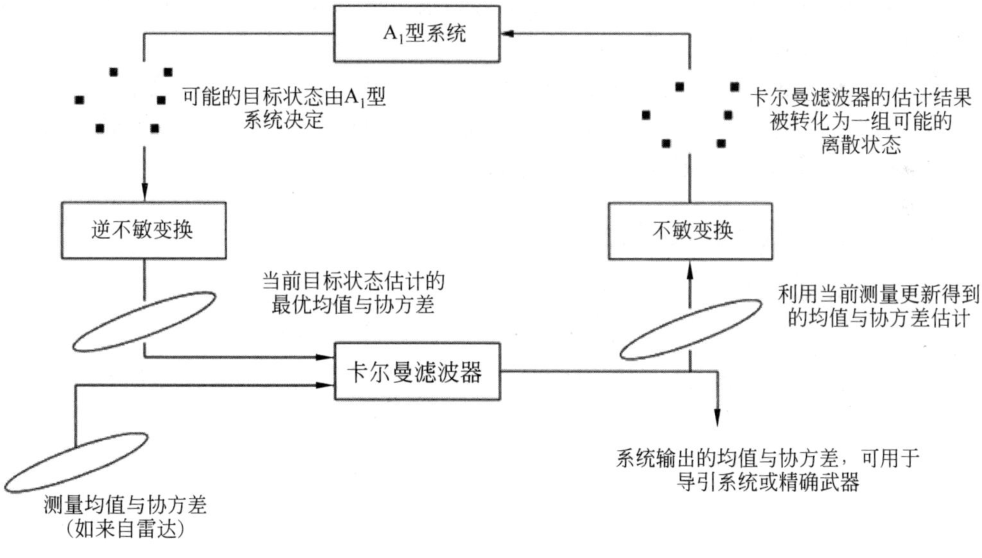

图 3-17 使用不敏变换的多级信息融合架构

3.6.5 总结与结论

我们研究了如何采用不敏变换得到非线性变换的信息。它与粒子滤波有一定的相似性，但有两点重要的差异：首先，sigma 点是采用确定的方式从变换的统计量中获取，因此仅需要很少的统计信息，就可以传递分布的二阶特性；其次，近似本身可以得到更一般的解释，而不局限于概率分布，我们也介绍了如何利用这种通用性。

不敏变换方法已经在高阶、非线性耦合的系统中得到大量应用，包括道路行驶的高速车辆导航系统、公共交通系统、数据同化系统及水下航行器。尽管根据各种不同的应用场合和性能要求，不敏变换可以有各种不同的形式，但基本的不敏变换算法还是非常简单，易于使用。与简单的线性化方法相比，不敏变换的计算开销与其相当，但具有更高的精度，在非线性滤波和控制领域具有广阔的应用前景。

3.7 粒子滤波

非线性滤波问题并没有被线性化方法解决，最典型的问题包括传感器测量是一些不完整的观测值（只有范围，只有方向，或者只有时间的差别）或者跟踪模型会动态变化（例如，实地跟踪以及 MOVE-STOP-MOVE 跟踪）。扩展卡尔曼提供了一种非线性估计的近似，而 UKF 已被证明通过小范围的非线性转换，可在传播状态均值和方差时提供较好的性能。UKF 基本的前提是一组 sigma 点（通常是 $2n+1$ 个，n 是状态空间大小）表示目标状态概率密度估计。然而，这些采样值不是随机选择，而是确定的。除此之外，还存在一些其他技术把卡尔曼滤波扩展到非线性动态情况，如修正增益卡尔曼滤波、高斯赫米特正交滤波（一种近似 UKF 的版本）。

粒子滤波（Particle Filtering，PF）扩展 UT 的概念，使用序贯蒙特卡洛求和（SMS）方法表示非线性非高斯问题的状态估计。尽管它的很多概念在 20 世纪六七十年代就被提出，但直到 90 年代后才有所发展。

本节探讨粒子滤波的概念以及简要描述它们的应用。卡尔曼滤波提供了一种对于线性高斯问题的最佳解决方案，而粒子滤波用于解决非线性高斯的情形。虽然它不是一个最佳滤波器，但是它代表了处理非线性滤波的一种重要方法。

3.7.1 目标状态滤波问题

目标状态模型可用一个离散时间随机模型表示：

$$x_{k+1} = f_k(x_k, u_k, v_k)$$

u_k 表示外部决定控制；v_k 表示随机过程噪声用真实状态动态值帮助捕捉不匹配目标模型的值。时间指数 k 表示当前时间，而 $k+1$ 提供了对于下一时间步的预测。函数 $f(\cdot)$ 表示目标动态变化的可能的非线性关系。同样，测量方程可以用 $h(\cdot)$ 非线性表示。

$$z_k = h_k(x_k, u_k, w_k)$$

w_k 表示测量噪声。我们需要完成从传感器测量中产生滤波状态估计 x_k，使用过去的测量值 $Z^K \equiv \{z_i, i=1,2,\cdots,k\}$ 得到后验概率密度函数 $p(x_k \mid z^k)$。基于贝叶斯理论，后验概率密度函数提供了确定目标状态的条件预测方法。

1. 查普曼-科尔莫夫方程

考虑后验概率密度函数 $p(x_k \mid z^k)$。在 $k+1$ 时刻，我们想与先验概率密度函数建立一个递归关系。查普曼-科尔莫夫(Chapman-Komolgorov)方程表示马尔科夫随机序列的一步转移密度。z^k 表示用来估计当前状态的累计量测信息,后验概率密度概括了在过去概率意义上的目标状态分布。从贝叶斯理论开始:

$$p(x_{k+1} \mid z^{k+1}) = p(x_{k+1} \mid z^k, z_{k+1}) = \frac{p(z_{k+1} \mid x_{k+1}, z^k)p(x_{k+1} \mid z^k)}{p(z_{k+1} \mid z^k)}$$

可以更简洁地表示为

$$p(x_{k+1} \mid z^{k+1}) = \frac{1}{c}p(z_{k+1} \mid x_{k+1})p(x_{k+1} \mid z^k)$$

$$c = p(z_{k+1} \mid z^{k+1}) = \int p(z_{k+1} \mid x_{(k+1)})p(x_{k+1} \mid z^k)\mathrm{d}x_k$$

首先,我们表示状态预测概率密度函数 $p(x_{k+1}|z^k)$与上一时刻状态概率密度函数 $p(x_k|z^k)$的关系,可得

$$p(x_{k+1} \mid z^k) = \frac{p(x_{k+1}, z^k)}{p(z^k)} = \int \frac{p(x_{k+1}, x_k, z^k)}{p(z^k)}\mathrm{d}x_k = \int \frac{p(x_{k+1} \mid x_k, z^k)p(x_k, z^k)}{p(z^k)}\mathrm{d}x_k$$

联合概率密度函数(假设为高斯过程)可以表示为

$$p(x_k, z^k) = p(x_k \mid z^k)p(z^k)$$

因此可以得到

$$p(x_{k+1} \mid z^k) = \int p(x_{k+1} \mid x_k)p(x_k \mid z^k)\mathrm{d}x_k$$

状态后验概率密度函数的查普曼-科尔莫夫方程为

$$p(x_{k+1} \mid z^{k+1}) = \frac{1}{c}p(z_{k+1} \mid x_{k+1})\int p(x_{k+1} \mid x_k)p(x_k \mid z^k)\mathrm{d}x_k$$

这里,观测值的似然函数 $p(z_{k+1}|x_{k+1})$被查普曼-科尔莫夫方程使用。积分项包括目标状态的转移概率 $p(x_{k+1}|x_k)$和前一个时刻的后验状态概率密度 $p(x_k|z^k)$。条件概率密度函数的递推关系构成最佳估计的基础。

查普曼-科尔莫夫方程形成了递推状态轨迹的基础。如果系统是线性的,所有噪声都是高斯的,则函数递推转换为条件均值和方差的递推。例如,在方差估计误差是独立测量的。

对于线性的情况,目标状态的转化等式可写成:

$$x_{k+1} = F_k x_k + G_k u_k + v_k$$

v_k 假设是一个零均值的高斯白噪声,方差为 Q_k。一步预测状态估计的均值和方差经过转变,各自变为

$$\hat{x}_{k+1|k} = F_k \hat{x}_{k|k} + G_k u_k$$

$$P_{k+1|k} = F_k P_{k|k} F'_k + Q_k$$

测量方程为

$$z_{k+1} = H_k x_k + w_k$$

测量误差 w_k 假定是一个零均值方差为 R_k 的高斯白噪声。

但对于非线性的情形,测量精度与最终状态估计是相关的。EKF 试图将卡尔曼滤波的原则应用到非线性的情形中,不论是状态方程,还是测量方程,都应用一阶泰勒展开式。

实质上,EKF 是线性化那些非线性的状态方程或者测量方程。扩展状态估计得到的一阶形式和高阶形式(HOT)是

$$\hat{x}_{k+1|k} = f(k,\hat{x}_{k|k}) + f_x(k)(x_k - \hat{x}_{k|k}) + HOT + v_k$$

$f_X(k)$表示雅克比(Jacobian)矩阵

$$f_X(k) \equiv \nabla_x f(x,k) \mid_{X=x_{k|k}}$$

$$= \begin{bmatrix} \dfrac{\partial f_1}{\partial x_1} & \cdots & \dfrac{\partial f_1}{\partial x_n} \\ \vdots & & \vdots \\ \dfrac{\partial f_m}{\partial x_1} & \cdots & \dfrac{\partial f_m}{\partial x_n} \end{bmatrix} = F(k)$$

预测状态和对应方差的计算模型分别为

$$\hat{x}_{k+1|k} = f(k,\hat{x}_{k|k})$$

$$P_{k+1|k} = F(k)P_{k|k}F(k)^{\mathrm{T}} + Q_k$$

而非线性关系在测量预测中可以表示为

$$z_{k+1} = h(k+1,\hat{x}_{k+1|k}) + h_x(k+1)(x_{k+1} - \hat{x}_{k+1|k}) + HOT + w_k$$

其中测量方程的 Jacobian 矩阵是

$$h_x(k+1) \equiv \nabla_x h(x,k+1) \mid_{X=X_{k+1|k}} = H(k+1)$$

预测测量和对应的预测方差分别为

$$\hat{z}_{k+1|k} = h(x_{x+1},\hat{x}_{k+1|k})$$

$$S_{k+1} = H(k+1)P_{k+1|k}H(k+1)^{\mathrm{T}} + R_{k+1}$$

由于 EKF 使用一阶的形式作为近似,如果忽略高阶的形式,误差在系统中就会逐渐增大。EKF 通常将 $p(x_k,z^k)$近似为高斯概率密度,把点与点之间的更新作为分段连续的。EKF 的原则是假设后验密度仍然服从高斯分布 $p(x_k,z^k)=N(x_k \mid \hat{x}_{k|k},P_{k|k})$。只要非线性不是那么严重,这个方法就是一种快速简单的方法。其他一些方法,例如 UKF,扩展这些技术到三阶可以获得更高的精度。

而粒子滤波代表了另一个方向,它通过大量的粒子表示目标状态或者目标量测中的非高斯过程的特性,使用序贯蒙特卡洛过程估计目标状态值。

2. 蒙特卡洛积分和重要性采样

蒙特卡洛积分是完成多维积分 $I = \int g(x)\mathrm{d}x(x \in \mathscr{R}^{n_x})$ 的采样数值方法,其中采样值 $\boldsymbol{x}$ 来自特定的空间 n_x。假设 $g(x) = f(x)\pi(x)$,其中 $\pi(x)$ 表示一个概率密度函数且 $\pi(x) \geqslant 0$,满足$\int \pi(x)\mathrm{d}x = 1$。利用上述性质,多维积分可以表示为

$$I = \int f(x)\pi(x)\mathrm{d}x$$

当从 $\pi(x)$中随机选取 N 个独立采样值后,积分均值可以用 $f(x)$表示为

$$E[I_N] = \frac{1}{N}\sum_{i=1}^{N} f(x^i)$$

$\boldsymbol{x}^i$ 表示第i个采样值。$f(x)$ 的方差为$\delta^2 = \int (f(x) - I)^2\pi(x)\mathrm{d}x$。基于中心极限定理,

方差收敛于正态分布，即$\lim\limits_{N\to\infty}\sqrt{N}(E[I_N]-I)\sim N(0,\delta^2)$。

对于贝叶斯问题，概率密度函数 $\pi(x)$表示后验概率密度。理想情况下，我们想从密度函数 $\pi(x)$中产生采样值。在实际中，我们对于后验概率密度函数的信息了解很少，要产生合理的采样值很困难。为此，假设能用一个概率密度函数 $q(x)$近似 $\pi(x)$，并称 $q(x)$为重要性密度函数。我们要确保从 $q(x)$得到的采样值，与从 $\pi(x)$中得到的采样值具有相同的作用。一个能被接受的重要性函数 $q(x)$应该覆盖 $\pi(x)$的定义区间。但是这也不是绝对的，只要保证被忽略的采样区间不会影响目标状态的估计就可以。理想情况下，一个好的重要性密度函数应该在任意区间中，与真正的后验密度函数的比值为 1。实际应用时，如果 $\pi(x)/q(x)$的比值是有界的，那就可以依概率 1 接受每个采样值。

从采样近似的角度重新描述积分问题为

$$I=\int f(x)\pi(x)\mathrm{d}x=\int f(x)\frac{\pi(x)}{q(x)}q(x)\mathrm{d}x$$

为了举例说明这个问题，假设概率密度函数 $\pi(x)$是一个混合高斯分布，表示真实的目标环境，则真正的概率密度函数形式为

$$\pi(x)=0.5N(x;0,1.0)+0.5N(x;1,25,0.25)$$

每个高斯分布有一个能被接受的标准概率。我们可以让初始重要性函数是一个标准密度，例如服从[−1.5,1.5]的均匀分布。因为重要性密度函数覆盖真实概率密度函数 $\pi(x)$的大部分区间，由中心极限定理知，从重要性采样密度的样本最终汇聚到 $\pi(x)$。然而我们可以用图中的函数 $q^*(x)$使收敛的趋势变得迅速。比值 $\tilde{w}(x^i)\propto(\pi(x^i)/Mq(x^i))$将保证 $q(x)$中的采样值在低密度区域更容易被接受。

采样值的均值估计为

$$E[I_n]=\frac{1}{N}\sum_{i=1}^{N}f(x^i)\tilde{w}(x^i)$$

$\tilde{w}(x^i)=\pi(x^i)/q(x^i)$表示重要性采样的权值，$q(x^i)$与 $q^*(x^i)$都可以使用，但 $q^*(x^i)$可以确保密度函数收敛更快。然而，通常在初次使用粒子滤波器的时候，会使用标准密度函数。然而，密度函数 $q(x)$的采样权值总和可能不为 1，为了弥补这个缺陷，可以采用权值重新归一化的方法。

$$E[I_N]=\frac{1}{N}\sum_{i=1}^{N}f(x^i)w(x^i)$$

$$w(x^i)=\frac{\tilde{w}(x^i)}{\frac{1}{N}\sum_{j=1}^{N}\tilde{w}(x^j)}$$

$\tilde{w}(x^i)$表示后验概率 $p(X_k|Z^k)$的重要性采样权值。如果比较真实值与重要性估计值，则在重要性密度函数区间覆盖真实后验密度函数时，它们的均值一致。同样，采样的方差也接近理想后验密度函数的情形。

3.7.2 粒子滤波器

粒子滤波器通过一组数量有限的粒子集合表示目标的状态，把它作为真实目标状态

的一种近似。通常，基于目标前一时刻的状态概率密度构建一组粒子，通过粒子权重的更新，获得当前时刻的状态后验概率密度。来自后验概率密度 $p(X_k \mid Z^k)$ 的随机集合 $\{X_k^j, w_k^j\}_{j=1..N}$ 决定了每个粒子的相对重要性，权值满足 $\sum_{j=1,N} w_k^j = 1$ 的归一化要求。

作为对后验概率密度的近似，可以用随机采样的离散点集表示。

$$p(X_{k+1} \mid Z^{k+1}) \approx \sum_{j=1}^{N} w_{k+1}^j \delta(X_{k+1} - X_{k+1}^j)^*$$

然而，我们对这个密度函数通常知之甚少，不得不依靠更方便采样的密度得到粒子，通常把这个便于采样的密度称为重要性密度 $q(X_{k+1} \mid Z^{k+1})$。如果我们根据重要性密度采样得到粒子，则粒子的权值需要定义为

$$w_{k+1}^j \propto \frac{p(X_{k+1}^j \mid Z^{k+1})}{q(X_{k+1}^j \mid Z^{k+1})}$$

这样，后验概率密度函数就表示为

$$p(X_{k+1} \mid Z^{k+1}) \approx \sum_{j=1}^{N} \frac{p(X_{k+1}^j \mid Z^{k+1})}{q(X_{k+1}^j \mid Z^{k+1})} \delta(X_{k+1} - X_{k+1}^j)$$

为了使滤波过程更有效，需要用递推的方式更新权值。假设重要性密度存在下面的递推关系：

$$q(X_{k+1} \mid Z^{k+1}) = q(X_{k+1} \mid X_k, Z^{k+1}) q(X_k \mid Z^k)$$

而根据贝叶斯公式，后验概率密度函数可以表示为

$$p(X_{k+1}^j \mid Z^{k+1}) = \frac{p(Z_{k+1} \mid X_{k+1}^j, Z^k) p(X_{k+1}^j \mid Z^k)}{p(Z_{k+1} \mid Z^k)}$$

根据目标状态的马尔科夫假设，可得

$$p(X_{k+1}^j \mid Z^k) = p(X_{k+1}^j \mid X_k^j, Z^k) p(X_k^j \mid Z^k)$$

这样，后验概率密度函数可以表示为

$$\begin{aligned} p(X_{k+1}^j \mid Z^{k+1}) &= \frac{p(Z_{k+1} \mid X_{k+1}^j) p(X_{k+1}^j \mid X_k^j)}{p(Z_k \mid Z^k)} p(X_k^j \mid Z^k) \\ &= \frac{1}{c} p(Z_{k+1} \mid X_{k+1}^j) p(X_{k+1}^j \mid X_k^j) p(X_k^j \mid Z^k) \end{aligned}$$

其中的 c 是归一化常数。

与后验概率密度函数的粒子加权形式相比，粒子权值的更新公式可以写为递推的形式：

$$\begin{aligned} w_{k+1}^j &= \frac{1}{c} \frac{p(Z_{k+1} \mid X_{k+1}^j) p(X_{k+1}^j \mid X_k^j)}{q(X_{k+1} \mid X_k, Z^{k+1})} \frac{p(X_k^j \mid Z^k)}{q(X_k \mid Z^k)} \\ &\propto \frac{p(Z_{k+1} \mid X_{k+1}^j) p(X_{k+1}^j \mid X_k^j)}{q(X_{k+1} \mid X_k, Z^{k+1})} w_k^j \end{aligned}$$

现在对真实目标状态的后验密度函数就有了一个比较好的近似。如果重要性函数可以提供一个有效的边界支持，那么当 $N \to \infty$ 时，用粒子表示的概率就可以收敛到真实概率密度函数。

3.7.3 重采样

截至目前的研究已经足够提供一个有效的粒子滤波系统。然而，实际的滤波器随着

时间的推移，权值的方差大大增加。只有小部分的粒子具有足够大的权值，以确保它们能够继续一遍一遍地被随机采样所选择，而更多的粒子出现退化现象，即粒子权重在逐步减小而消失。

重要性函数与真实概率密度函数的匹配程度，决定了粒子退化的速度。如果测量值出现在先验概率的低概率密度区域，将使得粒子滤波器可能出现错误。当其他粒子的权值都很小的时候，一个粒子就可以占据统治地位，这也将导致对概率密度函数的估计变得无效。因此，必须保证充足的粒子数量，以维持有效的重要性采样。

重采样就是一个解决方案，它在任何需要的时候可以创造出一组新的粒子。其基本步骤可以表示为前向序贯重要性采样。

采样（步骤 A）→ 重要性权重（步骤 B）→ 粒子选择（步骤 C）→ 重采样/扩散（步骤 D）

步骤 A 表示产生的一组随机粒子$\{x_{k+1}^j, N^{-1}\}$用于近似预测密度函数 $p(x_{k+1}|Z^k)$。这些随机粒子来自前一时刻的目标状态估计。

步骤 B 中，对新测量值 z_{k+1} 运用概率似然函数 $p(z_{k+1}|x_{k+1})$更新粒子权值 w_{k+1}^j。

步骤 C 中，对$\{x_{k+1}^j, w_{k+1}^j\}$粒子进行优选，选择最适合的粒子近似更新函数 $p(x_{k+1}|Z^{k+1})$。优选时采用门限机制，对权重过小的粒子直接丢弃。

步骤 D 中，重采样步骤对优选的粒子集合$\{x_{k+1}^{j^*}, N^{-1}\}$随机采样，这样可以带来一些新粒子到集合中，以确保采样数量足够大。注意："重新产生"粒子集集中在高权重粒子的周围。

为了防止粒子的数量变得太少，需要一个标准对其进行评估。一种有效的方法是与门限值 N_{THRESH}进行比较：

$$1 < N_{\mathrm{EFF}} = \frac{1}{\sum_{j=1}^{N}(w_{k+1}^j)^2} < N_{\mathrm{THRESH}} < N$$

通常的门限值设为 $N_{\mathrm{THRESH}}=2N/3$。新的粒子集合会产生 N 个相同权重的采样值，提供一个关于更新函数 $p(x_{k+1}|Z^{k+1})$ 的"重新近似"。新的随机测量值$\{x_{k+1}^j, N^{-1}\}$近似新的预测密度函数 $p(x_{k+1}|Z^{k+1})$，在步骤 D 中重复循环。

1. 马尔科夫链蒙特卡洛技术

重采样在抑制退化上有所提高，但它引入了另一个关键问题：采样缺乏。重复循环步骤时，采样缺乏导致粒子多样性缺失。这种持续地选择同样的粒子集，会引起粒子间多样性的缺乏。在极端情形下，一个单独的粒子会产生一个完成的下一代粒子。当过程噪声太小而不能包含实际目标状态时，这种问题就很突出。

马尔科夫链蒙特卡洛(Markovian Chain Monte Carlo，MCMC)技术是一种有效解决采样缺乏问题的方法，在解决统计物理的很多问题时，它已成为一种普遍使用的工具。MCMC 方法依靠马尔科夫链影响目标状态空间。当考虑离散时间马尔科夫链过程时，会有很多便利。当满足马尔科夫性时，对于每个粒子，都有

$$p(x_{k+1}^j \mid x_k^j) = p(x_{k+1}^j \mid x_k^j, x_{k-1}^j, \cdots, x_0^j)$$

为了收敛到平稳分布，马尔科夫链需要满足以下要求：①可达性。每个状态都能从

其他状态获得。②非周期性。这是为了防止这些状态存在周期性震荡。③各态历经性。离散时间马尔科夫链要保证能无限次回到任何一个状态。也就是说,在跟踪过程中没有哪个状态是不能达到的。例如,考虑两个状态的问题:

$$T=[p_{ij}]=\begin{bmatrix}0.9 & 0.1\\ 0.33 & 0.67\end{bmatrix}$$

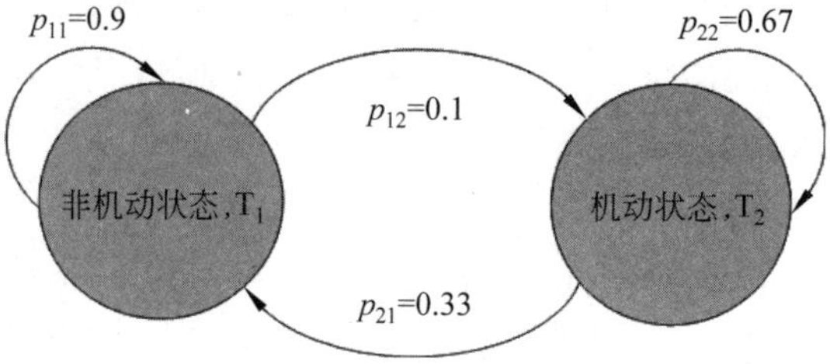

图 3-18 两状态马尔科夫链

p_{ij}是从状态 i 传送到状态 j 的马尔科夫概率。在马尔科夫链的基本性质的基础上,从任何初始点开始的概率会稳定在分布 $p(x)=(0.767,0.233)$,目标分布将表示马尔科夫链不变的密度。转移公式满足平衡条件,意味着从一个状态转移到另一个状态是可行的。

$$T(X^* \mid X)p(X)=T(X \mid X^*)p(X^*)$$

在过去的年代里,有很多具体可操作的 MCMC 方法被研究出来。Metropolis-Hastings(M-H)是最受欢迎和使用最广泛的。Gibbs 采样是另一个 MCMC 方法,是 M-H 的一个特例。它表示最简单的马尔科夫链仿真算法。当直接从条件后验分布采样时,Gibbs 采样是最有效的方法。当不能直接从条件后验分布中采样时,M-H 方法有效。

2. Metropolis-Hastings

重采样造成的采样值缺乏的原因是重复选择同样的粒子。为了防止这个问题发生,每次经历一个采样前,检测当前状态模型 x_k^j 是否足够,或者根据状态转移关系 $T(x_k^{j^*} \mid x_k^j)$确定状态可能的变化 $x_k^{j^*}$ 是否会发生。

完成这个检测,首先从 $T(x_k^{j^*} \mid x_k^j)$中得到新的采样 $x_k^{j^*}$,然后根据如下概率接受新的状态 $x_{k+1}^j=x_k^{j^*}$:

$$\alpha=\min\left\{1,\frac{p(X_k^{j^*} \mid Z^k)T(x_k^j \mid x_k^{j^*})}{p(X_k^j \mid Z^k)T(x_k^{j^*} \mid x_k^j)}\right\}$$

只有当 $\alpha \geqslant u$ 时成立,u 是 0 和 1 之间的一个标准随机数。M-H 过程的影响在于通过转移矩阵“允许”粒子进行跳移,防止粒子太过依赖于当前目标状态模型。这里我们找到了最合适的状态。

3.7.4 粒子滤波示例

下面考虑一个在采样时刻 T 对目标状态进行纯方位跟踪的问题,在二维环境下(即 2D 位置和 2D 速度下)考察一个动态状态。

设采样周期为 T,目标状态表示为

$$x = f(x, \dot{x}, y, \dot{y})$$

位置与速度分别为

$$x(k+1) = x(k) + x(k)\mathrm{d}t$$

$$x(k+1) = x(k) + v(k)$$

$v(k)$是零均值的高斯噪声过程。传感器观测基于非线性纯角度测量。

$$z(k+1) = \arctan\left[\frac{(y(k) - y_s)}{(x(k) - x_s)}\right] + w(k)$$

(x_s, y_s)是传感器的位置；$w(k)$是零均值高斯测量噪声。

对于纯方位跟踪，至少需要两个方位传感器，才能实现二维运动目标的跟踪定位，每获得一个传感器测量值，即进行一次目标状态的更新。

粒子滤波器首先用均匀分布初始化各粒子，根据系统状态方程用粒子的当前状态预测下一时刻各粒子的状态，基于传感器的测量值和预测的粒子状态，更新各粒子权重。假设各粒子的目标位置估计误差和传感器测量误差都服从正态分布。

就方位角传感器测量而言，简单使用正态概率密度函数估计目标、估计偏差、更新粒子权重，存在固有的粒子退化问题。当粒子集的散布超过 3 个标准偏差，会导致粒子的权重趋近于零，导致实际有效的粒子数减少。此时需要根据当前测量值对粒子重采样，获得新的粒子集。连续跟踪一段时间后，当目标路径明显偏离目标估计动态模型时，大部分粒子会集中于一个小的区域，丧失了多样性，即出现所谓的粒子匮乏问题。此时需要用 M-H 采样法，根据测量值 $z(k+1)$计算权值，重新采样粒子状态。

3.8　属性合成理论

3.8.1　贝叶斯方法

英国学者贝叶斯 1763 年在《论有关机遇问题的求解》一文中提出一种归纳推理的理论，后来被统计学者发展为一种系统的统计推断方法，称为贝叶斯方法。采用这种方法作统计推断构成贝叶斯统计的内容。认为贝叶斯方法是唯一合理的统计推断方法的统计学者组成数理统计学中的贝叶斯学派，其形成可追溯到 20 世纪 30 年代。到 20 世纪五六十年代，已发展为一个有影响的学派。时至今日，其影响日益扩大。

贝叶斯统计中的两个基本概念是先验分布和后验分布。

① 先验分布。总体分布参数 θ 的一个概率分布。贝叶斯学派的根本观点认为，在关于总体分布参数 θ 的任何统计推断问题中，除了使用样本提供的信息外，还必须规定一个先验分布，它是在进行统计推断时不可缺少的一个要素。他们认为先验分布不必有客观的依据，可以部分地或完全地基于主观信念。

② 后验分布。根据样本分布和未知参数的先验分布，用概率论中求条件概率分布的方法求出的在样本已知下未知参数的条件分布。因为这个分布是在抽样后才得到的，故称为后验分布。贝叶斯推断方法的关键是任何推断都必须且只须根据后验分布，而不能再涉及样本分布。

贝叶斯学派与频率学派争论的焦点在于先验分布的问题。所谓频率学派，是指坚持概率的频率解释的统计学家形成的学派。贝叶斯学派认为先验分布可以主观确定，它没有也不需要有频率解释。而频率学派则认为，只有在先验分布有不依赖主观的意义，且能根据理论或以往的经验决定时，才允许在统计推断中使用先验分布，否则就会丧失客观性。也有批评认为贝叶斯方法对任何统计问题都给以一种程式化的解法，这导致人们对问题不作深入分析，而只是机械地套用公式。贝叶斯学派则认为：理论上说，任何合理的优良性准则必然是基于先验分布的贝叶斯准则。他们认为，频率学派表面上不使用先验分布，但所得到的解也还是某种先验分布下的贝叶斯解，而这一潜在的先验分布可能比经过慎重选定的主观先验分布更不合理。贝叶斯学派还认为，贝叶斯方法对统计推断和决策问题给出程式化的解是优点，而非缺点，因为它免除了寻求抽样分布这个困难的数学问题。而且这种程式化的解法并不是机械地套公式，它要求人们对先验分布、损失函数等的选择做大量工作。用贝叶斯方法求出的解不需要频率解释，反之，根据概率的频率解释而提供的解则只有在大量次数使用下才有意义，而这常常不符合应用的实际。这两个学派的争论是二战后数理统计学发展中的一个特色。这个争论目前还没有解决，它对今后数理统计学的发展还将产生影响。

设 $D_1, D_2, \cdots, D_n$ 为样本空间 S 的一个划分，如果以 $p(D_i)$ 表示事件 D_i 发生的先验概率，且 $p(D_i)>0, i=1,2,\cdots,n$。对于任一观测到的事件 $\boldsymbol{x}$，它所形成的后验概率都可以用贝叶斯公式描述为

$$p(D_j \mid x) = \frac{p(D_j \mid x)p(D_j)}{\sum_{i=1}^{n} p(D_i \mid x)p(D_i)}$$

贝叶斯决策理论方法是统计模式识别中的一个基本方法。贝叶斯决策判据既考虑了各类参考总体出现的概率大小，又考虑了因误判造成的损失大小，判别能力强。贝叶斯方法更适用于下列场合。

(1) 样本(子样)的数量(容量)不充分大，因而大子样统计理论不适宜的场合。

(2) 试验具有继承性，反映在统计学上就是要具有在试验之前已有先验信息的场合。

用这种方法分类时要求满足以下两点。

第一，要决策分类的参考总体的类别数是一定的。例如，两类参考总体(正常状态 D_1 和异常状态 D_2)，或 L 类参考总体 $D_1, D_2, \cdots, D_L$(如良好、满意、可以、不满意、不允许)。

第二，各类参考总体的概率分布是已知的，即每类参考总体出现的先验概率 $P(D_i)$ 以及各类概率密度函数 $P(x|D_i)$ 是已知的。

对于两类故障诊断问题，就相当于在识别前已知正常状态 D_1 的概率 $P(D_1)$ 和异常状态 D_2 的概率 $P(D_2)$，它们是由先验知识确定的状态先验概率。如果不做进一步的仔细观测，仅依靠先验概率作决策，就应给出下列的决策规则：若 $P(D_1)>P(D_2)$，则做出状态属于 D_1 类的决策；反之，则做出状态属于 D_2 类的决策。例如，某设备在 365 天中有故障是少见的，无故障是经常的，有故障的概率远小于无故障的概率。因此，若无特别明显的异常状况，就应判断为无故障。显然，这样做对某一实际的待检状态根本达不到诊断的目的，这是由于只利用先验概率提供的分类信息太少了。为此，还要对系统状态进行状态检测，分析观测到的信息。

利用贝叶斯统计推断的原理,可以完成离散状态的目标属性信息进行融合。多个传感器分布式地完成对目标状态的属性信息探测,把探测结果送融合中心进行合成。根据合成形成的属性后验概率分布,可以形成全局的目标属性判决结果。

在图 3-19 的贝叶斯融合流程中,多个传感器同时对一个目标进行了探测,并按照自身的探测数据进行了局部判决,输出的判决结果是 $P(D_i|O_j)$,其中 O_j 代表第 j 个目标类型,D_i 代表第 i 个传感器的探测结果。每个传感器的输出 $P(D_i|O_j)$,$j=1,2,\cdots,m;i=1,2,\cdots,n$,经融合后,需要计算出联合后验概率 $P(O|D_1,D_2,\cdots,D_m)$,$i=1,2,\cdots,n$ 作为融合中心的输出。根据贝叶斯公式,可得

$$P(O_i \mid D_1,D_2,\cdots,D_m) = \frac{P(D_1,D_2,\cdots,D_m \mid O_i)P(O_i)}{\sum_{i=1}^{n} P(D_1,D_2,\cdots,D_m \mid O_i)P(O_i)} \quad i = 1,2,\cdots,n$$

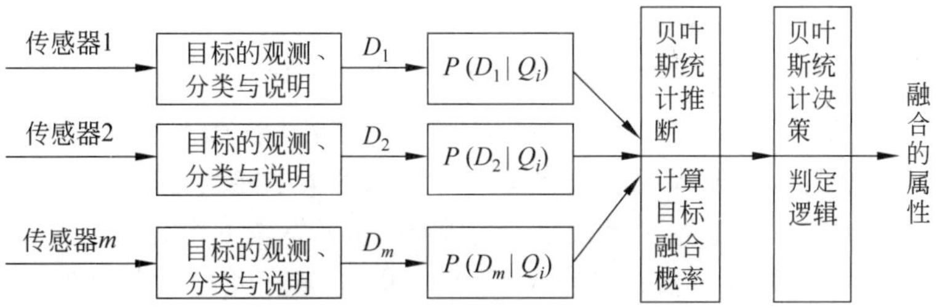

图 3-19　贝叶斯融合的概念图

在各传感器性能相互独立的假设下,满足

$$P(D_1,D_2,\cdots,D_m \mid O_i) = P(D_1 \mid O_i)P(D_2 \mid O_i)\cdots P(D_m \mid O_i)$$

每个目标类型先验概率 $P(O_i)$都是贝叶斯合成的前提条件。在无法获得准确的先验概率情况下,可以简单地认为是均匀概率。

3.8.2　证据理论

Dempster-Shafer 理论(简称 D-S 理论或证据理论)是一种不精确推理方法。这一理论最初以 Dempster 在 1967 年的工作为基础,他试图用一个概率区间(而不是单一概率数值)建模不确定性。1976 年,Shafer 在《证据的数学理论》一书中扩展和改进了 Dempster 的工作。D-S 理论具有好的理论基础,确定性因子能作为 D-S 理论的一种特殊情形。

证据在本质上就是基于观测,对不同的假设赋予权值的一种方法。它能处理任意数量的假设,通过把证据的权重解释为一个函数,从而把假设的先验概率空间映射到基于观测的后验概率空间。

1. 辨别框架

D-S 理论假定有一个用大写希腊字母 Θ 表示的环境,该环境是一个具有互斥和可穷举元素的集合。

$$\Theta = \{\theta_1,\theta_2,\cdots,\theta_n\}$$

术语环境在集合论中又被称为论域。一些论域的例子可以是

$$\Theta = \{\text{ airliner, bomber, fighter }\}$$

$$\Theta = \{ \text{red}, \text{green}, \text{blue}, \text{orange}, \text{yellow} \}$$

$$\Theta = \{ \text{barn}, \text{grass}, \text{person}, \text{cow}, \text{car} \}$$

注意,上述集合中的元素都是互斥的。为了简化我们的讨论,假定 Θ 是一个有限集合。当元素是诸如时间、距离、速度等连续变量时,D-S 理论经过修正后可以同样使用。

理解 Θ 的一种方式是先提出问题,然后进行回答。假定

$$\Theta = \{ \text{airliner}, \text{bomber}, \text{fighter} \}$$

提问 1:“这军用飞机是什么”?

答案 1:是 Θ 的子集 $\{ \theta_2, \theta_3 \} = \{ \text{bomber}, \text{fighter} \}$。

提问 2:“这民用飞机是什么”?

答案 2:是 Θ 的子集 $\{ \theta_1 \} = \{ \text{airliner} \}$。这里,$\{\theta_1\}$ 是单元素集合。

因为元素是互斥的,环境是可穷举的,对于一个提问,只能有一个正确的答案子集。环境的所有子集是对应论域的所有可能的有效答案。

飞机环境的所有可能的子集可以完全枚举。当一个环境的元素可以被解释成可能的答案,并且仅有一个答案是正确的,那么该环境就被称为一个鉴别框架。鉴别这个术语意味着,对于一个提问,从与该提问相关的所有可能的答案中能区分出一个正确的答案。能区分出一个正确的答案需要鉴别框架是可穷举的,其子集是不相交的。

一个大小为 N 的集合包括自身恰有 2^N 个子集,这些子集定义了幂集,记为 2^Θ。对于飞机框架,有

$$2^\Theta = \{\varnothing, \{\theta_1\}, \{\theta_2\}, \{\theta_3\}, \{\theta_1, \theta_2\}, \{\theta_1, \theta_3\}, \{\theta_2, \theta_3\}, \{\theta_1, \theta_2, \theta_3\}\}$$

2^Θ 和对应于环境的所有可能提问的正确答案之间存在着一一对应关系。

2. Mass 函数

在贝叶斯理论中,后验概率随着证据而改变是所需要的。同样,在 D-S 理论中,关于证据的信任也可以改变。在 D-S 理论中,习惯上把证据的信任度类似于物理对象的质量考虑,即证据的质量(Mass)支持了一个信任。质量这一术语也被称为基本概率赋值(Basic Probability Assignment,BPA)或简称为基本赋值。为了避免与概率论混淆,我们不使用这些术语,而是简单地使用质量一词。

D-S 理论和概率论的基本区别是关于无知的处理。即使在无知的情况下,概率论也必须分布一个等量的概率值。假如没有先验知识,那么必须假定每种可能性的概率值都是 $P=1/N$,其中 N 是可能性的总数。

事实上,赋值为 P 是在无可奈何的情况下作出的。但是,概率论也有一种冠冕堂皇的说法,即所谓的中立原理。当仅有两种可能性存在时,如“有石油”和“没有石油”,分别用 H 和 $\neg H$ 表示,就会出现应用中立原理的极端情况。在与此类似的情况中,即使在没有一点知识的条件下,也必须是 $P=50\%$,因为概率论要求 $P(H)+P(\neg H)=1$,也就是说,要么赞成 H,要么反对 H,对 H 无知是不被允许的。

在没有关于 $\neg H$ 的任何证据的情况下,即使不用中立原理,约束 $P(H)+P(\neg H)=1$ 也要求必须对 $\neg H$ 进行概率赋值。然而,D-S 理论不要求必须对无知假设 H 和反驳假设 H 赋以信任值,而是仅将 Mass 分配给你希望对其分配信任的环境的子集。任一未被分配给具体子集的“信任”都被看成“未表达意见”,并将其分配给环境 Θ。反驳一个假设

的“信任”，实际上是对该假设的“不信任”，但不是对该假设“未表达意见”。

假定一个敌友飞机识别(Identification Friend or Foe，IFF)传感器也被简称为敌友飞机识别器，从一架飞机的应答器获得了一个响应。如果某飞机是友机，那么它的发射机应答器应通过回送它的识别代码立即进行应答。若接收应答的飞机未收到某架飞机 A 的应答，那么接收应答的飞机的默认处理结果是：飞机 A 是一架敌机。一架飞机 A^* 可能因下列原因未能发送应答信息：

(1) A^* 的敌友飞机识别器发生了故障。

(2) A^* 的发射机应答器发生了故障。

(3) A^* 上没有敌友飞机识别器。

(4) A^* 的敌友飞机识别器受到了干扰。

(5) A^* 收到了保持其雷达沉默的命令。

假定因敌友飞机识别器的故障，导致关于目标飞机有 0.7 的可能性是敌机的证据，其中仅轰炸机和战斗机被认为是敌机。由此，这 Mass 的赋值为

$$m_1(\{B, F\}) = 0.7$$

其中，m_1 指由第一个敌友飞机识别器提供的证据的 Mass 值。注意，其余的信任将被留给环境 Θ，作为未表达意见的部分。

$$m_1(\{\Theta\}) = 1 - 0.7 = 0.3$$

注意，“未表达意见”既不是信任，也不是不信任。而概率论对此却给出不同的结果。

$$P(\text{敌机}) = 0.7 \quad P(\neg\ \text{敌机}) = 1 - 0.7 = 0.3$$

对同一个问题，两种理论却给出了不同的处理，这正体现了 D-S 理论和概率论之间的主要差别。

环境的幂集合中的任一个集合，若其 Mass 值大于 0，则称其为焦点元素。使用焦点元素这一术语的原因是：一个幂集合元素 X 的 Mass 值 $m(X)$大于 0，意味着可用证据在 X 中的被聚焦，或者说被集中。

表 3-5 说明 Mass 比概率有大得多的自由度。

表 3-5　D-S 理论和概率论的比较

D-S 理论	概　率　论
$m(\Theta)$ 不必须等于 1	$\sum_j P_J = 1$
如果 $X \subseteq Y$， $m(X) \leqslant m(Y)$ 不是必须的	如果 $X \subseteq Y$， $P(X) \leqslant P(Y)$ 是必须的
$m(X)$ 和 $m(\neg X)$ 之间没有什么关系	$P(X) + P(\neg X) = 1$

每个 Mass 都能被形式化表示成一个函数，该函数映射幂集合中的每个元素成为区间 [0,1]的一个实数。函数的形式化描述为 $m: 2^\Theta \to [0,1]$。按惯例，空集合的 Mass 通常被定义为 0，$m(\varnothing)=0$。Θ 的幂集合 2^Θ 的所有子集的 Mass 和为 1。

$$\sum_{X \subseteq 2^\Theta} m(X) = 1$$

1. 信任函数和似然函数

定义 2：如果 m 是一个基本信度分配，则信任函数的定义为

$$\mathrm{Bel}(A)=\sum\nolimits_{B\subseteq A}m(B)\quad \forall A\subseteq\Theta,B\neq\varnothing$$

Bel(A)反映了 A 上所有子集总的信度。定义怀疑函数和似然函数：

$$\mathrm{Dou}(A)=\mathrm{Bel}(\overline{A})\quad \forall A\subseteq\Theta$$

$$\mathrm{Pl}(A)=1-\mathrm{Bel}(\overline{A})\quad \forall A\subseteq\Theta$$

Pl(A)为 A 的似真度，即描述了 A 的似真或可靠的程度，似然函数表示不否定的信任度，是所有与相交子集的基本概率赋值之和。Dou(A)描述了 A 的不确信程度。

在证据推理中，证据导致的不确定区间被称为证据区间(Evidence Interval,EI)。EI 的下界在证据推理中被称为 support (Spt)，而上界被称为 plausibility(Pl)。support 是基于证据的最小信任，而 plausibility 是基于证据的最大信任。因为

$$\mathrm{Pl}(A)=1-\mathrm{Bel}(\overline{A})=\sum_{B\subseteq U}m(B)-\sum_{B\subseteq\overline{A}}m(B)=\sum_{B\cap A\neq\phi}m(B)$$

所以，$0\leqslant\mathrm{Bel}\leqslant\mathrm{Pl}\leqslant1$ 成立。在证据理论中，下界和上界有时被称为下概率和上概率。实际上，[Bel(A),Pl(A)]表示了 A 的不确定区间，即概率的上下限。表 3-6 给出了一些通常的证据区间。

表 3-6 一些通常的证据区间

证据区间	区间含义的解释
[1,1]	完全是真的
[0,0]	完全是假的
[0,1]	完全无知
[Bel,1]其中 $0<\mathrm{Bel}<1$	趋向于支持
[0,Pl]其中 $0<\mathrm{Pl}<1$	趋向于反驳
[Bel,Pl]其中 $0<\mathrm{Bel}\leqslant\mathrm{Pl}<1$	既趋向于支持，又趋向于反驳

Mass 是关于某个集合的信任，不包括对于该集合的子集的信任，因此它提供了一种局部的信任度量。与之不同，信任函数应用于一个集合和该集合的任何一个子集，是一种更为全局的信任度量。

2. 证据组合

当新的证据变成可用的时候，我们希望组合所有的证据，以产生一个更好的信任评价。为了说明如何证据组合，首先看一个证据组合一般公式的一种特殊情形。

假定另一类型的一个传感器用 0.9 的信任识别出目标飞机为轰炸机。现在，来自传感器的证据的 Mass 为

$$m_1(\{B,F\})=0.7\quad m_1(\Theta)=0.3$$

$$m_2(\{B\})=0.9\qquad m_2(\Theta)=0.1$$

其中，m_1 和 m_2 与第一种和第二种类型的传感器对应。

使用下述 Dempster 的组合规则的特殊形式以产生组合 Mass。

$$m_3(Z)=m_1(Z)\oplus m_2(Z)=\sum_{X\cap Y=Z}m_1(X)\times m_2(Y)$$

其中，求和是对所有满足 $X \cap Y = Z$ 条件的 X 和 Y 进行的，操作符$\oplus$表示正交和或直接和。Dempster 的规则组合两个 Mass 以产生一个新的 Mass，新 Mass 表示初始可能是冲突的证据间的一致意见。新的 z 的 Mass 值是对所有交集为 z 的 Mass 求和，集合的交集表达了公共的证据元素。十分重要的一点是：用于组合的证据必须是独立差错的(independent errors)。注意，独立差错的证据≠独立采集的证据。表 3-7 给出了 Dempster 的组合规则，其中每个交集之后都跟随一个数值(两个 Mass 的乘积)。

表 3-7　行列 Mass 相乘

证　据　源	$m_2(\{B\})=0.9$	$m_2(\Theta)=0.1$
$m_1(\{B, F\})=0.7$	$\{B\}$　0.63	$\{B, F\}$　0.07
$m_1(\Theta)=0.3$	$\{B\}$　0.27	Θ　0.03

$m_{12}(\{B\})=m_1 \oplus m_2(\{B\})=0.63+0.27=0.90$　(轰炸机)

$m_{12}(\{B,F\})=m_1 \oplus m_2(\{B,F\})=0.07$　(轰炸机或战斗机)

$m_{12}(\{\Theta\})=m_1 \oplus m_2(\{\Theta\})=0.03$　(未表示意见)

$m_{12}(\{B\})$表示目标飞机是轰炸机的信任。但是，$m_{12}(\{B,F\})$和 $m_{12}(\{\Theta\})$ 却包含另外的信息。因为它们的集合中包含了轰炸机，所以把它们的正交和贡献给轰炸机一个信任似乎是合理的。由此，关于$\{B\}$的最大信任为 $0.03+0.07+0.9$，关于$\{B\}$的最小信任为 0.9，$\{B\}$的真实的信任在区间$[0.9,1.0]$中的某处。

假定第 3 个传感器报告了关于目标飞机的一个冲突的证据：

$$m_3(\{A\}) = 0.95 \quad m_3(\{\Theta\}) = 0.05$$

表 3-8 给出了证据组合的十字相乘的结果。

表 3-8　组合第 3 个证据

证　据　源	$m_1 \oplus m_2(\{B\})$ 0.90	$m_1 \oplus m_2(\{B, F\})$ 0.07	$m_1 \oplus m_2(\{\Theta\})$ 0.03
$m_3(\{A\})=0.95$	$\varnothing$　0.855	$\varnothing$　0.0665	$\{A\}$　0.0285
$m_3(\Theta)=0.05$	$\{B\}$　0.045	$\{B, F\}$　0.0035	Θ　0.0015

因为有$\{A\} \cap \{B\}=\varnothing$，$\{A\} \cap \{B,F\}=\varnothing$，所以出现了空集合。具体计算如下：

$$m_1 \oplus m_2 \oplus m_3(\{A\}) = 0.0285$$

$$m_1 \oplus m_2 \oplus m_3(\{B\}) = 0.045$$

$$m_1 \oplus m_2 \oplus m_3(\{B,F\}) = 0.0035$$

$$m_1 \oplus m_2 \oplus m_3(\varnothing) = 0.855 + 0.0665 = 0.9215$$

$$m_1 \oplus m_2 \oplus m_3(\Theta) = 0.0015$$

注意，所有 Mass 之和必须等于 1，即

$$\sum_{X \subseteq \Theta} m_1 \oplus m_2 \oplus m_3(X) = 1$$

其中求和只需遍及所有的焦点元素，但是在这个例子中产生了问题：由于 $m_1 \oplus m_2 \oplus m_3(\varnothing)>0$，它与 $m(\varnothing)=0$ 的定义相冲突。一种解决办法是使焦点元素标准化，就是用

某种原则把 $m_1 \oplus m_2 \oplus m_3(\varnothing)$ 分给焦点元素。

首先定义

$$K = \sum_{X \cap Y = \varnothing} m_1(X) \times m_2(Y)$$

然后重新设置每个焦点元素 Z 的值：

$$Z \leftarrow \frac{Z}{1-K}$$

对表 3-4 的例子，$K=0.855+0.0665=0.9215$，$1-K=0.0785$，每个焦点元素标准化后的值为

$$m_1 \oplus m_2 \oplus m_3(\{A\}) = 0.363$$

$$m_1 \oplus m_2 \oplus m_3(\{B\}) = 0.573$$

$$m_1 \oplus m_2 \oplus m_3(\{B,F\}) = 0.045$$

$$m_1 \oplus m_2 \oplus m_3(\Theta) = 0.019$$

可见，第 3 个(与前两个证据冲突)关于$\{A\}$的证据的存在，显著侵蚀了对$\{B\}$的信任。

$$\mathrm{Bel}(\{B\}) = m_1 \oplus m_2 \oplus m_3(\{B\}) = 0.573$$

$$\begin{aligned}\mathrm{Bel}(\{\bar{B}\}) &= m_1 \oplus m_2 \oplus m_3(\{A,F\}) + m_1 \oplus m_2 \oplus m_3(\{A\}) + m_1 \oplus m_2 \oplus m_3(\{F\}) \\ &= 0.363\end{aligned}$$

$$\mathrm{EI}(\{B\}) = [\mathrm{Bel}(\{B\}, 1-\mathrm{Bel}(\{\bar{B}\}))] = [0.573, 1-0.363] = [0.573, 0.637]$$

注意，$\{A\}$的冲突证据使$\{B\}$的 support 和 plausibility 都明显地减小了。

Dempster 的证据组合规则的一般形式为

$$m_1 \oplus m_2(Z) = \frac{\sum_{X \cap Y = Z} m_1(X) \times m_2(Y)}{1-K}$$

其中

$$K = \sum_{X \cap Y = \varnothing} m_1(X) \times m_2(Y)$$

注意，当 $K=1$ 时，正交和无定义。K 的值指出了被组合证据相互冲突的程度。当 $K=0$ 时，表示两个证据完全一致(完全相容)；当 $K=1$ 时，表示两个证据完全冲突；当 $0<K<1$ 时，表示两个证据部分相容。

3. D-S 合成的证据冲突现象

标准化使 D-S 理论出现了困难，并导致与人们期待相反的结果。1984 年，扎德(Zadeh)引用了两个医生 A、B 关于对同一患者疾病的信任的例子。关于一个患者疾病的信任如下。

$$m_{\mathrm{A}}(\text{脑膜炎}) = 0.99, \quad m_{\mathrm{A}}(\text{脑瘤}) = 0.01$$

$$m_{\mathrm{B}}(\text{脑震荡}) = 0.99, \quad m_{\mathrm{B}}(\text{脑瘤}) = 0.01$$

两个医生都认为这个患者得脑瘤的可能性只有 0.01。用 Dempster 的证据组合规则计算见表 3-9。

表 3-9　用 Dempster 的证据组合规则计算

证　据　源	m_A({脑膜炎})=0.99	m_A({脑瘤})=0.01
m_B({脑震荡})=0.99	∅　0.9801	∅　0.0099
m_B({脑　瘤})=0.01	∅　0.0099	{脑瘤}　0.0001

$$m_A \oplus m_B(\{\text{脑瘤}\}) = 0.0001$$

$$m_A \oplus m_B(\varnothing) = 0.9801 + 0.0099 + 0.0099 = 0.9999$$

$$1 - K = 1 - 0.9999 = 0.0001$$

标准化后得到

$$m_A \oplus m_B(\{\text{脑瘤}\}) = 1, m_A \oplus m_B(\{\text{脑膜炎}\}) = 0, m_A \oplus m_B(\{\text{脑震荡}\}) = 0$$

这样一个结果与我们的直觉完全不同。

我们认为不仅当 $K=1$ 时，不能做正交和，而且当 K 接近于 1 的时候也不能做正交和。

针对上述悖论的出现，为了解决证据高度冲突情况下多传感器信息的有效融合问题，众多研究人员为此做了大量的分析研究，提出了不少改进方法，但这些改进方法无外乎两种思路：一种是对 D-S 组合规则进行修正；另一种则是对冲突证据源进行修正。

第一类解决方法的代表是统一信度函数组合方法，认为证据理论对冲突信息组合出现悖论的原因就是 D-S 组合规则本身不完善所导致的，对冲突信息必须按一定规则重新分配，这种分配又面临两种需要解决的问题：①冲突应该重新分配给哪些子集；②在确定可接收冲突的子集后，冲突应该以什么比例分配给这些子集。事实上，D-S 组合规则不能处理高度冲突的信息的原因就是对冲突信息全部抛弃的结果。典型的算法包括 Yager 算法和 Lefever 算法。从工程实践的角度指出，各种对 D-S 组合规则的改进并没有降低系统的计算量，且这些改进方法不满足结合律，将导致应用困难；此外，当证据数量成百上千时，如何确定冲突分配的子集并不像理论分析那样简单。经典的 Yager 合成公式是

$$m(\Phi) = 0$$

$$m(A) = \sum_{A_i \cap B_j = A} m_1(A_i) m_2(B_j), A \neq \Phi, \Theta$$

$$m(\Theta) = \sum_{A_i \cap B_j = \Theta} m_1(A_i) m_2(B_j) + k$$

$$k = \sum_{A_i \cap B_j = \phi} m_1(A_i) m_2(B_j)$$

把冲突认为是对客观世界的无知部分，将冲突信息全部划分给全域(即未知项 Θ)，等待新的证据来临再做判断，符合认知逻辑，并且解决了高度冲突的证据的合成。Yager 算法对冲突证据 k 给予全盘否定，全部赋给了未知项。

第二类解决方法的代表是 Murphy 算法。它认为 D-S 证据理论有完善的数学基础，其组合规则是没有问题的，问题出在冲突的证据源上，需要通过修改降低冲突信息量后，再利用 D-S 规则进行组合。Murphy 算法基于对冲突证据源修正的思想，提出一种对证据源平均的方法，在证据组合之前，将所有证据进行平均，即系统有 n 个证据时，直接将证

据的基本概率指派进行平均后，使用D-S组合规则组合 $n-1$ 次。该方法只修改组合证据源，而组合规则不变，保留了D-S组合规则的交换律和结合律，且融合实验证明Murphy算法所得的结果要好于直接运用D-S组合规则得到的结果，能够融合高度冲突的证据。但Murphy算法只是一种朴素的平均思想，其将各个证据源等同看待，每个证据源的权重都是一样的，所以这种证据源信息分配的思想并不完全合理。

第4章 雷达数据处理技术

雷达是最重要的战场态势感知传感器。在多传感器多目标的环境下，合理处理雷达输出的数据并形成目标航迹和属性信息，是形成正确战场态势图的基础。本章将从雷达数据处理的各个环节入手，分析每个处理步骤的基本原理和典型算法，梳理出数据处理的清晰流程，为更进一步的研究打下基础。

一个典型的雷达数据处理系统包括5部分。

(1) 跟踪滤波器：跟踪滤波器利用基于状态空间模型对目标状态进行递归估计，这方面最常见的固定参数滤波器有 Kalman 滤波器、扩展卡尔曼滤波器。滤波器的选择取决于跟踪系统所用的坐标系，如在常速模型中当状态空间为笛卡儿坐标系，观测是极坐标系统时，运动方程就是非线性的。

(2) 监控处理逻辑：该部分负责处理动态方程的突然变化，然后在多种可能的目标运动模型内进行选择。

(3) 门限与数据关联：门限用于将得到的观测和已有的目标航迹关联的依据，而数据管理负责求解落入跟踪门中的观测对于航迹更新的贡献。目标的运动信息或者是属性均可用来作为门限关联的依据。常见的关联算法有联合概率关联算法、多假设关联算法、S 维分配算法。

(4) 航迹管理：航迹有其自然生命期——航迹形成期、航迹维持期、航迹销毁期。航迹形成时，跟踪系统通过对多个扫描周期的观测得到初始化航迹；航迹维持将现有的航迹与当前的观测关联并更新航迹；当多个扫描周期内没有观测和航迹相关目标或者消失或者脱离了传感器的探测区域，此时航迹被删除。

(5) 目标识别：目标识别的目的是利用目标的各种属性判别目标的身份。本文主要进行跟踪滤波器的研究，但是新一代的跟踪滤波器已经部分涵盖了如目标识别等功能。

本章首先介绍雷达航迹的起始方法，然后对常用的航迹跟踪算法进行了对比，用不同的滤波器实现了不同输出维数的雷达数据处理。在解决单个传感器目标跟踪的基础上，将继续讨论多传感器的航迹相关过程以及多传感器的航迹信息融合过程，经航迹融合后，就可以输出全局唯一的目标航迹信息了。本章最后讨论系统误差的估计和补偿问题，这是实际应用中不可忽略的问题，如果不完成传感器系统参数的配准，将无法形成统一态势图。

4.1 多传感器航迹起始

在现代军事应用中，随着传感器的应用日益广泛，作用日益提高，航迹融合将至关重要。航迹融合可分为几个阶段：航迹起始、航迹关联、航迹跟踪、航迹融合、航迹输出。航迹起始是航迹融合的首要环节，航迹是否正确起始直接决定航迹融合的成功与否，因此航迹起始是航迹融合过程中至关重要的一个环节。

航迹起始是指当接收到传感器探测到的多个原始点迹后，判断该航迹是新的真实目标，还是虚假目标的过程。如果是真实目标点迹，则进行航迹初始化，继续后面的航迹关联和跟踪；如果不是，则删除点迹。它是航迹快速起始和低虚警概率之间的折中。一般包括假定航迹形成、航迹初始化、航迹确定3步。现有很多关于航迹起始算法的研究，从数据处理角度可分为序贯法和批处理法。序贯法是指通过递推，根据不同时刻的原始样点形成测试航迹，具有时间有序性。批处理法是根据一些累积数据判断、发现航迹，按照处理结构可分为集中式算法和分布式算法。集中式算法是将各个传感器探测的量测汇聚到中心航迹起始器中进行航迹起始后，再将起始的航迹交给各传感器进行跟踪，如图4-1所示。因为依靠所有传感器原探测数据进行处理，精度高，可靠性强，降低了漏报和虚警概率。但因为处理数据众多，处理效率低、复杂度高，适合于目标和噪声密度小，单个传感器探测概率不高的场景。与集中式算法相对的是分布式算法，它是指各个传感器依据自己探测到的数据，单独进行起始、跟踪，如图4-2所示。由于各个传感器只依靠自己传感器探测的量测，所以适用于目标和噪声密度大，单个传感器探测概率较高的场景。混合式结构在通信和计算上要付出昂贵的代价，一般不适用于同类传感器间的数据融合。

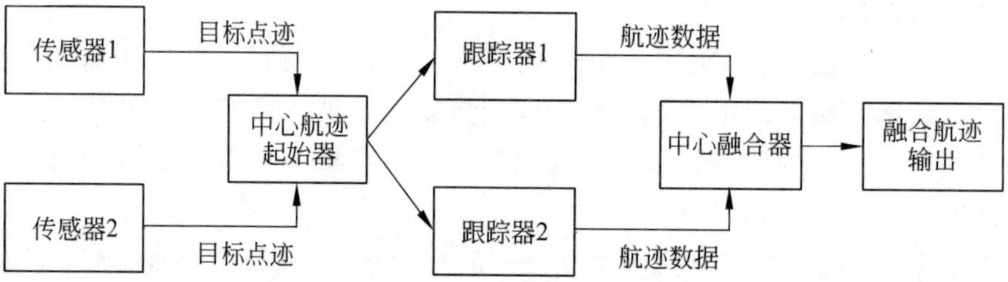

图4-1　集中式算法原理图

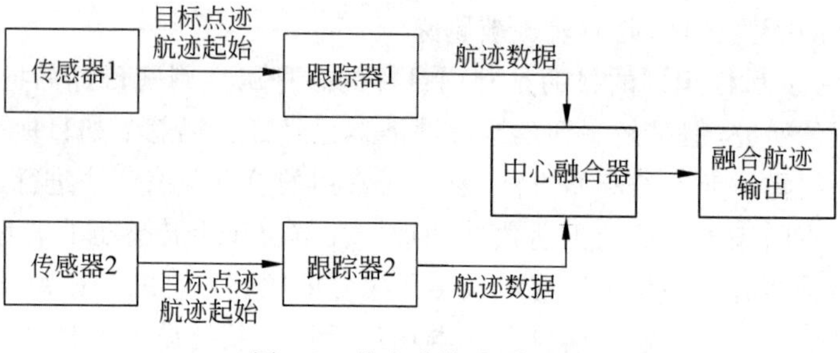

图4-2　分布式算法原理图

4.1.1　经典的航迹起始方法

按航迹起始过程使用传感器数据的方法不同，可以区分为序贯法和批处理法。序贯法在接收到每个新数据时，都完成一次航迹起始流程，具有实时性好，计算简单的特点。而批处理法累积一定的数据后，才能完成一次航迹起始流程，获得了更好的抗噪声性能。

本小节主要介绍序贯法中比较典型的逻辑法和修正逻辑法，4.1.2节介绍批处理法中比较经典的基于Hough变换的航迹起始方法。

1. 逻辑法

基于逻辑法是根据一些逻辑知识限制范围条件，从 k 个周期获得的量测数据中起始一条或者多条航迹，并估计其目标的初始状态。我们知道飞行器的速度和加速度的极限，所以在测试航迹样点时，可以根据样点的时间戳对目标的速度和加速度进行估算。如果估算的速度和加速度超过预设的门限，就应该终止当前样点的起始测试。

算法的主要思想如下：预测下一时刻的状态，形成关联门，保留关联门内的点，然后对关联门内的点进行加速度和速度的逻辑判断，保留满足条件的点迹，连续测试 N 个时刻成功后，则起始成功，否则起始失败。

为了提高航迹检测概率，减少虚假航迹，可以在最后按照式(4-1)对航迹进行累积信息判断，保留小于一定阈值的航迹。

$$J(l) = \sum_k \left[\boldsymbol{z}_{r(l,k)}(k) - \boldsymbol{H}(k)\bar{x}_l(k)\right]^{\mathrm{T}} \boldsymbol{R}(k)^{-1} \left[\boldsymbol{z}_{r(l,k)}(k) - \boldsymbol{H}(k)\bar{x}_l(k)\right] \tag{4-1}$$

其中 $\bar{x}_l(k)$为通过多项式拟合得到的暂时航迹状态估计，$\boldsymbol{z}_{r(l,k)}(k)$为第 l 个航迹序列中的第 k 个时刻量测，$\boldsymbol{R}(k)$为航迹协方差矩阵，$\boldsymbol{H}(k)$为量测矩阵。

基于逻辑法的航迹起始算法的关键点和难点是关联门门限和连续测试次数 N 的选择。如果关联门门限选择得过大，保证了航迹检测概率，但大大增加了虚警概率，航迹分裂数增加，增加了航迹存储量和计算量；如果关联门门限选择得太小，虽然降低了虚警概率，但很多航迹检测不到，降低了检测概率，因此它是检测概率和虚警概率之间的折中。常见的方法有将两扫描周期的量测之差看作零均值正态分布，用 χ^2 检验方法构造关联门，用极限速度大小构造关联门和基于运动状态的关联门设计，前两种方法适合于目标量测误差，与目标当前时刻的状态无关。根据候选航迹具有恒定的运动状态的特点，利用目标运动状态先验信息构造关联门，较之前两种方法构造的关联门更加准确。

基于逻辑法是一种比较基本、简单的方法，有很多缺点。

(1) 因为它对于关联门的所有量测点进行航迹分裂，所以不适合强噪声和航迹密度较大的场景，并且数据储存量大，不利于快速起始计算。

(2) 因为该算法只利用位置信息，没有考虑航迹的重要状态信息，如转角等，所以起始很多虚假航迹。

基于逻辑法的航迹起始算法具有在关联门内航迹分裂数多，虚警率、数据存储量和计算量高的缺点。若不考虑量测的不可分辨性，一般情况下每个航迹目标最多可形成一条确认航迹。最简单的减少航迹分叉的方法是最近邻法，它选取量测区域中最接近预测位置的量测作为确认量测，但在杂波密度大或者目标机动性强的环境中，最邻近点通常不是真正源于目标的点，这样就降低了检测概率。而一步延迟算法根据相邻两个周期的量测信息判断源于目标的量测，可减少航迹分叉，又不降低检测概率。

具体的算法思想如下：在基于逻辑法的基础上，对于 k 时刻关联门内的量测，为避免航迹分叉，通过结合上一时刻和下一时刻关联门内的量测组成的航迹，按照式(4-1)的航迹累积信息选择出最佳航迹，保留该航迹对应于 k 时刻的点迹，如图 4-3 所示。

一步延迟算法是在基于逻辑法基础之上，为避免航迹分叉的一种改进算法。它在检测概率上虽比基于逻辑法稍低，变化不大，但比最近邻算法要高很多。在虚警率上要比基于逻辑法低很多,并且减少了数据存储量和计算量。

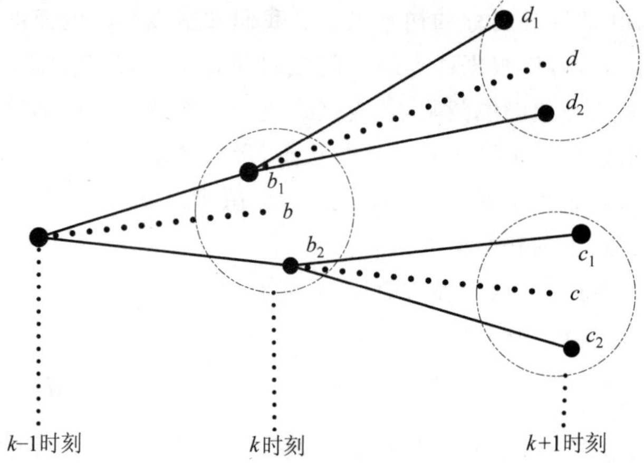

图 4-3　一步延迟算法原理示意图

2. 修正逻辑法

逻辑法以目标做匀速直线运动作为基本假设,通过假设检验的方法完成新航迹的检测。在噪声环境中,把噪声作为真实数据完成航迹起始的现象比较常见。为了减少噪声对航迹起始的干扰,人们提出了修正逻辑法。

修正逻辑法的思想很简单,就是增加了速度的方向约束。假设用连续的传感器样点估计的目标速度矢量分别为 $\boldsymbol{v}(k)$ 和 $\boldsymbol{v}(k+1)$,则这两个速度矢量的夹角可以用余弦定理表示为

$$\theta = \arccos = \frac{\boldsymbol{v}(k)\boldsymbol{v}(k+1)}{\|\boldsymbol{v}(k)\| \times \|\boldsymbol{v}(k+1)\|}$$

如果夹角超出飞行器的转弯能力,则应该停止当前样点的航迹起始过程。修正逻辑法通过增加对速度夹角的测试,可以进一步过滤噪声点。

4.1.2　基于 Hough 变换的航迹起始方法

Hough 航迹起始法是典型的数据批处理方法。它需要积累一定量的传感器数据后,才能进行一次操作。与逻辑法和修正逻辑法相比,Hough 法抗噪声的能力更强,是一种主流的航迹起始算法。

1. 经典 Hough 法

Hough 变换的基本思想是:利用点、线的对偶性,即图像中空间共线的点对应参数空间中相交的线。在图像空间 X-Y 中,所有共线的点(x,y)都可以用直线方程描述为

$$y = mx + c \tag{4-2}$$

其中 m 为直线的斜率;c 为截距。同时,式(4-2)可以改写为

$$c = -xm + y \tag{4-3}$$

式(4-3)可以被看作参数空间 C-M 中的一条直线方程,其中直线的斜率为 $-x$,截距为 y。

比较式(4-2)和式(4-3)可以看出，图像空间中的一个点(x,y)对应参数空间中的一条直线，而图像空间中的一条直线又是由参数空间中的一个点(m,c)决定的。Hough 变换的基本思想是：将上述两式看作图像空间中的点和参数空间中的点的共同的约束条件，并由此定义从图像空间到参数空间的一对映射。图 4-4 体现了这种点、线之间的对偶关系。图 4-5(a)所示是图像空间中位于同一直线上的点；图 4-5(b)所示是图像中直线上的点经式(4-3)映射到参数空间中的一簇直线。图像空间中的一条直线上的点经过 Hough 变换后对应的参数空间中的直线相交于一点。这个点是确定的，确定该点在参数空间中的位置即可知道图像中直线的参数。Hough 变换把在图像空间中的直线检测问题转换为参数空间中的点检测问题，通过在参数空间里进行简单的累加统计完成检测任务。

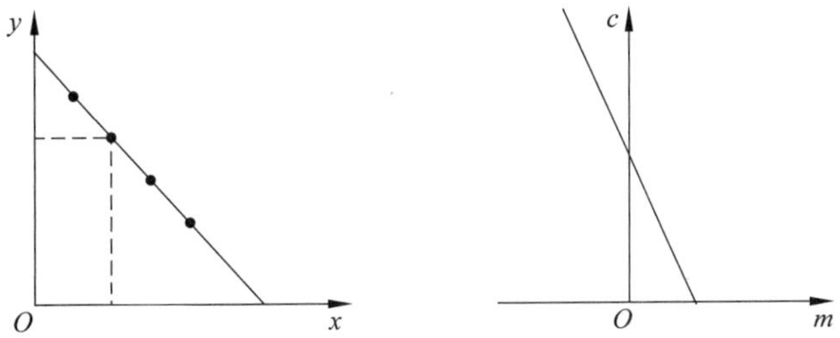

(a) 图像空间中的单点　　(b) 参数空间中的直线

图 4-4　图像空间中的点与参数空间中的直线对偶示意图

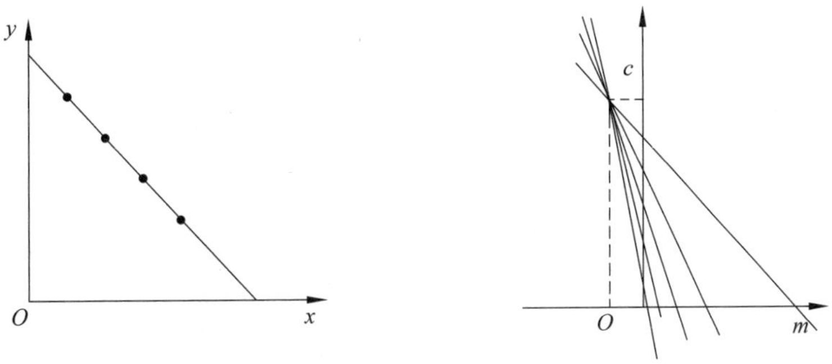

(a) 图像空间中位于同一直线上的点　　(b) 参数空间中的直线

图 4-5　图像空间中的直线与参数空间中的点对偶示意图

在具体的计算过程中，需要将参数空间 M-C 离散化为二维的累加数组。设这个数组为(m,c)，如图 4-6 所示，同时设$[m_{\min},m_{\max}]$和$[c_{\min},c_{\max}]$分别为斜率和截距的取值范围。开始时置数组 A 全为零，然后对每个图像空间中的给定边缘点，让 m 取遍$[m_{\min},m_{\max}]$内所有可能的值，并根据式(4-3)算出对应的 c。再根据 m 和 c 的值(设都已经取整)对数组元素进行累积：$A(m,c)=A(m,c)+1$。累加结束后，通过检测数组 A 中局部峰值点的位置确定参数 m 和 c 的值。

如果直线的斜率无限大，采用式(4-3)是无法完成检测的。为了能够正确识别和检测任意方向和任意位置的直线，可以用直线的极坐标方程替代式(4-2)。

$$\rho = x\cos\theta + y\sin\theta \tag{4-4}$$

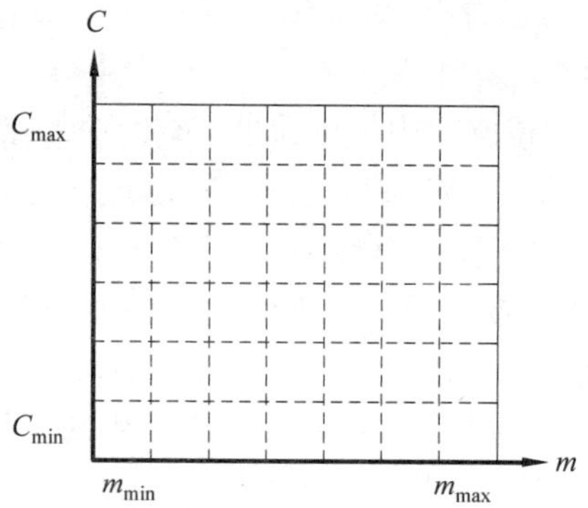

图 4-6　参数空间中的累加数组

如图 4-7(a)所示,图像空间中有一条直线 l,θ 为 l 过原点的垂线与 x 轴正方向的夹角,ρ 为原点到 z 的距离。这时参数空间就变为 ρ-θ 空间,X-Y 空间中的任意一条直线对应 ρ-θ 空间内的一个点,由式(4-4)可知,X-Y 空间内的一点对应 ρ-θ 空间中的一条正弦曲线。如果有一组位于由参数 ρ 和 θ 决定的直线上的点,则每个点对应参数空间中的一条正弦曲线,所有这些曲线必交于点(ρ,θ),如图 4-7 所示。

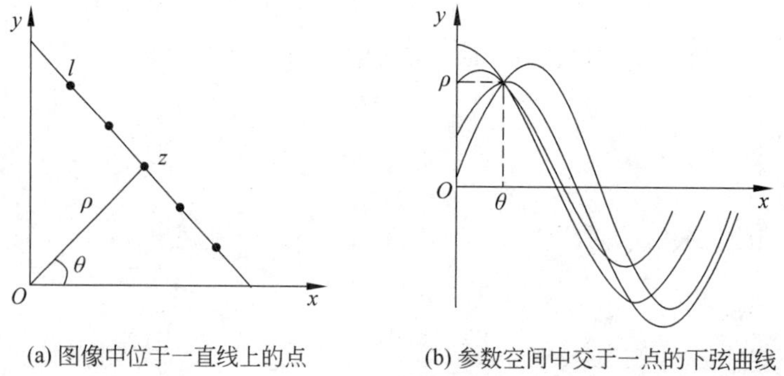

图 4-7　极坐标方程下的点-线对偶示意图

同样,在计算的过程中需要对参数空间进行离散化,每个单元的中心点坐标为

$$\begin{cases} \theta_n = \left(n - \dfrac{1}{2}\right)\Delta\theta, & n = 1,2,\cdots,N_\theta \\ \rho_n = \left(n - \dfrac{1}{2}\right)\Delta\rho, & n = 1,2,\cdots,N_\rho \end{cases} \tag{4-5}$$

其中 $\Delta\theta=\pi/N_\theta$,$N_\theta$ 为参数 θ 的分割段数;$\Delta\rho=\pi/N_\rho$,N_ρ 为参数 ρ 的分割段数,$L=\max(\sqrt{x^2+y^2})$,为图像中的点距原点距离的最大值。

总之,利用 Hough 变换在图像中检测直线的基本策略是:由图像空间中的像素点计算参数空间中的参考点的可能轨迹,并在一个累加器中给出计算的参考点计数,最后选出峰值。Hough 变换实质上是一种投票机制,对参数空间中的离散点进行投票,若投票值超过某一门限值,则认为有足够多的图像点位于该参数点所决定的直线上。这种方法受噪声和直线出现间断的影响较小。

利用 Hough 变换实现雷达航迹的起始，其实质是把雷达输出的原始测量值看成是图像中的像素点。利用像素的空间位置，发现这些输出点的几何关系，从而完成指定几何形状的运动轨迹提取。如果能提取到预想中的轨迹，也就完成了航迹起始任务。常用的目标运动航迹是直线、圆、椭圆。对非规则的几何形状，经典 Hough 法无能为力，可以使用广义 Hough 法完成任意几何形状的航迹起始任务。

2. 基于随机 Hough 变换的二维航迹起始

Hough 变换用于航迹起始问题，其核心思想是寻找可能的直线航迹，然后排除不合理的候选直线，最终形成正式航迹。虽然 Hough 变换也能搜索其他形式的曲线，但是曲线的类型太多，在工程实现时不能逐一枚举，所以大多用直线近似。

随机 Hough 变换

不失一般性，假设雷达的测量数据在二维的 Oxy 平面内，如果有 N 个点 (x_i, y_i)，$i=1,2,\cdots,N$ 属于同一条直线。任意一点在 Hough 参数空间都满足曲线方程(4-6)。

$$\rho = x_i\cos\theta + y_i\sin\theta \tag{4-6}$$

式(4-6)描述了参数空间 (ρ,θ) 内的一条正弦曲线；二维 Oxy 平面中属于同一条直线的点对应的参数空间正弦曲线必定相交于一点。假设这个交点是 (ρ_0, θ_0)，其中 ρ_0 是坐标原点到直线的垂线距离，θ_0 是这条垂线与 x 轴的夹角。任选属于同一条直线的两个点 (x_i, y_i) 和 (x_j, y_j)，联立方程：

$$\begin{cases}\rho_0 = x_i\cos\theta_0 + y_i\sin\theta_0 \\ \rho_0 = x_j\cos\theta_0 + y_j\sin\theta_0\end{cases} \tag{4-7}$$

可计算得

$$\theta_0 = \arctan\left(-\frac{x_i - x_j}{y_i - y_j}\right) \tag{4-8}$$

计算得 θ_0 后，代入式(4-7)可以计算出 ρ_0。取不同的点对，按照式(4-7)和式(4-8)可以计算出多组参数空间的曲线交点，因为这些点属于同一条直线，所以这些曲线交点应该是相同的。标准 Hough 变换把参数空间划分成小区间，对直线采用 $\Delta\rho$ 和 $\Delta\theta$ 的二维区间，对圆、椭圆等高次曲线采用更高维的区间。标准 Hough 变换依赖曲线的交点完成累积计数，但这个累积过程伴随了太多的无用区间计算，耗费大量计算时间。

作为改进算法，随机 Hough 变换在样点集合中随机地抽取最少样点数，例如直线要 2 点，通过联立方程式(4-6)直接计算图形的参数，这个参数被称为参数空间中的特征点。经过多次抽取样点计算特征点后，把这些特征点按照距离最小的原则进行合并。如果特征点可以合并，表示不同抽样的样点能用相同的参数描述，这等效于发现标准 Hough 变换的参数曲线交点。对特征点进行累积，如果能达到预定的门限，就可以认为检测到了预想的图形。

累积误差的确定

随机 Hough 变换的核心是特征点的合并。合并规则是：选取一个小的门限 δ，如果特征点间的距离小于门限，就完成合并。但是，这个 δ 的选取规则值得讨论。以二维雷达的量测样点为例，讨论直线的特征点合并问题。受测量误差的影响，任意点对 (x_i, y_i)、(x_j, y_j) 计算出的交点不会完全一样，而是在理想值附近随机分布。为了描述交点的分布，下面分析样本的误差。

假设测量点的坐标误差为(d_x, d_y)，那么对式(4-6)和式(4-8)求导有

$$\mathrm{d}\rho = \cos\theta \times \mathrm{d}x + \sin\theta + \mathrm{d}y + (-x\sin\theta + y\cos\theta)\mathrm{d}\theta \tag{4-9}$$

$$\mathrm{d}\theta = \frac{-(y_i - y_j)(\mathrm{d}x_i - \mathrm{d}x_j) + (x_i - x_j)(\mathrm{d}y_i - \mathrm{d}y_j)}{(x_i - x_j)^2 + (y_i - y_j)^2} \tag{4-10}$$

雷达直接测量目标的径向距离和方位角，它们是雷达本地极坐标中的参量，由坐标的转换关系知 $x=r\cos\alpha$，$y=r\sin\alpha$，其中 r 是雷达到目标的径向距离，α 是雷达到目标的方位角，所以直角坐标量的微分关系为

$$\begin{aligned} \mathrm{d}x &= \cos\alpha \times \mathrm{d}r - \sin\alpha \times r \times \mathrm{d}\alpha \\ \mathrm{d}y &= \sin\alpha \times \mathrm{d}r + \cos\alpha \times r \times \mathrm{d}\alpha \end{aligned} \tag{4-11}$$

把式(4-11)代入式(4-10)，经三角合并后可得

$$\mathrm{d}\rho = \cos(\theta - \alpha) \times \mathrm{d}r + \sin(\theta - \alpha) \times r \times \mathrm{d}\alpha + (-x\sin\theta + y\cos\theta)\mathrm{d}\theta \tag{4-12}$$

假设雷达的测量随机误差符合正态分布，那么直线样点经过 Hough 变换后，在参数空间中的特征点(ρ_0, d_ρ)、(θ_0, d_θ)分别服从正态分布。由式(4-9)和式(4-10)定义的 $\mathrm{d}\rho$、$\mathrm{d}\theta$ 作为随机变量的根均方值，用于计算正态分布的方差。

现代雷达性能指标可以描述为：径向测量误差一般为 50～200m，角度误差在 0.1°，探测距离在 100km 以上。在测试航迹起始时，目标距离雷达都比较远，按照式(4-10)进行估计，直角坐标的误差为 175～200m。随机选取样点并计算特征点，通过分析式(4-8)发现，当样点间的距离较远时，特征点的角度 θ_0 的误差将大大降低。当要求 $\mathrm{d}\theta$ 小于 10°时，样点间的距离至少应该大于 1000m，按照飞机的巡航速度，这相当于样点间的时间间隔是 3s 左右。通过对参数空间角度误差的估算，如果在抽样时限制样点的距离，那么角度误差对合并规则的影响可以忽略，从而只对参数空间的 ρ 进行判断。我们把这个抽样时间间隔用参数 D 表示。这个参数可以取为常数，以雷达的最远探测距离估算。

假设有两个特征点$(\rho_1, d_{\rho 1})$和$(\rho_2, d_{\rho 2})$服从正态分布。判断特征点是否可以合并演化成如下的假设检验问题。

$$H_0: \rho_1 = \rho_2 \quad H_1: \rho_1 \neq \rho_2 \tag{4-13}$$

如果 H_0 成立，则完成特征点的合并。把特征点看作一次采样实验的结果，(ρ, d_ρ)分别是样本均值和样本方差，则假设检验式(4-13)是两个正态总体的均值差的检验，在显著性水平为 α 时，其拒绝域可以用 t 统计量表示为

$$\begin{aligned} s_w^2 &= (d\rho_1^2 + d\rho_2^2)/2 \\ t &= \frac{\rho_1 - \rho_2}{s_w} \geqslant k = t_\alpha(2) \end{aligned} \tag{4-14}$$

按照雷达的性能指标，根据式(4-12)计算参数空间特征点 ρ 分量的误差，其估计结果将在 200m 左右。假设显著性水平是 0.05，那么 $t_\alpha(2)$的取值是 2.92，结合式(4-14)可以计算出特征点合并的门限。当然，这个门限是随样点动态变化的，每次计算特征点时都需要重新计算。通过修改抽样的规则，使特征点的计算可以充分使用时间戳交错的样点，克服测量误差对特征点坐标的影响，这样在目标样点数较少时就能起始航迹，因而是一种快速的航迹起始算法。

快速的航迹起始算法

分析了 Hough 变换误差和修正的随机 Hough 变换后，现在讨论航迹起始算法。假设接收到的雷达测量数据按时间戳排序。系统维护该数据结构的规则是

(1) 时间节点队列中，时间戳按时间偏序组织。

(2) 接收到雷达测量样点后，搜索时间节点队列中是否有相同时间戳的节点，若有，就直接插入样点节点；若没有，就构造新的时间节点，按偏序插入时间节点队列的合适位置。得到时间节点后，构造样点节点插入。

(3) 用定时器刷新时间节点队列，对时间戳过老的节点及其样点要主动释放，以维护存储数据的时效性。样点的老化时间由雷达的性能参数决定。

由于雷达检测样点时记录的时间戳可以精确到微秒，样点的时间戳值几乎没有严格相等的，如果直接以时间戳排队，将导致时间队列太长，随机 Hough 变换时抽样效率降低。作为折中办法，可以由系统设定连续的时间区间 T，如 $T=1\text{s}$，每个时间节点代表一个时间区间，时间戳值属于这个区间的样点在该时间节点上保存。时间区间也不能太大，否则将使漏检概率增大。T 的大小根据雷达的性能和功能选定。

快速航迹起始算法定时执行，一次执行过程可以描述如下。

(1) 目前有 N 个时间节点，每个时间节点保存的测量样点个数是 $k_i, i=1,\cdots,N$。

(2) 对循环次数 n 赋初值 0，最大循环次数 $K=C_N^2\times\max(k_i)$。

(3) 任选两个时间节点，如果时间戳的差值小于 $D\text{s}$，则转步骤(8)。

(4) 在这两个时间节点中各随机选择一个样点，如果样点不满足速度限制，则转步骤(8)。

(5) 按照 Hough 变换计算$(\rho_0, d_\rho, \theta_0, d_\theta)$，形成参数空间的特征点。

(6) 搜索保存的特征点集合，检测是否可以与现有特征点合并。存在可合并特征点时，进行合并和计数累积，转步骤(7)。没有可合并特征点时，插入特征点集合保存，转步骤(8)。

(7) 如果特征点的累积值超过了门限 ξ，提示正式航迹的形成，同时在时间队列中删除有关的存储样点。

(8) $n=n+1$，如果 $n<K$，则转步骤(3)。

(9) 删除过老的时间节点，维护数据的时效性。

快速航迹起始算法借鉴了随机 Hough 变换样本抽取的思想，通过控制循环次数可以提高航迹的检测概率。另外，修改累积门限 ξ，可以控制虚警概率，高的门限 ξ 对应低的虚警概率。由于增加了对抽样点时间戳的限制，因此提高了 Hough 变换计算的有效性。

逻辑法等方法对相邻时间戳的样点进行处理，在检测时受随机噪声影响很大；而新算法能对选择时间戳不连续的样点进行处理，降低了随机噪声的影响，有效提高参数空间的累积效果。

基于随机 Hough 变换的无源三维航迹起始

无源(被动)传感器是指本身并不向外辐射电磁波，仅通过接受来自目标辐射源信息进行目标跟踪和定位的传感器，如被动雷达、电子支援信息系统 ESM、红外等。与主动传感器相比，被动传感器系统具有仅能获得角度信息，缺失距离信息、量测数据不连续、相邻点迹间的时间间隔随机、定位精度低等特点。但由于被动传感器系统具有不发射电磁波、

隐蔽性、抗电磁干扰能力强等优点，在现代战争中起着重要的作用。本节讲解了一种适用于无源传感器的三维航迹起始算法，该算法使用网络中的多个无源传感器进行目标定位，将观测空域划分为同一大小的立体网格，根据传感器测量精度得到计算每个立体网格内出现目标的概率，通过累积效应最后定位目标。

概率网格

考虑用3个无源雷达观测同一目标的情形。假设雷达可以观测到目标的俯仰角，雷达 i 的坐标为(x_i,y_i,z_i)，测角误差服从均值为零、方差为σ_θ^2 的高斯分布，$i=1,2,3$。目标在某一时刻 t 的真实位置为(x_i,y_i,z_i)，传感器 i 测得的俯仰角为 θ_{0i}，则有

$$\begin{cases}\theta_{01}=\arctan\left(\dfrac{z_t-z_1}{\sqrt{(x_t-x_1)^2+(y_t-y_1)^2}}\right)+v_1\\ \theta_{02}=\arctan\left(\dfrac{z_t-z_2}{\sqrt{(x_t-x_2)^2+(y_t-y_2)^2}}\right)+v_2\\ \theta_{03}=\arctan\left(\dfrac{z_t-z_3}{\sqrt{(x_t-x_3)^2+(y_t-y_3)^2}}\right)+v_3\end{cases}$$

式中，(v_1,v_2,v_3)独立且 $v_1\sim N(0,\sigma_{\theta01}^2)$，$v_2\sim N(0,\sigma_{\theta02}^2)$，$v_3\sim N(0,\sigma_{\theta03}^2)$。

观测空域中任意位置(x,y,z)在传感器 i 下的俯仰角满足

$$\theta_i=\arctan\left(\frac{z-z_i}{\sqrt{(x-x_i)^2+(y-y_i)^2}}\right) \tag{4-15}$$

则观测空域中任意位置(x,y,z)存在目标的概率密度为

$$\begin{aligned}p(x,y,z)&=p(\theta_1,\theta_2,\theta_3)\\&=\frac{1}{(2\pi)^{3/2}\sigma_{\theta_{01}}\sigma_{\theta_{02}}\sigma_{\theta_{03}}}\exp\left\{-\frac{1}{2}\left[\frac{(\theta_1-\theta_{01})^2}{\sigma_{\theta_{01}}^2}+\frac{(\theta_2-\theta_{02})^2}{\sigma_{\theta_{02}}^2}+\frac{(\theta_3-\theta_{03})^2}{\sigma_{\theta_{03}}^2}\right]\right\}\end{aligned} \tag{4-16}$$

由高斯函数的快速衰减特性可知，可认为$|\theta_1-\theta_{01}|>3\sigma_{\theta01}^2$或$|\theta_2-\theta_{02}|>3\sigma_{\theta02}^2$或$|\theta_3-\theta_{03}|>3\sigma_{\theta03}^2$时，位置$(x,y,z)$存在目标的概率为0。

给定雷达的测量精度和测量序列，把观测空间划分为统一大小的网格，然后利用式(4-16)可以求出空间每个网格内存在目标的概率。求解网格概率时，为了计算方便，可以用网格中心点的概率密度乘以网格体积近似。假设在三维观测空域中，观测空间的大小为 $L\times W\times H$，假定每个网格的大小为 $\Delta x\times\Delta y\times\Delta z$，那么整个数据空间包含的网格数量为 $N_x\times N_y\times N_z$，其中 $N_x=L/\Delta x$，$N_y=L/\Delta y$，$N_z=L/\Delta z$。

则获得量测 θ_{0i}后，可以计算出它在每个网格内的分布概率为

$$w_{n_x n_y n_z}=\frac{1}{C}P(n_x\Delta x,n_y\Delta y,n_z\Delta z\mid\theta_{0i}) \tag{4-17}$$

其中

$$C=\sum_{n_x=1}^{N_x}\sum_{n_y=1}^{N_y}\sum_{n_z=1}^{N_z}P(n_x\Delta x,n_y\Delta y,n_z\Delta z\mid\theta_{0i}) \tag{4-18}$$

C 为归一化系数，是为了保证量测 θ_{0i}在整个观测空域上的概率分布之和为1。

假设一共有 N 部雷达，第 i 部雷达有 M_i 个量测。对于第 i 部雷达的第 j 个量测，用

式(4-17)计算出每个立体网格的概率密度,则可得到一个三维数组 P_{ij},将所有 P_{ij} 相加得 P,P 中每个元素的数值等于相应立体网格内存在目标的概率。

$$P = \sum_{i=1}^{N}\sum_{j=1}^{M_i} P_{ij} \tag{4-19}$$

无源三维 Hough 变换

无源传感器系统中,由于仅有角度信息,因此需对传统 Hough 变换进行修正,以适用于无源传感器系统。目标与雷达之间的几何关系如图 4-8 所示。

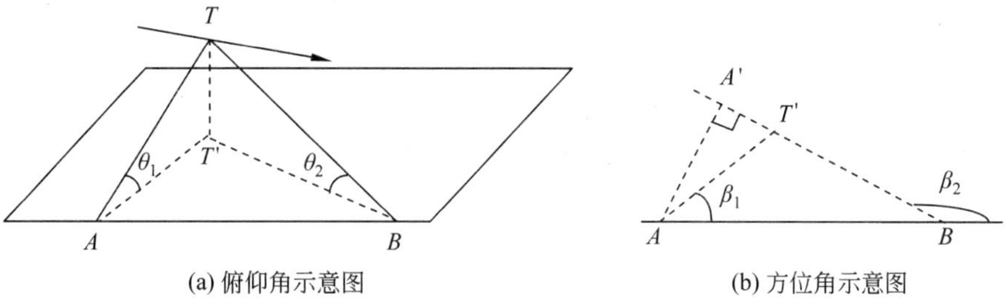

图 4-8　目标与雷达之间的几何关系

假设 T 是目标点,θ_1 和 θ_2 分别是雷达 A 和雷达 B 获得的观测俯仰角,β_1 和 β_2 为观测方位角,根据几何知识可以推出目标 T 到雷达 A 和雷达 B 的距离为

$$L_1 = \frac{L_{A,B}\cos\beta_2}{\cos\theta_1\sin(\beta_1-\beta_2)}$$

$$L_2 = \frac{L_{A,B}\cos\beta_1}{\cos\theta_2\sin(\beta_2-\beta_1)} \tag{4-20}$$

变换函数修正为

$$\rho_1 = L_{A,B} = \frac{\cos\beta_2}{\cos\theta_1\sin(\beta_1-\beta_2)}\sin\left(\alpha+\frac{\pi}{2}-\beta_1\right)+\rho^1$$

$$\rho_2 = L_{A,B} = \frac{\cos\beta_1}{\cos\theta_2\sin(\beta_2-\beta_1)}\sin\left(\alpha+\frac{\pi}{2}-\beta_2\right)+\rho^2 \tag{4-21}$$

其中 ρ^1、ρ^2 是传感器局部坐标中 Hough 变换结果在绝对坐标系统中的修正,修正值是与传感器 i 坐标(x_i, y_i, z_i)相关的量。

$$\rho^i = f(x_i, y_i, z_i)\cos\left(\alpha+\frac{\pi}{2}-\beta_i\right) \tag{4-22}$$

算法步骤

经典 Hough 变换法的数据空间只有两种状态:0-无目标;1-有目标。概率网格法数据空间的状态为[0,1]间的实数,其数值代表每个立体网格内存在目标的概率。在参数空间进行积累时,常规方法按 0-1 进行积累。概率网格法则给参数空间每条曲线赋予一个幅度信息,该幅度等于对应数据空间中网格存在目标的概率。

算法步骤如下。

(1) 根据各雷达测量精度,选取合适的参数空间量化间隔 $\Delta\rho$ 和 $\Delta\alpha$,进一步确定数据空间的量化间隔 Δx、Δy 和 Δz。

(2) 依据确定的 Δx、Δy 和 Δz 将观测空间划分为 $N_x\times N_y\times N_z$ 个立体网格,其中

$N_x=L/\Delta x, N_y=L/\Delta y, N_z=L/\Delta z$。由式(4-17)和式(4-18)计算出网格的状态矩阵 $\boldsymbol{P}$。

(3) 对概率矩阵 $\boldsymbol{P}$ 中的每个非零点和每个离散化的 α_k，由式(4-21)计算 ρ_{ik}，把所有 ρ_{ik} 都保存到 ρ' 中。

(4) 根据 $\Delta\rho$ 和 $\Delta\alpha$ 建立参数空间累积矩阵 $\mathbf{A}$，并设置每个元素为 0。

(5) 对矩阵 $\boldsymbol{\rho}'$ 中的所有元素，考察是否对积累单元 $A(\rho,\alpha)$ 投票。

$$A(\rho,\alpha)=A(\rho,\alpha)+\rho_{ij}$$

式中，ρ_{ij} 为网格内存在目标的概率。

(6) 找出参数空间中的峰值，将其恢复成数据空间中的直线，这样就得到了起始的航迹信息。

4.2　雷达的航迹跟踪

目标跟踪是信息融合的经典应用，被广泛应用于监控、导航、障碍规避等系统中，其主要目的是确定目标的个数、位置、运动信息和身份。目标跟踪的基本概念在 1955 年由 Wax 首先提出。1964 年，Sittler 对多目标跟踪理论以及数据关联问题进行了深入的研究，并取得了开创性的进展。然而，直到 20 世纪 70 年代初期，机动目标跟踪理论才真正引起人们的普遍关注。20 世纪 80 年代，Bar-Shalom 和 Singer 将数据管理和卡尔曼滤波技术有机结合标志着多目标跟踪技术取得了突破性的进展。目标跟踪可被定义为估计关注区域内目标个数和状态的过程，其中目标状态包括运动分量(位置、速度、加速度)和属性信息(如信噪比、雷达交叉区域、谱特征等)。

4.2.1　跟踪门

跟踪门是跟踪空域内的子区域，它将传感器输出的数据划分为可能源于目标和不可能源于目标两个部分。使用跟踪门可以大大缩减跟踪器的数据处理量，使得实时跟踪成为可能。跟踪门的中心位于被跟踪目标的预测位置，大小由传感器接收数据的概率确定。落入跟踪门的数据是跟踪器的候选处理对象。要维持对目标的持续跟踪，必须合理设计跟踪门。

以 Kalman 方程建模的目标跟踪系统中，观测方程满足：

$$z_k=H_k x_k+v_k$$

定义观测量 z_k 与预测观测量 $\hat{z}_{k|k-1}$ 之间的差为滤波残差(即新息向量)：

$$\tilde{z}_{k|k-1}=z_k-\hat{z}_{k|k-1}$$

预测观测量从观测方程根据状态预测值计算，残差协方差(即新息协方差)可以从状态预测协方差 $P_{k|k-1}$ 计算获得。

$$S_k=H_k P_{k|k-1} H_k^{\mathrm{T}}$$

假设目标的测量值服从状态分布，即

$$p(z_k \mid Z^{k-1})=N(z_k;\hat{z}_{k|k-1},S_k)$$

如果观测值的维数是 M，则残差向量构成的新息距离

$$d_k^2=\tilde{z}_{k|k-1}^{\mathrm{T}} S_k^{-1} \tilde{z}_{k|k-1}$$

服从自由度为 M 的 chi 方分布。按照新息距离，可以在规定的置信度前提下对传感器输出数据是否在跟踪门内做出判决。由于新息协方差定义的是一个空间椭球，所以我们也把这种跟踪门称为椭球跟踪门。

除椭球跟踪门外，从计算便利性的角度出发，人们也定义了矩形跟踪门。在直角坐标系内，每个坐标方向预测残差用一维分布进行描述，并假设它们各自服从正态分布，则候选数据在坐标系的每个方向上应该满足

$$\tilde{z}_{k|k-1,i} = |z_{k,i} - \hat{z}_{k|k-1,i}| \leqslant K_G \sigma_i$$

按照正态分布的情况，K_G 的取值一般等于 3。

除了椭球跟踪门和矩形跟踪门，还可以根据传感器自身的特点和被跟踪目标的运动特征定义诸如极坐标系下的扇形跟踪门等。跟踪门的设置与跟踪器的状态直接相关，如何使跟踪门自动适应目标机动范围和强度的变化，是一个值得深入讨论的问题。

4.2.2　经典的一维跟踪模型

目标跟踪依赖于模型，一是目标的运动模型，二是目标的观测模型。我们常说的跟踪模型描述目标自身的运动规律，在卡尔曼滤波时用作系统方程。在三维物理空间中的点目标运动，可以用三维位移和速度向量描述。例如，用向量 $X(n)=[x(n),\dot{x}(n),y(n),\dot{y}(n)]^{\mathrm{T}}$ 表示笛卡儿坐标系中的一个状态向量。目标的运动分为机动和非机动两类模式。非机动运动是指在惯性坐标系中，目标按照恒定的速度做直线运动。广义地讲，只要不存在加速度的运动都是非机动运动。当目标做非机动运动时，状态向量的导数等于 0。

常用的单模型有匀速模型(CV)、匀加速模型(CA)、Signer 模型。现实世界中的大部分运动目标都存在各种机动，目标做匀速直线飞行的概率很小，采用 CV 模型一般是不可取的，只有当目标做匀速直线飞行或者近似匀速直线飞行时，才能取得很好的效果。机动强度不大时，可以采用 CA 模型或者 Singer 模型。雷达对目标的量测并不真实准确，而是存在一定的随机噪声干扰，一般假设噪声符合高斯分布。由于量测数据大多含有噪声和杂波，为了提高目标状态(位置、速度等)估计精度，通常要对量测数据进行预处理，以提高数据的准确度和精度。考虑随机干扰情况，当目标无机动，即目标作匀速或匀加速直线运动时，可分别采用常速 CV 模型、常加速 CA 模型。

绝大多数目标沿坐标系运动的各分量都是耦合的。为了简单起见，多数模型仍然假定坐标耦合很弱，以致可以忽略不计。所以，在讨论目标运动模型时，可以对单个的坐标方向进行建模。当在二维或者三维空间中对目标进行跟踪时，我们能把跟踪器简化为多个一维的跟踪器。当然，为了得到更高精度的跟踪器，必须考虑坐标之间的耦合关系，从而得到更复杂，也更准确的系统运动方程。

CV 模型

在某个一维坐标上考察目标的运动方程，取目标的离散时间状态为

$$X(n) = [x(n), \dot{x}(n)]^{\mathrm{T}}$$

CV 模型将目标的加速度看作是独立的零均值白噪声 ω_n，则目标的系统方程满足

$$X(n+1) = \boldsymbol{F}X(n) + \boldsymbol{G}\omega_n$$

其中，T 是相邻采样间隔的时间差，状态转移矩阵 $\boldsymbol{F}$、噪声转移矩阵 $\boldsymbol{G}$ 分别为

$$\boldsymbol{F}=\begin{bmatrix}1 & T\\0 & 1\end{bmatrix},\quad \boldsymbol{G}=\begin{bmatrix}T^2/2\\0\end{bmatrix}$$

在 CV 模型中,如果每个坐标维度上的测量噪声相同,都等于 $\mathrm{var}(\omega)$,则系统的噪声协方差可以表示为

$$\mathrm{Cov}(\boldsymbol{G}\boldsymbol{\omega}_k)=\sigma_\omega^2\begin{bmatrix}T^4/4 & T^3/2\\T^3/2 & T^2\end{bmatrix}$$

CA 模型

在某个一维坐标上考察目标的运动方程,取目标的离散时间状态为

$$X(n)=[x(n),\dot{x}(n),\ddot{x}(n)]^{\mathrm{T}}$$

用独立增量随机过程(即 Wiener 过程)对加速度进行建模,认为加速度是白噪声过程 $\omega(t)$,满足

$$E[\omega(t+\tau)\omega(t)]=S_\omega\delta(\tau)$$

其中噪声的功率谱密度为 S_ω。目标运动方程的连续时间模型为

$$\dot{X}(t)=\begin{bmatrix}0 & 1 & 0\\0 & 0 & 1\\0 & 0 & 0\end{bmatrix}X(t)+\begin{bmatrix}0\\0\\1\end{bmatrix}\omega(t)$$

等价的离散时间方程为

$$X(n+1)=\begin{bmatrix}1 & T & T^2/2\\0 & 1 & T\\0 & 0 & 1\end{bmatrix}X(n)+\omega(n)$$

其中,系统噪声的协方差满足:

$$\boldsymbol{Q}=\mathrm{cov}(\omega(n))=S_\omega\begin{bmatrix}T^5/20 & T^4/8 & T^3/6\\T^4/8 & T^3/3 & T^2/2\\T^3/6 & T^2/2 & T\end{bmatrix}$$

Singer 模型

印度籍工程师 Singer 首先用零矩阵的一阶 Markov 模型对目标加速度进行建模,假设加速度的自相关函数满足

$$R_a(\tau)=E[a(t+\tau)a(t)]=\sigma^2\mathrm{e}^{-a|\tau|}$$

满足这种自相关关系的过程,就是如下线性时不变系统的状态。

$$\frac{\mathrm{d}a}{\mathrm{d}t}=-\alpha a(t)+\omega(t)$$

这里的 $\omega(t)$ 是零均值白噪声过程,具有功率谱密度 $S_\omega=2\alpha\sigma^2$。其等价的离散时间方程是

$$a_{n+1}=\beta a_n+\omega_n^a$$

ω_n^a 是零均值白噪声序列,具有方差 $\sigma^2(1-\mathrm{e}^{-\alpha T})$。同样,在某个坐标维度上,用 Singer 模型描述目标的连续时间运动模型

$$\dot{X}(t)=\begin{bmatrix}0 & 1 & 0\\0 & 0 & 1\\0 & 0 & -\alpha\end{bmatrix}X(t)+\begin{bmatrix}0\\0\\1\end{bmatrix}\omega(t)$$

等价的离散时间模型是

$$X(n+1)=\begin{bmatrix}1 & T & (\alpha T-1+e^{-\alpha T})/\alpha^2\\0 & 1 & (1-e^{-\alpha T})/\alpha\\0 & 0 & e^{-\alpha T}\end{bmatrix}X(n)+\omega(n)$$

其中,系统噪声的协方差 $\boldsymbol{Q}$ 满足:

$$\boldsymbol{Q}=\mathrm{cov}(\omega(n))=2\alpha\sigma^2\begin{bmatrix}q_{11} & q_{12} & q_{13}\\q_{12} & q_{22} & q_{23}\\q_{13} & q_{22} & q_{33}\end{bmatrix}$$

其中,

$$q_{11}=\frac{1}{2\alpha^5}\left(1-e^{-2\alpha T}+2\alpha T+\frac{2\alpha^3T^3}{3}-2\alpha^2T^2-4\alpha Te^{-2\alpha T}\right)$$

$$q_{12}=\frac{1}{2\alpha^4}(1+e^{-2\alpha T}-e^{-\alpha T}+2\alpha Te^{-\alpha T}-2\alpha T+\alpha^2T^2)$$

$$q_{13}=\frac{1}{2\alpha^3}(1-e^{-2\alpha T}-2\alpha Te^{-\alpha T})$$

$$q_{22}=\frac{1}{2\alpha^3}(4e^{-\alpha T}-3-e^{-2\alpha T}+2\alpha T)$$

$$q_{23}=\frac{1}{2\alpha^2}(1+e^{-2\alpha T}-2e^{-\alpha T})$$

$$q_{33}=\frac{1}{2\alpha}(1-e^{-2\alpha T})$$

Singer 模型依赖于参数 α 和 σ^2。参数 α 是机动时间常数 τ_m 的倒数,依赖于目标机动持续的时间。对飞机目标,Singer 建议:在巡航回转时,$\tau_m\approx60$m;在目标逃逸回转时,$\tau_m\approx10\sim20$m。除了上述建议,对参数 α 的确定至今没有有效的方法。参数 σ^2 体现了加速度的瞬时变化。Singer 提出用三重均匀分布概率模型对加速度进行建模,或者在最大加速度和最小加速度区间按均匀分布进行建模,利用分布函数计算出的方程作为 σ^2 的值。

当 Singer 模型的时间常数 τ_m 增大时,Singer 模型逐步趋近于 CA 模型;而 τ_m 减小时,Singer 模型逐步趋近于 CV 模型。这样,选择 $0<\alpha T<\infty$ 时,Singer 模型在 CA 和 CV 间移动,可以适应更宽的覆盖面。Singer 模型第一次把加速度用时间相关随机过程建模,可以作为进一步开发机动目标跟踪模型的基础。最近提出的其他一些模型都是 Singer 模型的变种。

当前模型

当前模型是我国学者周宏仁对 Singer 模型的改进结果。在 Singer 模型中,无论运动目标的当前状态怎样,都采用相同的噪声对加速度进行建模。事实上,运动目标受惯性和机械特性的影响,在相邻时间区间内,加速度不会出现大幅度的变化。也就是说,加速度在下一个时刻可能取值是当前时刻加速度的条件概率。正是基于这样的考虑,周宏仁用非零均值的模型对加速度进行建模。

$$\frac{da}{dt}=-\alpha a(t)+\alpha\bar{a}(t)+\omega(t)$$

$\bar{a}(t)$就是加速度的均值，利用在线的方式，从加速度的所有历史信息中估计得到。由于$\bar{a}(t)$是加速度在当前时刻的估计值，所以这个模型也就称为“当前”模型。沿用 Singer 模型的方式，连续时间的运动模型表示为

$$\dot{X}(t)=\begin{bmatrix}0&1&0\\0&0&1\\0&0&-\alpha\end{bmatrix}X(t)+\begin{bmatrix}0\\0\\\alpha\end{bmatrix}\bar{a}(t)+\begin{bmatrix}0\\0\\1\end{bmatrix}\omega(t)$$

等价的离散时间模型是

$$X(n+1)=\begin{bmatrix}1&T&(\alpha T-1+e^{-\alpha T})/\alpha^2\\0&1&(1-e^{-\alpha T})/\alpha\\0&0&e^{-\alpha T}\end{bmatrix}X(n)+\begin{bmatrix}T^2/2-(\alpha T-1+e^{-\alpha T})/\alpha^2\\T-(1-e^{-\alpha T})/\alpha\\1-e^{-\alpha T}\end{bmatrix}$$
$$\bar{a}(n)+\omega(n)$$

系统方程的噪声协方差 $\boldsymbol{Q}$ 与 Singer 模型相同。与 Singer 模型的三重均匀分布表示噪声协方差不同，当前模型采用了截断的修正瑞利分布表示协方差。取加速度的当前条件概率密度满足

$$p(a\mid\bar{a})=\begin{cases}c_k^{-2}(a_{\max}-a)e^{-(a_{\max}-a)^2/(2c_k^{-2})}, & \bar{a}>0\\c_k^{-2}(a-a_{\min})e^{-(a-a_{\min})^2/(2c_k^{-2})}, & \bar{a}<0\end{cases}$$

经计算，加速度的方差

$$\sigma_k^2=\begin{cases}(4-\pi)(a_{\max}-\bar{a})/\pi, & \bar{a}>0\\(4-\pi)(a_{\min}-\bar{a})/\pi, & \bar{a}<0\end{cases}$$

4.2.3 耦合跟踪模型

一维运动模型只是对目标的简单近似，现实中的目标运动规律在不同的坐标方向是耦合的，所以更精确的模型应该考虑二维或三维的运动模型。与基于随机过程的模型不同，这些模型主要基于目标的运动学特征描述目标空间轨迹的规律性。

二维匀速转弯(CT)模型是典型的耦合跟踪模型。在直角坐标系中把状态向量表示为 $X(n)=[x(n),\dot{x}(n),y(n),\dot{y}(n)]^{\mathrm{T}}$，则转弯角速度 ω 已知的目标运动连续时间方程为

$$\dot{X}(t)=\begin{bmatrix}0&1&0&0\\0&0&0&-\omega\\0&0&0&1\\0&\omega&0&0\end{bmatrix}X(t)+\begin{bmatrix}0&0\\1&0\\0&0\\0&1\end{bmatrix}w(t)$$

对应的离散时间模型为

$$X(n+1)=\begin{bmatrix}1&\dfrac{\sin\omega T}{\omega}&0&-\dfrac{1-\cos\omega T}{\omega}\\0&\cos\omega T&0&-\sin\omega T\\0&\dfrac{1-\cos\omega T}{\omega}&1&\dfrac{\sin\omega T}{\omega}\\0&\sin\omega T&0&\cos\omega T\end{bmatrix}X(n)+\begin{bmatrix}T^2/2&0\\T&0\\0&T^2/2\\0&T\end{bmatrix}w(n)$$

二维模型在对目标进行跟踪时，一般只限于跟踪民用飞机。这些目标的机动大多在

水平方向上进行匀速运动或匀速转弯运动，而在垂直方向上很少发生机动，所以在垂直方向建模成 CV 模型。当跟踪高度机动的三维军事目标时，二维运动模型已经不能达到要求，此时需要在三维空间内利用力学原理对目标的运动方程进行建模。

4.3　被动传感器的航迹跟踪

被动目标跟踪就是利用目标本身的有源辐射，如电磁辐射、红外辐射、声波辐射等，采用机动单站测向机测得运动目标的方位信息，并利用这些随时间变化的目标方位序列实时估计目标航迹（如位置和速度等）的技术，因此一般也可称为纯方位目标跟踪。

目前对被动目标的跟踪已经建立了完善的跟踪算法，这些算法都是基于 Kalman 滤波器的，主要包括以下 6 种。

(1) 扩展 Kalman 滤波法，即 EKF 法。

(2) 修正增益 EKF 法，即 MGEKF 法。

(3) 伪线性滤波法，即 Pseudo-linear 法。

(4) UKF 法。

(5) 距离参数化 EKF，即 RPEKF 法。

(6) 修正极坐标 Kalman 法，即 MPK 法。

在纯方位目标跟踪问题中，观测站可以是固定的，也可以是运动的。如果使用 Kalman 滤波器，对运动的观测站，需要在状态方程中增加一项系统输入。

$$X_s(k+1)=\boldsymbol{\phi}X_s(k)+b(k+1)+\Gamma\omega(k)$$

$$b(k+1)=[0\quad 0\quad -\{x_o(k+1)-x_o(k)\}\quad -\{k_o(k+1)-y_o(k)\}]$$

b 是观测站在两次测量间的位移。这个参数可以通过记程仪或者陀螺仪获取。

4.3.1　扩展 Kalman 滤波法

状态向量为

$$X_s(k)=[x(k)\quad y(k)\quad x(k)\quad x(k)]^{\mathrm{T}}$$

表示运动目标在直角坐标系中的坐标和对应速度，则系统方程表示为

$$X_s(k+1)=\boldsymbol{\phi}X_s(k)+b(k+1)+\Gamma\omega(k)$$

其中

$$\boldsymbol{\phi}=\begin{bmatrix}1&0&0&0\\0&1&0&0\\t&0&1&0\\0&t&0&1\end{bmatrix}\quad \boldsymbol{\Gamma}=\begin{bmatrix}t&0\\0&t\\\frac{t^2}{2}&0\\0&\frac{t^2}{2}\end{bmatrix}$$

$$b(k+1)=[0\quad 0\quad -\{x_o(k+1)-x_o(k)\}\quad -\{y_o(k+1)-y_o(k)\}]$$

传感器只提供目标的方位角，所以量测方程为

$$B_m(k+1)=\arctan\left(\frac{x(k+1)}{y(k+1)}\right)+\varsigma(k)$$

对量测方程一阶泰勒展开后,得到的 $\boldsymbol{H}$ 阵为

$$\boldsymbol{H}(k+1)=\begin{bmatrix}0 & 0 & \dfrac{y(k+1\mid k)}{r^2(k+1\mid k)} & \dfrac{x(k+1\mid k)}{r^2(k+1\mid k)}\end{bmatrix}$$

其中

$$r(k+1\mid k)=\sqrt{x^2(k+1\mid k)+y^2(k+1\mid k)}$$

后续的计算可以按 EKF 滤波完成。

4.3.2 修正增益 EKF 法

EKF 法中,$\boldsymbol{H}$ 阵是用估计值计算的。在滤波器还没有稳定前,估计值具有较大的误差,因此此时计算的 $\boldsymbol{H}$ 阵将导致滤波过程的发散。

修正增益法针对上述问题对滤波过程做如下改动:

$$\boldsymbol{H}(k+1)=\begin{bmatrix}0 & 0 & \dfrac{y(k+1\mid k)}{r^2(k+1\mid k)} & \dfrac{x(k+1\mid k)}{r^2(k+1\mid k)}\end{bmatrix}$$

预测协方差:

$$P(k+1\mid k)=\boldsymbol{\phi}(k+1\mid k)P(k\mid k)\boldsymbol{\phi}^{\mathrm{T}}(k+1\mid k)+\boldsymbol{\Gamma}Q(k+1)\boldsymbol{\Gamma}^{\mathrm{T}}$$

增益:

$$G(k+1)=P(k+1\mid k)\boldsymbol{H}^{\mathrm{T}}(k+1)\times[\sigma^2+\boldsymbol{H}(k+1)P(k+1\mid k)\boldsymbol{H}^{\mathrm{T}}(k+1)]^{-1}$$

验后估计值:

$$X(k+1\mid k+1)=X(k+1\mid k)+G(k+1)[B_m(k+1)-h(k+1,X(k+1\mid k))]$$

$$g(k)=\begin{bmatrix}0 & 0 & \dfrac{\cos B_m}{(x\sin B_m+y\cos B_m)} & -\dfrac{\sin B_m}{(x\sin B_m+y\cos B_m)}\end{bmatrix}$$

修正后的验后协方差:

$$P(k+1\mid k+1)=[I-\boldsymbol{G}(k+1)g(k)]\times P(k+1\mid k)\times[I-\boldsymbol{G}(k+1)g(k)]^{\mathrm{T}}+\sigma^2\boldsymbol{G}(k+1)\boldsymbol{G}^{\mathrm{T}}(k+1)$$

采用这样的方法,在 Kalman 滤波的过程中利用测量值修正协方差,维持滤波的稳定收敛,大大提高了性能。与修正极坐标法相比,修正增益 EKF 的计算简单,而性能比 EKF 法或伪线性法好。

4.3.3 修正极坐标 Kalman 法

纯方位目标跟踪问题中存在不可避免的非线性,扩展卡尔曼滤波算法是应用最广泛的算法。直角坐标系内的扩展卡尔曼滤波器 EKF 容易表现出不稳定行为。研究表明,对非线性滤波应该尽量使状态方程与测量方程呈线性关系,或者把无须观测平台机动就能确定的状态与必须观测平台机动才能确定的状态分离。

Aidala 和 Hammel 在 1983 年提出的修正极坐标系(MPC)对缓解滤波器的不稳定性具有一定作用,该方法达到可观测量与不可观测量的自动解耦,可以获得稳定和渐进无偏的状态估计。

在直角坐标系下,观测站的运动状态向量记为: $X=[r_x \quad r_y \quad v_x \quad v_y]^{\mathrm{T}}$,其中 r_x 表示观测站 x 轴的位置分量;r_y 表示观测站 y 轴的位置分量;v_x 表示观测站 x 轴的速度分量;

v_y 表示观测站 y 轴的速度分量。

修正极坐标下，目标与观测站间运动态势如图 4-9 所示，目标与观测站之间的系统运动状态取为

$$Y(k) = [\beta \quad R/R \quad \beta \quad 1/R]^{\mathrm{T}} = [y_1(k) \quad y_2(k) \quad y_3(k) \quad y_4(k)]^{\mathrm{T}}$$

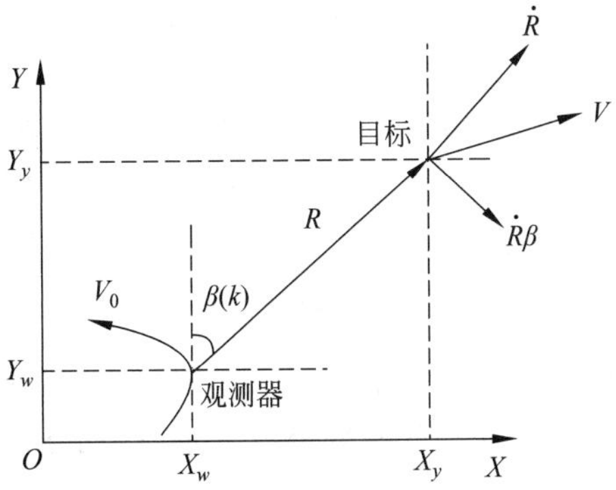

图 4-9　角度观测的原理图

其中 β 是方位角；R 是观测站与目标的径向距离。状态中还包括了与方位角变化率、径向距离变化率有关的量。它们与直角坐标系中的量具有下列关系：

$$\beta = \arctan \frac{r_x}{r_y}$$

$$R = \sqrt{r_x^2 + r_y^2}$$

根据修正极坐标系中的状态向量到直角坐标系中状态的转换关系：

$$r_x = R\sin\theta$$

$$r_y = R\cos\theta$$

$$v_x = \dot{R}\sin\theta + \dot{\theta}R\cos\theta$$

$$v_y = \dot{R}\cos\theta - \dot{\theta}R\sin\theta$$

可以得到修正极坐标系到直角坐标系的转换关系：

$$X(k) = f(Y(k)) = \frac{1}{y_4(k)} \begin{bmatrix} y_2(k)\sin y_3(k) + y_1(k)\cos y_3(k) \\ y_2(k)\cos y_3(k) - y_1(k)\sin y_3(k) \\ \sin y_3(k) \\ \cos y_3(k) \end{bmatrix}$$

假设目标做匀速直线运动，即

$$X(t) = F(t, t_0)X(t_0) + V(t, t_0)$$

把 $X(t)$ 与 $Y(k)$ 的转换关系代入上述运动方程中，经运算后可以得到修正极坐标下的系统非线性状态方程：

$$Y(k+1) = f(Y(k)) = \begin{bmatrix} (\alpha_2\alpha_3 - \alpha_1\alpha_4)/(\alpha_1^2 + \alpha_2^2) \\ (\alpha_1\alpha_3 - \alpha_2\alpha_4)/(\alpha_1^2 + \alpha_2^2) \\ y_3(k) + \arctan(\alpha_1/\alpha_2) \\ y_4(k)/(\alpha_1^2 + \alpha_2^2)^{1/2} \end{bmatrix} + W(k)$$

式中，

$$\alpha_1 = T \times y_1(k) - y_4(k)[U_1(k)\cos(y_3(k)) - U_2(k)\sin(y_3(k))]$$
$$\alpha_2 = 1 + T \times y_2(k) - y_4(k)[U_1(k)\sin(y_3(k)) + U_2(k)\cos(y_3(k))]$$
$$\alpha_3 = y_1(k) - y_4(k)[U_3(k)\cos(y_3(k)) - U_4(k)\sin(y_3(k))]$$
$$\alpha_4 = y_2(k) - y_4(k)[U_3(k)\sin(y_3(k)) + U_4(k)\cos(y_3(k))]$$

式中，

$$U_1(k) = r_{xw}(k) - r_{xw}(k-1) - T \times v_{xw}(k-1)$$
$$U_2(k) = r_{yw}(k) - r_{yw}(k-1) - T \times v_{yw}(k-1)$$
$$U_3(k) = V_{xw}(k) - V_{xw}(k-1)$$
$$U_4(k) = V_{yw}(k) - V_{yw}(k-1)$$

在匀速运动假设下，$U_1(k) \sim U_4(k)$都等于 0。$W(k)$是系统加速度的随机扰动。显然，根据$Y(k+1)$的状态方程，前 3 个状态变量与第 4 个变量是解耦的。可以对前 3 个变量进行滤波，然后计算得到第 4 个变量。

观测方程是一个线性观测方程：

$$Z(k) = \beta(k) = [0 \quad 0 \quad 1 \quad 0]Y(k) + v(k)$$

记 $H=[0 \quad 0 \quad 1 \quad 0]$，则有

$$Z(k) = \beta(k) = HY(k) + v(k)$$

式中，$v(k)$是观测方位误差序列，一般假设其是均值为零、方差为 δ_β^2 的白噪声，即 $E(v(k))=0, E(v(k) \cdot \boldsymbol{v}^{\mathrm{T}}(k))=\delta_\beta^2$。

因此，根据修正极坐标下的纯方位目标跟踪系统中描述的系统状态方程和观测方程，通过观测到的方位系列 $\beta(k)=\{\beta(1) \quad \beta(2) \quad \cdots \quad \beta(k)\}$估计目标的运动状态。这是一个非线性状态估计问题，在非线性状态估计方法中应用最广泛的方法是扩展卡尔曼滤波(EKF)技术。通常需要计算状态转移关系的 Jacobian 矩阵。

$$A(k+1,k) = \frac{\partial f(Y(k))}{\partial Y(k)}$$

4.4　多传感器航迹相关

在分布式多传感器环境中，一个首要的关键问题是航迹与航迹相关问题，即解决传感器空间覆盖区域中的重复跟踪问题。目前用于航迹相关的主要算法可以分为两类：一类是基于统计的方法；另一类是基于模糊数学的方法。其中加权法、修正法、最近领域法是 3 种基本方法，在实践中也用得最多。但是，这些算法的讨论主要是针对两个局部节点的情况进行的。当系统规模较大时，多传感器多目标的航迹关联问题可能转换为多维匹配问题，传感器数目 $s \geqslant 3$ 时，其求解是 NP 的。此时传统的一些启发式搜索算法(如全邻法、整数规划法、高斯和法、轨迹分裂法等)均表现得无能为力。目前比较有效的方法是由 S. Deb 等提出的松弛算法。

4.4.1 航迹相关准则

离散化的传感器 i 的通用测量方程为

$$Z^i(k)=H^i(k)X(k)+W^i(k),\quad i=1,2,\cdots,M$$

其中，$Z^i(k)\in R^m$ 是第 i 个传感器在 k 时刻观测向量，$W^i(k)\in R^m$ 是具有零均值和正定协方差矩阵 $R(k)$ 的高斯分布测量噪声向量，$H^i(k)\in R^{m,n}$ 是传感器 i 的测量矩阵，$i=1,2,\cdots,M$；M 是传感器数或局部节点个数，现假定测量噪声向量在不同时刻是独立的，于是有

$$E[W^i(k)]=0,\quad E[W^i(k)W^i(l)^{\mathrm{T}}]=R^i(k)\delta_{kl},\quad i=1,2,\cdots,M$$

记 $U_s=\{1,2,\cdots,n_s\}$，$s=1,2,\cdots,M$ 为局部节点 s 的航迹号集合，当 $M=2$ 时，局部节点 1、2 的航迹号集合分别为 $U_1=\{1,2,\cdots,n_1\}$，$U_2=\{1,2,\cdots,n_2\}$。

将 $t_{ij}(l)=\hat{X}_i^1(l|l)-\hat{X}_j^2(l|l)$ 记为 $t_{ij}^*(l)=X_i^1(l|l)-X_j^2(l|l)$ 的估计。式中，X_i^1 和 X_j^2 分别为节点 1 第 i 个和节点 2 第 j 个目标的真实状态，$\hat{X}_i^1$ 和 $\hat{X}_j^2$ 分别为节点 1 对目标 i 和节点 2 对目标 j 的状态估计值。

设 H_0 和 H_1 分别是下列事件，$i\in U_1$，$j\in U_2$

H_0：$\hat{X}_i^1(l|l)$ 和 $\hat{X}_j^2(l|l)$ 是同一目标的航迹估计。

H_1：$\hat{X}_i^1(l|l)$ 和 $\hat{X}_j^2(l|l)$ 不是同一目标的航迹估计。

4.4.2 两节点时独立序贯航迹关联

两局部节点估计误差独立是指，当 $X_i^1(l)=X_j^2(l)$ 时，估计误差 $\tilde{X}_i^1(l)=X_i^1(l)-\hat{X}_i^1(l|l)$ 与 $\tilde{X}_j^2(l)=X_j^2(l)-\hat{X}_j^2(l|l)$ 是统计独立的随机向量，即在假设 H_0 下，$t_{ij}(1)$ 的协方差为

$$\begin{aligned}C_{ij}(l)&=E[t_{ij}(l)t_{ij}(l)^{\mathrm{T}}]=E\{[\tilde{X}_i^1(l)-\tilde{X}_j^2(l)][\tilde{X}_i^1(l)-\tilde{X}_j^2(l)]^{\mathrm{T}}\}\\&=P_i^1(l\mid l)+P_j^2(l\mid l)\end{aligned}$$

在上式中，$E[\tilde{X}_i^1(l)]=E[\tilde{X}_j^2(l)]=0$ 是显然的假设，$P_i^1(l|l)$ 为 $\tilde{X}_i^1(l)$ 的协方差，即节点 1 在 l 时刻对目标 i 的估计误差协方差，$P_j^2(l|l)$ 为 $\tilde{X}_j^2(l)$ 的协方差。

设两个局部节点直到 k 时刻对目标 i 和 j 状态估计之差的经历为 $t_{ij}^k=\{t_{ij}(l)\}$，$l=1,2,\cdots,k$；$i\in U_1$，$j\in U_2$；其联合概率密度函数在 H_0 假设下可写成

$$f_0(t_{ij}^k\mid H_0)=\left[\prod_{l=1}^{k}\mid(2\pi)C_{ij}(l\mid l)\mid^{-1/2}\right]\exp\left[-\frac{1}{2}\sum_{l=1}^{k}t_{ij}(l)^{\mathrm{T}}C_{ij}^{-1}(l\mid l)t_{ij}(l)\right]$$

该式被称作假设 H_0 的似然函数。在假设 H_1 下，其联合概率密度函数被定义为 $f_1(t_{ij}^k|H_1)$，同时假设 $f_1(t_{ij}^k|H_1)$ 在某些区域是均匀分布的。最强有力的检验是似然比检验，对应的对数似然比为

$$\ln L(t_{ij}^k)=-\frac{1}{2}\sum_{l=1}^{k}t_{ij}(l)^{\mathrm{T}}C_{ij}^{-1}(l\mid l)t_{ij}(l)+\mathrm{Const}$$

现在定义一个修正的对数似然函数

$$\lambda_{ij}(k)=\sum_{l=1}^{k}t_{ij}(l)^{\mathrm{T}}C_{ij}^{-1}(l\mid l)t_{ij}(l)=\lambda_{ij}(k-1)+t_{ij}(k)^{\mathrm{T}}C_{ij}^{-1}(k\mid k)t_{ij}(k)$$

显然有：如果 $\lambda_{ij}(k)\leqslant\delta(k)$；$i\in U_1$，$j\in U_2$，则接受 H_0，否则接受 H_1。其中阈值满足 $P\{\lambda_{ij}(k)>\delta(k)\mid H_0\}=\alpha$，式中，$\alpha$ 是检验的显著性水平。

4.4.3　多节点时独立序贯航迹关联

当 $M\geqslant3$ 时，即对多个局部节点的情况，仍假设各局部节点估计误差是独立的，根据上述讨论的独立序贯法，可考虑构造充分统计量。

$$\lambda_{i_{s-1}i_s}(k)=\lambda_{i_{s-1}i_s}(k-1)+[\hat{X}_{i_{s-1}}(k\mid k)-\hat{X}_{i_s}(k\mid k)]^{\mathrm{T}}C_{i_{s-1}i_s}^{-1}(k\mid k)$$
$$[\hat{X}_{i_{s-1}}(k\mid k)-\hat{X}_{i_s}(k\mid k)]$$

其中，$s=1,2,\cdots,M$ 是局部节点编号，$i_s=1,2,\cdots,n_s$ 是局部节点 s 的航迹编号，并且

$$C_{i_{s-1}i_s}(k\mid k)=P_{i_{s-1}}(k\mid k)+P_{i_s}(k\mid k)$$

现在构造全局统计量：

$$b_{i_1i_2\cdots i_M}(k)=\sum_{s=2}^{M}\lambda_{i_{s-1}i_s}(k)$$

定义一个二进制变量，令

$$\tau_{i_1i_2\cdots i_M}(k)=\begin{cases}1, & \text{当 } H_0 \text{ 成立时}\\ 0, & \text{当 } H_1 \text{ 成立时}\end{cases}$$

其中，$i_s=1,2,\cdots,n_s$；$s=1,2,\cdots,M$。H_0 是原假设，表示航迹 $i_1,i_2,\cdots,i_M$ 对应同一个目标；H_1 是对立假设，表示航迹 $i_1,i_2,\cdots,i_M$ 对应不同的目标。

于是，多局部情况下的独立序贯航迹关联算法便被描述成如下的多维分配问题，即

$$J=\underset{\tau_{i_1i_2\cdots i_M}}{\mathrm{Min}}\sum_{i_1=1}^{n_1}\sum_{i_2=1}^{n_2}\cdots\sum_{i_M=1}^{n_M}\tau_{i_1i_2\cdots i_M}b_{i_1i_2\cdots i_M}(k)$$

其约束条件为

$$\begin{cases}\displaystyle\sum_{i_2=1}^{n_2}\sum_{i_3=1}^{n_3}\cdots\sum_{i_M=1}^{n_M}\tau_{i_1i_2\cdots i_M}=1; & \forall\, i_1=1,2,\cdots,n_1\\ \displaystyle\sum_{i_1=1}^{n_1}\sum_{i_3=1}^{n_3}\cdots\sum_{i_M=1}^{n_M}\tau_{i_1i_2\cdots i_M}=1; & \forall\, i_2=1,2,\cdots,n_2\\ \quad\vdots & \\ \displaystyle\sum_{i_1=1}^{n_1}\sum_{i_2=1}^{n_2}\cdots\sum_{i_{M-1}=1}^{n_{M-1}}\tau_{i_1i_2\cdots i_M}=1; & \forall\, i_M=1,2,\cdots,n_M\end{cases}$$

显然，当 $M=2$ 时，上述问题退化为二维整数规划问题，这时可用于局部节点间的两两关联检验。当 $M\geqslant3$ 时，为多维匹配问题，其求解是 NP 的。对于这个问题，目前尚无完善的方法解决。

4.4.4 拓扑航迹相关法

人们通过长期的研究，已经总结出统计相关法和模糊判别法两大类算法，通过对航迹历史数据的分析得到目标关联与否的判决。受航迹精度、雷达系统误差、目标机动等因素的影响，统计相关法和模糊判别法的成功关联概率不高，为此石玥等提出了拓扑法。

拓扑法利用目标与其邻居的相对位置构造拓扑矩阵，然后通过模糊法判决拓扑矩阵的相似程度实现航迹的关联。拓扑法虽然在仿真时的关联性能有很大提高，但是实际使用的效果并非那样理想。分析其原因，主要存在以下缺点：首先，拓扑矩阵每个单元对应的空间是在径向和方位角上均匀划分而成，划分粒度大小是一个经验数据，划分粒度对密集航迹的场景不合适，而过小的划分粒度影响拓扑矩阵的模糊匹配；其次，极坐标划分方式使每个拓扑矩阵单元格对应的面积不同，目标在单元格中出现的概率也相差很大，使拓扑矩阵的解析精度下降，而其他划分方式又不利于抵消雷达系统误差的影响；然后，为了一定程度适应雷达的随机探测误差，对拓扑矩阵进行了模糊化，但是模糊化的量值没有选择依据，一律强制定义成0.1；最后，在判决阶段，虽然模糊法有一定的健壮性，但是模糊判决门限的选择没有理论依据，这限制了模糊法在工程中的应用。

雷达提供的目标测量值是以雷达为坐标原点的局部坐标系中的极坐标值，表示为

$$S_{k,j,A}=(r_{k,j,A},\theta_{k,j,A},\varphi_{k,j,A})$$

其中 r 是径向距离；θ 是相对于正北的方位角；φ 是相对于过雷达站址的地球切平面的高低角；k 是采样的时刻；j 是目标的编批号；A 是雷达的编号。由于随机误差的存在，$S_{k,j,A}$ 的每个观测量都是以真实值为均值的独立高斯随机变量，其方差是由雷达工作特性决定的一个相对固定值，分别表示为 $(\sigma_r^2,\sigma_\theta^2,\sigma_\varphi^2)$。为了描述方便，我们把这些随机变量看作0均值的高斯变量与真实值常数的和，方差不变。为了目标跟踪的需要，把极坐标的测量值转换成以雷达为坐标原点的本地直角坐标系中的测量值向量 $X_{k,j,A}=(x_{k,j,A},y_{k,j,A},z_{k,j,A})'$，其转换公式如下。

$$\begin{cases}x_{k,j,A}=r_{k,j,A}\cos\varphi_{k,j,A}\sin\theta_{k,j,A}\\ y_{k,j,A}=r_{k,j,A}\cos\varphi_{k,j,A}\cos\theta_{k,j,A}\\ z_{k,j,A}=r_{k,j,A}\sin\varphi_{k,j,A}\end{cases}$$

由于真实测量值远大于随机误差，将泰勒级数展开应用于本地直角坐标系中的三维坐标，忽略高阶项的影响，则直角坐标值也是一个高斯随机变量。它的均值是真实坐标值，方差通过计算微分，可以表示为

$$\begin{cases}\sigma_{x,k,j,A}^2=\cos^2\varphi_{k,j,A}\sin^2\theta_{k,j,A}\sigma_r^2+r_{k,j,A}^2\sin^2\varphi_{k,j,A}\sin^2\theta_{k,j,A}\sigma_\varphi^2+r_{k,j,A}^2\cos^2\varphi_{k,j,A}\cos^2\theta_{k,j,A}\sigma_\theta^2\\ \sigma_{y,k,j,A}^2=\cos^2\varphi_{k,j,A}\cos^2\theta_{k,j,A}\sigma_r^2+r_{k,j,A}^2\sin^2\varphi_{k,j,A}\cos^2\theta_{k,j,A}\sigma_\varphi^2+r_{k,j,A}^2\cos^2\varphi_{k,j,A}\sin^2\theta_{k,j,A}\sigma_\theta^2\\ \sigma_{z,k,j,A}^2=\sin^2\varphi_{k,j,A}\sigma_r^2+r_{k,j,A}^2\cos^2\varphi_{k,j,A}\sigma_\varphi^2\end{cases}$$

由于坐标转换是一个非线性变换，所以直角坐标值的协方差矩阵不再是对角阵。但是，通过微分计算得到的互协方差非常小，在计算协方差时可以忽略，从而减少计算量，所以只列举了对角元素的计算方法。

ECEF直角坐标系是以地球球心为原点的坐标系，x 轴过本初子午线，z 轴指向正北。只有把雷达的局部直角坐标系中的测量值转换到公共的ECEF坐标系中，才能判断两部

雷达跟踪的航迹是否属于同一个目标，从而实现航迹关联和融合。这个转换可以通过坐标系旋转和平移完成，其转换公式为

$$R_{k,j,A}=\begin{bmatrix}x_{c,k,j,A}\\y_{c,k,j,A}\\z_{c,k,j,A}\end{bmatrix}=L+\boldsymbol{T}_A\times\begin{bmatrix}x_{k,j,A}\\y_{k,j,A}\\z_{k,j,A}\end{bmatrix}$$

$$\boldsymbol{T}_A=\begin{bmatrix}-\sin\lambda & -\sin\Psi\cos\lambda & \cos\Psi\cos\lambda\\ \cos\lambda & -\sin\Psi\sin\lambda & \cos\Psi\sin\lambda\\ 0 & \cos\Psi & \sin\Psi\end{bmatrix}$$

其中 R 是目标的 ECEF 坐标向量，下标带 c 的变量表示目标的 ECEF 坐标值。$\boldsymbol{T}$ 是旋转矩阵，λ、Ψ 分别表示雷达站的经度和纬度。向量 $\boldsymbol{L}$ 表示雷达站在 ECEF 坐标系中的坐标，它可以用雷达站的经度、纬度和高度计算得到，是一个常数。

当目标坐标都转换到 ECEF 坐标系内后，依据每个雷达在 k 时刻探测到的目标，以任一目标为参考点，其他目标到参考点的距离差向量为成员，可以计算出每个目标的拓扑。这个拓扑表示为一个向量序列，其中每个成员是邻居到该目标参考点的 ECEF 距离差向量，而且按方位角递增顺序排列。

图 4-10 是在雷达观测结果基础上形成的目标拓扑序列，每个目标都需要形成自己的拓扑序列。因为拓扑序列中的时刻相同，所以在后续的公式中不再包括时间变量 k。假设目标参考点 t 及其 n 个邻居的 ECEF 坐标向量序列是 $\{X_t,X_1,X_2,\cdots,X_n\}$，则拓扑序列 $\{P_{i,j},\ 1\leqslant j\leqslant n\}=\{X_1-X_t,X_2-X_t,\cdots,X_n-X_t\}$。每个向量成员可以表示为

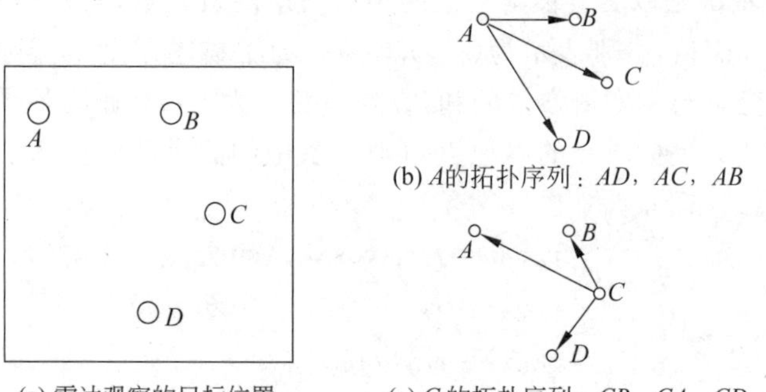

(a) 雷达观察的目标位置　　(c) C 的拓扑序列：CB，CA，CD

图 4-10　拓扑序列示例

$$P_{t,j,A}=\boldsymbol{T}_A\times\left(\begin{bmatrix}x_{k,j,A}\\y_{k,j,A}\\z_{k,j,A}\end{bmatrix}-\begin{bmatrix}x_{k,t,A}\\y_{k,t,A}\\z_{k,t,A}\end{bmatrix}\right)$$

显然，$P_{t,j,A}$ 与雷达的位置向量 L 无关，而且每个分量都是独立高斯变量的线性组合，协方差可以表示为

$$\Sigma_{j,A}^2=\boldsymbol{T}_A\begin{pmatrix}\sigma_{x,j,A}^2+\sigma_{x,0,A}^2 & 0 & 0\\ 0 & \sigma_{y,j,A}^2+\sigma_{y,0,A}^2 & 0\\ 0 & 0 & \sigma_{y,j,A}^2+\sigma_{y,0,A}^2\end{pmatrix}\boldsymbol{T}'_A$$

其中 j 表示 A 雷达发现的参考目标点的第 j 个邻居。经拓扑计算，每个目标都形成了与其对应的拓扑序列。

不同雷达形成的目标航迹利用拓扑序列进行关联。关联规则是：首先，目标的 ECEF 距离差小于规定的距离判决门限，即两个目标应该在空间上足够接近，受雷达观测系统误差和随机误差的影响，这个门限设置成一个变量，选择在 10 千米比较合适；然后，对距离差小于门限的目标进行拓扑序列的匹配。假设雷达 A 和 B 分别形成拓扑序列 $\{P_{t1,j,A}, 1\leqslant j\leqslant n\}$ 和 $\{P_{t2,j,B}, 1\leqslant j\leqslant n\}$，$t1$ 和 $t2$ 表示在不同雷达中的航迹编号，并且假设两个拓扑序列的成员个数相同。定义统计量

$$F_j = (P_{t1,j,A} - P_{t2,j,B})'(\Sigma_{j,A}^2 + \Sigma_{j,B}^2)^{-1}(P_{t1,j,A} - P_{t2,j,B})$$

其中 F_j 是归一化的拓扑距离，当 $t1$ 和 $t2$ 属于同一个目标时，该统计量服从自由度为 3 的 χ^2 分布。通过归一化，使不同距离的邻居对最终判决结果的贡献相同，避免了基本拓扑法中单位格划分不均匀的缺点。按照雷达的工作过程，由于雷达对拓扑邻居的检测是在多次扫描中完成，而每次扫描的随机误差彼此独立，所以根据 χ^2 分布的可加性，当拓扑序列完全匹配时，统计量

$$F = \sum_{j=1}^{n} F_j$$

是服从自由度为 $3n$ 的 χ^2 分布的随机变量。所以，在匹配拓扑序列时，首先计算 F 统计量，然后根据置信度(如 95%)查表，确定拓扑距离差的门限，如果 F 小于该门限，就认为拓扑匹配。拓扑序列匹配的目标被判断为关联航迹。

当保持雷达参数不变，降低目标间距，从而增加空间目标密度时，用基本拓扑法和拓扑序列法分别做航迹关联。在 100 平方千米的空间中随机产生目标，控制目标最小间距从 500m 逐步增加到 10km，保持邻居数量为 10 个不变，保持基本拓扑法的参数设置不变。分别测试每种间距时航迹关联成功概率，其仿真结果如图 4-11 所示，拓扑序列法能保持很高的关联成功率。另外，误关联概率也是一个重要的指标，所以在不同目标最小间距情况下，对误关联概率也进行了仿真，其结果如图 4-12 所示。

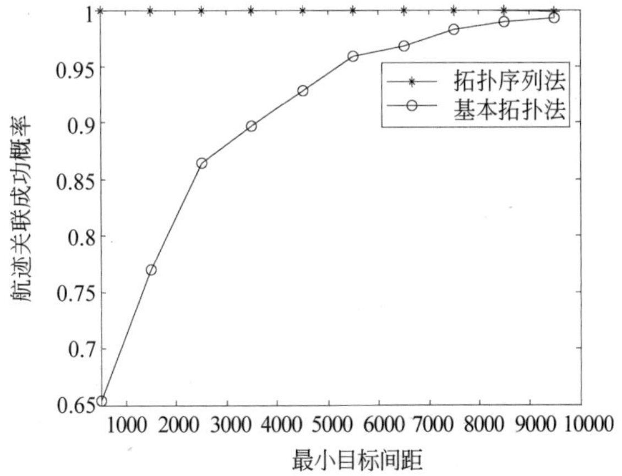

图 4-11　关联成功概率与目标间距的关系

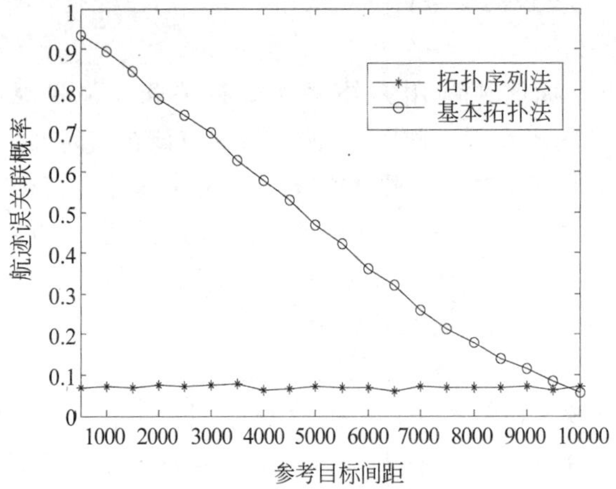

图 4-12　误关联概率与目标间距的关系

从图 4-11 和图 4-12 可以发现，拓扑序列法的关联成功概率和误关联概率对目标的间距不敏感，当目标间距变化时，这些性能指标保持稳定，特别是关联成功概率保持在 99.5%以上；而误关联概率在 8%左右，这主要受雷达随机误差的影响，对高性能的雷达，随着随机误差的减小，误关联率将大幅降低。但是，基本拓扑法的性能对目标间距非常敏感，在目标稀疏时性能很好，而在目标密集时性能很差，其中误关联概率在目标间距较小时非常大，使目标关联关系的正确搜索存在很大困难。所以，在密集航迹场景下，拓扑序列法的性能要远好于基本拓扑法。为了更深入地讨论拓扑序列法的性能，我们仿真了正确关联率与拓扑成员数量的关系，结果如图 4-13 所示。

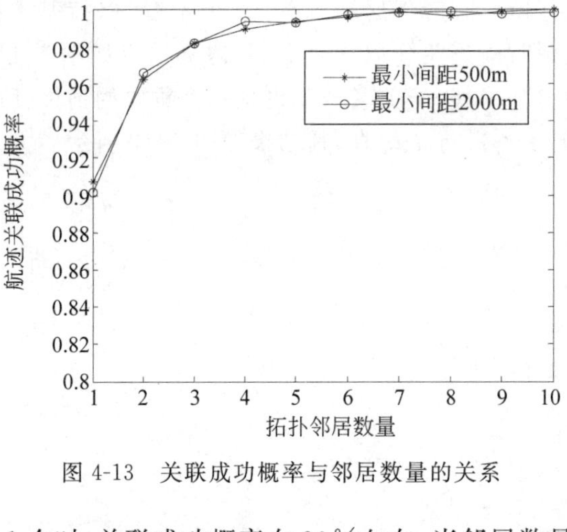

图 4-13　关联成功概率与邻居数量的关系

当邻居数量只有 1 个时，关联成功概率在 90%左右；当邻居数量增加时，关联成功概率快速趋近于 100%；当邻居数为 7 个时，关联成功概率接近饱和。所以，如果拓扑序列的成员数量太多，除了增加不必要的计算量，对关联成功概率并没有贡献。因此，在拓扑序列法的修正措施中，限制邻居范围是非常有必要的，在每个目标的相邻范围内能有 5～6 个目标就足够了。当目标处于雷达的覆盖边缘时，通过修正雷达探测范围，少量增加拓扑序列中的公共成员数量，就能获得很高的关联成功概率。

4.5 多传感器航迹融合

4.5.1 简单凸组合航迹融合

简单协方差凸组合算法(Covariance Convex，CC)是最早提出的航迹融合算法，假设目标的状态估计误差独立，通过 Kalman 滤波即可得到全局状态估计，融合算法公式如下。

$$P_{k|k}^{-1}x_{k|k} = \sum_{i=1}^{n}(P^{(i)})_{k|k}^{-1}X_{k|k}^{(i)}$$

$$P_{k|k}^{-1} = \sum_{i=1}^{n}(P^{(i)})_{k|k}^{-1}$$

该算法比较简单，也是使用较为广泛的一种算法，但由于事先假设了状态估计误差相互独立，所以互协方差矩阵为零时算法才是最优的。若互协方差矩阵不为零，则简单协方差凸组合只是一种近似最优算法。

4.5.2 修正互协方差航迹融合

受过程噪声的影响，目标状态估计的误差客观存在，即互协方差矩阵不为零，所以前面提出的简单协方差凸组合算法无法使用。在这种情况下，Bar Shalom 提出了基于互协方差航迹融合算法。

$$X = X_i + (P_i - P_{ij})(P_i + P_j - P_{ij} - P_{ji})^{-1}(X_j - X_j)$$
$$P = P_i - (P_i + P_j - P_{ij} - P_{ji})^{-1}(P_i - P_{ij})$$

其中，互协方差 P_{ij} 和 P_{ji} 的计算可由卡尔曼滤波器给出。

$$P_{ij}(k) = (I - K\boldsymbol{H})[\boldsymbol{\Phi}P_{ij}(k)\boldsymbol{\Phi} + \boldsymbol{Q}](I - K\boldsymbol{H})^{\mathrm{T}}$$

其中，K 是卡尔曼滤波器增益；$\boldsymbol{\Phi}$ 是状态转移矩阵；$\boldsymbol{Q}$ 是噪声协方差矩阵；$\boldsymbol{H}$ 是观测矩阵。修正互协方差航迹融合算法的优点是考虑了状态估计误差的相关性，但是由于要计算互协方差，多传感器系统的计算量大大增加了。但是，从工程实际所需的计算和通信资源需求情况看，修正互协方差航迹融合算法简单易行，而且结果接近最优值。

4.5.3 信息矩阵航迹融合

信息矩阵航迹融合算法也称为分层融合算法。该算法去除了先验信息，考虑到先验信息引起的状态估计误差的相关性，但是忽略了由过程噪声引起的误差相关性。传感器航迹与传感器航迹融合过程中，当目标动态特性不确定时，就会形成公共的过程噪声。所以，当信息矩阵航迹融合算法中局部节点与融合中心实时通信或目标处于确定性状态时，信息矩阵航迹融合算法才是最优的，当处于非实时通信或者过程噪声过大时，信息矩阵融合算法就不是最优的。其算法如下。

$$P_{k|k}^{-1}x_{k|k} \leftarrow P_{k|k}^{-1}x_{k|k} + \sum_{i=1}^{n}[(P^{(i)})_{k|k}^{-1}X_{k|k}^{(i)} - (\overline{P}^{(i)})_{k|k}^{-1}\overline{X}_{k|k}^{(i)}]$$

$$P_{k|k}^{-1}x_{k|k} \leftarrow P_{k|k}^{-1}x_{k|k} + \sum_{i=1}^{n}[(P^{(i)})_{k|k}^{-1} - (\bar{P}^{(i)})_{k|k}^{-1}]$$

当先验信息不存在时，信息矩阵融合算法也就变成了 CC 算法。

4.5.4 协方差交叉算法

如果多处理器系统处于复杂的完全分布形式，就会造成信息的冗余，会严重影响航迹融合系统的性能，这种情况下提出了协方差交叉算法（Covariance Intersection，CI），意思是如果局部状态互协方差矩阵 $\boldsymbol{P}_{k|k}^{(ij)}$ 已知，那么协方差椭圆一定会位于局部协方差椭圆的交叉区域，如果这个椭圆围的越紧密，那么它的数据融合效果就越好，如图 4-14 所示。

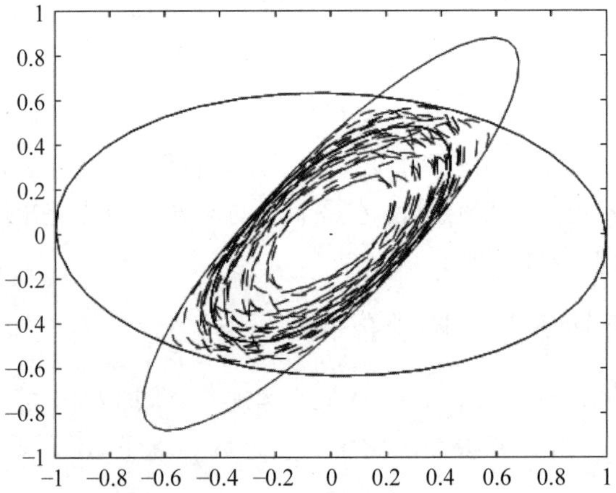

图 4-14　局部状态互协方差矩阵已知的最优融合协方差椭圆

其多传感器融合算法公式如下。

$$P_{k|k}^{-1}x_{k|k} = \omega_1(P^{(1)})_{k|k}^{-1}X_{k|k}^{(1)} + \omega_2(P^{(2)})_{k|k}^{-1}X_{k|k}^{(2)} + \cdots + \omega_n(P^{(n)})_{k|k}^{-1}X_{k|k}^{(n)}$$

$$P_{k|k}^{-1} = \omega_1(P^{(1)})_{k|k}^{-1} + \omega_2(P^{(2)})_{k|k}^{-1} + \cdots + \omega_n(P^{(n)})_{k|k}^{-1}$$

从公式可以看出，CI 算法和 CC 算法很相似。但是，CC 算法在使用客观上存在很多限制，而 CI 算法由于权重参数 ω 的存在，没有 CC 算法的缺点，即不存在不确定性。

4.6 系统误差估计

4.6.1 时间系统误差的估计

网络时间协议（Network Time Protocol，NTP）是用于互联网中时间同步的标准互联网协议。NTP 的用途是把计算机的时间同步到某些时间标准。目前采用的时间标准是世界协调时（Universal Time Coordinated，UTC）。NTP 的主要开发者是美国特拉华大学的 David L. Mills 教授。

1. NTP 的原理

NTP 的设计充分考虑了互联网上时间同步的复杂性。NTP 提供的机制严格、实用、有效，适应于在各种规模、速度和连接通路情况的互联网环境下工作。NTP 以 GPS 时间代码传送的时间消息为参考标准，采用了客户机/服务器结构，具有相当高的灵活性，可以适应各种互联网环境。NTP 不仅校正现行时间，而且持续跟踪时间的变化，能够自动进行调节，即使网络发生故障，也能维持时间的稳定。NTP 产生的网络开销甚少，并具有保证网络安全的应对措施。这些措施的采用使 NTP 可以在互联网上获取可靠和精确的时间同步，并使 NTP 成为互联网上公认的时间同步工具。目前，在通常的环境下，NTP 提供的时间精确度在 WAN 上为数十毫秒，在 LAN 上则为亚毫秒级或者更高。在专用的时间服务器上，则精确度更高。

在互联网上，一般的计算机和互联设备在时间稳定度方面的设计上没有明确的指标要求。这些设备的时钟振荡器工作在不受校对的自由振荡的状况下。由于温度变化、电磁干扰、振荡器老化和生产调试等原因，时钟的振荡频率和标准频率之间存在一些误差。这些误差初看起来似乎微不足道，但长期积累后会产生相当大的影响。假设一台设备采用了精确度相当高的时钟，设其精确度为 0.001%，那么它在 1s 中产生的偏差只是 10μs，一天产生的时间偏差接近 1s，而运行一年后误差将大于 5min。必须指出，一般互联网设备的时钟精确度远低于这个指标。设备的时间校准往往取决于使用者的习惯，手段常为参照自选的标准进行手工设定。

在互联网上进行时间同步具有重要意义。互联网起源于军事用途明显的 ARPA 网。在军事应用领域，时间一直都是一个非常重要的考虑因素。对于互联网的时间同步和 NTP 的研究，就是在美国国防部的资助下启动和进行的。随着互联网的发展已延伸到社会的各个方面，其他领域对时间同步也提出了多种要求，例如，各种实时的网上交易、制造过程控制、通信网络的时间配置、网络安全性设计、分布性的网络计算和处理、交通航班航路管理以及数据库文件管理和呼叫记录等多种涉及时间戳的应用，都需要精确、可靠和公认的时间。

时间协议的首次实现记载在 Internet Engineering Note [IEN-173] 中，其精确度为数百毫秒。稍后出现了首个时间协议的规范，它被命名为 DCNET 互联网时间服务，而它提供这种服务是借助于互联网控制消息协议(ICMP)中的时间戳和时间戳应答消息。作为 NTP 名称的首次出现是在 RFC 958 中，该版本也被称为 NTP v0，其目的是为 ARPA 网提供时间同步。它已完全脱离 ICMP，而作为独立的协议以完成更高要求的时间同步。它对如本地时钟的误差估算和精密度等基本运算、参考时钟的特性、网络上的分组数据包及其消息格式进行了描述，但是不对任何频率误差进行补偿，也没有规定滤波和同步的算法。

目前 NTP 的最高正式版本 v3 发表于 1992 年 3 月，该版本正式引入了校正原则，并改进了时钟选择和时钟滤波的算法，而且还引入了时间消息发送的广播模式。后期的 NTP 改进包括改进时钟模型，在各种同步源和网络通路的情况下更精确地预测和调节频率和时间；提出相应的新算法将降低网络抖动和振荡器漂移的冲突，并且将加速启始时的时间同步收敛速度；重新设计工作在锁频环、锁相环或者两者混合模式下的时钟校正算法。

NTP 进行时间同步和分配涉及的设备和通路的集合称为时间同步子网络。时间同步子网络以分层主从结构模式运行，其结构示意图如图 4-15 所示。在这种结构中，少许几个高层设备可以为大量的低层设备提供同步信息。

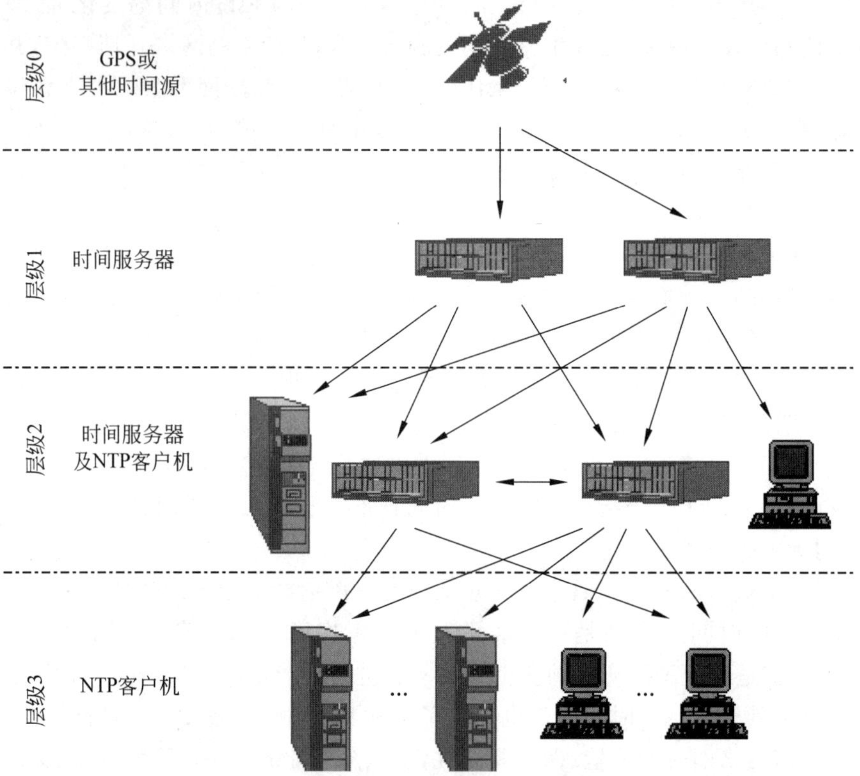

图 4-15　时间同步网络结构图

时间同步网络理论上根据其精确度和重要性一般分为 0～15 的 16 个级别或更多级，实际上不会大于 6 级。级别编码越低，精确度和重要性越高。时间的分配自级别编码小的层次向较大的层次进行，即由第 0 级向第 15 级分配渗透。第 0 级设备处于该子网络的特殊位置，是时间同步网络的基准时间参考源。它位于子网络的顶端，目前普遍采用全球卫星定位系统，即由 GPS 播发的 UTC 时间代码，本身并不具有 NTP。子网络中的设备可以扮演多重角色。例如，一个第二层的设备，对于第一层来说是客户机；对于第三层可能是服务器；对于同层的设备则可以是对等机。

NTP 工作在时间同步子网络 1 级以下的其他各级设备中。图 4-15 中，在第 1 级和第 2 级上用机盒图式表示的设备是网络时间服务器，或者称为 NTP 时间服务器；用计算机主机和工作站图式表示的是一般互联网中的对应物，在时间同步子网络中，它们均被视为时间服务器的时间客户机。服务器可以是专用设备，也可以是备有专用时钟电路的通用计算机。出于对精确度和可靠性的考虑，下层设备同时引用若干个上层设备作为参考源；而且也可以引用同层设备作为参考源。NTP 能够从时间参考源中选择最好的几个时间源推断现行时间。在同层设备配置为互为参考时，NTP 会在两个对等机间进行自动选择，以精确度高者作为两者共同的参考源，而绝非两者互相引用。时间同步子网络和电信网络中的数字同步网一样，不允许出现时间环路。NTP 利用协议的优势自动识别高精确度的时钟源，确保时钟单方向同步到高精确度的时钟，这样就绝对避免了时间环路的出现。

NTP 以客户机和服务器方式进行通信。每次通信共计两个包。客户机发送一个请求数据包，服务器接收后回送一个应答数据包。两个数据包都带有时间戳。NTP 根据这两个数据包的时间戳确定时间误差，并通过一系列算法消除网络传输的不确定性的影响。

在数据包的传送方式上，有客户机和服务器一对一的点对点方式，还有多个客户机对一个服务器的广播/多播方式。两者的工作方法基本相同。处于两种方式下的客户机在初始时和服务器进行如同点对点的简短信息交换，据此对往返延时进行量化判断。此后广播/多播客户机只接收广播/多播消息的状态，并根据第一次信息交换的判断值修正时间。不同之处在于，时间服务器在广播方式下周期性地向广播地址发送时间刷新信号；而在多播方式下周期性地向多播地址发送时间刷新信号。在广播/多播方式下，一个服务器可以为大量的客户机提供时间，但精度较低。

NTP 要求的资源开销和通信带宽很小。NTP 采用 UDP，端口号设定为 123。UDP 占用很小的网络带宽，在众多客户机和少许服务器通信时有利于避免拥塞。NTP 数据包的净长度在 v3 下为 64B；在 IP 层分别为 76B 和 84B。如果通信方式是广播模式，则服务器以固定的间隔向客户机广播发送一个数据包；如果是服务器/客户机方式，则通信间隔将在指定的范围内变化(一般为 64～1024s)，同步情况越好，间隔越长。

2. NTP 的滤波流程

NTP 实际是一个反馈控制环路，在环路的工作简述如下：当 NTP 获得时间同步信息后，时间滤波器从时间样本中选取最佳的样本，和本地时间进行比较。选择和聚类算法的功能是对往返延迟、离差和偏移等参数进行分析，在有效参考源选取若干名列前茅者。合成算法对名列前茅者的信号进行综合，获取比任何单一信号更优秀的时间参考。环路滤波器和可变频率振荡器是一个自适应的混合锁相/锁频环路，它在时钟校正算法的控制下调节本地时钟，提供本地时间。NTP 结构框图如图 4-16 所示。

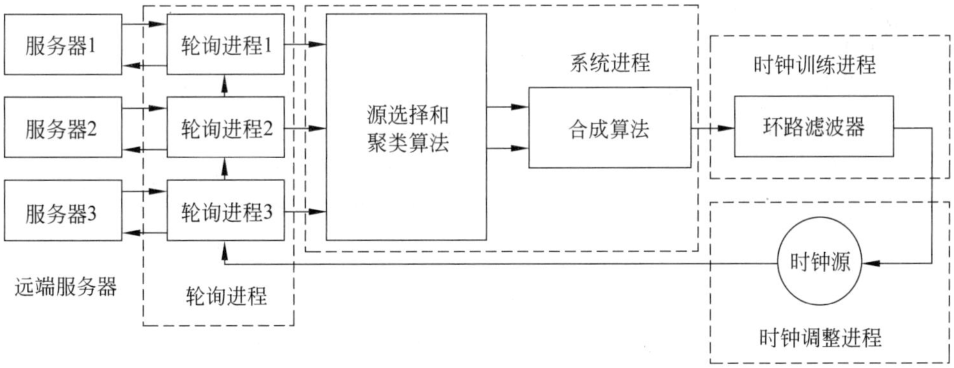

图 4-16　NTP 结构框图

NTP 涉及 4 个算法：时间滤波算法、时间选择算法、聚类算法和时钟调节算法。严格地说，这些算法并不是协议的固有部分，但是 NTP 的实现却有赖于这些算法。

1) 时间滤波算法

该算法的功能是确认数据包的有效性和从某个给定的时间参考源的时间样本中选取

最佳的样本。它可以分成健全性校验和滤波两个部分。

健全性校验的内容有：数据包的唯一性，数据包内容的符合性，服务器工作是否正常，往返延迟和离差数值是否合理，如果协议配置了安全性要求，则还将进行鉴权。

其后进行滤波。它备有一个时间参数寄存器数组，其深度 N 根据系统配置设置。当前的时间参数根据 NTP 消息交换时的发送起始时间、对端接收时间、对端回送时间和收到回送时间 4 个时间戳信息计算得出，以($\theta,\delta,\varepsilon$)形式表示。这里 θ 是样本时钟偏移，δ 和 ε 是往返延迟和离差。

算法根据当前时间参数($\theta,\delta,\varepsilon$)，参照门限要求和时间参数寄存器数组中的历史信息，计算求得样本的滤波离差、同步距离并且更新时间参数寄存器数组。在后续的时钟选择算法中将当前时间的偏移和最大误差作为参数用于时间同步参考源的选择。该算法在典型情况下可以把偏移的均方误差降低 18 dB。

2）时间选择算法

NTP 客户机可以有若干时间同步参考源。时间选择算法则用于在若干时间参考源中选取最佳的若干参考源。NTP 首先使用滤波算法的结果滤波离差和同步距离，确定对于各个时间源的有效的时间域值，也称之为交越值。然后对所有的时间逐一进行校验，如落入交越值规定的范围内时，则认为有效，否则将被剔除。

3）聚类算法

NTP 内部有一张时间参考源的表格，记录可供访问的所有时间参考源。这些参考源中最优秀的方能作为候选者进入参考源的优选目录。从可靠性和效率的折中考虑，通常在参考源中选取 10 个最佳的时钟进入优选目录。聚类算法根据前面滤波的结果，重新选择优选目录中的时间参考源。衡量标准说到底是精确度，具体表现则为 NTP 的级、离差、延时、偏移和偏移的一次导数等的加权组合。现行候选者如能通过聚类算法，则留用，否则将被剔除出优选目录，并在其他参考源中选取一个最佳者加入优选目录。通过聚类算法，可以减少网络时间漂移产生的不良影响。

4）时钟调节算法

时钟调节是 NTP 实现至关重要的一个环节。时间精确度强烈依赖于时钟振荡器的稳定度和时钟调节的精密度。在 NTP 中，网络响应能力的变化产生的误差为抖动；振荡器频率稳定度产生的误差为漂移。目前使用自适应混合时钟调整算法。该调整算法校准计算机时钟的时间，补偿固有频率误差，根据测得的抖动和漂移动态地调节相关参数。算法使用了锁相环路(PLL)和锁频环路(FLL)两者的合成。PLL 消除抖动非常有效，只能间接地降低漂移，而 FLL 正好相反。因此，在抖动主导的环境中，使用 PLL 效果明显；在漂移占主导地位的环境中，使用 FLL 效果明显。调整算法如图 4-17 的反馈控制系统进行实现。

这里，θ_r 表示周期性轮询产生的参考相位；θ_c 是可变频率振荡器(VFO)产生的控制相位。鉴相器输出信号 V_d 表示 θ_r 和 θ_c 的瞬时相位差。时钟滤波器相当于一个带抽头的延迟线，由算法决定抽头位置。时钟选择、群集和合成算法组合滤波器的数据以生成信号 V_s。环路滤波器产生信号 V_c，控制 VFO 的频率 ω_c 和相位 θ_c。该算法在不同的网络抖动和振荡器漂移情况下，自动控制管理消息更新间隔。更新间隔的上限从先前的不到 0.5

小时扩展到 1.5 天，大大减轻了网络开销，增加了可靠性。而且切换时间源时，它不会出现跳频现象。

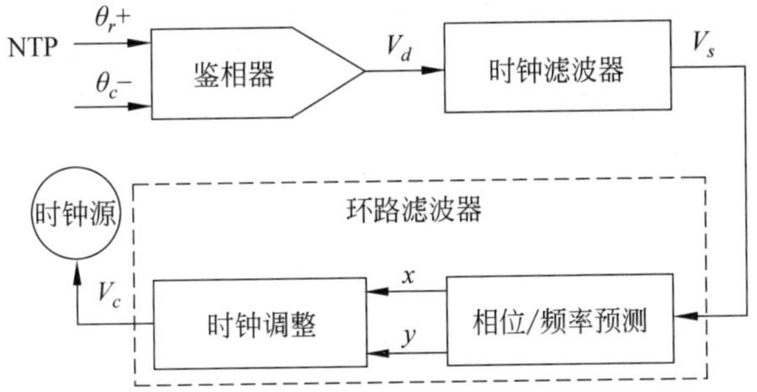

图 4-17　时钟调节算法

4.6.2　探测系统误差的估计

雷达的探测系统误差是相对固定的值，其产生的原因多种多样。估计雷达的系统误差，并且在测量值中对它进行补偿，对提高多雷达数据融合的性能有重要作用。目前对系统误差估计的算法已经比较多，但是这些估计算法中都是基于地面固定雷达进行的，它们假设每部雷达都存在系统误差，而且要求对公共目标进行较长时间的观测。在无任何先验知识的前提下，受单部雷达目标跟踪精确性、航迹相关算法的影响，在对系统误差进行补偿前，做出正确的航迹相关是不容易的。不能准确判定航迹相关，也就无法确定多部雷达的公共观测目标。所以，在实际应用中，雷达的配准还在采用试飞校准的方法，费时费力、测试过程烦琐。基于数据链网络，本节描述了一种协同配准算法，在保证雷达配准的效率和精确性的同时，大大加强了算法的实际可操作性。

1. 协同配准算法

数据链是一种基于无线信道的专用数据通信网，它定义了信道接入方法和标准的报文格式，保证网络内的成员能相互通信，共同完成战斗任务。随着数据链技术的发展，改进现有的雷达配准方法成为可能。

协同配准算法可以描述为下列步骤：①需要进行配准的雷达选择合适位置并具有较高导航精度的飞机，通过数据链消息通知它从规定的时间开始，以固定周期记录飞机上导航设备提供的大地坐标；②从规定时间开始，雷达的波束对飞机进行跟踪探测，记录雷达的测量坐标；③通过分析飞机与雷达测量坐标的差异，估计出雷达的系统误差。正是由于雷达与飞机在配准过程中可以相互通信协同，所以我们称这种算法为协同配准。

1）虚拟雷达

当使用飞机做协同配准时，飞机使用组合导航获得自身的坐标位置，一般以大地坐标的形式表示。如果以启动协同配准时刻飞机的大地坐标作为极坐标原点，其坐标轴指向与普通雷达的本地坐标系相同，可以构成一个虚拟雷达系统。后续的飞机大地坐标都可以转换到虚拟雷达坐标系中，形成极坐标形式的虚拟量测。

2）基于 Kalman 滤波的算法

假设雷达提供的测量值是以雷达为坐标原点的极坐标值，表示为 $S_{k,j}=[r_{k,i},\theta_{k,i},$

$\varphi_{k,i}$]，其中 r 是距离，θ 是相对于正北的方位角，φ 是俯仰角，k 是采样的时刻，i 是雷达的编号。可以把极坐标的测量值转换成以雷达为坐标原点的直角坐标系中的测量值。设雷达 1 是虚拟雷达，在采用了组合导航算法后，飞机记录的自身坐标较精确，可以认为是没有系统误差，而只有随机误差，随机误差包括导航定位误差和坐标转换误差，其量值很小。雷达 2 是待校准雷达，其测量值包含了系统误差和随机误差。随机误差包括测量误差和坐标转换误差。以单个的随机变量表示随机误差，则它们的量测形式如下。

$$
\begin{aligned}
r_{k,1} &= r_{t,1}(k) + \Delta r_{r,1}(k) \\
\theta_{k,1} &= \theta_{t,1}(k) + \Delta\theta_{r,1}(k) \\
\varphi_{k,1} &= \varphi_{t,1}(k) + \Delta\varphi_{r,1}(k) \\
r_{k,2} &= r_{t,2}(k) + \Delta r_{r,2}(k) + r_{s,2}(k) \\
\theta_{k,2} &= \theta_{t,2}(k) + \Delta\theta_{r,2}(k) + \theta_{s,2}(k) \\
\varphi_{k,2} &= \varphi_{t,2}(k) + \Delta\varphi_{r,2}(k) + \varphi_{s,2}(k)
\end{aligned}
$$

下标 tr、s、r 分别表示真实(true)值、系统误差(system error)值和随机误差(random error)值。把雷达的局部直角坐标系中的测量值转换到 ECEF 直角坐标系中，要通过坐标系旋转和平移完成，其转换公式为

$$
\boldsymbol{T} = \begin{bmatrix} -\sin\lambda & -\sin\Psi\cos\lambda & \cos\Psi\cos\lambda \\ \cos\lambda & -\sin\Psi\sin\lambda & \cos\Psi\sin\lambda \\ 0 & \cos\Psi & \sin\Psi \end{bmatrix}
$$

$$
\begin{bmatrix} x_{\text{ecef}}^{t} \\ y_{\text{ecef}}^{t} \\ z_{\text{ecef}}^{t} \end{bmatrix} = \begin{bmatrix} x_{\text{ecef}}^{R} \\ y_{\text{ecef}}^{R} \\ z_{\text{ecef}}^{R} \end{bmatrix} + \boldsymbol{T} \begin{bmatrix} x_{k,i}^{t} \\ y_{k,i}^{t} \\ z_{k,i}^{t} \end{bmatrix}
$$

其中 $\boldsymbol{T}$ 是坐标旋转矩阵，λ、Ψ 分别表示雷达站的经度和纬度。上标为 R 的分量表示雷达站在 ECEF 坐标系中的坐标值，它可以用雷达站的经度、纬度和高度计算得到。上标为 t，下标为 ecef 的分量表示目标在 ECEF 坐标系中的坐标值。虚拟雷达的经纬度是协同配准启动时刻飞机的坐标位置，而待配准雷达的经纬度由其自身给出。经过移项和旋转，可以把目标的 ECEF 坐标值转换到指定雷达 R 的局部直角坐标系中，其转换公式的通用形式可以写成

$$
\begin{bmatrix} x_{R}^{t} \\ y_{R}^{t} \\ z_{R}^{t} \end{bmatrix} = -\boldsymbol{T}_{R}^{\mathrm{T}} \begin{bmatrix} x_{\text{ecef}}^{R} \\ y_{\text{ecef}}^{R} \\ z_{\text{ecef}}^{R} \end{bmatrix} + \boldsymbol{T}_{R}^{\mathrm{T}} \begin{bmatrix} x_{\text{ecef}}^{t} \\ y_{\text{ecef}}^{t} \\ z_{\text{ecef}}^{t} \end{bmatrix}
$$

其中，下标为 R 的分量表示目标在指定雷达 R 的局部坐标系中的坐标，上标为 t、下标为 ecef 的分量表示目标在 ECEF 直角坐标系中的坐标。上标为 R 的分量表示雷达 R 在 ECEF 直角坐标系中的坐标。$\boldsymbol{T}_R$ 是由指定雷达 R 的经纬度决定的旋转矩阵。先把日标在雷达 2 中的局部直角坐标转换为 ECEF 坐标，再把 ECEF 坐标转换为雷达 1 的局部直角坐标，则雷达 2 的测量值在虚拟雷达 1 的局部坐标系中可以表示为

$$
\begin{bmatrix} x_{k,12}^{t} \\ y_{k,12}^{t} \\ z_{k,12}^{t} \end{bmatrix} = \boldsymbol{T}_{R1}^{\mathrm{T}} \boldsymbol{T}_{R2} \begin{bmatrix} x_{k,2}^{t} \\ y_{k,2}^{t} \\ z_{k,2}^{t} \end{bmatrix} + \boldsymbol{T}_{R1}^{\mathrm{T}} \begin{bmatrix} x_{\text{ecef}}^{R2} \\ y_{\text{ecef}}^{R2} \\ z_{\text{ecef}}^{R2} \end{bmatrix} - \boldsymbol{T}_{R1}^{\mathrm{T}} \begin{bmatrix} x_{\text{ecef}}^{R1} \\ y_{\text{ecef}}^{R1} \\ z_{\text{ecef}}^{R1} \end{bmatrix}
$$

设

$$M=T_{R1}^{\mathrm{T}}T_{R2},P=T_{R1}^{\mathrm{T}}\begin{bmatrix}x_{\mathrm{ecef}}^{R2}\\y_{\mathrm{ecef}}^{R2}\\z_{\mathrm{ecef}}^{R2}\end{bmatrix}-T_{R1}^{\mathrm{T}}\begin{bmatrix}x_{\mathrm{ecef}}^{R1}\\y_{\mathrm{ecef}}^{R1}\\z_{\mathrm{ecef}}^{R1}\end{bmatrix}$$

则转换方程表示为

$$X_{k,12}=MX_{k,2}+P$$

在协作配准系统中，飞机与雷达通过通信设备已经完成了时间精同步，飞机与雷达在指定的时刻分别记录飞机的坐标位置，可以认为雷达1和2同时探测到目标。当雷达2的坐标值转换到雷达1的坐标后，与虚拟雷达1探测值的差是

$$\begin{aligned}\Delta X(k)&=X_{k,1}-X_{k,12}=X_{k,1}-MX_{k,2}-P\\&=\Phi_1(r_{k,1},\theta_{k,1},\varphi_{k,1})-M\Phi_2(r_{k,2},\theta_{k,2},\varphi_{k,2})-P\end{aligned}$$

在真实值处对雷达1检测到目标的局部直角坐标值进行一阶泰勒展开，忽略高阶项的影响，并假设随机误差与目标坐标相差较大，则系统误差与测量误差的量测方程可以表示为

$$z_k=C_{k,s}X_{k,s}+H_{k,s}X_{k,r}$$

其中

$$C_{k,s}=-MJ_{k,2}\qquad X_{k,s}=\Delta\eta_{k,2}$$
$$X_{k,r}=[\Delta n_{k,1},\Delta n_{k,2}]^{\mathrm{T}}\qquad H_{k,s}=[J_{k,1}-MJ_{k,2}]$$
$$z_k=\Delta X(k)$$

雷达的系统误差在一定时间范围内可以看做常量，所以状态方程表示为

$$X_{k+1,s}=X_{k,s}+\omega_{k,s}$$

$\omega_{k,s}$是零均值的高斯随机变量，代表模型的估计误差，其协方差$Q_{k,s}$可以在线估计。根据系统方程和量测方程，可以使用标准的Kalman迭代计算$\Delta\eta_{k,2}$。

2. 性能测试

为了测试协同仿真算法的性能，先假设时间同步和数据链协同过程已经完成，飞机和被校准雷达的测量值保持时间同步。假设飞机上的导航设备采用组合导航方式，其获得的坐标值具有随机误差，采用极坐标表示为(10m,0.001°,0.001°)。假设雷达通过数据链选择的飞机距离足够远，所以在雷达本地坐标系中，能保证系统误差和随机误差比飞机真实坐标值小得多，实际应用时选择20km外的飞机做配准目标。假设雷达极坐标形式的系统误差是(200m,0.1°,0.2°)，同时雷达的坐标测量值随机误差的根均方为：径向100m，方位角0.1°，仰角0.2°，飞机在空中做300m/s的匀速运动，采样周期为1s。Kalman滤波器初始化时，系统误差$X_{k,s}$是0，协方差$P(k|k)$是零矩阵，则典型的系统误差预测曲线如图4-18和图4-19所示。图4-18显示了系统径向误差与迭代步数的关系，经15次迭代后到达收敛区域。图4-19同时显示了采样周期为1s和10s时的系统角度误差的收敛曲线。从收敛结果看，角度估计能收敛到系统误差，但是方位角具有较大的波动性。

在验证了算法的有效性后，需要对算法的性能做进一步的仿真。以系统误差(200m,0.1°,0.2°)和飞机的随机误差保持不变，调整雷达的随机误差，分析不同雷达噪声情况下

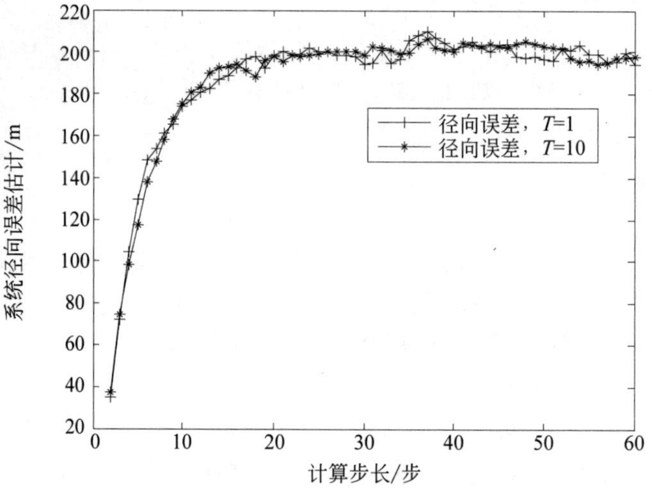

图 4-18 径向系统误差的典型收敛曲线

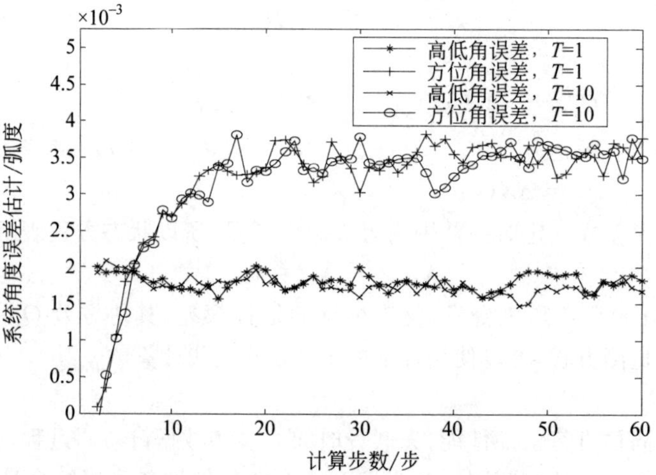

图 4-19 系统角度误差的典型收敛曲线

对系统误差估计的精度。对相同的雷达噪声参数连续做 80 次仿真，对这些仿真估计的系统误差计算均方差，以此作为算法精度的度量。其结果如图 4-20 和图 4-21 所示。图 4-20 保持雷达通常的角度随机误差(0.1°,0.1°)不变，获得雷达径向随机误差与径向系统误差估计精度的关系。图 4-21 是保持雷达径向系统误差 200m 不变，假设雷达高低角、仰角噪声相同时，雷达角度系统误差估计精度与角度噪声的关系。分析图 4-16 可以发现，方位角的精度比高低角稍差。

4.6.3 时间与探测系统误差的联合估计

经典的系统误差配准算法都假设多部雷达的时间是同步的，这样雷达可以在相同的时刻完成对公共目标的探测并输出相同的时间戳。系统误差估计算法必须依靠时间戳对目标测量值进行配对并计算距离差。也有文献对异步系统误差估计进行了讨论，它假设

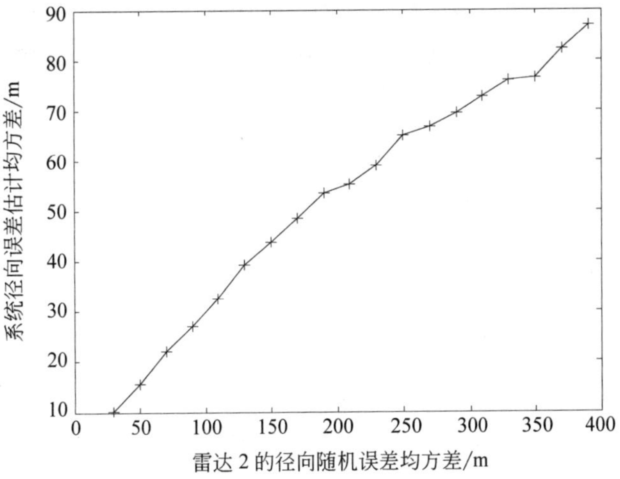

图 4-20　系统径向误差精度与径向随机噪声的关系

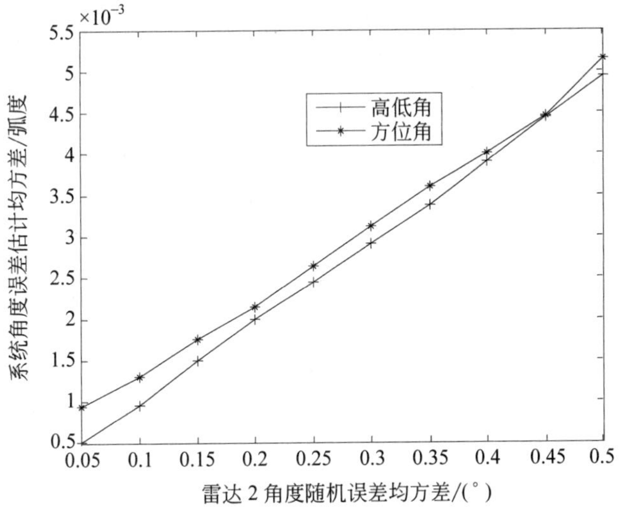

图 4-21　系统角度误差精度与角度随机噪声的关系

多部雷达的探测时刻不同，利用状态外推和协方差估计的方法也可以实现系统误差的估计，但是这种方法也要求时间是同步的，不存在雷达间的时差。

在实际应用中，受网络可用性以及技术体制的影响，不同雷达间的时钟是完全自由运行的，可能存在比较大的未知偏差。在没有交互应答机制的雷达间，如何实现时偏的估计还没有专门的讨论。本节将通过对雷达间公共目标的运动建模，把公共目标的位置偏差看作为时差的函数，使时差的估计成为可能。

1. 系统误差对距离差的影响

假设进行系统误差的校准的是两部雷达，多部雷达的场景下，可以在它们两两间进行估计。雷达 1 和雷达 2 是待校准雷达，它们存在公共的观测目标。雷达提供的目标测量值是以雷达为坐标原点的局部坐标系中的极坐标值

$$\boldsymbol{S}_{k,i} = [r_{k,i}, \theta_{k,i}, \varphi_{k,i}]$$

式中，r 为距离；θ 为相对于正北的方位角；φ 为相对于过雷达站址的地球切平面的俯仰角；k 为采样的时刻；i 为雷达的编号。把极坐标的测量值转换成以雷达局部直角坐标系中的测量值，其公式为

$$\boldsymbol{X}_{k,i} = (x_{k,i} \quad y_{k,i} \quad z_{k,i})^{\mathrm{T}}, i = 1,2$$

$$\begin{cases} x_{k,i} = r_{k,i}\cos\varphi_{k,i}\sin\theta_{k,i} \\ y_{k,i} = r_{k,i}\cos\varphi_{k,i}\cos\theta_{k,i} \\ z_{k,i} = r_{k,i}\sin\varphi_{k,i} \end{cases}$$

测量值包含了系统误差和随机误差，以独立的随机变量分别表示距离和角度随机误差，系统误差是一个不变的量，则雷达量测的形式如下：

$$r_{k,i} = r_{t,i}(k) + r_{r,i}(k) + r_{s,i}(k)$$

$$\theta_{k,i} = \theta_{t,i}(k) + \theta_{r,i}(k) + \theta_{s,i}(k)$$

$$\varphi_{k,i} = \varphi_{t,i}(k) + \varphi_{r,i}(k) + \varphi_{s,i}(k)$$

式中，下标 t、s、r 分别表示真实值、系统误差值和随机误差值。ECEF 直角坐标系是以地球球心为原点的坐标系，x 轴过本初子午线，z 轴指向正北。

在真实值处对雷达 1 检测到目标的局部直角坐标值进行一阶泰勒展开，忽略高阶项的影响，并假设系统误差、随机误差与目标坐标相差较大。经过一系列推导后，由于系统误差造成的 2 雷达的目标观测差 $\Delta X(k)$可以表示为

$$\Delta X(k) = T_1 J_{k,1}\Delta\eta_{k,1} - T_2 J_{k,2}\Delta\eta_{k,2} + T_1 J_{k,1}\Delta n_{k,1} - T_2 J_{k,2}\Delta n_{k,2}$$

式中，

$$\Delta\boldsymbol{n}_{k,1} = [r_{r,1}(k), \theta_{r,1}(k), \varphi_{r,1}(k)]^{\mathrm{T}}$$

$$\Delta\boldsymbol{\eta}_{k,1} = [r_{s,1}(k), \theta_{s,1}(k), \varphi_{s,1}(k)]^{\mathrm{T}}$$

$$\boldsymbol{J}_{k,1} = \begin{bmatrix} \cos\varphi_{k,1}\sin\theta_{k,1} & r_{k,1}\cos\varphi_{k,1}\cos\theta_{k,1} & -r_{k,1}\sin\varphi_{k,1}\cos\theta_{k,1} \\ \cos\varphi_{k,1}\cos\theta_{k,1} & -r_{k,1}\cos\varphi_{k,1}\sin\theta_{k,1} & -r_{k,1}\sin\varphi_{k,1}\sin\theta_{k,1} \\ \sin\varphi_{k,1} & 0 & r_{k,1}\cos\varphi_{k,1} \end{bmatrix}$$

$$\boldsymbol{T} = \begin{bmatrix} -\sin\lambda & -\sin\Psi\cos\lambda & \cos\Psi\cos\lambda \\ \cos\lambda & -\sin\Psi\sin\lambda & \cos\Psi\sin\lambda \\ 0 & \cos\Psi & \sin\Psi \end{bmatrix}$$

$\boldsymbol{J}_{k,1}$ 为 Jacobi 矩阵，忽略了较小的随机误差和系统误差的影响。雷达 2 的参数向量仿照雷达 1。λ、Ψ 分别为雷达站的经度和纬度。

2. 时间偏差对距离差的影响

受技术体制和作战条件下突发情况的影响，假设雷达间的时间不同步，存在相对固定的时间偏差 Δt_0。该偏差受时钟晶振稳定度和漂移的影响会随时间变化，但是与雷达的探测精度相比，可以认为在相当长的时间内，这个时间偏差是不变的。估计这个时间偏差并且在多雷达数据融合前把它补偿掉，是提高融合航迹精度的有效手段。假设目标当前的运动方程为

$$Y_{k,i} = F_i(k \times \Delta t, t_{i,0})$$

式中，i 是雷达编号；Δt 为时间采样间隔；$t_{i,0}$ 为运动起始时间。可以用匀速运动或匀加速运动模型对运动方程建模。用匀速运动模型描述目标的运动方程，设速度为常矢量 $\boldsymbol{v}$，速度跟踪噪声为 $\boldsymbol{v}_n$，它们都是三维列向量，则目标的运动模型可以表示为

$$Y_{k,i} = v \times (k \times \Delta t) + Y_{k,i,0} + \sum (v_n \times \Delta t)$$

$\boldsymbol{Y}_{k,i,0}$ 为起始时间 $t_{i,0}$ 对应的目标位置。显然，两部雷达观测的目标应该服从相同的运动方程，目标的运动速度可以用雷达的局部 Kalman 滤波器跟踪后的速度代替。用高斯白噪声对跟踪噪声进行建模。在两部雷达具有相同时间戳的目标样点间，由于存在时间差 Δt_0 而导致的位置差可以表示为

$$\Delta Y(k) = v \times \Delta t_0 + (v_{n,1} + v_{n,2}) \times \Delta t_0$$

为了准确起见，速度常量 v 可以由两部雷达跟踪值的方差加权平均代替。

$$v = (v_1 \times \sigma_{v,2}^2 + v_2 \times \sigma_{v,1}^2)/(\sigma_{v,1}^2 + \sigma_{v,2}^2)$$

$$v_n = v_{n,1} + v_{n,2}$$

方差矩阵和速度矢量值均由雷达的局部 Kalman 滤波器输出。在后续计算中，速度噪声分量可以用较小的经验值代替；即使设置为 0，对仿真结果的影响也非常小。当采用匀加速模型进行建模时，可以得到相似的结果。

3. WLS 联合估计方法

在 k 时刻，两部雷达对同一个目标的观测误差同时受时间差和系统误差的影响，所以观测目标的位置差表示为

$$\begin{aligned}\Delta \boldsymbol{S}(k) &= \Delta \boldsymbol{X}(k) + \Delta \boldsymbol{Y}(k) \\ &= [\boldsymbol{T}_1 \boldsymbol{J}_{k,1} - \boldsymbol{T}_2 \boldsymbol{J}_{k,2}, \boldsymbol{v}] \cdot \begin{bmatrix} \boldsymbol{\Delta}\eta_{k,1} \\ \boldsymbol{\Delta}\eta_{k,2} \\ \boldsymbol{\Delta}t_0 \end{bmatrix} + [\boldsymbol{T}_1 \boldsymbol{J}_{k,1}, -\boldsymbol{T}_2 \boldsymbol{J}_{k,2}, \boldsymbol{v}_n] \cdot \begin{bmatrix} \boldsymbol{\Delta}\eta_{k,1} \\ \boldsymbol{\Delta}\eta_{k,2} \\ \boldsymbol{\Delta}t_0 \end{bmatrix}\end{aligned}$$

令

$$\begin{aligned}\boldsymbol{z}_k &= \Delta \boldsymbol{S}(k) \\ \boldsymbol{X}_k &= [\Delta \boldsymbol{\eta}_{k,1}^{\mathrm{T}}, \Delta \boldsymbol{\eta}_{k,2}^{\mathrm{T}}, \Delta t_0]^{\mathrm{T}} \\ \boldsymbol{X}_{k,r} &= [\Delta \boldsymbol{n}_{k,1}^{\mathrm{T}}, \Delta \boldsymbol{n}_{k,2}^{\mathrm{T}}, \Delta t_0]^{\mathrm{T}} \\ \boldsymbol{H}_k &= [\boldsymbol{T}_1 \boldsymbol{J}_{k,1}, -\boldsymbol{T}_2 \boldsymbol{J}_{k,2}, \boldsymbol{v}] \\ \boldsymbol{M}_k &= [\boldsymbol{T}_1 \boldsymbol{J}_{k,1}, -\boldsymbol{T}_2 \boldsymbol{J}_{k,2}, \boldsymbol{v}_n] \\ \boldsymbol{\xi} &= \boldsymbol{M}_k \boldsymbol{X}_{k,r}\end{aligned}$$

代入后，则系统误差与 ECEF 坐标差值的线性关系可以表示为

$$\boldsymbol{z}_k = \boldsymbol{H}_k \boldsymbol{X}_k + \boldsymbol{\xi}$$

式中，ξ 为高斯随机向量，与雷达的随机误差有关，它的协方差可以表示为

$$\boldsymbol{\Sigma}_k = \boldsymbol{M}_k E[\boldsymbol{X}_{k,n} \boldsymbol{X}_{k,n}^{\mathrm{T}}] \boldsymbol{M}_k^{\mathrm{T}} = \boldsymbol{M}_k \boldsymbol{R}_{k,n} \boldsymbol{M}_k^{\mathrm{T}}$$

$$\boldsymbol{R}_{k,r} = \mathrm{diag}(\sigma_{r,1}^2, \sigma_{\theta,1}^2, \sigma_{\varphi,1}^2, \sigma_{r,2}^2, \sigma_{\theta,2}^2, \sigma_{\varphi,2}^2, \sigma_{\Delta t}^2)$$

式中，$\boldsymbol{R}_{k,r}$ 为雷达随机误差的协方差矩阵，可以用雷达的工作参数近似。假设对公共目标连续观察了 N 次，样本间测量值相互无关。用 $\boldsymbol{\Sigma}_k^{-1}$ 作为加权因子，对线性模型进行 WLS 估计，其最小均方解

$$\boldsymbol{X} = [\Delta\boldsymbol{\eta}_1^{\mathrm{T}}, \Delta\boldsymbol{\eta}_2^{\mathrm{T}}, \Delta t_0]^{\mathrm{T}}$$

和对应的方差 Σ 可以表示为

$$\boldsymbol{Y} = [z_1^{\mathrm{T}}, z_2^{\mathrm{T}} \cdots z_N^{\mathrm{T}}]^{\mathrm{T}}$$

$$\boldsymbol{H} = [\boldsymbol{H}_1^{\mathrm{T}}, \boldsymbol{H}_2^{\mathrm{T}} \cdots \boldsymbol{H}_N^{\mathrm{T}}]^{\mathrm{T}}$$

$$\boldsymbol{\Sigma}_\xi = \mathrm{diag}(\boldsymbol{\Sigma}_1^{-1}, \boldsymbol{\Sigma}_2^{-1} \cdots \boldsymbol{\Sigma}_N^{-1})$$

$$\boldsymbol{X} = (\boldsymbol{H}^{\mathrm{T}} \boldsymbol{\Sigma}_\xi \boldsymbol{H})^{-1} \boldsymbol{H}^{\mathrm{T}} \boldsymbol{\Sigma}_\xi \boldsymbol{Y}$$

$$\boldsymbol{\Sigma} = (\boldsymbol{H}^{\mathrm{T}} \boldsymbol{\Sigma}_\xi \boldsymbol{H})^{-1}$$

4. 公共目标的选取

在该算法中，首先要确定两部雷达的公共观测目标。时间差的存在使具有相同时间戳的样点距离较大，可能远远超出通常航迹相关算法设置的经验距离门限，因此无法选择出公共目标。

现有的航迹相关方法，如统计法、模糊法等，都无法完成存在时差情况下的公共目标选取任务。这里提供一种启发式方法：在连续观测间隔内，根据不同雷达的两条航迹间的距离差分值进行处理，选取满足自定义差值门限的对象为公共目标。如果能保持距离差值稳定，或者差值缓慢变化，则对应航迹属于同一个目标。当然，在密集目标或编队飞行的情况下，也会出现不同目标的航迹距离差分值保持稳定的情况。针对密集目标和编队，为了增加航迹相关的自动程度，可以增加对目标的绝对距离的过滤条件，或者使用拓扑序列匹配等算法。如果系统设计完善，甚至应该引入人工辅助的方法实现公共航迹的选择。

第5章 战场图像处理技术

21世纪涌现出一大批新兴科学与技术，使人类社会和人们的生活发生了翻天覆地的变化。智能技术、多媒体技术已成为信息时代的主导技术，计算机视觉、视频图像处理等领域已成为研究领域中的前沿和热点。计算机视觉(Computer Vision)是一门综合性的交叉学科，由计算机通过对采集的图像或视频序列进行处理和分析，提取需要的信息，从而代替人实现某种功能，该学科融合了计算机科学、应用数学、几何图形学、图像处理、视频处理、模式识别等学科的知识。计算机视觉研究的最终目标是让计算机通过输入设备获取外界信息，代替人为操作自主地进行思考并作出反应。当然，在离这个最终目标的实现还有一定距离的今天，人们努力的目标是建立一种在由人为规定的一些约束条件下，实现某些简单功能的准智能机器视觉系统，能够部分代替人们的工作。

计算机视觉是在20世纪中叶从统计模式识别开始的，当时的工作主要集中在二维图像的分析和识别上。20世纪60年代有人通过计算机程序从数字图像中提取出立体图形的三维结构，并对物体形状及空间关系进行描述。1977年，David Marr 教授提出了现代意义上的计算机视觉理论，该理论后来成为计算机视觉研究领域十分重要的理论框架。

战场环境中存在大量的图像传感器，采集到的图片和视频数据量非常庞大。与传统的图像信号处理和视频编码技术不同，计算机视觉在战场信息处理中侧重于目标的识别和跟踪，从传感器输出数据中提取出有价值的目标位置和属性信息，为形成全面而准确的战场态势图提供支持。

5.1 视觉目标特征

5.1.1 图像底层特征

低层视觉和高层视觉是计算机视觉研究的主要内容。图像处理就属于低层视觉部分，它主要包括图像的信息增强、除躁和边缘检测、信息检测、图像滤波等；图像分析和图像理解为高层视觉研究的主要内容，主要通过计算机模拟生物对图像信息的感知和运用能力。图像里含有的信息量较多，底层特征包括颜色、边缘、纹理等。这些特征可以在像素的基础上直接计算获得，是进行图像分析、建模的基础。在底层特征的基础上可以构造区域化的特征，如区域描述子、特征图等，对图像包含的信息进行进一步抽象。

1. 颜色特征

1) 视频信号制式

NTSC(National Television System Committee)是美国、日本、加拿大等国家采用的电视信号制式，PAL(Phase Alternating Line)制式主要被中国、澳大利亚等国家采用。PAL 制式扫描奇数场在前，偶数场在后，8MHz 传输带宽。PAL 制式传输一个亮度信号和两个色度信号,其中一个色度信号进行逐行交替相位调制,另一个色度信号进行正交平衡调制。PAL 制式有 ITU-R BT.656 和 ITU-R BT.601 两种国际标准。ITU-R BT.601 标准采用 21 芯接口,16 位并行数据传输,Y、U、V 信号同时传输,行场同步信号单独输出。ITU-R BT.656 标准采用 9 芯接口,8 位串行数据传输,先传 Y 信号,再传 U、V 信号,行场同步信号嵌入数据流中。BT.656 是 BT.601 附件 A 中的数字接口标准,简单地说就是定义了一种数据传输接口而已。BT.601 是演播室数字编码参数标准,BT.656 是该标准下用于数字视频设备之间的传输接口标准。在 BT.601 数字视频编码格式中,亮度信号的采样频率为 13.5MHz,色度信号的采样频率为 6.75MHz,这样得到的采样数据就是 YCbCr4 ∶ 2 ∶ 2 格式,每个采样点进行 8 比特量化,则输出比特流为 13.5MHz×8+6.75MHz×8×2=216Mb/s。本文中输入的视频信号就是 ITU-R BT.656 标准的 YCbCr 4∶2∶2 格式。

2) 图像色彩模型

色彩模型用来描述色彩空间的集合,就像笛卡儿坐标系是用来描述欧几里得几何空间的集合一样。常见的色彩模型有 RGB 模型、CMY 模型、YUV 模型。RGB 模型是计算机显示器、电视机、LCD 显示屏等使用的色彩模型,凡是要靠自身发光显示图像的都采用这一模型。CMY 模型是彩色打印机、复印机等使用的色彩模型,凡是靠其他光源照射显示图像的都基于此模型。YUV 模型是现代电视信号制式的彩色图像格式,也是默认情况下的图像和视频压缩编码标准。

RGB 色彩模型来源于自然界中的三原色,Red、Green、Blue 原色光谱分量按一定比例混合,就能够得到 RGB 模型中的任意一种颜色。该模型基于笛卡儿坐标系,颜色空间是一立方体,红、绿、蓝分别位于坐标轴上的 3 个顶点,黑色位于原点,白色位于原点的对角,将颜色值归一化后,所有的颜色值都在[0,1]立方体表面或内部,灰度等级沿黑白两点间的连线分布。RGB 模型颜色空间如图 5-1 所示。

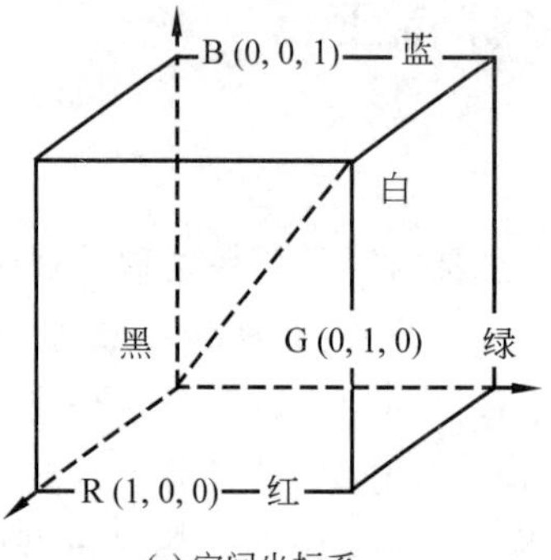

(a) 空间坐标系

(b) 颜色空间

图 5-1　RGB 模型颜色空间

在 RGB 色彩模型中,一幅图像的每个像素分别由 R、G、B 分量组成,若每一分量用 8 比特表示,则每一分量可有 $2^8=256$ 种颜色,3 种分量可有 $256^3=16\ 777\ 216$ 种颜色,此类图像称为全彩色图像。将图像送入显示器进行显示时,3 幅图像在显示屏上产生一幅合成的彩色图像。使用 RGB 三原色表示的图像被称为位图(bitmap),在 Windows 系统中文件扩展名为.BMP，但对于全彩色图像来说，一幅 640×480 像素的图像大小为 640×480×3=921 600B，需大量存储空间，因此 Windows 中使用了一种基于颜色表(Look Up Table，LUT)的调色板技术，减少了存放图像需要的存储空间。BMP 格式没有灰度图像的概念，若图像的每个像素 $R=G=B=\gamma$，该图像就是灰度图像，RGB 模型彩色图像转换为灰度图像的公式如下。

$$Y = 0.299R + 0.587G + 0.114B$$

CMY 色彩模型与 RGB 模型相似，但采用的三基色青、深红、黄是颜料原色，与 RGB 中三原色相加产生色彩不同。CMY 模型是基于相减色原理的，例如，青色吸收白光中的红色，深红吸收白光中的绿色，黄色吸收白光中的蓝色。等量的青、深红、黄混合产生黑色(吸收产生)，但颜料混合产生的黑色不纯，因此在彩色打印机中加入了第 4 种油墨——黑色油墨，彩色打印机中使用的实际是 CMYK 色彩模型。

YUV 色彩模型是电视视频制式中的颜色模型，与 RGB 模型不同，YUV 模型中的颜色由一个亮度信号 Y 和两个色度信号 U、V 表示。由摄像机传感器得到的彩色图像信号经分色、放大及校正后，是 RGB 数据，再经过矩阵变换电路得到 Y、U(B-Y)、V(R-Y)信号，将信号编码后用同一信道发送，在接收端解码后将 3 个信号组合就恢复了一个彩色图像。YUV 模型亮度信号与色度信号是分离的，只有 Y 信号时显示的是灰度图像。YUV 模型与 RGB 模型的转换如下。

$$\begin{cases} Y = 0.299R + 0.587G + 0.114B \\ U = 0.492(B - Y) = -0.147R - 0.289G + 0.436B \\ V = 0.887(R - Y) = 0.615R - 0.515G - 0.100B \end{cases} \quad \begin{cases} R = Y + 1.140V \\ G = Y - 0.394U - 0.581V \\ B = Y + 2.032U \end{cases}$$

YCbCr 作为 ITU-R BT.601 建议的一部分，实质上是 YUV 的压缩偏移版本，Y 是亮度信号，Cb 是蓝色色度信号，Cr 是红色色度信号。YCbCr 色彩模型中，亮度 Y 可以由 R、G、B 加权求和表示，色度可由不同颜色的差别表示如下。

$$Y = k_r R + k_g G + k_b B; Cb = B - Y, Cr = R - Y, Cg = G - Y$$

其中，k_r、k_g、k_b 是加权因子，一个彩色图像的完整描述应由 Y、Cb、Cr、Cg 表示，但因为 $k_r + k_g + k_b = 1$，而且 Cg 分量可以从 YCbCr 数据中解压得到，因此不需要存储和传输 Cg 分量。在 BT.601 中规定 $k_b = 0.114$、$k_r = 0.299$，那么 YCbCr 模型与 RGB 模型之间的转换公式如下。

$$\begin{cases} Y = 0.299R + 0.587G + 0.114B \\ Cb = 0.564(B - Y) \\ Cr = 0.713(R - Y) \end{cases} \quad \begin{cases} R = Y + 1.402Cr \\ G = Y - 0.344Cb - 0.714Cr \\ B = Y + 1.772Cb \end{cases}$$

YCbCr 有多种采样格式：YCbCr4∶2∶0 是便携式视频设备(MEPG-4)及电视会议(H.263)常用格式；YCbCr4∶2∶2 是 DVD、数字电视等消费类视频设备格式；YCbCr4∶4∶4 则用于演播室及专业视频产品。本文中输入信号为 YCbCr4∶2∶2 格式，每个色度信道的采样率是亮度信道的一半，对于 8 比特图像，相邻 4 像素需要 8B 内存空间。采样输出码流及解码还原像素如下。

相邻 4 像素：[Y0 U0 V0] [Y1 U1 V1] [Y2 U2 V2] [Y3 U3 V3]

采样输出码流：Y0 U0 Y1 V1 Y2 U2 Y3 V3

解码还原像素：[Y0 U0 V1] [Y1 U0 V1] [Y2 U2 V3] [Y3 U2 V3]

3）颜色直方图

颜色直方图(Histgram)是在许多图像检索系统中被广泛采用的颜色特征，具有特征提取和相似计算简便的优点。Swain 和 Ballard 首先把直方图应用于图像检索，Smith 提出了在 HSV 空间的 166 色量化方法。但在对彩色图像进行检索时，颜色直方图还存在两个问题：①计算颜色直方图需要将颜色空间划分成若干小的颜色区间，当区间的数目很大的时候，不但会增加计算负担，也不利于在图像库中建立索引；②颜色直方图丢弃了图像的空间信息，对于两幅颜色分布相同、内容并不一样的图像缺乏区分度。

对于图像中的任一像素 X(H,S,V)，首先判断其属于哪一个颜色区间，然后在对应的颜色区间进行累加操作，统计出每种颜色在图像中所占的像素比例，就得到图像的颜色直方图。

颜色直方图没有表达出颜色空间分布的信息，也没有反映出图像中物体的形状，因此可以结合颜色区间的空间分布信息。颜色量化的结果也把图像分为 c 个颜色区间，可以计算各个颜色区间所含像素的分布状态作为其空间信息。

设图像颜色区间 c 的空间信息为 $h(c)$，则它可以由以下公式计算。

$$h(c)=\frac{\sum\limits_{i\in c}\sqrt{(x_i-\bar{x}_c)^2+(y_i-\bar{y}_c)^2}}{s_c^{1.5}/2}$$

颜色直方图可以被看作一维向量。在计算颜色直方图的相似性时，常用的基于颜色直方图的相似性度量方法包括直方图相交、绝对值距离、欧式距离、加权距离、巴氏距离等。当采用直方图相交作为图像间的相似性度量标准时，表示两个直方图在每个颜色区间中共有的像素数量，度量方法定义如下：给定图像 Q 和图像 T，提取的图像颜色直方图特征分别为$[c_{q1},c_{q2},\cdots,c_{qc}]$和$[c_{t1},c_{t2},\cdots,c_{tc}]$，它们之间的相交距离相似度为

$$\delta_c=\sum_{i=1}^{N_c}\min(c_{qi},c_{ti})/\sum_{i=1}^{N_c}c_{qi}$$

2. 边缘特征

图像中灰度信息变化较明显的地方称为图像的边缘。灰度的变化信息称为阶跃信息。一般来说，像素点灰度值从一个很小值急剧过渡到另一个灰度较大的值即形成了边缘。图像边缘含有丰富的图像信息，对图像应用价值很大，基于边缘信息可以进一步进行识别、分割等方面的研究。图像边缘检测是图像处理技术中很重要的一环，是图像图形分析赖以研究的基础和支柱。

边缘检测主要先用一些灰度阶跃信息增强算法使图像的阶跃信息更加明显，再通过阈值(较为合理的图像灰度值)提取灰度阶跃点，进而由点及线得到一幅“边缘线图”。本节介绍常用的边缘检测算法。

1）Roberts 算子

Roberts 边缘检测算子的原理是：将梯度近似理解为相互垂直方向的差分逼近，运用对角线方向相邻两像素点的差值，即

$$\Delta_x f=f(i,j)-f(i+1,j+1)$$

$$\Delta_y f = f(i,j+1) - f(i+1,j)$$

Roberts 算子为

$$R(i,j) = \sqrt{\Delta_x^2 f + \Delta_y^2 f}$$

2）Sobel 算子

Sobel 是一阶离散差分算子，主要采用 3×3 邻域，可以避免在像素之间的内插点上计算梯度幅值。该算子在以(x,y)为中心的 3×3 矩阵邻域上计算 x 方向和 y 方向的一阶偏导。它也是通过近似计算图像的梯度值完成边缘检测，但该梯度幅值不同于 Roberts 算子的梯度幅值。

Sobel 的检测算子为

$$H(i,j) = \sqrt{\Delta_x^2 f + \Delta_y^2 f}$$

或者

$$H(i,j) = |\Delta_x f| + |\Delta_y f|$$

这里

$$\begin{aligned}\Delta_x f =& [f(i-1,j+1) + 2f(i,j+1) + f(i+1,j+1)] \\ & - [f(i-1,j-1) + 2f(i,j-1) + f(i+1,j-1)] \\ \Delta_y f =& [f(i-1,j-1) + 2f(i-1,j) + f(i-1,j+1)] \\ & - [f(i+1,j-1) + 2f(i+1,j) + f(i+1,j+1)]\end{aligned}$$

Sobel 算子有两个：一个是检测水平方向的模板；一个是检测垂直方向的模板，分别为

$$\Delta_x f: \begin{bmatrix} -1 & 0 & 1 \\ -2 & 0 & 2 \\ -1 & 0 & 1 \end{bmatrix} \quad \Delta_y f: \begin{bmatrix} 1 & 2 & 1 \\ 0 & 0 & 0 \\ -1 & -2 & -1 \end{bmatrix}$$

Sobel 算子的优缺点：该算子的优点是计算较快，且较为简单；缺点是该算子只采用水平和垂直两个方向的模板，对于一些图像结构较为复杂和纹理较多的图像，其检测效果较差，不能精准检测出所有边缘。

3）Prewitt 算子

Prewitt 是在 3×3 邻域内做灰度加权与差分运算，和 Sobel 算法近似。该算法也有两个算子，且都是水平和垂直方向的算子，但是它所用的卷积算子和 Sobel 不一样。它利用像素点的周围相邻点的灰度进行边缘检测运算，在边缘处进行极值零点检测，去除伪边缘。

对于一幅图像 $f(x,y)$，其 Prewitt 算子的定义如下。

$$\begin{aligned}H(i) =& [f(i-1,j-1) + f(i-1,j) + f(i-1,j+1)] \\ & - [f(i+1,j-1) + f(i+1,j) + f(i+1,j+1)] \\ H(j) =& [f(i-1,j+1) + f(i,j+1) + f(i+1,j+1)] \\ & - [f(i-1,j-1) + f(i,j-1) + f(i+1,j-1)]\end{aligned}$$

则

$$Q(i,j) = \max[H(i), H(j)]$$

水平方向和垂直方向的卷积算子分别为

$$\Delta_x f:\begin{bmatrix}-1 & -1 & -1\\ 0 & 0 & 0\\ 1 & 1 & 1\end{bmatrix}\quad \Delta_y f:\begin{bmatrix}-1 & 0 & 1\\ -1 & 0 & 1\\ -1 & 0 & 1\end{bmatrix}$$

算法思路为：利用 Prewitt 的两个算子与原图像分别做水平和垂直方向的卷积，分别得到一个水平方向的矩阵算子和一个垂直方向的矩阵算子，该矩阵中所有点的水平坐标为原图像中像素点关于 x 方向的偏导数，垂直坐标为原图像中像素点关于 y 方向的偏导数。矩阵大小和原图像矩阵大小一致。对这两个矩阵求平方和，得到一个平方和矩阵，将该矩阵看作原图像中所有灰度幅值的近似矩阵，然后针对这个平方和矩阵，选择一个合理的阈值进行边缘检测，得到的图像即为该算法的边缘检测图像。

Prewitt 算子对灰度渐变和噪声较多的图像处理效果较好，但是从它的运算过程不难看出，它在一些方向进行了平均值运算，这就相当于对图像进行了平滑运算，有可能滤除了图像中的一些有用信息，而且容易产生伪边缘。

4) LoG 算子

LoG(Laplacian of Gaussian)算子是基于高斯滤波和 Laplace(拉普拉斯)的一种改进。它的基本思想是：首先用高斯滤波函数对图像滤波去除噪声，再采用 Laplace 算子处理高斯滤波后的图像，最后提取再对一阶导数求导得到极值点，这些极值点形成的图像即为边缘检测效果图。

LoG 算子具有更好的边缘检测效果，原因是它将高斯平滑滤波和 Laplacian 锐化滤波相结合，能够很好地去除图像噪声，使得检测出的边缘更加精确。LoG 算法的边缘检测步骤：首先用高斯函数对图像 $f(x,y)$进行平滑滤波；然后求解滤波处理后图像的二阶微分为零点，提取图像的边缘点。

LoG 算子的边缘检测公式定义：

$$F(x,y)=\nabla^2[m(x,y)\times f(x,y)]$$

这里，$m(x,y)$是高斯函数，$\nabla^2 m(x,y)$是 $m(x,y)$的二阶偏导，且

$$m(x,y)=\mathrm{e}^{-\frac{x^2+y^2}{2\sigma^2}}$$

$$\nabla^2 m(x,y)=\left(\frac{x^2+y^2-2\sigma^2}{\sigma^4}\right)\mathrm{e}^{\frac{x^2+y^2}{-2\sigma^2}}$$

其中，σ 是高斯滤波器的标准差，决定了滤波窗口的大小，对图像的平滑处理程度起决定作用。因此，在利用该 LoG 算法进行边缘检测时，要特别注重如何选择合适的 σ 参数值。

5) Canny 算子

1986 年，Canny 提出了 Canny 边缘检测算子。Canny 提出了边缘检测“最优算子”的评判准则：①较优的 SNR 比，要尽可能地降低边缘点的误判率，提高真实信号点个数，降低干扰点个数；②精确定位，要尽可能接近真实信号点，尽量向单像素级靠拢；③检测结果点唯一，尽可能避免检测时“一点多响应”。基于“最优算子”准则，人们开发出了 Canny 算子，它也被学者们亲切地称为“最优算子”。实践证明，Canny 算子具备较前几种算子较为优越的边缘检测性能。

Canny 算子的算法流程：

① 用高斯函数 $H(x,y)$ 对图像 $f(x,y)$ 进行平滑滤波，以去除噪声，得到平滑图像 $M(x,y)$。

$$H(x,y)=\frac{1}{2\pi\delta^2}\exp\left(-\frac{x^2+y^2}{2\delta^2}\right)$$

$$M(x,y)=f(x,y)\times H(x,y)$$

② 计算平滑图像 $M(x,y)$ 中每个像素点 (x,y) 的梯度幅值和方向。

用 2×2 邻域一阶偏导的有限差分计算平滑后图像 $M(x,y)$ 的梯度和方向。分别计算沿 x 和 y 方向的偏导数，即

$$D_x(x,y)=[M(i,j+1)-M(i,j)+M(i+1,j+1)-M(i+1,j)]/2$$

$$D_y(x,y)=[M(i,j)-M(i+1,j)+M(i,j+1)-M(i+1,j+1)]/2$$

图像中每个像素点 (i,j) 的梯度幅值 $G(x,y)$ 和梯度方向 $\theta(i,j)$ 为

$$\theta(i,j)=\arctan\frac{D_x(i,j)}{D_y(i,j)}$$

式中，$G(x,y)$ 反映了图像 (i,j) 点处的边缘强度；$\theta(i,j)$ 为垂直于边缘的方向。

③ 非极大值抑制部分模糊信息。

非极大值抑制(Non-Maxima Suppression，NMS)通过抑制梯度方向上所有非带状峰值，达到边缘精细的目的。通过这一步会产生带状边缘，利用这些带状线条提取极大值点，从而达到保留局部梯度幅值最大点的目的。非极大值抑制是 Canny 算子的特色步骤，其常被借鉴应用于其他算子，用以改良其他算子。

该步骤的思路是：对梯度矩阵 $G(x,y)$ 中的像素用一个 3×3 区域 8 方向的邻域沿梯度方向插值。对区域中的每个点，将邻域的中心像素点的梯度值 $G(x,y)$ 和该点梯度方向的插值后的两个相邻的梯度幅值(记为 n)比较。若 $G(i,j)\leqslant n$，则该点不是边缘点并将值 $G(x,y)$ 赋为 0；若 $G(i,j)>n$，则认为该点为初选边缘点，且不改变 $G(x,y)$ 值。

④ 高低阈值检测并连接边缘。

为防止非极大值抑制后得到的初边缘信息中出现虚假边缘，必须对非极大值抑制后的幅值图像高低阈值进行处理，设高低阈值分别为 HT 和 LT，设第③步的检测结果中某点的梯度幅值为 $G(x,y)$，步骤如下。

Ⅰ. 用低阈值 LT 处理第③步的梯度幅值图像。若 $G(x,y)<\mathrm{LT}$，则修改该处梯度幅值为 0，这样经检测后得到图像 A。

Ⅱ. 用高阈值 HT 处理第③步的梯度幅值图像。若 $G(x,y)<\mathrm{HT}$，则修改该处梯度幅值为 0，这样经检测后得到图像 B。

Ⅲ. 以图像 B 为基准，借助图像 A 进行边缘补充和连接。

HT 阈值较高，虽滤掉了较多的噪声信息，但同时也损失了真实的边缘信息；LT 阈值较低，噪声较低的点没有被滤除，虽保留了图像的弱边缘信息，但得到的边缘图像信息较冗余。通过高低阈值边缘检测结果的相融合，既可以滤除大部分干扰信息，又可以保留许多弱小边缘，使边缘检测结果连接性更好，更加细腻逼真。

6）各种边缘算子的对比

Sobel 对图像中灰度渐变的部分处理效果较好，对边缘定位的精确度也可以；LoG 算子对噪声较敏感，且边缘定位不精确；Canny 算子的边缘检测效果最优，对弱边缘和强边缘均有较好的检测效果，对噪声的去除也较好，但该算子的计算量较大。相比而言，边缘检测效果最好的是 Canny 算子。不同边缘算子的提取结果如图 5-2 所示。

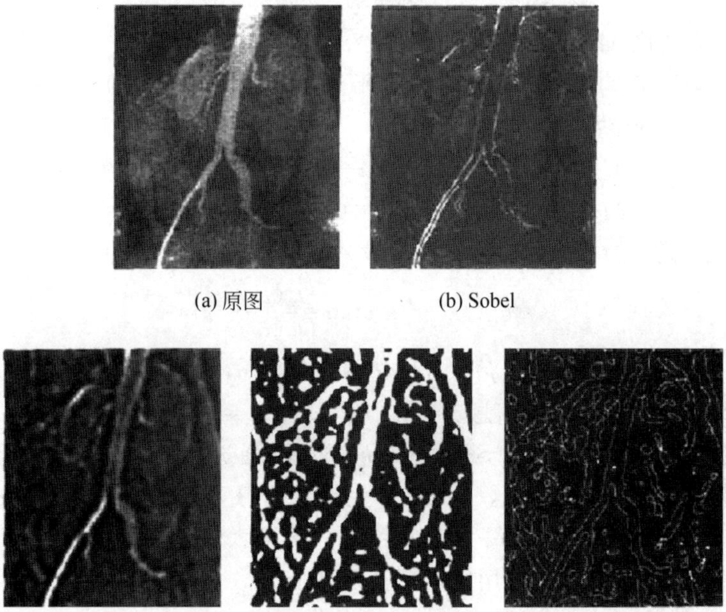

(a) 原图　(b) Sobel　(c) LoG　(d) LoG 加门限　(e) Canny

图 5-2　不同边缘算子的提取结果

5.1.2　纹理特征

纹理是指存在于图像中某一范围内形状很小的、半周期性或有规律排列的图案。在图像判读中使用纹理表示图像的均匀、细致、粗糙等现象。纹理是图像处理和模式识别的主要特征之一。纹理特征是指图像灰度等级的变化，这种变化是与空间统计相关的。图像的纹理特征反映了图像本身的属性，有助于图像的区分。一般的图片都具有丰富、稳定的纹理特征，且利用统计方法提取图像的纹理特征具有计算量小的特点。

1. 纹理的描述指标

Tamura 以人类的主观心理度量作为标准，提出了 6 个基本的纹理特征，这些特征包括粗糙度（coarseness）、对比度（contrast）、方向度（directionality）、线像度（linelikeness）、规整度（regularity）和粗略度（roughness），这些特征中最重要的是纹理的粗糙度、对比度和方向度。这些纹理特征很好地对应了人类的视觉感知，在许多图像检索系统中得到应用。这里主要介绍粗糙度、对比度和方向度的计算。

1）粗糙度

对一个图像块 $p(i,j)$。对于 $2^k \times 2^k$ 的窗口计算块内像素的均值：

$$a_k(i,j) = \frac{1}{2^{2k}} \sum_{i'=i-2^{k-1}}^{i+2^{k-1}+1} \sum_{j'=j-2^{k-1}}^{j+2^{k-1}-1} p(i',j')$$

像素的值可以是亮度或者其他的颜色通道。计算水平和垂直向的最大偏差：

$$c_k(i,j) = \max(|a_k(i-2^{k-1},j) - a_k(i+2^{k-1},j)|,$$
$$|a_k(i,j-2^{k-1}) - a_k(i,j+2^{k-1})|)$$

选择每个像素合适的窗口尺度：

$$m(i,j) = \arg\max_k c_k(i,j)$$

图像块的粗糙度是像素粗糙度的平均：

$$C = \frac{1}{2^{2k}} \sum_{i,j} 2^{m(i,j)}$$

2）对比度

对比度描述图像的明亮程度，通常使用下面的等式计算对比度。

$$\text{Contrast} = \frac{\sigma}{\sqrt[4]{\alpha_4}}$$

黑白色的偏差用峰度表示：

$$\alpha_4 = \frac{\sum_{i,j} (p(i,j) - \bar{p}_1)^4 / wh}{\sigma^4}$$

其中 σ 是图像块的亮度标准差；w 是图像块宽度；h 是图像块高度；$\bar{p}_1$ 是图像块的灰度均值。

3）方向度

方向度是指图像里灰度值的方向。计算每个像素的梯度。梯度指此像素点周围灰度值增加最快的方向。水平梯度等于左边像素的 3 个灰度值与右边像素的 3 个灰度值之间的偏差，而垂直梯度则是上下像素的 3 个灰度值偏差。

$$\Delta_x f = \sum_{k=-1,0,1} p(i+1,j+k) - p(i-1,j+k)$$

$$\Delta_y f = \sum_{k=-1,0,1} p(i+k,j+1) - p(i+k,j-1)$$

$$G(i,j) = \sqrt{\Delta_x^2 f + \Delta_y^2 f}$$

$$\theta(i,j) = \arctan \frac{D_x(i,j)}{D_y(i,j)}$$

计算倾斜向量角度的直方图，对满足下列条件的像素点比例进行统计。

$$\frac{2k-1}{2n} < \frac{\theta(i,j)}{\pi} < \frac{2k+1}{2n}$$

$$G(i,j) > t$$

得到直方图后，计算直方图波峰（波谷到波谷）周围的值的变化总和。

2. 共生矩阵

假定在一幅图像中规定了一个方向（如水平的、垂直的等）和一个距离 d（可以等于一个像素，两个像素等），那么该图像的共生矩阵 $\boldsymbol{P}$ 的第 (i,j) 个元素值等于灰度级 i 和 j 在物体

内沿该方向相距 d 的两个像素上同时出现的次数。共生矩阵可以用 M 进行归一化，其中 M 是对 $\boldsymbol{P}$ 有贡献的像素对的总数。矩阵 $\boldsymbol{P}$ 是 $N\times N$ 的，其中 N 为划分灰度级的数目。

共生矩阵可以通过对距离 d 和方向的各个组合定义。对矩阵有贡献的像素对的总数 M 比物体内部像素的个数少，而且这个数目随着距离的增加逐渐减少。因此，小物体的矩阵会相当稀疏。由于这个原因，灰度级划分 N 常常被减少，例如从 256 级到 8 级，以便于共生矩阵的计算。在水平方向上的共生矩阵，如果考虑当前像素的左右方向上的像素，则称为对称共生矩阵，如果只考虑当前像素的右或左方向上的像素，则称为非对称共生矩阵。

设一幅图像的大小为 $M\times N$，灰度级为 L，$f(x,y)$是坐标(x,y)处像素的灰度级，则图像的一个共生矩阵是一个 $L\times L$ 的矩阵 $\boldsymbol{T}[t_{ij}]_{L*L}$，$\boldsymbol{T}$ 中的元素是图像灰度的空间关系，以及按特定方式表示的两灰度间变化的次数。

我们只考虑水平方向的共生矩阵，则对称共生矩阵的定义如下。

$$t_{ij}=\sum_{i=0}^{M}\sum_{j=0}^{N}\delta(l,k)$$

式中，

$$\begin{cases}f(l,k)=i, & f(l,k+1)=j\\ f(l,k)=i, & f(l,k-1)=j\end{cases}\quad 则\ \delta(l,k)=1$$

否则

$$\delta(l,k)=0$$

当只考虑水平方向的右边的像素，则非对称共生矩阵的定义如下。

$$f(l,k)=i,f(l,k+1)=j,则\ \delta(l,k)=1$$

否则

$$\delta(l,k)=0$$

我们得到从灰度级 i 到 j 变化的概率如下。

$$p_{ij}=\frac{t_{ij}}{\sum_{i=0}^{L-1}\sum_{i=0}^{L-1}t_{ij}}$$

3. 局部二值模式

局部二值模式(Local Binary Pattern，LBP)利用每个像素及其半径为 R 的环形邻域上的 P 个像素点的联合分布 $T=t(g_c,g_0,g_1,g_2,\cdots,g_{P-1})$描述图像的纹理。其中 g_c 表示局部邻域中心的灰度值，g_p，$p=0,1,2,\cdots,P-1$ 对应半径为 R 的圆环上的 P 个等分点的灰度值，不同的(P, R)组合，LBP 算子也不相同。图 5-3 为 3 种不同的 LBP 算子。

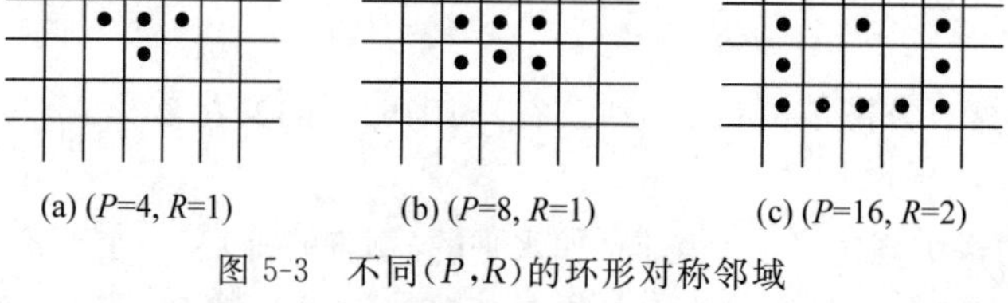

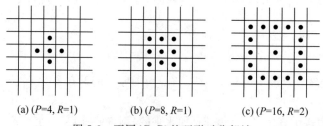

(a) (P=4, R=1)　(b) (P=8, R=1)　(c) (P=16, R=2)

图 5-3 不同(P,R)的环形对称邻域

为了实现该纹理算子对灰度的不变性，用环形邻域上 P 个等分点的灰度值 g_p，$p=0,1,2,\cdots,P-1$ 减去中心点的灰度值 g_c，联合分布 T 转化为

$$T = t(g_c, g_0 - g_c, g_1 - g_c, \cdots, g_{P-1} - g_c)$$

假设 g_c 和 g_p 相互独立，T 可近似分解为

$$T \approx t(g_c) \times t(g_0 - g_c, g_1 - g_c, \cdots, g_{P-1} - g_c)$$

式中，$t(g_c)$描述了整个图像的灰度分布，对图像的局部纹理分布没有影响。因此，图像纹理特征可以通过差分的联合分布描述，即

$$T \approx t(g_0 - g_c, g_1 - g_c, \cdots, g_{P-1} - g_c)$$

当图像的光照发生加性变化时，一般不会改变中心像素与其环形邻域上像素灰度值的相对大小，即 $g_p - g_c$ 不受光照加性变化的影响。因而，可以用中心像素与邻域像素差值的符号函数代替具体的数值描述图像的纹理，即

$$T \approx t(s(g_0 - g_c), s(g_1 - g_c), \cdots, s(g_{P-1} - g_c))$$

式中，s 为符号函数

$$s(x) = \begin{cases} 1, & x \geqslant 0 \\ 0, & x < 0 \end{cases}$$

将联合分布 T 得到的结果按环形邻域上像素的特定顺序排序，构成一个 0/1 序列。假设按逆时针方向以中心像素点的右边邻域像素为起始像素开始计算，通过给每一项 $s(g_p - g_c)$赋予二项式因子 2^p，可以将像素的局部空间纹理结构表示为一个唯一的十进制数，该十进制数被称为 $LBP_{P,R}$ 数，这也是该纹理算子被称为局部二值模式的原因，$LBP_{P,R}$数被表示为

$$LBP_{P,R} = \sum_{p=0}^{P-1} s(g_p - g_c) 2^p$$

具体的 LBP 纹理特征计算过程如图 5-4 所示。将图 5-4 左边模板阈值化，使各邻域像素点与中心像素作比较，大于 0 置 1，小于 0 置 0，得到图 5-4。按逆时针顺序构造 0/1 序列(10100101)，最后计算出对应的十进制数，该像素点的 LBP 纹理特征值就是 165。

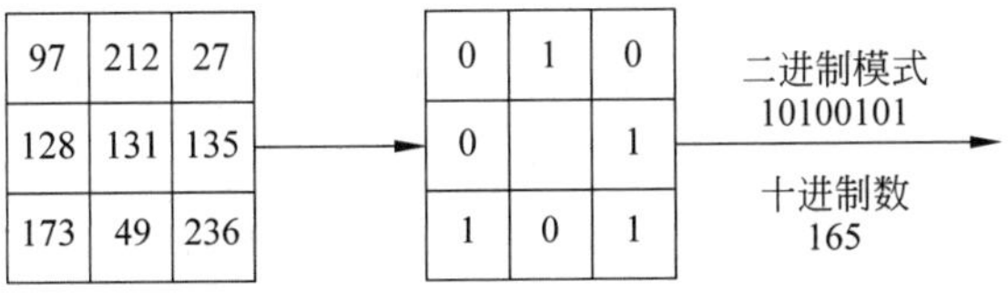

图 5-4　计算局部二值模式纹理特征($P=8$, $R=2$)

对图像中的每个像素求 LBP 特征值，就得到图像的 LBP 纹理特征图，如图 5-5 所示。因为图像边缘处的 LBP 纹理特征受邻域影响较小，所以本文对于图像边缘的像素点保留了原始像素灰度值。计算得到每个像素的 LBP 值后，可以用直方图的方法进行区域 LBP 统计。不同的物体形成的 LBP 直方图具有区分性，可以作为物体的识别特征使用，在视频分析中经常用到。

4. 滤波器方法

对图像进行傅里叶变换是典型的频谱方法，从傅里叶频谱成分的分布中求得纹理特

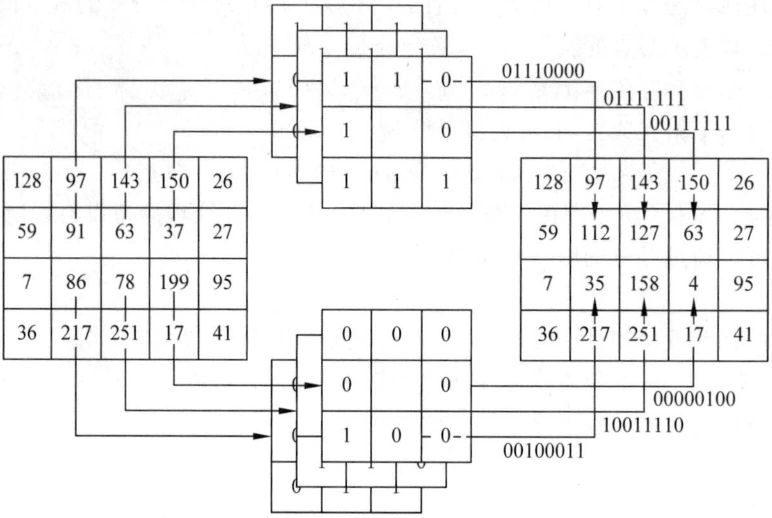

图 5-5 LBP 纹理特征图

征。频谱分析通过区域自相关函数或傅里叶变换域的能量分布检测纹理的周期特征，包括计算峰值处的面积、峰值处的相位、峰值与原点的距离平方、两个峰值之间的相角差等手段。应用频谱法提取图像的纹理特征，其实质是将纹理基元(Texton)及其在图像区域中的不同形式出现的"副本"通过不同尺度和方向上的子波能量分布表示出来。

在信号处理技术领域中，Gabor 变换是公认的信号表示，尤其是图像辨识的最好方法之一。采用 Gabor 滤波器为基础的多分辨率分析进行纹理图像特征提取，使用这种纹理特征是基于以下方面考虑。

(1) 从心理学的角度，人类辨识同类纹理是同时依赖于形状相似性(即空间属性)和组织结构相似性(即频域属性)的，这就要求有一种能同时对空域和频域进行有效描述的方法。Gabor 变换已被证明是在二维情况下，对信号空间域和频率域的最佳描述。

(2) 生物学领域的研究也发现，二维 Gabor 滤波器能很好地描述哺乳动物大脑初级视觉皮层部分的简单细胞可接收信息域的分布，两者在空间域均有相似的局部特点，这与人类视觉系统也是一致的。

(3) Gabor 滤波器可以被视为方向和尺度均可以变化的边缘和直线的检测器，并且对于一个给定区域中的这些微观特征的统计，可以用来表示基本的纹理信息。

大量实验结果表明，在各种小波变换形式中，Gabor 小波变换的检索效果最好。

1) Gabor 小波函数

由于局域化的频率描述需要一个在空间域中固定宽度的"窗"，则频域带宽也就被固定在一个定长的尺度上。所以，局域化的频率描述还不能够完全适合于特征描述。为了优化能检测不同尺度下的局部特征，需要不同尺度的滤波器，而不是一个固定大小的滤波器。因此，采用基小波为 Gabor 函数的小波变换提取纹理特征，可以同时满足频域和尺度域的要求。

二维 Gaobr 函数 gabor 可以表示为

$$g(x,y)=\frac{1}{2\pi\sigma_x\sigma_y}\exp\left[-\frac{1}{2}\left(\frac{x^2}{\sigma_x^2}+\frac{y^2}{\sigma_y^2}\right)+2\pi jWx\right]$$

其中，W 是高斯函数复调制频率。Gabor 函数的实部和虚部如图 5-6 所示。

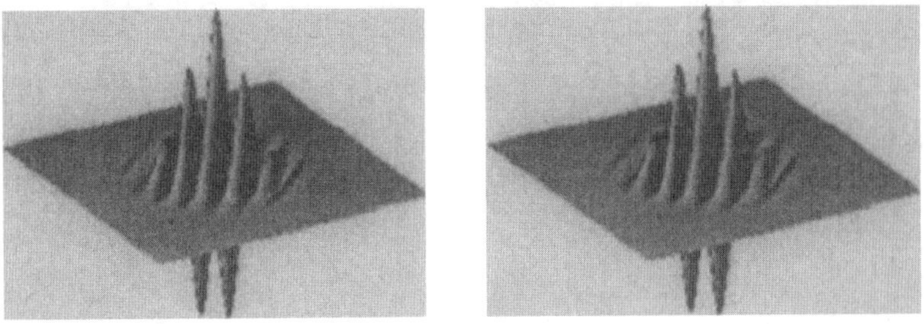

(a) 实部　　(b) 虚部

图 5-6　Gabor 函数的实部和虚部

则 $g(x,y)$ 的 Fourier 变换 $G(u,v)$ 为

$$G(u,v)=\exp\left\{-\frac{1}{2}\left[\frac{(u-W)^2}{\sigma_u^2}+\frac{v^2}{\sigma_v^2}\right]\right\}$$

其中，$\sigma_u=1/2\pi\sigma_x$，$\sigma_v=1/2\pi\sigma_y$。

使用 $g(x,y)$ 作为母函数，通过对 $g(x,y)$ 进行适度尺度扩张和旋转变换，可以得到一组自相似的滤波器，即 Gabor 小波。

$$g_{mn}(x,y)=a^{-m}g(x',y')$$
$$x'=a^{-n}(x\cos\theta+y\sin\theta)$$
$$y'=a^{-n}(-x\sin\theta+y\cos\theta)$$

式中，$\theta=n\pi/k$，k 是方向的数目，m 和 n 分别表示相应的尺度和方向 $n\in[0,k]$，尺度因子 a^{-m} 保证能量大小与 m 无关。根据傅里叶变换的线性特性，有

$$u'=a^{-n}(u\cos\theta+v\sin\theta)$$
$$v'=a^{-n}(u\sin\theta+v\cos\theta)$$

通过改变 m 和 n 的值，就可以得到一组尺度和方向都不相同的滤波器。

2）Gabor 滤波器组

Gabor 小波集的非正交性，使得滤波后的图像中会有冗余信息。为剔除这些冗余信息，让 U_l 和 U_h 分别表示所研究频域中最低和最高的频率值，如最粗糙尺度滤波和最佳尺度滤波的中心频率，M 为多分辨率分解的尺度阶数。滤波器的基本设计策略是保证 Gabor 滤波器组的响应在频率的上半峰幅值可以相互接触，但又不相互重叠，如图 5-7 所示，方向数和尺度数分别为 9 和 4。

由于滤波器的尺度间隔是指数级的，因此可得 $U_h=a^{M-1}U_l$，则尺度参数为

$$a=\left(\frac{U_h}{U_l}\right)^{\frac{1}{M-1}}$$

滤波器参数 σ_u 和 σ_v（即 σ_x 和 σ_y）的计算如下。

一方面，用 t 表示最小滤波的半幅宽度，则可得到

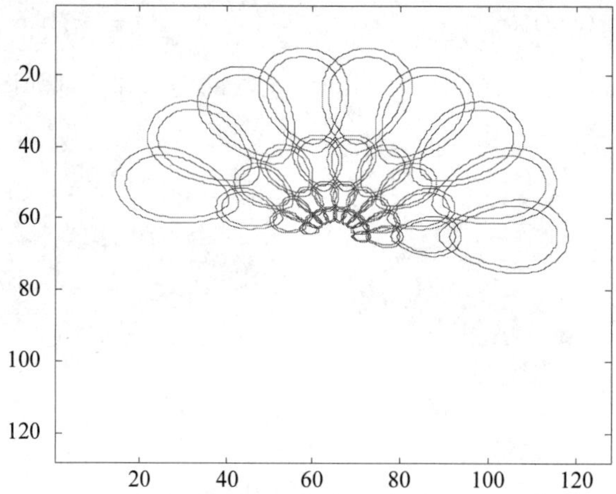

图 5-7 Gabor 滤波器中相应的半峰幅值的周期

$$U_h - U_l = t + 2at + 2a^2t + \cdots + 2a^{M-2}t + a^{M-1}t = 2t\sum_{m=0}^{M-1} am - t - a^{M-2}t$$

$$= 2\,\frac{1-a^M}{1-a}t - (1 + a^{M-1}) = \frac{a+1}{a-1}(a^{M-1} - 1)$$

因为标准方差为 σ 的高斯半幅值为 $\sigma\sqrt{2\ln 2}$，那么这里最大滤波的半幅值应该为 $a^{M-1}t = \sigma\sqrt{2\ln 2}$，所以

$$\sigma_u = \frac{(a-1)U_h}{(a+1)\sqrt{2\ln 2}}$$

另一方面，两相邻椭圆切线角度为 $\varphi = \pi/k$，k 是方向数，可得

$$\frac{(u-U_h)^2}{2\ln 22\sigma_u^2} + \frac{v^2}{2\ln 2\sigma_v^2} = 1$$

设 $v = \tan\frac{\varphi}{2}u$，则有

$$(u - U_h)^2\sigma_v^2 + \tan^2\frac{\varphi}{2}\sigma_u^2 = 2\ln 2\sigma_u^2\sigma_v^2$$

$$\Rightarrow\left(\sigma_v^2 + \tan^2\frac{\varphi}{2}\sigma_u^2\right)u^2 - 2U_h\sigma_v^2u + U_h^2\sigma_v^2 - 2\ln 2\sigma_u^2\sigma_v^2 = 0$$

对于上式这个以 u 为变量的二次方程，其有实数解的实例的条件为

$$(2U_h\sigma_v^2)^2 - 4\left(\sigma_v^2 + \tan^2\frac{\varphi}{2}\sigma_u^2\right)(U_h^2\sigma_v^2 - 2\ln 2\sigma_u^2\sigma_v^2) = 0$$

$$\Rightarrow\sigma_v = \tan\frac{\varphi}{2}\sqrt{\frac{U_h}{2\ln 2} - \sigma_u^2}$$

综合两方面可得

$$\sigma_v = \tan\left(\frac{\pi}{2k}\right)\left[U_h - 2\ln\left(\frac{2\sigma_u^2}{U_h}\right)\right]\left[2\ln 2 - \frac{(2\ln 2)^2\sigma_m^2}{U_h^2}\right]^{-\frac{1}{2}}$$

为了消除亮度值大小的影响，可以给二维 Gabor 滤波器的实部加上一个常量，使得

它的均值为零。常用的纹理分析可选取 $U_h=0.4$ 和 $U_l=0.1$，包括 3 个尺度，分别为 8、8、4。对每幅图像滤波后开 4×4 个窗口，计算每个窗口的均值，作为最后的 Gabor 特征矢量。

为了使得滤波器和当前纹理的特性一致，应该将滤波器的中心频率调到纹理的谱极点处。也就是说，对每一种纹理，相应的 Gabor 滤波器的中心频率选定为这种纹理的主要谱极点对应频率。建议使用手动程序决定谱极点，手动程序对每个纹理选择两个滤波器执行，平滑滤波器通过选定的滤波器的中心频率确定。这个程序应该很容易扩展为全自动程序。

Gabor 滤波器中心频率给出产生最小模板分类错误的特征。评估大范围的中心频率（使用傅里叶变换）之后选取最佳中心频率。用户需要选取滤波器带宽 σ。评估 σ 为 2、4、8 和 16 的 Gabor 滤波器。平滑高斯滤波器空间宽度 $\sigma_s=2\sigma$。这个滤波设计方法是基于阈值分类器对特征图像进行分类的。

5.1.3 梯度直方图

梯度直方图（Histogram of Oriented Gradient, HOG）特征是一种在计算机视觉和图像处理中用来进行物体检测的特征描述子。它通过计算和统计图像局部区域的梯度方向直方图构成特征。HOG 特征结合 SVM 分类器已经被广泛应用于图像识别中，尤其在行人检测中获得了极大的成功。需要注意的是，HOG+SVM 进行行人检测的方法是法国人 Dalal 在 2005 的 CVPR 上提出的，如今虽然有很多行人检测算法不断提出，但基本都是以 HOG+SVM 的思路为主。

在一幅图像中，局部目标的外观和形状能够被梯度或边缘的方向密度分布很好地描述。首先将图像分成小的连通区域，我们把它叫单元（Cell）；然后采集单元中各像素点梯度的或边缘的方向直方图；最后把这些直方图组合起来就可以构成特征描述器。把这些局部直方图在图像的更大范围内（称为区间，block）进行对比度归一化（contrast-normalized）采用的方法是：先计算各直方图在这个区间（block）中的密度，然后根据这个密度对区间中的各个单元做归一化。通过这个归一化后，能对光照变化和阴影获得更好的效果。与其他的特征描述方法相比，HOG 有很多优点。首先，由于 HOG 是在图像的局部方格单元上操作，所以它对图像几何的和光学的形变都能保持很好的不变性，这两种形变只会出现在更大的空间领域上。其次，在粗的空域抽样、精细的方向抽样以及较强的局部光学归一化等条件下，只要行人大体上能够保持直立的姿势，就可以容许行人有一些细微的肢体动作，这些细微的动作可以被忽略而不影响检测效果。因此，HOG 特征特别适合于做图像中的人体检测。

1. HOG 直方图的计算过程

（1）标准化 Gamma 空间和颜色空间。

为了减少光照因素的影响，首先需要将整个图像进行归一化。在图像的纹理强度中，局部的表层曝光贡献的比重较大，所以这种压缩处理能够有效地降低图像局部的阴影和光照变化。因为颜色信息作用不大，通常先转化为灰度图，然后采样 Gamma 压缩。

$$I(i,j)=I(i,j)^{\mathrm{Gamma}}$$

可以取 Gamma＝1/2。

（2）计算图像梯度。

计算图像横坐标和纵坐标方向的梯度，并据此计算每个像素位置的梯度方向值；求导操作不仅能够捕获轮廓、人影和一些纹理信息，还能进一步弱化光照的影响。

$$\Delta_x f = f(i,j) - f(i+1,j+1)$$
$$\Delta_y f = f(i,j+1) - f(i+1,j)$$
$$G(i,j) = \sqrt{\Delta_x^2 f + \Delta_y^2 f}$$
$$\theta(i,j) = \arctan \frac{D_x(i,j)}{D_y(i,j)}$$

（3）每个单元都构建梯度方向直方图。

为了给局部图像区域提供一个编码，同时能够保持对图像中人体对象的姿势和外观的弱敏感性，HOG 中构造了直方图。首先将图像分成若干个单元，单元的形状可以是矩形、圆形等。例如，每个单元为 6×6 个像素的矩形。然后采用 9 个区间（bin）的直方图统计这 6×6 个像素的梯度信息。把单元的 360°梯度方向分成 9 个方向间隔，如图 5-8 所示：某个像素的梯度方向在 20°与 40°之间，对直方图第 2 个间隔的计数累加。这样，对单元内的每个像素，用梯度方向寻找累加位置，用梯度大小累加权值，就得到这个单元的加权梯度方向直方图了。该单元对应 9 维的特征向量。

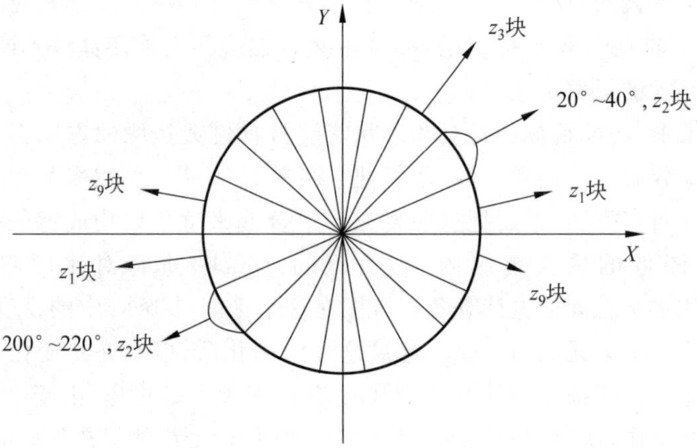

图 5-8 梯度方向划分示例

（4）把单元组合成区间。

局部光照的变化以及前景-背景对比度的变化，使得梯度强度的变化范围非常大。这就需要对梯度强度做归一化。归一化能够进一步对光照、阴影和边缘进行压缩。把各个单元组合成大的、空间上连通的区间。这样，一个区间内所有单元的特征向量就串联起来了，形成该区间的 HOG 特征。这些区间有重叠，这就意味着：每个单元的特征会以不同的结果多次出现在最后的特征向量中。我们将归一化之后的区间描述向量称为 HOG 描述符。

区间有两个主要的几何形状：矩形区间（R-HOG）和环形区间（C-HOG）。R-HOG

区间大体上是一些方形的格子，它可以由 3 个参数表征：每个区间中单元的数目、每个单元中像素点的数目、每个直方图通道数目。例如，行人检测的最佳参数设置是：每个区间 3×3 个单元、每个单元 6×6 个像素、每个直方图 9 个角度间隔，则一个全局的特征向量维数为 3×3×9。

(5) 逐个区间扫描收集 HOG 特征。

最后一步是将检测窗口中所有重叠的块进行 HOG 特征的收集，并将它们结合成最终的特征向量供分类使用。

2. 梯度直方图小结

对 HOG 特征提取的过程如下：把样本图像分割为若干个像素的单元(cell)，把梯度方向平均划分为 9 个区间，在每个单元里对所有像素的梯度方向在各个方向区间进行直方图统计，得到一个 9 维的特征向量，每相邻的 4 个单元构成一个块(block)，把一个块内的特征向量联起来得到 36 维的特征向量，用块对样本图像进行扫描，扫描步长为一个单元。最后将所有块的特征串联起来，就得到人体的特征。例如，对于 64×128 的图像而言，每 8×8 的像素组成一个单元，每 2×2 个单元组成一个块，因为每个单元有 9 个特征，所以每个块内有 4×9=36 个特征，以 8 个像素为步长，那么水平方向将有 7 个扫描窗口，垂直方向将有 15 个扫描窗口。也就是说，64×128 的图片总共有 36×7×15=3780 个特征。

5.1.4　Harris 角点及其改进

Harris 算法是经典的角点检测算法，它的历史可以追溯到 1988 年。它基于二阶矩阵的特征值判断是否出现角点。该算法的基本原理是：取以目标像素点为中心的一个小窗口，计算窗口沿任何方向移动后的灰度变化，并用解析形式表达。

1. 经典 Harris 角点

设以像素点(x,y)为中心的小窗口在 X 方向上移动 u，在 Y 方向上移动 v，Harris 给出了灰度变化度量的解析表达式。

$$E_{x,y}=\sum w_{x,y}(I_{x|u,y|v}-I_{x,y})=\sum w_{x,y}\left(u\frac{\partial I}{\partial X}+v\frac{\partial I}{\partial Y}+o(\sqrt{u^2+v^2})\right)^2$$

其中，$E_{x,y}$为窗口内的灰度变化度量；$w_{x,y}$为窗口函数，一般定义为 $w_{x,y}=\mathrm{e}^{(x^2+y^2)/\sigma^2}$；$I$ 为图像灰度函数，略去无穷小项有

$$E_{x,y}=\sum w_{x,y}[u^2(I_x)^2+v^2(I_y)^2+2uvI_xI_y]=Au^2+2Cuv+Bv^2$$

将 $E_{x,y}$化为二次型有

$$E_{x,y}=[u\ v]M\begin{bmatrix}u\\v\end{bmatrix}$$

$\boldsymbol{M}$ 为实对称矩阵：

$$\boldsymbol{M}=\sum w_{x,y}\begin{bmatrix}I_x^2 & I_xI_y\\I_xI_y & I_y^2\end{bmatrix}$$

通过对角化处理得到

$$E_{x,y} = R^{-1} \begin{pmatrix} \lambda_1 & 0 \\ 0 & \lambda_2 \end{pmatrix} R$$

其中，R 为旋转因子，对角化处理后并不改变以 u,v 为坐标参数的空间曲面的形状，其特征值反映了两个主轴方向的图像表面曲率。当两个特征值均较小时，表明目标点附近区域为“平坦区域”；特征值一大一小时，表明特征点位于“边缘”上；只有当两个特征值均比较大时，沿任何方向的移动均将导致灰度剧烈变化。Harris 的角点响应函数(CRF)表达式由此而得到。

$$\text{CRF}(x,y) = \det(\boldsymbol{M}) - k(\text{trace}(\boldsymbol{M}))^2$$

其中，$\det(\boldsymbol{M})$表示矩阵 $\boldsymbol{M}$ 的行列式，$\text{trace}(\boldsymbol{M})$表示矩阵的迹。当目标像素点的 CRF 值大于给定的阈值时，该像素点即为角点。

不过，Harris 角点不是尺度不变的。Lindeberg 引入了自动尺度选择的概念，判断图像中的角点自己的特征尺度。同时，Lindeberg 试验了 Hessian 矩阵以及 Laplace 算子进行角点检测的性能，扩展出具有高重复性、尺度不变性的角点检测器，它们被称为 Harris-Laplace 和 Hessian-Laplace。总的来说，Laplace 算子用于尺度选择，Harris 或 Hessian 矩阵用于角点位置的选择。分析现有的角点检测器，可以得出结论：基于 Hessian 的探测器比基于 Harris 的探测器更加稳定、重复性更高。此外，利用 Hessian 矩阵的行列式而不是它的迹，可能带来更好的性能，因为它更少考虑冗长的局部的结构。

2. 改进的 Harris-Laplace 检测算子

Harris-Laplace 算子在尺度 $\delta_n = s^n \delta_0$ 上建立了 N 个尺度空间的 Harris 算子描述，其中 n 表示的是一系列尺度中的第 n 尺度，$n=1,2,\cdots,N$；s 表示尺度因子，自适应调整尺度间的跨度。在每一尺度空间提取大于给定阈值且在邻域 Q 内的极值点，然后验证该点能否在 N 尺度空间上的某一尺度获得局部极值。若获得极值，则校验此点在该尺度空间上的 LoG 算子是否获得极值。若能获得极值，则是特征点，否则舍弃。该算法的优点是提取的特征点鲁棒性较高，不足是 Harris-Laplace 算子的时间复杂度高，运算时间较长。

通过对传统的 Harris-Laplace 算子进行改进，在确保特征点鲁棒性的前提下，可以减少运算时间。具体过程如下。

(1) 利用 Harris 算子提出候选特征点。选取某一尺度 $\delta_{H \cdot I}$、$\delta_{H \cdot D}$ 和阈值 t_u，利用 Harris 算子获得候选特征点集$\{p_k\}$($\delta_{H \cdot I} = s^{n1} \delta_0$，$\delta_{H \cdot D} = 0.7\delta_{H \cdot I}$，$n1$ 是一个常数，$1 \leqslant n1 \leqslant N$，$\delta_0$ 表示初始尺度。实验中，$s=1.4$，$n1=5$，$\delta_0=1.2$，$t_u=1200$)。

(2) 粗尺度搜索。对于每个候选特征点 p_k，在尺度空间 $\delta_D^{(n)} = s^n \delta_0^{(n)}$，$n=1,2,\cdots,N$，检验 LoG 算子在此点处是否能在这 N 尺度空间内获得局部极值，若不能获得极值，则舍弃该点，继续执行步骤(2)；若能获得局部尺度极值 δ_k，则该点记入集合$\{p'_k\}$，并执行步骤(3)(通常取 $N=15$)。

(3) 细尺度搜索。步骤(2)的尺度跨度是以尺度因子 S 的指数增长的，不能精确地定位点的特征尺度，需进一步确定。以步骤(2)获得的特征尺度 δ_k 为中心，搜索范围限定为 $\delta_{k \cdot t} = t\delta_k$，最后获得精确的特征尺度 δ'_k(实验中，$t=0.7,0.8,\cdots,1,4$)。

改进后的 Harris-Laplace 算子既有 Harris 算子提出的特征点鲁棒性高的优点，又包含了 LoG 算子在尺度空间上易获取局部极值的特性。传统的 Harris-Laplace 需要对图

像进行 N 个尺度空间的描述，那么 Harris-Laplace 算子需要在这些尺度空间分别进行特征点的计算，故需要 N 次 Harris 运算，最后再对各个尺度空间中提取出的少量特征点进行 Laplace 运算。其计算数约为

$$TC_1 = M \cdot N(s + s^2 + \cdots + s^N)(1 + K_1)\delta_0$$

其中，K_1 是 Harris 算子提取的特征点数和图像像素数的比值，计算的是 Laplace 算子的计算数。因为特征点只占图像的很少部分，一般 $K_1 < 0.01$。而改进的 Harris-Laplace 算子只需要进行一次 Harris 运算，其计算数约为

$$TC_2 = M \cdot N[s^{n1} + (s + s^2 + \cdots + s^N)(K_1 + K_2)]\delta_0$$

其中，K_2 是特征点数与图像像素数的比值，计算的是细尺度搜索的计算数，同样 $K_2 < 0.01$。

通过上述分析，算子的运算效率主要取决于 Harris 算子。改进的 Harris-Laplace 算子只需 1 次 Harris 运算，大大降低了 Harris 算子的运算次数，与传统 Harris-Laplace 算子的计算数比值约为

$$TP = \frac{TC_2}{TC_1} \cong \frac{s-1}{s^{N-n1}}$$

当 $N=15$，$s=1.4$，$n1=5$ 时，改进的算子运算时间仅约为传统算子的 1%。

5.1.5　SIFT 特征

当我们用眼睛观察物体时，一方面，当物体所处背景的光照条件变化时，视网膜感知图像的亮度水平和对比度是不同的，因此要求尺度空间算子对图像的分析不受图像的灰度水平和对比度变化的影响，即满足灰度不变性和对比度不变性；另一方面，相对于某一固定坐标系，当观察者和物体之间的相对位置变化时，视网膜感知的图像的位置、大小、角度和形状（三维物体投影到视网膜上的二维图像轮廓，通常对应图像的仿射变换）是不同的，因此要求尺度空间算子对图像的分析与图像的位置、大小、角度以及仿射变换无关，即满足平移不变性、尺度不变性以及仿射不变性。

Harris 角点不能保持特征的不变性。通常通过大尺度观察图像，可以得到图像的粗糙画面；而从小尺度观察，能够检测到图像的细节特征。实际图像中的特征角点常常发生在不同的尺度范围上，并且每一角点的尺度信息是未知的。一般认为在较大尺度下能较可靠地消除误检和检测到真正的角点，但角点的定位不易准确。相反，在较小尺度下对真正的特征角点的定位比较准确，但误检的比例会增加。所以，可考虑先在较大尺度下检测出角点，然后在较小尺度下对真正特征角点进行较精确的定位。

因此，利用多尺度技术检测角点是获得理想特征角点的途径，即有效组合利用多个不同尺度的角点检测算子，同时正确地检测一幅图像内发生在各个尺度水平上的角点。某一角点检测算法的优劣可通过稳定性准则、可靠性准则和抗噪性能准则评价。这 3 个准则依靠改变参数、阈值或增加噪声后检测出的角点与初始检测出的角点的重复率 η 决定。

$$\eta = \frac{|C_i \cap C_j|}{\min(|C_i|, |C_j|)} \times 100\%$$

分子的含义是计算不同尺度下检测到的完全相同的角点的数目。重复率 η 越大，算

法的稳定性越高。为了能够对特征点在不同尺度下提取的效果进行定量评价，可使用以下公式：

$$\eta = \frac{C(I_1, I_2)}{\text{mean}(m_1, m_2)} \times 100\%$$

分子表示两幅图像中重复特征点的个数，分母表示两幅图像中特征点提取个数的平均值，这个值被称为重复率。重复率越大，说明特征点算法效果越好，即算法提取特征点的稳定性越好。

1. 尺度空间理论

尺度空间(Scale Space)思想最早由 Iijima 于 1962 年提出，但当时并未引起计算机视觉领域研究者们的足够注意。直到 20 世纪 80 年代，witkin 和 Koenderink 等人的奠基性工作使得尺度空间方法逐渐得到关注和发展。尺度空间方法本质上是偏微分方程对图像的作用。

尺度空间方法的基本思想是：在视觉信息处理模型中引入一个被视为尺度的参数，通过连续变化尺度参数获得不同空间解析度下的视觉处理信息，然后综合这些信息以深入地挖掘图像的本质特征。尺度空间方法将传统的单尺度视觉信息处理技术纳入动态分析框架中，因此更容易获得图像的本质特征。生成尺度空间的目的是模拟图像数据的多尺度特征。高斯卷积核是实现尺度变换的唯一线性核。

尺度空间理论是通过对原始图像进行尺度变换，获得图像多尺度下的表示序列，对这些序列进行主轮廓的提取，并以该主轮廓作为一种特征向量，实现边缘、角点检测和不同分辨率上的特征提取等。尺度空间表示是一种基于区域而不是基于边缘的表达，它无须关注图像的先验知识。与通过减小图像尺寸而提高计算效率的其他多尺度或多分辨率表达相比，尺度空间表示由平滑滤波获得，在多个尺度上都保持不变的空间取样。但对同一特征而言，它在粗糙尺度上对应更多的像素点，这样就使得对这些数据的计算任务得到连续的简化。尺度空间表示的另一个重要特征是基于尺度的结构特性以一种简单的方式解析的表达，不同尺度上的特征可以一种精确的方式联系起来。

作为尺度空间理论中的一个重要概念，尺度空间核被定义为：对于所有的信号 f_{in}，若它与变换核 K 卷积后得到的信号 $f_{\text{out}} = K \times f_{\text{in}}$ 中的极值(一阶微分过零点)不超过原图像的极值，则称 K 为尺度空间核，所进行的卷积变换称为尺度变换。

尺度空间表示通过平滑获得，可描述为(x,σ)空间，x 和 σ 分别为位置参数和尺度参数。当采用不同尺度参数的平滑函数对同一图像进行滤波时，得到的一簇图像就是原始图像相对于该平滑函数的尺度空间，σ 为尺度空间坐标。

对高斯尺度空间，同一类型特征点和边缘在不同的尺度上具有因果性，即当尺度变化时，新的特征点可能出现，而老的特征点可能移位或消失。这种因果性是不可避免的，不能企求消除，但可以减小。由于高斯核具有线性、平移不变性、旋转不变性等特性，因此可以证明高斯核是实现尺度变换的唯一变换核。利用高斯核的一阶导数将 Harris 角点算子变换成尺度空间的表示。

视觉多尺度分析是一种新的视觉信息处理方法，其基本思想是：当用眼睛观察物体且物体和观察者之间的距离(将距离视为尺度参数)不断变化时，视网膜将感知到不断变化的图像信息。分析和综合这些不同尺度下的视觉信息，以获得被观察物体的本质特征，这种视觉分析方法称为视觉多尺度分析。

2. SIFT 的构造

SIFT(Scale Invariant Feature Transform)算法由 Lowe 于 1999 年提出，2004 年完善总结。SIFT 算法是一种提取局部特征的算法，在尺度空间寻找极值点，提取位置、尺度、旋转不变量。SIFT 算法的主要特点如下。

(1) SIFT 特征是图像的局部特征，其对旋转、尺度缩放、亮度变化保持不变性，对视角变化、仿射变换、噪声也保持一定程度的稳定性。

(2) 独特性好，信息量丰富，适用于在海量特征数据库中进行快速、准确的匹配。

(3) 多量性，即使少数的几个物体，也可以产生大量的 SIFT 特征向量。

(4) 高速性，经优化的 SIFT 匹配算法甚至可以达到实时的要求。

(5) 可扩展性，可以很方便地与其他形式的特征向量进行联合。

1) 尺度空间的生成

一副二维图像的尺度空间定义为

$$L(x,y,\sigma)=G(x,y,\sigma)\times I(x,y)$$

其中，尺度可变高斯函数是

$$G(x,y,\sigma)=\frac{1}{2\pi\sigma^2}\mathrm{e}^{-(x^2+y^2)}/2\sigma^2$$

(x,y)表示像素空间坐标，σ 是尺度坐标。σ 的大小决定图像的平滑程度，大尺度对应图像的概貌特征，小尺度对应图像的细节特征。大的 σ 值对应粗糙尺度(低分辨率)，反之，对应精细尺度(高分辨率)。为了有效地在尺度空间检测稳定的关键点，定义了高斯差分尺度空间(DOG)，它利用不同尺度的高斯差分核与图像卷积生成

$$D(x,y,\sigma)=L(x,y,k\sigma)-L(x,y,\sigma)=(G(x,y,k\sigma)-G(x,y,\sigma))\times I(x,y)$$

有很多选择这个函数的理由。首先，$D(x,y,\sigma)$是一个能高效计算的函数，因为平滑图像 L 在任何需要尺度空间特征分析时都需要计算，而 $D(x,y,\sigma)$只需附带的图像减法即可获得。Lindeberg 的研究表明，高斯差分函数是高斯 Laplace 算子 $\sigma^2\nabla^2G$ 的严格近似值。其次，与其他图像特征数(如梯度法、Hessian 法和 Harris 角函数)相比，高斯 Laplace 算子的极大值或极小值是更稳定的图像特征。

用参数为 $k\sigma$ 和 σ 的高斯尺度函数差分，可以近似高斯 Laplace 算子。由热扩散公式

$$\frac{\partial G}{\partial \sigma}=\sigma\nabla^2G$$

可以近似用差分关系代替为

$$\sigma\nabla^2G=\frac{\partial G}{\partial \sigma}\approx\frac{G(x,y,k\sigma)-G(x,y,\sigma)}{k\sigma-\sigma}$$

因此

$$G(x,y,k\sigma)-G(x,y,\sigma)\approx(k-1)\sigma^2\nabla^2G$$

所以，DOG 图像 $D(x,y,\sigma)$与 $\sigma^2\nabla^2G$ 等价。从公式观察发现：当高斯差分函数的两个尺度参数相差为常数时，$(k-1)\sigma^2$ 在所有尺度上保持常数，从而不影响检测到的极值点位置。当 k 趋近于 1 时，估计误差也趋近于 0。但是，在实践中我们发现，近似的程度

对极值点检测和定位的稳定度几乎没有影响，例如 $k=\sqrt{2}$这样偏离 1 较远的值。

构建 $D(x,y,\sigma)$的有效方法如图 5-9 所示。原始图像与高斯函数逐次卷积，形成尺度空间中相差的常数 k 的图像，如图 5-9 中左列堆放的图像层。尺度空间划分成组(Octave)，如果每组的尺度系数增加 2 倍，则相邻组内图像的尺度系数相差 $k=2^{1/s}$，其中 s 是组内图像的数量。我们必须在每个组的堆中建立 $s+3$ 幅高斯卷积图像，才能完成覆盖全部组的极值探测。相邻图像相减便产生了高斯差分图像，如图 5-9 中右列所示。当处理完当前组后，按隔行隔列取样的方式从当前组的堆顶图像获得下一个组的初始图像。相对于从尺度为 σ 的堆底取样，然后进行滤波抽取，这样的采样方式大大减少了计算量。

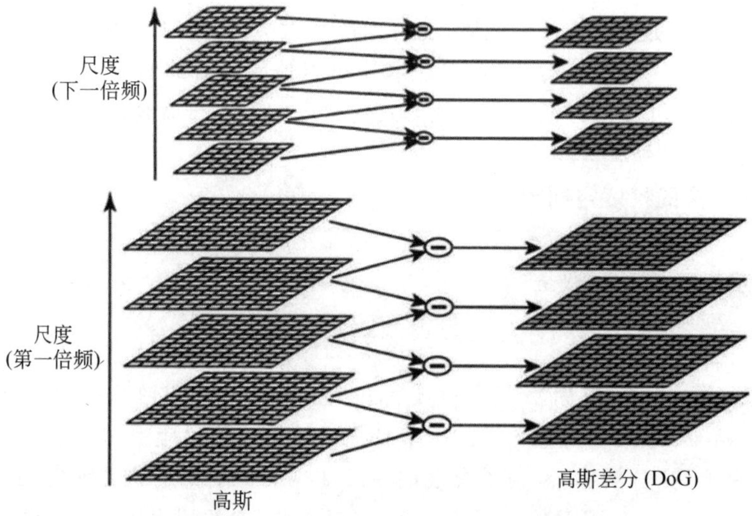

图 5-9　构建 $D(x,y,\sigma)$的有效方法

对于每个尺度空间的组，初始图像与高斯函数多次卷积所得尺度空间如图 5-9 左边所示，相邻的高斯图像相减产生了图 5-9 右边所示的差分高斯图像。每个组后，高斯图像被降采样 2 倍，重复该过程。

构建尺度空间须确定的参数包括尺度空间坐标 σ、组坐标 O、子层坐标 S。σ 与 O、S 的关系是

$$\sigma(o,s)=\sigma_0 2^{o+s/S}, o\in o_{\min}+[0,\cdots,O-1], s\in[0,\cdots,S-1]$$

其中 σ_0 是基准层尺度。注意：组坐标可能是负的。第一组坐标常常设为 0 或者 −1，当设为 −1 的时候，图像在计算高斯尺度空间前先扩大一倍。空间坐标 x 是组坐标的函数，设 x_0 是第 0 组内的空间坐标，则

$$x=2^o x_0\quad o\in Z, x_0\in[0,\cdots,N_0-1]\times[0,\cdots,M_0-1]$$

如果(M_0,N_0)是基础组 $o=0$ 的图像分辨率，则其他组的图像分辨率由下式获得。

$$N_0=\left\lfloor\frac{N_0}{2^o}\right\rfloor,\quad M_0=\left\lfloor\frac{M_0}{2^o}\right\rfloor$$

在 Lowe 的论文中，他使用了如下的参数：

$$\sigma_n=0.5, \sigma_0=1.6\cdot 2^{1/S}, o_{\min}=-1, S=3$$

在组 $o=-1$，图像用双线性插值扩大一倍。

2）稳定空间极值点检测

为了寻找尺度空间的极值点，每个样点要与它所有的图像域和尺度域相邻点进行比较。如图 5-10 所示，中间的检测点和它同尺度的 8 个相邻点和上下相邻尺度对应的 9×2 个点共 26 个点比较，以确保在尺度空间和二维图像空间都检测到极值点。如果某个样点在 DOG 尺度空间本层以及上下两层的 26 点邻域中都是最大值或最小值，就认为该点是图像在该尺度下的一个特征点。

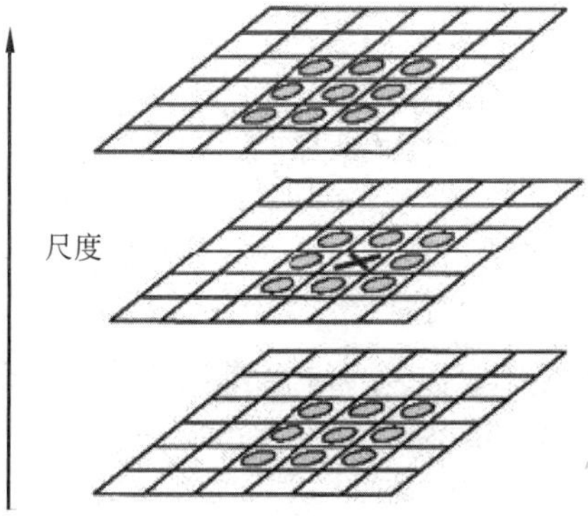

图 5-10　DOG 尺度空间局部极值检测

以 26 邻域极值点作为关键点位置，在稳定性方面存在不足。为了获得精确的极值点尺度和位置，通过拟合三维二次函数达到亚像素精度，同时去除低对比度的关键点和不稳定的边缘响应点，以增强匹配稳定性，提高抗噪声能力。

① 在局部极值点 $X_0=(x_0,y_0,\sigma_0)$ 处对空间尺度函数 $D(x,y,\sigma)$ 进行泰勒展开式。

$$D(x,y,\sigma)=D(x_0,y_0,\sigma_0)+\frac{\partial \boldsymbol{D}^{\mathrm{T}}}{\partial X_0}X+\frac{1}{2}\boldsymbol{X}^{\mathrm{T}}\frac{\partial^2 \boldsymbol{D}}{\partial X_0^2}X$$

$X=(x,y,\sigma)$ 是相对局部极值点的偏移。求解 $D(x,y,\sigma)$ 相对于 X 的偏导，并令其为 0，可得到精确的偏移量。

$$\overline{X}=-\left(\frac{\partial^2 D}{\partial X_0^2}\right)^{-1}\frac{\partial D}{\partial X_0}$$

② 在已经检测到的特征点中，要去掉低对比度的特征点和不稳定的边缘响应点。把精确的偏移量尺度空间函数展开，只取前两项得

$$D(\overline{X})=D(x,y,\sigma)+\frac{1}{2}\frac{\partial \boldsymbol{D}^{\mathrm{T}}}{\partial X_0}\overline{X}$$

若 $|D(\overline{X})|\geqslant 0.03$，则该特征点就保留下来，否则丢弃。

③ 边缘响应的去除。稳定的特征点除了要避免低对比度的情况，还要避免边缘点的情况。如果高斯差分算子的极值点出现在边缘，则横跨边缘的地方有较大的主曲率，而在垂直边缘的方向有较小的主曲率。主曲率通过一个 2×2 的 Hessian 矩阵 $\boldsymbol{H}$ 求出。

$$\boldsymbol{H}=\begin{bmatrix} D_{xx} & D_{xy} \\ D_{xy} & D_{yy} \end{bmatrix}$$

导数由采样点相邻点差分估计得到。D 的主曲率和 H 的特征值成正比，令 α 为最大特征值，β 为最小的特征值，则

$$\mathrm{Tr}(H) = D_{xx} + D_{yy} = \alpha + \beta$$

$$\mathrm{Det}(H) = D_{xx}D_{yy} - (D_{xy})^2 = \alpha\beta$$

令 $\alpha = \gamma\beta$，则

$$\frac{\mathrm{Tr}(H)^2}{\mathrm{Det}(H)} = \frac{(\alpha+\beta)^2}{\alpha\beta} = \frac{(r\beta+\beta)^2}{r\beta^2} = \frac{(r+1)^2}{r}$$

$(r+1)^2/r$ 的值在两个特征值相等的时候最小，随着 r 的增大而增大，因此只要检测主曲率比值是否在规定的阈值 r 以下，即检测

$$\frac{\mathrm{Tr}(H)^2}{\mathrm{Det}(H)} \leqslant \frac{(r+1)^2}{r}$$

就可以判断极值点是否处于边缘。在 Lowe 的论文中，取 $r=10$。经过低对比度和边缘筛选后，形成的稳定极值点就被称为关键点。

3）关键点方向分配

利用关键点邻域像素的梯度方向分布特性为每个关键点指定方向参数，使算子具备旋转不变性。首先计算关键点的梯度。

$$m(x,y) = \sqrt{(L(x+1,y)-L(x-1,y))^2 + (L(x,y+1)-L(x,y-1))^2}$$

$$\theta(x,y) = \mathrm{arctan2}((L(x,y+1)-L(x,y-1))/(L(x+1,y)-L(x-1,y)))$$

包括梯度的模和方向，其中 L 是插值形成的关键点所在尺度图像。

在以关键点为中心的邻域窗口内采样，并用直方图统计邻域像素的梯度方向。梯度直方图的范围是 0°～360°，其中每 10°一个柱，总共 36 个柱。直方图的峰值代表了该关键点处邻域梯度的主方向，即作为该关键点的方向。图 5-11 是采用 7 个柱时使用梯度直方图为关键点确定主方向的示例。窗口尺寸采用 Lowe 推荐的 $1.5\sigma \times 1.5\sigma$。

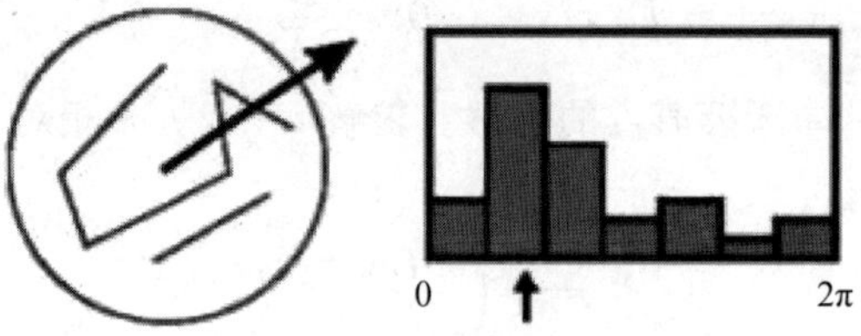

图 5-11　由梯度方向直方图确定主梯度方向

在梯度方向直方图中，当存在另一个相当于主峰值 80% 能量的峰值时，则将这个方向认为是该关键点的辅方向。一个关键点可能会被指定具有多个方向（一个主方向，一个以上辅方向），这可以增强匹配的鲁棒性。

至此，图像的关键点已检测完毕，每个关键点有 3 个信息：位置、所处尺度、方向，由此可以确定一个 SIFT 特征区域。

4）特征点描述子生成

首先将坐标轴旋转为关键点的方向，以确保旋转不变性。

接下来以关键点为中心取 8×8 的窗口。图 5-12 左部分的中央黑点为当前关键点的

位置，每个小格代表关键点邻域所在尺度空间中的一个像素。首先计算每个像素(i,j)的梯度幅值$m_{i,j}$与梯度方向$\theta_{i,j}$，箭头方向代表该像素的梯度方向，箭头长度代表梯度模值；然后用高斯窗口对梯度模值进行加权，这样每个像素对应一个向量，长度为$G(\sigma',j,j)\times m_{i,j}$，$G(\sigma',i,j)$为该像素点的高斯权值，方向为$\theta_{i,j}$。图 5-12 中，圆圈代表高斯加权的范围，高斯参数σ'取 3 倍特征点所在的尺度；最后如图 5-12 右部分所示，在每个 4×4 像素的种子块上计算 8 个方向的梯度方向直方图，累积对象是加权的梯度模值。每个关键点由 2×2 共 4 个种子块组成，每个种子块有 8 个方向向量信息。这种邻域方向性信息级联的思想增强了算法抗噪声的能力，同时对于含有定位误差的特征匹配，也提供了较好的容错性。

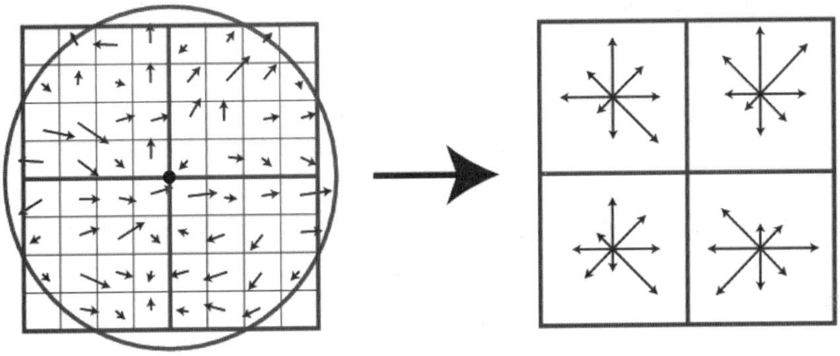

图 5-12 由关键点邻域梯度信息生成特征向量

实际计算过程中，为了增强匹配的稳健性，Lowe 建议对每个关键点使用 4×4 共 16 个种子点描述，这样，对于一个关键点，就可以产生 128 个数据，最终形成 128 维的 SIFT 特征向量。此时 SIFT 特征向量已经去除了尺度变化、旋转等几何变形因素的影响，再继续将特征向量的长度归一化，则可以进一步去除光照变化的影响。

3. SIFT 特征的应用

利用 SIFT 特征的尺度和旋转不变性，可以完成不同图像中的特征点匹配。典型的应用包括目标识别、图像拼接、目标跟踪等。以目标识别为例子，可以实现基于 SIFT 特征的目标识别，如图 5-13 所示。

图 5-13 SIFT 用于目标识别的例子

在图 5-13 中，最左侧的两张小图表示需要识别的对象，中间的大图是识别的搜索空间。利用 SIFT 特征对识别对象进行描述后，形成了识别对象的特征空间。在搜索空间中同样进行 SIFT 特征点的选择和描述。通过将特征空间和搜索空间的 SIFT 特征进行匹配，可以在图 5-13 右图中准确地发现识别对象，即使识别对象发生了严重的旋转和遮挡。图 5-13 右图中的小矩形表示匹配成功的 SIFT 特征所在坐标位置，覆盖小矩形的大矩形表示合成的识别对象位置。

5.2 视觉目标识别技术

视觉目标的识别可以划分为静态目标识别和动态目标识别两种类型。运动目标与其周围的背景存在较大的速度差别，通过建立背景模型、消除全局运动等方法，可以提取出目标所在区域的准确范围。静态目标与其背景没有相对运动，要从侦察图像中提取出静态目标，一般采用分类判别器的方法。首先需要通过训练建立被检测目标的分类器，然后在图像中进行窗口扫描(Sliding Window)，逐个判别扫描到的窗口内容是否满足分类器定义的目标特征。目标的识别是目标跟踪的前提，其作用与雷达数据处理中的航迹起始相同，用于获得目标的初始状态。

本节首先介绍典型的运动目标检测方法，然后讲解基于字典学习的目标识别方法。其他更复杂的方法使用更多的数学工具，在本书中不再涉及。

5.2.1 运动目标检测

运动目标检测是智能视频监控系统的核心部分，是整个系统能够准确、实时、稳定运行和后续运动目标跟踪、目标识别与分析的基础。运动目标检测使用计算机视觉、数字图像处理、模式识别等技术，通过对视频序列图像进行处理，将运动物体区域从背景区域中提取出来，得到运动目标的位置、大小等数据，为后续处理提供支持。运动目标检测算法根据背景区域运动与否可分为静态背景检测与动态背景检测。静态背景是指摄像机镜头位置固定，动态背景是指摄像机镜头位置随运动物体变化。

目前，运动目标检测算法主要有帧间差分法、背景减除法、光流法等。帧间差分法、背景减除法一般用于静态背景下的运动目标检测，而光流法既可用于静态背景，也可用于动态背景，各种算法具有各自的优缺点和适用范围。

1. 帧间差分法

帧间差分法是对连续视频序列帧图像进行像素的帧间差分运算提取相邻帧的变化区域，从而得到运动物体的方法。通常选取相邻的两帧或三帧图像进行差分运算，设 t 时刻当前帧图像为 f_k，$t-1$ 时刻的前一帧图像为 f_{k-1}，对当前帧图像与前一帧图像进行差分运算如下。

$$D_k(i,j) = | f_k(i,j) - f_{k-1}(i,j) |$$

其中 $f_k(i,j)$ 与 $f_{k-1}(i,j)$ 分别为当前帧和前一帧图像坐标为 (i,j) 处的灰度值，$D_k(i,j)$ 为差分后的绝对值，由 $D_k(i,j)$ 判断出运动目标区域：

$$R_k(i,j)=\begin{cases}1 & D_k(i,j)>T \\ 0 & \text{其他}\end{cases}$$

其中 T 为判决阈值，若相邻两帧图像同一像素间灰度值相差大于 T，则二值图像 $R_k(i,j)$ 相应像素为 1，表示运动目标区域；否则为 0，表示背景区域。帧间差分法的流程图如图 5-14 所示。

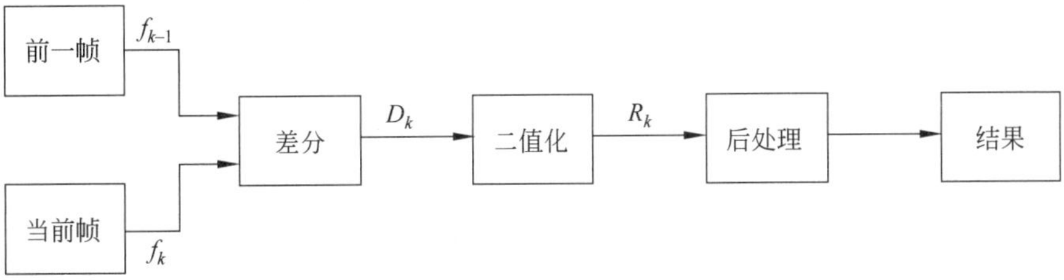

图 5-14　帧间差分法的流程图

将得到的二值图像 $R_k(i,j)$ 进行形态学滤波后，输出检测出的运动目标，仿真结果如图 5-15 所示。

(a) 第 f_{k-1} 帧图像　(b) 第 f_k 帧图像　(c) 第 f_{k+1} 帧图像

(d) f_k-f_{k-1} 帧结果　(e) $f_{k+1}-f_k$ 帧结果

图 5-15　帧间差分法检测结果

帧间差分法能迅速检测出场景中的运动目标，计算量小，但如图 5-15(d)和图 5-15(e)所示帧间差分法提取物体边界不完整，且物体内部有较大空洞，如果目标运动速度太快，会使物体形状拉伸，如图 5-15(d)所示；如果目标运动速度太慢，又会使物体部分边界重叠，如图 5-15(e)所示。目标的运动速度直接影响帧间差分法的检测性能。目前提出了三帧双差分法、五帧三差分法等改进算法，使帧间差分法的性能得到了改善。

2. 背景减除法

背景减除法是将视频序列当前帧与背景模型进行差分,提取当前帧相对于背景模型的变化区域,从而得到运动目标的方法。背景减除法的核心是建立并维护一个背景模型。常用的背景模型建立与更新的方法有统计平均法、系数更新法、高斯模型法等,各种背景模型建立与更新的方法复杂度不同,获得的背景模型效果也不同。

统计平均法是对连续视频序列帧图像求平均值,将得到的平均值作为当前背景模型中的像素值的方法。假设当前采集的视频序列为第 n 帧,则当前时刻背景模型 $B_{n-1}(i,j)$ 的计算公式如下。

$$B_{n-1}(i,j)=\frac{\sum_{k=1}^{n-1}f_k(i,j)}{n-1}$$

其中 $f_k(i,j)$ 为第 k 帧图像坐标 (i,j) 处的像素灰度值,当前时刻背景模型 $B_{n-1}(i,j)$ 为序列帧图像的统计平均值。该方法计算简单,但当场景中突然与背景模型灰度值相差较大的运动目标时,会在当前背景模型中留下目标痕迹。

系数更新法是由当前视频序列帧图像按系数因子对前一时刻背景模型进行更新,从而得到当前背景模型的方法。系数更新法基于 IIR(无限冲激响应)滤波器的原理,使用系数因子,让背景模型通过叠加,逐步逼近当前帧图像,计算公式如下。

$$B_{n-1}(i,j)=(1-\alpha)B_{n-2}(i,j)+\alpha f_n(i,j)$$

其中 $f_n(i,j)$ 为当前帧图像坐标 (i,j) 处的像素灰度值,$B_{n-1}(i,j)$ 为当前时刻背景模型,$B_{n-2}(i,j)$ 为前一时刻背景模型,$0<\alpha<1$ 为系数因子,决定了背景模型的更新程度。系数更新法可以较好地消除突然出现的运动目标在背景模型中留下的痕迹。

高斯模型法是通过对视频序列帧图像中的每个像素建立高斯分布模型,根据高斯分布模型的变化,从而更新背景模型的方法。高斯模型法是一种自适应更新方法,根据对每个像素建立的高斯分布模型的个数,可以分为单高斯、混合高斯模型。假设当前采集的视频序列为第 n 帧,则当前时刻背景模型中每个像素的单高斯模型为 $B_{n-1}(\mu_{n-1},\sigma_{n-1}^2)$,坐标为 (i,j) 处的像素均值 $\mu_{n-1}(i,j)$ 和方差 $\sigma_{n-1}^2(i,j)$ 分别为

$$\mu_{n-1}(i,j)=\frac{1}{n-1}\sum_{k=1}^{n-1}f_k(i,j)$$

$$\sigma_{n-1}^2(i,j)=\frac{1}{n-1}\sum_{k=1}^{n-1}[f_k(i,j)-\mu_k(i,j)]^2$$

其中 $f_k(i,j)$ 为第 k 帧图像坐标 (i,j) 处的像素灰度值,当采集到第 $n+1$ 帧图像时,得到 $n+1$ 时刻单高斯模型 $B_n(\mu_n,\sigma_n^2)$,按下列公式更新高斯模型。

$$\mu_n(i,j)=(1-\alpha)\mu_{n-1}(i,j)+\alpha f_n(i,j)$$

$$\sigma_n^2(i,j)=(1-\alpha)\sigma_{n-1}^2(i,j)+\alpha[f_n(i,j)-\mu_n(i,j)]^2$$

其中 $0<\alpha<1$ 为参数更新率,由此更新得到的背景模型能消除目标对背景模型的影响,也能消除场景变化和噪声影响,但高斯建模复杂,计算量大,不适用于实时系统。

将得到的二值图像 $R_k(i,j)$ 进行形态学滤波后,输出检测出的运动目标,对背景减除法进行仿真,结果如图 5-16 所示。从实验结果可以看出,背景减除法可以快速获得较完

整的运动目标像素，克服了帧间差分法只能获取目标轮廓、轮廓形状发生变化等的不足，且计算量小，适用于实时性要求较高的系统。但背景减除法对场景的变化特别敏感，当场景中的背景像素发生变化，如光照产生阴影、树叶被风吹动等情况，而运动目标尺寸较小，就会对检测结果产生较大的影响。背景减除法的性能严重依赖于背景模型的获取与更新，如图 5-16(c)当行人未进入场景时有车辆经过，而背景模型由第 1 帧替换为车辆经过时序列帧，检测结果如图 5-16(e)就会出现差错。因此，背景模型的建立与更新是背景减除法性能的关键，也是该方法研究的重点。

(a) 当前帧 f_k　(b) 背景模型 b_k　(c) 更新后背景模型 b'_k

(d) f_k-b_k 结果　(e) $f_k-b'_k$ 结果

图 5-16　背景减除法检测结果

3. 累积差分更新的背景减除法

背景减除法复杂度小、计算简单，能很好地在实时系统中实现，但对场景变化和噪声影响特别敏感，建立并维持一个良好的背景模型是准确提取运动目标的关键。采用基于累积差分更新的背景减除法，可以使传统背景减除法性能得到改善与提高。

基于累积差分自适应更新方法建立背景模型，该算法结合累积差分的概念，对 Surendra G 等提出的自适应背景建模法做出改进。背景模型随每帧图像实时更新，较好地消除了场景变化及噪声等的干扰，且计算简单，便于在实时系统中实现。

首先采用视频序列第 1 帧图像 F_0 作为初始背景，以后序列帧中 n 时刻当前帧图像 F_n 与前一时刻背景图像 CB_{n-1} 进行差分运算，得到一个背景模型更新模板，由判决阈值 D 对更新模板二值化得到 BT_n。

$$BT_n(i,j)=\begin{cases}1 & |F_n(i,j)-CB_{n-1}(i,j)|>D \\ 0 & \text{其他}\end{cases}$$

若当前帧图像 $F_n(i,j)$ 与前一时刻背景图像 $CB_{n-1}(i,j)$ 某些像素 (i,j) 处的差值大于阈值 D，则可认为该区域发生了变化，但由于不能判定该变化是由运动目标进入场景而出现的前景区域还是背景区域发生的变化，当前时刻背景图像 CB_n 按如下方法更新。

$$CB_n(i,j)=\begin{cases}CB_{n-1}(i,j) & BT_n(i,j)=1\\ \omega_1 CB_{n-1}(i,j)+\omega_2 F_n(i,j) & BT_n(i,j)=0\end{cases}$$

其中 ω_1、ω_2 为更新因子，且 $\omega_1+\omega_2=1$，此时将 $BT_n=1$ 的 (i,j) 像素点创建累积差分值 Q_n，并使 $Q_n(i,j)=1$，随着后续序列帧的输入，每当差值大于阈值 D 时，累积差分值 $Q(i,j)$ 加 1，当 $Q(i,j)$ 大于设定值 T 时，基本可以认定差值较大的区域是场景中背景区域发生的变化，即新出现的背景像素，此时背景图像 CB_m 按如下方法更新。

$$CB_m(i,j)=\begin{cases}F_m(i,j) & BT_m(i,j)=1\&Q_m(i,j)>T\\ \omega_1 CB_{m-1}(i,j)+\omega_2 F_m(i,j) & BT_m(i,j)=0\end{cases}$$

对于满足条件的像素点 (i,j)，用当前帧像素值 $F_m(i,j)$ 替换 $CB_m(i,j)$，由于当前帧更能反映背景变化的情况，且随着帧数的增加，背景波动纹理增多，误差增大，因此选择适当的阈值 D，更新因子 ω_1、ω_2 以及设定值 T 是用该方法建立与更新背景模型的关键。

对采集的一段交通路口视频序列帧，640 像素×480 像素、30 帧/秒，等间隔取出序列帧中的两幅图像，如图 5-17 所示。图 5-18(a)为统计平均法得到的背景模型，图 5-18(b)为累积差分更新法系数因子 $\alpha=0.6$ 时得到的背景模型，所用参数 1 为 $D=100$、$\omega_1=\omega_2=0.5$、$T=10$。经测试，阈值 D 较小，设定值 T 较大，且 $\omega_1<\omega_2$ 时该算法得到的背景模型更接近真实背景，较好地消除了场景变化的干扰。

(a) 第 5 帧　　(b) 第 15 帧

图 5-17　视频序列帧图像

(a) 统计平均法　　(b) 累积差分更新法

图 5-18　背景建模结果

4. 光流法

光流(optical flow)是 20 世纪 60 年代提出的。光流是指空间运动物体被测表面上的像素点运动的瞬时速度场,包含物体与成像传感器之间的相对运动的关系。光流场是所有光流点的集合,它是一种二维瞬时速度场,其中二维速度矢量是景物中可见点三维速度矢量在成像表面上的投影。

设 $I(x,y,t)$为 k 时刻图像点(x,y)的灰度;u、v 分别为该点的光流矢量沿 x 和 y 方向的两个分量,定义 $u=\mathrm{d}x/\mathrm{d}t, v=\mathrm{d}y/\mathrm{d}t$,它们分别是$(x,y)$的函数。根据图像灰度保持假设 $\mathrm{d}I(x,y,t)/\mathrm{d}t=0$,可以导出光流矢量的梯度约束方程。

$$I_x u + I_y v + I_t = 0$$

梯度约束方程反映了运动图像时间梯度与空间梯度之间的时空微分关系,表示图像强度对时间变化率等于强度的空间变化率与运动速度的乘积。式中,I_x、I_y、I_t 分别表示参考像素点的灰度值沿 x、y、t3 个方向的偏导数;用符号∇ 表示梯度算子,则$\nabla I=(I_x, I_y)^{\mathrm{T}}$ 表示图像灰度的空间梯度;$\boldsymbol{v}=(u,v)^{\mathrm{T}}$ 表示光流矢量。

梯度约束方程是欠定的,需要增加约束才能求解。约束 v 的一种途径是将梯度分量的局部估计在空间和时间上整合起来,进行平滑条件的约束。由于运动目标各点的光流不存在较大变化,因此可以认为光流具有局部平滑性,所以在 1981,年 Horn 和 Schunck 首先将梯度方程和速度场整体平滑约束组合在一起,提出 HS 算法,增加了光流场满足如下的能量最小化方程。

$$E(u,v) = \int_{\Omega} ((I_x u + I_y v + I_t)^2 + \alpha(|\nabla u|^2 + |\nabla v|^2))\mathrm{d}x\mathrm{d}y$$

其中参数 α 用于调整全局平滑的程度,α 越大,得到的光流场越平滑,可以根据需要调整光流场的最终效果。求解 $E(u,v)$对应的最优化问题,可以用变分法转化为 Euler-Lagrange 方程。

$$\Delta u - \frac{1}{\alpha}(I_x^2 u + I_x I_y v + I_x I_t) = 0$$

$$\Delta v - \frac{1}{\alpha}(I_x I_y u + I_y^2 v + I_y I_t) = 0$$

其中 Δ 是 Laplace 算子,$\Delta=\partial_{xx}+\partial_{yy}$。HS 算法把上述方程组的求解用 Gaussian-Seidel 迭代法完成。

$$u^{(n+1)} = u^{(n)} - I_x \frac{I_x u^{(n)} + I_y v^{(n)} + I_t}{\alpha^2 + I_x^2 + I_y^2}$$

$$v^{(n+1)} = v^{(n)} - I_y \frac{I_x u^{(n)} + I_y v^{(n)} + I_t}{\alpha^2 + I_x^2 + I_y^2}$$

在计算像素点坐标方向的梯度和时间方向的梯度时,HS 算法只考虑了一阶变化率,采用了如下的近似公式。

$$\begin{aligned} I_x \approx \frac{1}{4}[&I(x+1,y,t) - I(x,y,t) + I(x+1,y+1,t) - I(x,y+1,t) + \\ &I(x+1,y,t+1) - I(x,y,t+1) + I(x+1,y+1,t+1) - I(x,y+1,t+1)] \end{aligned}$$

$$I_y \approx \frac{1}{4}[I(x,y+1,t) - I(x,y,t) + I(x+1,y+1,t) - I(x+1,y,t) +$$

$$I(x,y+1,t+1)-I(x,y,t+1)+I(x+1,y+1,t+1)-I(x+1,y,t+1)]$$

$$I_t \approx \frac{1}{4}[I(x,y,t+1)-I(x,y,t)+I(x+1,y,t+1)-I(x+1,y,t)+$$

$$I(x,y+1,t+1)-I(x,y+1,t)+I(x+1,y+1,t+1)-I(x+1,y+1,t)]$$

不同的约束规则导致不同的光流计算结果，更多的内容这里不再讲述。图 5-19 是通过 HK 算法计算视频图像的运动矢量。

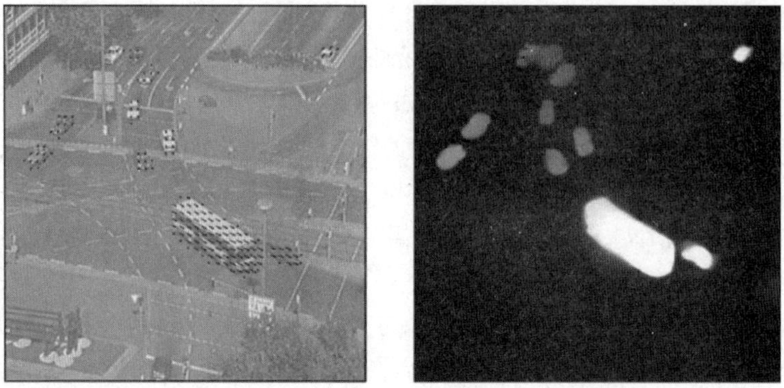

(a) 光流场　　(b) 利用光流幅度提取的运动目标

图 5-19　通过 HK 算法计算视频图像的运动矢量

由图 5-19 可以看出，采用光流计算视频的运动信息时，光流信息与画面的灰度空间有很强的相关性，如果灰度空间丰富，画面中轻微的运动在光流矢量图中也能很清晰地反映出来。光流的计算需要前后两帧图像，所以光流代表了像素的时间信息。

通过光流法计算得到一幅图像光流矢量场，速度矢量由像素位移矢量除以帧间时间间隔得到。在视频序列的连续帧中，光流场在整幅图像中是连续变化的。当图像中出现运动目标，运动目标（即前景区域）的速度场与静止或运动的背景区域的速度场不同，则可区分出目标区域与背景区域。

光流携带了运动目标的运动和结构信息，在预先没有任何场景信息的条件下，能够检测出独立运动的目标，适用于静止背景和动态背景下的运动目标检测，但光流计算模型复杂，运算量大，在实时性要求较高的系统中很难实现。

5. 运动目标提取

建立背景模型后，通过实时图像与背景模型的差分运算，检测场景中的运动目标，提取运动目标区域像素，以便后续获取目标特征数据。假设采集的视频当前为第 k 帧，当前时刻背景模型为 CB_k，将当前帧与背景模型相减：

$$DM_k(i,j)=|F_k(i,j)-CB_k(i,j)|$$

其中 $F_k(i,j)$、$CB_k(i,j)$ 分别为当前帧和背景模型坐标 (i,j) 处的像素灰度值，由差值 DM_k 判断运动目标区域并二值化：

$$BD_k(i,j)=\begin{cases}1 & DM_k > Q \\ 0 & \text{其他}\end{cases}$$

其中 Q 为判决阈值，将差分结果 DM_k 转换为二值图像 BD_k，像素值为 1 的是运动目标区域，像素值为 0 的是背景区域。

阈值的获取采用灰度直方图阈值分割法，灰度直方图表示图像中灰度级的概率分布，图像中运动目标与背景像素灰度值存在明显差异，在直方图上表现为两峰或多峰分布，差分结果 $DM_k(i,j)$ 是当前帧与背景模型坐标 (i,j) 处的灰度差值，由差值的大小判断像素点是否为运动目标，因此阈值 Q 应设定为直方图中两主峰间的差值，视频序列 126 帧图像的阈值设定如图 5-20 所示。

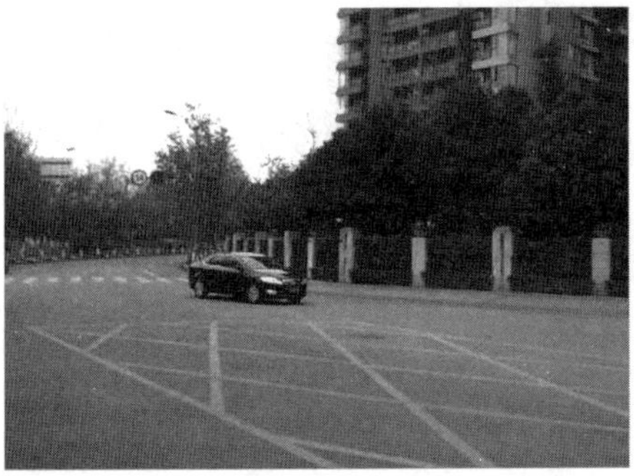

(a) 序列帧图像

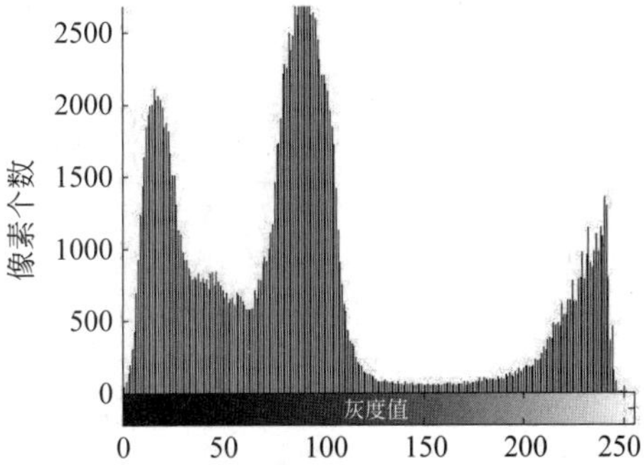

(b) 图像灰度直方图

图 5-20　直方图阈值分割法

从图 5-20 可以看出，图像中运动目标像素灰度分布在最左边波峰处，波峰处灰度值大约为 25，另两处波峰为背景像素，取其中波峰灰度值大约为 90 处的主要波峰，则判决阈值 Q 应为两主峰波峰灰度值的差 65。

5.2.2　基于字典的识别方法

用一个被称为字典的词汇集合，可以完成对每个图像代表含义的描述。统计词汇在图像中出现的概率，则可以获得词频统计向量，这个向量被称为"词袋"(Bag Of Feature，BOF)模型。这种基于词频统计的方法最早用于自然语言的分析中，但是现在发现：词袋模型对图像和视频数据库也表现出强大的相似性检索能力。

1. 词袋的基本原理

词袋模型的流程如图 5-21 所示。

在流程图中，第一步是学习阶段。在样本集的支撑下，先选择并形成每个样本的特征集，然后把特征集与字典的每个词汇进行最邻近分类，把特征集转化为基于字典直方图，最后利用直方图完成对目标分类器的训练。在第二步的识别阶段，用同样的方法形成被识别图像的直方图，然后利用训练的目标分类器完成识别任务。

在这个过程中，特征的形成方法、字典的形成方法、分类器的结构和训练方法都是关键步骤，特别是特征的形成和字典的形成，需要针对不同的识别任务进行优化。常用的特征包括不变描述子、梯度直方图等，而字典一般需要利用训练样本集进行优化。分类器可以使用线性分类器，如 LDA、FDA 等，也可以使用非线性的支持向量机(SVM)等。这个过程中还隐含了一个关键因素，那就是特征的相似性测度。一般来说，直方图的相似性测度常用巴氏距离，但是目前的研究表明自适应协方差加权的马

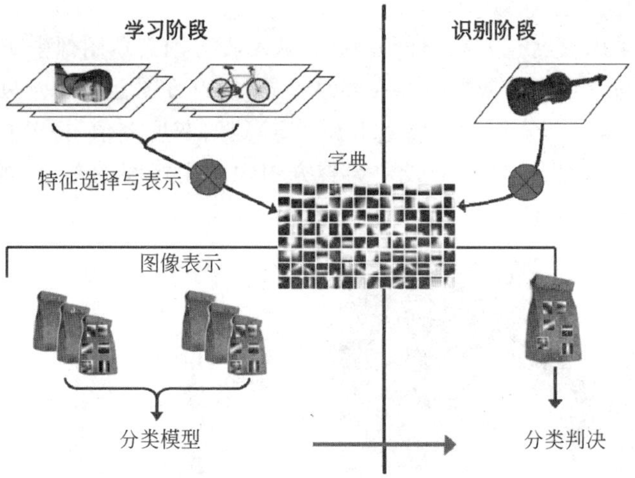

图 5-21　词袋模型的流程

氏性能更好。

图 5-22 是用词袋法进行图像特征编码的实例图。图像层是训练样本集中的图像，覆盖了后续应用中目标的类别。在这个例子里，直接把训练图像划分成图像块，每块都是字典中的一个视觉词汇。最终形成的词典由每个训练样本图像中抽取的典型图像块合并而成。在词典的支持下，训练图像可以表示为直方图的形式。从图 5-22 中可以看出，每张图像的直方图具有较大的差异性，这表明词袋方法具有良好的类别区分能力。

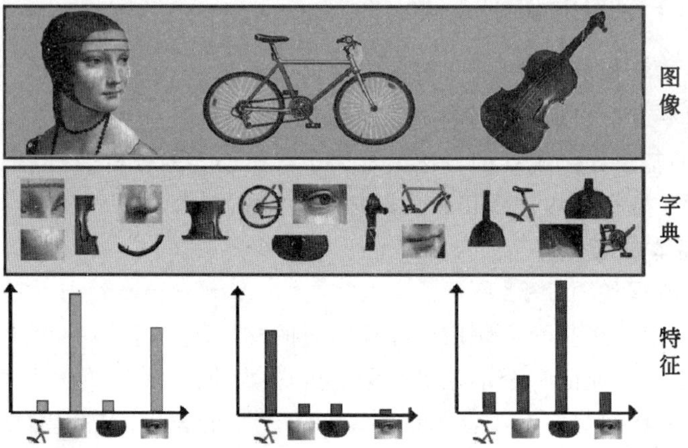

图 5-22　词袋特征编码的例子

2. 基于词袋的图像场景识别

图像场景分类是计算机视觉领域的一个重要问题。场景类别不但包含了人们对图像的总体认识，还对场景中兴趣目标的检测和识别、视频监视等计算机视觉方面的应用具有重要意义，在图像检索、遥控装置导航领域有广泛的应用，因此获得广泛关注。目前，场景分类的研究已取得一定成果，但由于场景本身的复杂性、光照、遮挡等变化因素，场景分类仍是一个富有挑战的问题。

这里讲述一种基于兴趣目标协方差矩阵的局部 Sigma 点特征，对场景进行语义建模并完成场景分类的方法。首先在交互式图像分割的基础上提取出场景中的兴趣目标，兴趣目标是用户选择的在该类场景中出现的典型目标；然后结合像素位置、颜色、Gabor 特征和 LBP 特征构造出表征兴趣目标的协方差矩阵；最后将协方差矩阵转换成欧式空间下的 Sigma 点特征，利用 SVM 完成场景分类器的学习和判别。

1）特征字典的形成

字典形成要经过数据准备和特征计算两个阶段。在数据准备阶段，首先获取场景分类的训练图像，并标记每张图像的场景类别，该过程可以使用互联网上提供的各种图库，如 Sun2009、EPTH 等，也可以针对使用者的需要自行添加训练图像和对应的场景类别；然后利用 GraphCut 等交互式图像分割工具，对每种训练图像分割出兴趣目标，分割出的兴趣目标呈连通状态，保存这些兴趣目标的像素信息。图像分割工具的选择，用户可以自行决定。如果已经存在独立的语义兴趣目标库，也可以跳过交互式图像分割步骤。

在字典形成的特征计算阶段，主要围绕兴趣目标的协方差特征进行。协方差矩阵属于黎曼空间，不同于常用的欧式空间，它在距离测度的定义上存在较大区别，常用的内积运算不再适用。为了方便协方差特征间距离的比较，把协方差特征转换到欧式空间中，使常用的向量内积和聚类算法等工具能继续使用。

协方差特征是对多种特征信道（如颜色、滤波响应等）进行组合，通过相关系数计算形成的一种低维统计特征描述。假设 I 是彩色场景图像中的兴趣目标块，我们可以得到兴趣目标的 d 维像素特征集 $F(x,y)=\phi(I,x,y)$，其中映射函数 ϕ 是对多种特征信道的组合，将图像中的每个像素扩展成 d 维特征，x,y 是像素在兴趣图像块内的相对横坐标和纵坐标。于是，对于图像中的任何兴趣区域 R，令 $\{z_k\}_{k=1,\dots,n}$ 表示该区域内的所有 d 维特征像素点，可计算出 $d\times d$ 维的协方差矩阵，称其为区域协方差描述子。

$$\Sigma=\frac{1}{n-1}\sum_{k=1}^{n}(z_k-\mu)(z_k-\mu)^{\mathrm{T}}$$

其中 μ 表示区域像素点 d 维特征的均值，n 是区域内的像素数量。

像素特征的选取通常采用像素位置、RGB 颜色、梯度强度和方向等。但对于不同场景中的兴趣目标，光照强度和视角的变化以及非刚性变化的问题，将直接影响场景判断的准确性。传统的像素特征不能很好地解决上述问题。因此，针对影响因素，这里使用的像素特征集如下所示。

$$F(x,y)=\left[x,y,\frac{O_1(x,y)}{O_2(x,y)},\frac{O_2(x,y)}{O_3(x,y)},\left|\frac{\partial I(x,y)}{\partial x}\right|,\left|\frac{\partial I(x,y)}{\partial y}\right|,\mathrm{Gabor}(x,y),\mathrm{LBP}(x,y)\right]$$

在保留位置信息 x、y 和梯度信息 $|\partial I(x,y)/\partial x|$，$|\partial I(x,y)/\partial y|$ 的同时，改变颜色通道的描述形式，增加 Gabor 滤波器组提取轮廓信息和 LBP 纹理信息。其中，$O_1(x,y)/O_2)(x,y)$ 和 $O_2(x,y)/O_3(x,y)$ 由彩色图像的 RGB 颜色空间转换得到，是颜色空间中的不变量，能保证不同光照条件下颜色特征的稳定性。

$$\begin{bmatrix} O_1 \\ O_2 \\ O_3 \end{bmatrix} = \begin{bmatrix} \dfrac{R-G}{\sqrt{2}} \\ \dfrac{R+G-2B}{\sqrt{6}} \\ \dfrac{R+G+B}{\sqrt{3}} \end{bmatrix}$$

把彩色兴趣目标块 I 转换为对应的灰度图像 $f(x,y)$，然后利用尺度系数为 m、方向系数为 n 的 Gabor 滤波器组对 $f(x,y)$进行滤波，结果用 $\text{Gabor}(x,y)$，即

$$\text{Gabor}(x,y) = f(x,y) \times g_{mn}(x,y)$$
$$g_{mn}(x,y) = a^{-m} g(x',y')$$
$$g(x,y) = \frac{1}{2\pi\sigma_x\sigma_y}\exp\left[-\left(\frac{x^2}{\sigma_x^2}+\frac{y^2}{\sigma_y^2}\right)\right]\times\cos(2\pi f_0 x+\varphi)$$
$$x' = a^{-m}(x\cos\theta + y\cos\theta),\ y' = a^{-m}(-x\sin\theta + y\cos\theta)$$
$$\theta = n\pi/(n+1)$$

a^{-m} 为尺度因子，σ_x 和 σ_y 表示高斯函数标准差，f_0 是滤波器中心频率，θ 为滤波器方向。在本发明中，m 取 3，n 取 4，则每个像素点形成的 Gabor 特征为 12 个。利用 Gabor 滤波器对图像进行特征提取，实质是检测出图像中一些具有相应的方向频率信息的显著特征，可以有效表示兴趣目标的轮廓外形语义特征。

$\text{LBP}(x,y)$表示像素点(x,y)的纹理特征。对每个像素 3×3 范围内的 8 邻居的亮度差分二值化结果进行旋转不变加级联处理即可形成 LBP 特征。LBP 特征对光照变化具有不变性，从而增强对兴趣目标的语义描述准确性。

每个进行协方差矩阵计算的像素特征是一个 19 维向量。获得兴趣目标区域内所有像素的特征向量后，计算出兴趣目标的协方差矩阵。协方差矩阵属于黎曼空间，不具有简便的距离测度，不能在标准的机器学习算法中直接使用。所以，利用 UT（Unscented Transform）把协方差矩阵转换为欧式空间中，19 维的协方差特征转换成欧式空间中的 39 个 Sigma 特征点，每个 Sigma 点都包含 19 维特征。Sigma 点的计算过程如下。

（1）已知协方差矩阵 Σ 和区域特征向量的均值 μ。对 Σ 进行简单正则化：$\Sigma=\Sigma+\varepsilon I$，$\varepsilon=10^{-6}$，其中 I 为 d 维单位矩阵。

（2）利用 Cholesky 分解计算协方差矩阵的标准差：$\Sigma=\sqrt{\Sigma}(\sqrt{\Sigma})^{\mathrm{T}}$，得到下三角矩阵$\sqrt{\Sigma}$。

（3）计算 Sigma 点 S_i。

$$s_0 = \mu,\ s_i = \mu + \alpha(\sqrt{\Sigma})_i,\ s_{i+d} = \mu - \alpha(\sqrt{\Sigma})_i,\ i = 0,1,2,\cdots,2d$$

其中$(\sqrt{\Sigma})_i$ 为下三角矩阵的第 i 列，α 定义元素的权重，取常数$\sqrt{2}$。

（4）将所有的 Sigma 点级联形成最终的区域特征 $S=(s_0,s_1,s_2,\cdots,s_{2d})$，特征维数是 741。

计算所有训练图像中通过交互式分割获得的兴趣目标区域 Sigma 点区域特征。由于 Sigma 点区域特征是欧式向量，所以可以直接对汇总形成的区域特征样本集合进行 K 均值聚类算法，得到的 K 个中心点$(c_0,c_1,\cdots,c_{K-1})$就构成了特征字典，每个字典项的维

数是 741。同时，记录所有区域特征样本与 K 个中心点的最大距离 $\delta_{\max}$。这里，K 的取值为 50。

2）场景分类器训练

特征字典是兴趣目标的特征子空间。在交互式图像分割时，用户只挑选了具有较强语义判别能力的目标。这些目标在不同的图像中可能同时出现，但是用户不一定在每个图像中都对它们进行分割。作为图像场景的分类器，应该完整体现兴趣区域的分类效果。所以，在分类器训练阶段，采用了均匀采样、统计训练的方式。具体做法如下。

（1）仿照空间金字塔方法，把训练图像进行两层金字塔分解。在每一层中按行列划分 64×64 像素的方形区域，每个方形区域在行、列方向与其相邻区域各有 32 个像素的重叠；金字塔的测试可以根据需要增加。

（2）对每个方向区域计算 Sigma 点区域特征。

（3）计算每个 Sigma 点区域特征与字典$(c_0, c_1, c_2, \cdots, c_{K-1})$中每个元素的距离，记录最小距离 d_k，其中 k 是字典元素的下标。如果 $d_k > \delta_{\max}$，则当前的 Sigma 点区域特征属于背景区域，直接丢弃；否则对字典元素 k 计数加 1，认为出现兴趣目标 1 次。

（4）统计每张训练图像的兴趣目标出现的次数，归一化为该图像的兴趣目标直方图。

（5）以兴趣目标直方图和训练图像标记的场景类型为输入，训练支持向量机，完成对场景分类器的训练。

3）场景分类

仿照分类器训练阶段的方法，对待分类图像进行金字塔分解，然后利用 Sigma 点区域特征形成兴趣目标直方图。以待分类图像的兴趣目标直方图为输入，分类器给出场景类别的判别结果。

4）性能测试

我们选择了 SUN Database 场景数据库进行协方差分类方法的实验。该场景库 2010 年由布朗大学的研究者建立，包含人工标注的 899 个场景类别和 130519 幅场景图像，是一个基本无遗漏性的场景数据库，对于分类算法的性能验证具有普遍意义。实验时，我们选择 SUN Database 中 Bedroom、Building、City、Coast、Forest、Highway 和 Mountain7 类场景作为标准实验库。

在标准实验库上，将每幅图像的尺寸规范到 256×256 像素，然后使用 GraphCut 进行兴趣目标的提取，把获得的兴趣目标像素区域尽量去除背景像素，并且保持像素的无空洞全连通。计算像素特征时，Gabor 滤波器组的方向参数取 4，尺度参数取 3；转换形成的 Sigma 点特征是 741 维的特征向量；在基于 K 均值聚类算法形成字典时，字典元素数量 K 取 50，并记录训练样本与字典项的最大距离 $\delta_{\max}$。

为了对所有标准场景进行充分学习，随机从每类场景中选择一半作为训练集，其余作为测试集；选择 LIBSVM 进行 all-vs-all 多类学习，核函数选择线性函数，并与典型的 Gist、LBP（Local Binary Patterns）、HMAX（Hierarchical Models with Max Mechanisms）、BOF（Bag of Feature）和 SPM（Spatial Pyramid Matching）算法进行性能比较。

ROC 曲线（图 5-23）能够很好地表示分类虚警率和识别率的变化趋势，横坐标表示每种算法分类时的虚警率，纵坐标表示场景识别率。随着虚警率不断增加，训练样本和类别将随之增加,保证了识别率的提升。各算法对每类场景的分类准确度对比中,横坐标表示场景类别,纵坐标表示对每类场景的分类准确度。

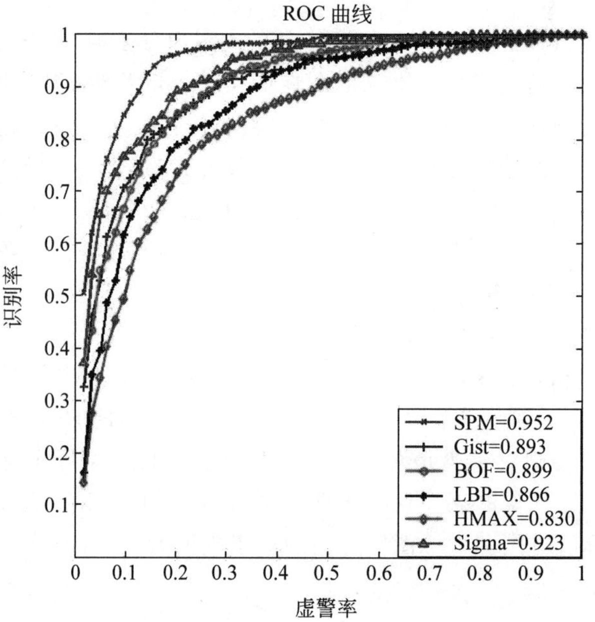

图 5-23 实验结果对应的 ROC 曲线

5.3 视觉目标跟踪技术

美国和欧洲等国家凭借自身技术和资金上的优势,从 20 世纪 90 年代起率先进行了智能视频监控系统方面的研究,主要包括:美国国防部高级研究项目署(Defense Advanced Research Projects Agency,DARPA)的视觉重大监控(Video Surveillance and Monitoring,VSAM)项目,由卡内基·梅隆大学、麻省理工学院等十几所高校与研究机构参与,主要研究了在战场及普通民用场景中,利用多传感器、通信网络等实现对区域的全方位全时段监控,包括自动视频理解、目标识别及跟踪、行为分析等关键技术;马里兰大学和美国 IBM 公司共同开发的实时监控系统 W4 针对夜晚和光线较差的室外环境,能对场景中出现的人进行定位,通过建立外观模型实现多人跟踪,并且能对图像中人的身体部分进行分割,可以检测出携带物体等行为并监控人们的活动;欧洲委员会资助的视频标注检索监控(Annotate Digital Video for Surveillance and Optimized Retrieval,ADVISOR)项目能自动分析地铁站内场景,识别个人行为活动,对公共交通系统场所进行监控。受这些典型项目的牵引,视频监控技术得到了飞速发展,形成的成果也在军事和民用领域得到了应用。

本节虽然只对视频目标跟踪的基本方法进行了描述,但是它们都是经典的视频跟踪方法,构成了各类视频目标跟踪算法的基础。

5.3.1 KLT 跟踪方法

图像配准时，需要移动，甚至对模板进行形变，使得图像与模板间的差异最小化。自从 1981 年提出 Lucas-Kanade 光流算法用于图像配准以来，它就成为计算机视觉领域中广泛使用的工具。除了光流的计算，其他应用还包括视频跟踪、运动估计、医学图像处理、人脸识别等。尽管也有差分分解、线性回归等数值算法，但是梯度下降法仍然是图像配准的标准方法。梯度下降法可以通过不同的方式进行，有些算法对估计参数进行增量更新，有些算法对形变参数进行组合分解。如果用梯度的形成算法分类，可以划分为高斯牛顿法、拟牛顿法、最陡下降法和 Levenberg-Marquardt 法。

Lucas-Kanade 算法的目标是寻找模板图像 $T(x,y)$ 在图像 $I(x,y)$ 中匹配对象，其中 $x=(x,y)^{\mathrm{T}}$ 是列向量。如果 Lucas-Kanade 算法被用于计算光流或者用于连续的帧间跟踪图像块，则模板 $T(x,y)$ 就是从图像中提取的子块(例如，5 像素×5 像素的矩形块)。

用 $W(x;p)$ 表示参数化的子块变换，其中 $p=(p_1,\cdots,p_n)^{\mathrm{T}}$ 是参数向量。通过变换 $W(x;p)$，模板 T 坐标系中的像素被转换到图像 I 坐标系中的亚像素位置。如果在计算光流，则变换的参数化形式只包括平移操作。

$$W(x;p)=\begin{pmatrix} x+p_1 \\ y+p_2 \end{pmatrix}$$

其中参数向量 $p=(p_1,p_2)^{\mathrm{T}}$ 代表光流。如果用图像信息跟踪三维空间表示的目标，则考虑仿射变换形式的形变操作。

$$\begin{aligned} W(x;p) &= \begin{pmatrix} (1+p_1)\times x & +p_3\times y & +p_5 \\ p_3\times x & +(1+p_1)\times y & +p_5 \end{pmatrix} \\ &= \begin{pmatrix} (1+p_1) & p_3 & p_5 \\ p_2 & 1+p_4 & p_6 \end{pmatrix} \begin{pmatrix} x \\ y \\ 1 \end{pmatrix} \end{aligned}$$

其中 6 个参数的向量 $p=(p_1,\cdots,p_6)^{\mathrm{T}}$ 代表仿射变换。一般来说，参数的数量可以任意多，构成的变换也可以任意复杂。一个典型的例子就是人脸识别中用到的 AAM(Active Appearance Models)算法，它采用了复杂的分段线性仿射变换。

1. Lucas-Kanade 算法的目的

Lucas-Kanade 算法用于寻找变换 W，使得模板 T 与变换到模板坐标系内的图像 I 之间，逐像素的误差平方和最小化：

$$\sum_x [I(W(x;p))-T(x)]^2$$

把图像 I 变换到模板 T 的坐标系中，需要在亚像素位置 $W(x;p)$ 处进行插值运算。最小化误差平方和是针对参数向量 p 的，求和运算要对模板图像的所有像素位置进行。即使 $W(x;p)$ 是 p 的线性函数，上述的最小化过程也是一个非线性过程。这是因为像素值 $I(x)$ 在 x 处是非线性的。事实上，$I(x)$ 与 x 没有关系。要完成上述的优化过程，Lucas-Kanade 算法假设当前的参数 p 已知，迭代地对参数进行增量 Δp 更新。也就是说，把优化问题转换为

$$\sum_x [I(W(x;p+\Delta p)) - T(x)]^2$$

对 Δp 进行逐次迭代。每次迭代完成后，更新参数向量：

$$p \leftarrow p + \Delta p$$

这两步过程迭代到 p 收敛为止。典型的收敛测试方法是 Δp 的范数消息指定的阈值 ε。

2. Lucas-Kanade 算法的推导

Lucas-Kanade 算法是典型的高斯-牛顿非线性梯度下降优化算法。对非线性的优化目标函数进行一阶泰勒展开，可得

$$\sum_x \left[I(W(x;p)) + \nabla I \frac{\partial W}{\partial p} \Delta p - T(x) \right]^2$$

在上述表达式中，

$$\nabla I = \left(\frac{\partial I}{\partial x}, \frac{\partial I}{\partial y} \right)$$

表示图像 $I(x)$ 的梯度经 $W(x;p)$ 变换后转换到模板坐标系中。$\frac{\partial W}{\partial p}$ 是变换的 Jacobian 矩阵。如果 $W(x;p)=(W_x(x;p), W_y(x;p))^{\mathrm{T}}$，那么

$$\frac{\partial W}{\partial p} = \begin{pmatrix} \frac{\partial W_x}{\partial p_1} & \frac{\partial W_x}{\partial p_2} & \cdots & \frac{\partial W_x}{\partial p_n} \\ \frac{\partial W_y}{\partial p_1} & \frac{\partial W_y}{\partial p_2} & \cdots & \frac{\partial W_y}{\partial p_n} \end{pmatrix}$$

这样，对仿射变换，它的 Jacobian 矩阵可以表示为

$$\frac{\partial W}{\partial p} = \begin{pmatrix} x & 0 & y & 0 & 1 & 0 \\ 0 & x & 0 & y & 0 & 1 \end{pmatrix}$$

在泰勒近似下，最小化误差平方和问题转换成最小二乘问题，可以得到解析解。误差平方和对 Δp 求偏微分后，令其为 0，可得

$$2\sum_x \left[\nabla I \frac{\partial W}{\partial p} \right]^{\mathrm{T}} \left[I(W(x;p)) + \nabla I \frac{\partial W}{\partial p} \Delta p - T(x) \right] = 0$$

我们把 $\nabla I \frac{\partial W}{\partial p}$ 称为最陡下降图。解上述的方程，可得参数增量的表达式为

$$\Delta p = H^{-1} \sum_x \left[\nabla I \frac{\partial W}{\partial p} \right]^{\mathrm{T}} [T(x) - I(W(x;p))]$$

其中，$\boldsymbol{H}$ 是用高斯-牛顿法近似的 Hessian 矩阵。

$$\boldsymbol{H} = \sum_x \left[\nabla I \frac{\partial W}{\partial p} \right]^{\mathrm{T}} \left[\nabla I \frac{\partial W}{\partial p} \right]$$

根据上述的表达式，Lucas-Kanade 算法迭代地计算 Δp，然后更新 p，最终在 Δp 的范数小于阈值后停止。显然，梯度 ∇I 必须在变换 $W(x;p)$ 确定时计算，而 Jacobian 矩阵依赖于参数 p，所以它们都依赖于 p。对简单的变换，例如平移和仿射，它们的 Jacobian 矩阵是常数。但是对 p 不是常数的情况，需要对迭代的每一步进行 Jacobian 矩阵的计算。从 Lucas-Kanade 算法的过程看，要让算法得以执行，$W(x;p)$ 必须满足可导性，至少要满足分段可导的条件。

当利用 Lucas-Kanade 算法进行图像目标跟踪时，把被跟踪目标的图像看作模板 T，把新的一帧图像看作 I。在仿射变换的假设下，从新图像中搜索模板的仿射变换关系，获取目标的新位置。通常，受图像成像条件变化的影响，目标模板要做自适应调整，否则很容易丢失跟踪对象。如何发现目标特征发生了变化、如何调整目标模板，成为图像跟踪领域长期研究的对象，形成了很多研究成果。但是，Lucas-Kanade 算法作为基本的搜索方法却一直被大家使用。

图 5-24 是 Lucas-Kanade 算法用于目标搜索的例子。每张图片的左上角有一张作为模板的小图，需要在大图中准确定位小图。显然，模板与搜索对象之间存在仿射变换，准确定位后的搜索结果不但存在平移，还存在旋转和尺度的变化。这些变换在 Lucas-Kanade 算法考虑中可以给出最小均方误差意义下的最优搜索结果。

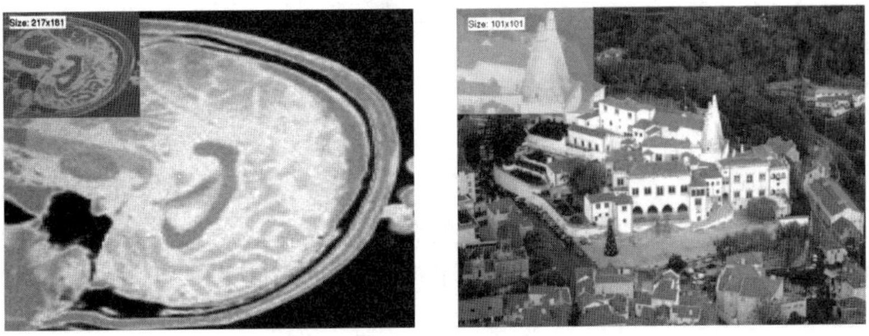

图 5-24　Lucas-Kanade 算法用于目标搜索的例子

5.3.2　均值漂移跟踪方法

均值漂移(MeanShift)算法是一种模式识别方法，由 Fukunaga 和 Hostetler 在 1975 年提出，但一直不被重视。直到 Cheng 发表的一篇论文才点燃了学术界对它的热忱。尽管均值漂移算法拥有良好的特性，但在统计领域人们对此知之甚少，均值漂移算法在密度估计领域的优点也是最近才被重新发现。

对于特征空间分析，均值漂移模型是一种非常万能的工具。针对很多视频任务，它都可以提供可靠的解决方式。本节将介绍均值漂移的基本概念及性质。

1. 核函数和密度函数

核密度估计(在模式识别领域被称为 Parzen 窗口技术)是应用最广泛的密度估计方法。设 d 维空间 R^d 中有 n 个采样数据点 x_i，$i=1,2,\cdots,n$。关于核函数 $K(x)$和 $d\times d$ 的对称正定带宽矩阵 $\boldsymbol{H}$，点 x 的多元核函数估计为

$$f(x) = \frac{1}{2}\sum_{i=1}^{n} K_H(x - x_i)$$

$$K_H = \| H \| K(H^{0.5} x)$$

d 维核函数 $K(x)$是具有紧支集的有界函数，满足

$$\int_{R^d} K(x)\mathrm{d}x = 1 \qquad \lim_{\| x \| \to\infty} \| x \|^d K(x) = 0$$

$$\int_{R^d} xK(x)\mathrm{d}x = 0 \quad \int_{R^{dx}} x^{\mathrm{T}} K(x)\mathrm{d}x = \delta_K \boldsymbol{I}$$

式中，δ_K 为常数。多元核函数可以由对称的单变量核函数 $K_1(x)$以下面两种方法合成：

$$K^P(x) = \prod_{i=1}^{d} K_1(x_i)$$

或

$$K^S(x) = a_{k,d} K_1(\| x \|)$$

$K^P(x)$ 通过径向基函数的乘积得到；$K^S(x)$ 通过在空间 R^d 中旋转 $K_1(x)$ 合成，即 $K^S(x)$ 是径向对称的。系数 $a_{k,d}^{-1} = \int_{R^d} K_1(\| x \|^2)\mathrm{d}x$ 保证 $K^S(x)$ 的积分为 1。

我们对满足下式的径向对称性质的核函数更感兴趣：

$$K(x) = c_{k,d} k(\| x \|^2)$$

这里，$k(x)$被称为核函数的轮廓函数，并且只要定义 $X \geqslant 0$ 的情况，就能完全确定 $K(x)$。$c_{k,d}$是满足 $K(x)$积分归一化的严格正常量。

使用一个完全参数化的变量 H 会增加估计的复杂度。在实际中，带宽矩阵 $\boldsymbol{H}$ 被选择为对角矩阵 $H = \mathrm{diag}[h_1^2, h_2^2, \cdots, h_n^2]$，或者与单位矩阵成比例 $\boldsymbol{H} = h^2 \boldsymbol{I}$。后面一种情况最明显的优点是，它只需要提供一个大于 0 的带宽参数。当只使用一个带宽参数定义带宽矩阵时，基于核函数的密度估计值就变成了如下的著名公式。

$$f(x) = \frac{1}{nh^d} \sum_{i=1}^{n} K_i\left(\frac{x - x_i}{h}\right)$$

核函数密度估计的性能是由真实密度值和它的估计值之间的均方误差衡量的，积分范围覆盖所有定义域。然而，在实际中只能计算均方误差的渐进估计值(AMISE)。在渐进性条件下，当数据样本数量趋于无穷大时，带宽以更低的速度趋于 0。Epanechnikov 核函数的定义如下。

$$K_E(x) = \begin{cases} \frac{1}{2} c_d^{-1}(d+2)(1 - \| x \|^2) & \| x \| \leqslant 1 \\ 0 & \text{其他} \end{cases}$$

c_d 是 D 维球体单元的体积。$K_E(x)$的轮廓函数是

$$k_E(x) = \begin{cases} 1 - x & 0 \leqslant x \leqslant 1 \\ 0 & x \geqslant 1 \end{cases}$$

无论是加性，还是乘性多元核函数构造方法，AMISE 测度对 Epanechnikov 核函数都能趋于收敛。需要注意的是，Epanechnikov 轮廓函数在边界处是不可导的。而下列的轮廓函数：

$$k_N(x) - \exp\left(-\frac{1}{2}x\right) \quad x \geqslant 0$$

定义了正态核函数：

$$K_N(x) = (2\pi)^{-d/2} \exp\left(-\frac{1}{2} \| x \|^2\right)$$

在实际应用中，正态核函数经常进行对称截断，以获得有限的定义区间。

这两种核函数可以满足绝大多数的需要。使用轮廓函数的方式，核密度估计的表达

式被重新写成如下形式：

$$f_{h,K}(x)=\frac{c_{k,d}}{nh^d}\sum_{i=1}^{n}k\left(\left\|\frac{x-x_i}{h}\right\|^2\right)$$

很多需要对特定密度 $f(x)$ 特征空间进行分析的应用，其实质都是寻找核密度的模式。该模式位于梯度 $\nabla f(x)=0$ 的所有零点中。均值漂移是一种不需要进行密度估计，就能完成零点搜索的优美算法。

2. 密度梯度估计

根据核密度的线性化特点，密度函数的梯度估计子可以密度估计子的梯度表示。

$$\nabla f_{h,K(x)}\equiv\nabla f_{h,K(x)}=\frac{2c_{k,d}}{nh^{d+2}}\sum_{i=1}^{n}(x_i-x)k'\left(\left\|\frac{x-x_i}{h}\right\|^2\right)$$

定义如下函数：

$$g(x)=-k'(x)$$

假设轮廓函数的导数在 $x\in[0,\infty)$ 都存在。现在用 $g(x)$ 作为轮廓函数，则核函数 $G(x)$ 可以被定义为如下形式。

$$G(x)=c_{g,d}g(\|x\|^2)$$

$c_{g,d}$ 是对应的归一化常量。核函数 $K(x)$ 也被称为 $G(x)$ 的影子函数。注意，Epanechnikov 核函数是均匀核函数的影子，而均匀核函数就是 D 维单位空间。正态核函数和它的影子函数有相同的形式。

将 $g(x)$ 代入核密度的梯度表达式，得

$$\begin{aligned}\nabla f_{h,K(x)}&=\frac{2c_{k,d}}{nh^{d+2}}\sum_{i=1}^{n}(x_i-x)g\left(\left\|\frac{x-x_i}{h}\right\|^2\right)\\&=\frac{2c_{k,d}}{nh^{d+2}}\left[\sum_{i=1}^{n}g\left(\left\|\frac{x-x_i}{h}\right\|^2\right)\right]\left[\frac{\sum_{i=1}^{n}x_ig\left(\left\|\frac{x-x_i}{h}\right\|^2\right)}{\sum_{i=1}^{n}g\left(\left\|\frac{x-x_i}{h}\right\|^2\right)}-x\right]\end{aligned}$$

式中，$\sum_{i=1}^{n}g\left(\left\|\frac{x-x_i}{h}\right\|^2\right)$ 为正数，这个条件对实际能用到的轮廓函数都满足。上式中的两个乘积项都很特别。第一项与核函数 $G(x)$ 表达的 x 点处的密度估计值成正比。

$$f_{h,G(x)}=\frac{c_{g,d}}{nh^d}\sum_{i=1}^{n}g\left(\left\|\frac{x-x_i}{h}\right\|^2\right)$$

第二项是均值漂移向量：

$$m_{h,G(x)}=\frac{\sum_{i=1}^{n}x_ig\left(\left\|\frac{x-x_i}{h}\right\|^2\right)}{\sum_{i=1}^{n}g\left(\left\|\frac{x-x_i}{h}\right\|^2\right)}-x$$

它是 $G(x)$ 加权的位置均值与核窗口中心 x 的距离差。根据这两项的定义符号，核密度的梯度可以简化为

$$\nabla f_{h,K(x)}=f_{h,G(x)}\frac{2c_{k,d}}{h^2c_{g,d}}m_{h,G(x)}$$

而均值漂移向量可以表达为

$$m_{h,G(x)} = \frac{1}{2}h^2 c \frac{\nabla f_{h,K(x)}}{f_{h,G(x)}}$$

均值漂移向量的表达式表明：在位置 x 处，通过核函数 $G(x)$ 计算出的均值漂移矢量，与通过核函数 $K(x)$ 得到的归一化密度梯度估计值成正比，与通过核函数 $G(x)$ 计算得到的 x 处密度估计值成反比。均值漂移向量始终指向密度增加值最大的方向。

上述对均值漂移向量的解释依赖直觉，局部均值向量指向大多数点所在的区域。由于均值漂移向量与局部梯度估计值有关，它定义一条估计密度值的路径，按预定的密度函数最终收敛到静止点。均值漂移算法就是持续地计算均值漂移向量 $m_{h,G(x)}$，按均值漂移向量平移核函数 $G(x)$ 的窗口位置，确保 $G(x)$ 汇聚梯度为 0 的点。按密度估计对均值漂移向量进行归一化是希望的特征。对于特征空间中不感兴趣的低密度值区域，均值漂移算法的步长较大。相反，在局部极大值点附近，均值漂移算法的步长较小，分析过程也更精细。所以，均值漂移算法是自适应的梯度下降算法。可以证明：当核函数的轮廓函数是单调递减的凸函数时，均值漂移算法经过多次迭代，能收敛于模式的极值点。

均值漂移算法是一种模式识别算法，典型的应用就是图像分割，如图 5-25 所示。对每个图像像素建立局部模式，然后用均值漂移算法计算它们的收敛极值点。把全图的收敛点进行汇总，作为图像区域的代表点，形成不同的分割区域。控制窗函数的宽度和区域中的像素最小个数，能得到不同的分割结果。

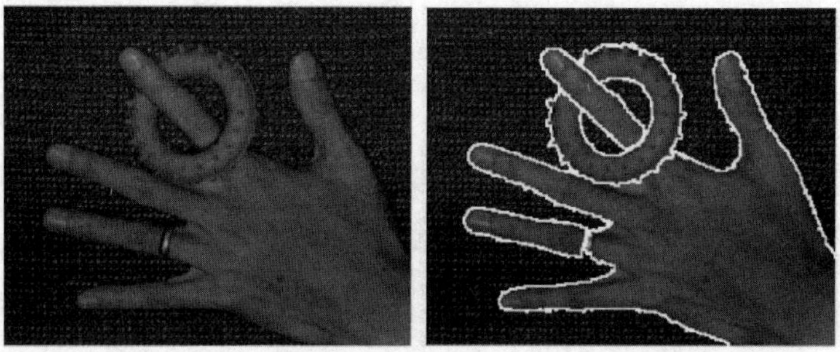

(a) 原图　　(b) 分割结果

图 5-25　均值漂移用于图像分割的例子

图 5-25 中用白实线表示区域边缘。

3. CAMShift

CAMShift 算法即连续自适应均值漂移算法(Continuously Adaptive Mean Shift)，由 Gary R. Bradski 首次提出。CAMShift 是一种基于颜色概率分布和统计的搜索算法，其核心是 Mean Shift(均值漂移)迭代，即将适用于单幅图像 Mean Shift 算法扩展到连续的视频序列帧图像。该算法利用目标区域的颜色直方图特征，即 HSV 色彩模型中的 H 分量，在单幅图像中使用 Mean Shift 算法搜索到目标，在连续帧中将前一帧的搜索结果数据作为后一帧的初始数据，实现连续帧图像中的运动目标跟踪。

首先，计算序列帧图像的反向投影，将图像变换到 HSV 色彩空间，提取色度(Hue)分量，选择待跟踪的运动目标区域(即目标模板)，对目标模板计算颜色概率分布，以获得目标模板的颜色分布直方图，根据目标模板颜色分布直方图计算图像的反向投影，得到输入图像像素为目标像素的概率，确定初始搜索框、搜索终止条件。

其次，在当前反向投影图中，利用 Mean Shift 算法搜索目标，具体过程是计算初始搜索框的色度质心，将搜索框中心移动到色度质心，重复计算质心、移动中心迭代过程，直到结果收敛，即搜索框色度质心与目标模板色度质心的距离小于搜索终止条件。

在当前帧图像中得到最终搜索框后，按 CAMShfit 算法给出公式自适应地调整下一帧初始搜索框的大小，在下一帧中使用 Mean Shift 算法搜索目标，如此重复调整、搜索的过程，就实现了序列帧图像的目标跟踪。CAMShift 算法的优点是能消除目标旋转、遮挡、尺寸改变所带来的不利影响，缺点是需预先存储目标模板、无法消除色调相近的干扰。

进行 CAMShift 跟踪时，通常选用颜色直方图作为目标特征。假设跟踪对象的颜色直方图是 $\vec{q}=(q_1,q_2,\cdots,q_m)$，候选对象的颜色直方图是 $\vec{p}(y)=(p_1(y),p_2(y),\cdots,p_m(y))$，则它们的相似性用巴氏(Bhattacharyya)系数表示。

$$\text{sim}(y)=\cos\theta_y=\frac{p'(y)^{\mathrm{T}}q'}{\| p'(y)\| \| q'\|}=\sum_{u=1}^{m}\sqrt{p_u(y)q_u}$$

选取其他的特征或者相似性测度，不影响 CAMShift 算法的使用。

5.3.3　基于粒子滤波的视频跟踪

视频中目标的跟踪困难主要来自两个方面：一是非刚体目标的自身特征多样，大小不一，而且运动状态复杂多变，具有高度的随意性，没有固定的运动规律，无法建立完善的运动模型表达形式；二是图像目标跟踪可用的特征值较少。传统的跟踪方法(如光流法)是基于刚体运动目标，对于非刚体目标的跟踪受到限制，用于非刚体目标跟踪时必须与其他特征相结合才能完成；卡尔曼滤波及其扩展形式等是基于线性/高斯动态系统，需要对目标的运动特征进行假设，建立目标运动模型，如 CA、CV 等模型，因此使其在应用于目标跟踪时受到一些限制。

目前用于视频目标跟踪的比较可行的算法是采用贝叶斯滤波跟踪的形式，粒子滤波作为贝叶斯滤波的最优近似，适用于任意非线性非高斯的随机系统，适合于非刚体目标的跟踪。粒子滤波是基于统计抽样的滤波方法，需要采用大量的随机样本粒子估计，使得运算量很大，此外还非常依赖于相似函数的选择，并面临粒子退化和粒子枯竭的问题。Mean Shift 算法作为一种有效的统计迭代算法，在满足一定条件下，可快速收敛到最近的一个概率密度函数的稳态点，而不需要任何先验知识，实现非参数概率密度的估计，在非刚体目标跟踪中得到了很好的应用。Mean Shift 跟踪方案需要使用目标的颜色空间分布作为特征值，使用跟踪区域的颜色直方图的 Bhattacharyya 系数进行相似性分析。当视频目标丢失了色彩信息时，很难通过颜色直方图的 Bhattacharyya 系数进行匹配，传统的基于颜色的 Mean Shift 算法不能适用于此类跟踪任务。

1. 状态模型

跟踪模型分为两个部分：状态模型和量测模型。假定初始目标所在的区域在图像中的位置为 $S=I[x_{ul},y_{ul};x_{lr},y_{lr}]$，表示被跟踪目标的左上和右下的坐标。对于较小目标，目标区域中的每个像素放置一个粒子；对于较大的目标，在目标区域按一定概率密度布撒 M 个随机粒子，相当于对目标的灰度分布进行抽样采样，样本数为 M，降低了计算量。

记采样粒子集合：

$$\{P^i = (x_p^i, y_p^i), x_p^i \in [x_{ul}, x_{lr}], y_p^i \in [y_{ul}, y_{lr}]\}_{i=1}^{M}$$

对每个粒子使用其所在图像位置的灰度值作为特征值，使用均匀核函数进行 Mean Shift 收敛分析。粒子在两轴上的 Mean Shift 向量为

$$\begin{cases} m_x(x_p^i, y_p^i) = \dfrac{\sum\limits_{x=x_p^i-w}^{x_p^i+w} \sum\limits_{y=y_p^i-h}^{y_p^i+h} xI(x,y)}{\sum\limits_{x=x_p^i-w}^{x_p^i+w} \sum\limits_{y=y_p^i-h}^{y_p^i+h} I(x,y)} - x_p^i \\ m_y(x_p^i, y_p^i) = \dfrac{\sum\limits_{x=x_p^i-w}^{x_p^i+w} \sum\limits_{y=y_p^i-h}^{y_p^i+h} yI(x,y)}{\sum\limits_{x=x_p^i-w}^{x_p^i+w} \sum\limits_{y=y_p^i-h}^{y_p^i+h} I(x,y)} - y_p^i \end{cases}$$

式中，w、h 分别为所用核函数的带宽。之所以采用均匀核，是因为对于较大的目标图像，可以通过积分图像加速 Mean Shift 算法的执行。当 $m_x(x_p^i, y_p^i)$，$m_y(x_p^i, y_p^i)$ 小于设定阈值时，记录收敛位置。当非刚体目标的亮度比背景亮度高时，由 Mean Shift 算法的收敛特性可知，所有的粒子都向附近灰度概率密度函数的局部极大值迁移。各粒子的最终收敛位置由目标的灰度分布和所选取的带宽函数决定。

假定所有粒子的最终收敛位置集合为 $\{P^j = (x_p^j, y_p^j)\}_{j=1..N}$，即目标的灰度密度函数的局部极大值所在位置可以用 N 个粒子表达。当选取合理的带宽函数时，粒子最终的收敛位置并不完全依赖于目标的外形轮廓，使用这种状态模型，当目标局部被背景遮挡时，状态模型仍然有效，只是对目标整体状态的刻画转化为对目标局部状态的刻画。对跟踪而言，由目标整体跟踪转化为局部跟踪，对于非刚体目标具有非常好的鲁棒性。

2. 量测模型

对于目标状态的量测，通过对表达目标状态的所有粒子的聚类分析实现。假定状态粒子集中第 j 个粒子在图像中的坐标位置可以用复数向量 $P^j = x_p^j + i \times y_p^j$ 表示，以 P^j 作为特征值进行 Mean Shift 非监督聚类，对应的 Mean Shift 向量为

$$m(P^j) = \sum_{\substack{P=P^j-h \\ P\in\{P^j\}}}^{P^j+h} \frac{P \times g\left(\left\|\dfrac{P-P^j}{h}\right\|^2\right)}{g\left(\left\|\dfrac{P-P^j}{h}\right\|^2\right)} - P^j$$

由于粒子的坐标位置为整数，故当 $m(P^j)$ 的绝对值取整数为零时，即可认为聚类过程完成。假定第 i 个量测粒子的收敛位置和包含的粒子数目为 (v_i, w_i)，则该量测粒子相对于图像的绝对坐标值为 $(x_i, y_i) = (\mathrm{real}(v_i), \mathrm{imag}(v_i))$。各粒子量测值的权重系数由其对应类别包含的粒子数目归一化决定：

$$w_i = w_i \Big/ \sum_{i=1}^{L} w_i$$

式中，L 为聚类完成后得到的量测粒子总数，使用所有量测粒子坐标位置的加权平均

值作为运动轨迹点的坐标位置。

$$\text{Trajctory}(x,y) = (\text{real}(v_i \times w_i), \text{imag}(v_i \times w_i))$$

图 5-26 为实现跟踪模型建立的实例。

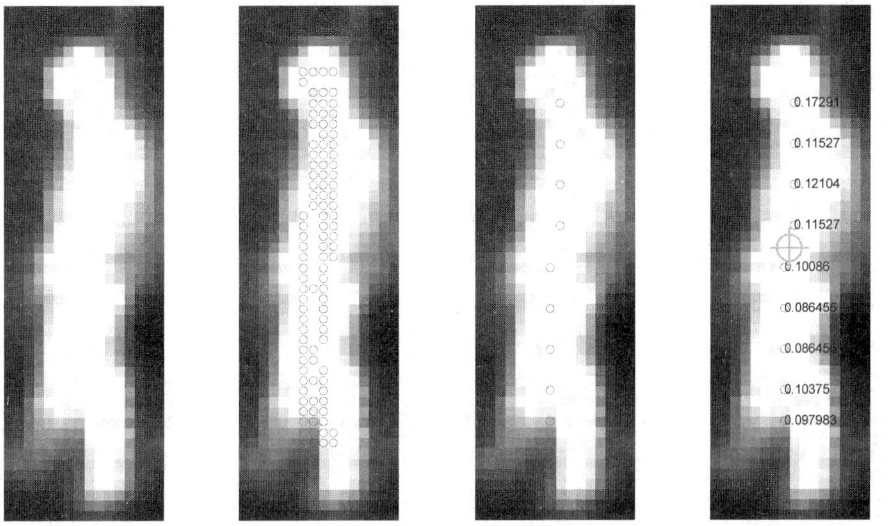

(a) 目标图像　(b) 状态模型　(c) 量测模型　(d) 权系数及加权中心

图 5-26　跟踪模型的建立

3. 算法的执行过程

粒子滤波通过一组加权粒子的演化与传播递推近似状态的后验概率密度函数分布，基于这些样本和权值计算估计值。类似地，使用粒子滤波策略实现目标跟踪分为以下 3 个步骤。

(1) 跟踪初始化，根据目标分割识别算法或手工确定目标所在区域。建立目标的状态模型和量测模型，存储量测粒子的坐标位置和相应权系数$\{(v_i, w_i)\}_{i=1}^{L}$。

(2) 在下一帧图像中，以上一帧图像的量测粒子为基础，对各粒子周边一定范围内的像素进行 Monte Carlo 采样，采样的粒子的数目由其传播系数决定，使用所有的无重复采样粒子作为本帧图像中的传播粒子。

(3) 对本帧图像中的传播粒子进行 Mean Shift 分析，产生目标新的状态模型，并计算相应的量测模型和加权中心及对应粒子的传播系数，传递至下一帧图像。

反复执行步骤(2)、(3)，并计算各帧图像中的目标运动轨迹坐标，实现对目标的跟踪。

4. 控制传播粒子的产生

控制传播粒子的采样直接影响跟踪算法的性能。由于传播粒子的位置根据上一帧的量测粒子确定，每个量测粒子的权系数控制其在下一帧中产生传播粒子的数目。若量测粒子具有较大的权系数，则形成较多的粒子。对周围区域进行比较稠密的采样，通过粒子的 Mean Shift 迁移尽可能刻画出下一帧图像中该粒子周围的状态模式。

以量测粒子 $P^j = x_j + i \times y_j (i = \sqrt{-1})$ 为例，所产生的传播粒子集为

$$\{\text{Propagate Particles}\} = \begin{Bmatrix} \Delta d_x \times \text{random}(-1,1) + (x_j + \Delta V_x) \\ + i(\Delta d_y \times \text{random}(-1,1) + (y_j + \Delta V_y)) \end{Bmatrix} \text{repeat}(M)$$

式中，Δd_x、Δd_y 为采样区域控制范围，决定了探测窗口的大小，由当前量测粒子与其最邻近的量测粒子之间的距离决定，并使用目标的大小进行宽松的约束。ΔV_x、ΔV_y 为目标在两轴方向上的单步移动距离估计，M 为产生粒子的数目。

对于连续的图像序列，针对非刚体目标跟踪而言，前后两帧图像中的目标位移距离不会太大，ΔV_x、ΔV_y 可不考虑；对于等间隔不连续的图像序列，ΔV_x、ΔV_y 可设为固定值；在更复杂的无法估计 ΔV_x、ΔV_y 的情况下，可采用 Kalman 滤波的方法估计上一帧图像中量测粒子在当前帧中的位置(x'_j, y'_j)取代$(x_j+\Delta V_x, y_j+\Delta V_y)$作为粒子采样的中心位置。

5. 粒子的修正

如前所述，量测粒子的权重系数的主要作用有两个：一是用于计算当前帧图像中加权中心的位置；二是决定下一帧图像中传播粒子的数目。在假定目标运动连续性的基础上，可以认为前后两帧图像中目标的加权中心位置偏移不会太大。因此，为使得跟踪轨迹的位置保持相对稳定，对量测粒子的传播系数分配在其对应权系数的基础上进行了修订，赋给上一帧量测粒子加权中心位置的粒子更大的权系数。对远离加权位置的量测粒子，由于其对加权中心的计算贡献较小，因此粒子权系数也较小，对其传播系数进行抑制。比较可靠的方法是直接将量测粒子加权中心位置作为一个新的量测粒子并赋予较大的传播系数，剩余的权系数按照其与加权中心的距离的倒数进行分配。假定量测加权中心的位置坐标为 P_c，量测粒子为 P^i，则权系数的分配规则可为

$$\begin{cases} ws_c = C \quad (0 < C \leqslant 1) \\ ws_i = \dfrac{1-C}{d(P^i, P^c) \sum\limits_{P^j \neq P^c} 1/d(P^j, P^c)} \end{cases}$$

式中，$d()$为距离函数。一般情况下，C 的取值可设置为 0.3～0.7，当目标较小时，甚至不需要考虑其余的量测粒子，将全部的系数权值都分配给处于加权中心位置的量测粒子，即 $C=1$。

由于传播粒子产生的随机性及目标的位移，因此基于上一帧图像中对目标的量测产生的传播粒子在当前帧完成 Mean Shift 迁移过程后，难免有的量测粒子游离于目标之外，需要根据一定的参量将这些量测粒子剔除。一般地，在假定目标亮度比较均一且高于背景亮度的前提下，可以采用量测粒子所在位置的像素的灰度值作为测度，确定有效量测粒子对应的灰度阈值，将低于这一阈值的量测粒子作为无效粒子进行剔除，避免其在下一帧图像中进行传播，使得跟踪更加可靠，并减少计算量。

6. 实验结果

选取一个典型的视频序列作为测试对象，以检验算法的有效性。测试的红外视频来自 YouTube 网站。在这段视频中，人体目标的姿态包括半蹲、爬行、匍匐、站立、下蹲、被背景遮挡等各种复杂状态的运动，并且摄像机视场也在变化。将视频分解为 550 帧连续图像序列，初始化探测窗口可手工选定，也可通过人体检测算法确定。由于视频背景内容随摄像机的移动而改变，运动轨迹没有固定的参照系而失去意义，因此未画出目标运动的

轨迹。图像序列跟踪测试结果如图 5-27 所示。

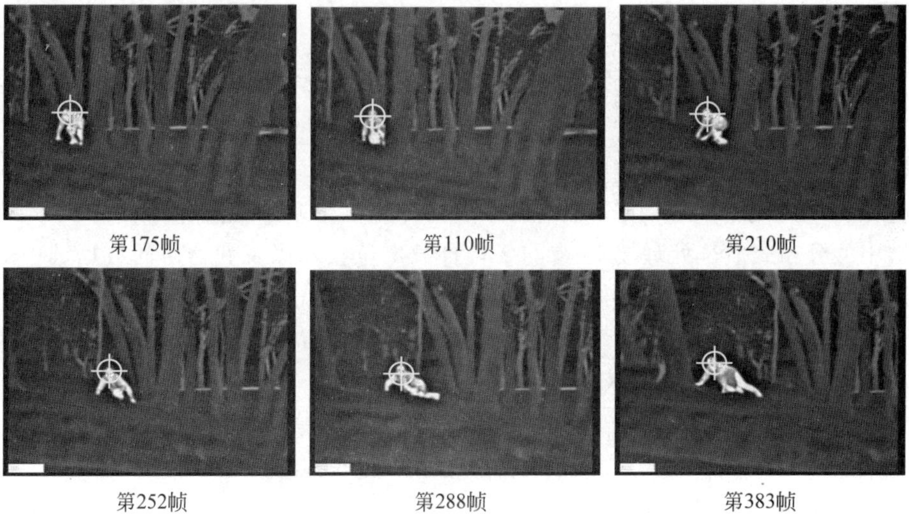

图 5-27　图像序列跟踪测试结果

从测试结果可以看出，本文算法对相机运动、目标大小改变、姿态变化以及目标遮挡时都能够保持可靠的跟踪。由于红外图像中人体头部的亮度较高，在使用少量随机采样粒子集未将目标完全覆盖的情况下，采用图像亮度作为特征值的 Mean Shift 收敛过程使得目标状态模型粒子集向目标头部迁移，因此对本序列中的人体目标而言，跟踪标记的位置最终稳定到头部附近。

与传统的粒子滤波算法(序贯重要性采样法)相比，采用本文提出的跟踪模型方法简单，便于执行，而且只需要少量的粒子即可完成对目标的可靠跟踪，算法的实时性非常好，克服了传统粒子滤波因防止粒子退化和粒子枯竭现象而不得不采用大量采样粒子的缺陷，并且消除了选择相似函数带来的困扰。另外，由于粒子产生机制的灵活性，算法可以在对目标整体进行跟踪和对目标身体的某个部分进行跟踪的过程自动转换，当目标身体被遮挡时，仍能对目标进行可靠跟踪，使得算法更具有鲁棒性。

注意，由于随机采样粒子是基于每个目标产生，因此在多目标跟踪时，为解决新目标的出现时的跟踪问题，需要采用跟踪与探测相结合的方案，并引入有限状态机技术对目标的复杂状态(如目标互相遮挡、目标隐藏、目标消失等)进行处理。在下一步工作中研究的重点是如何更好地控制传播粒子的产生范围和淘汰粒子时所依据参量的选择，并研究多目标跟踪时，目标相交分离后粒子的重新分配方法以及前后目标匹配的方案。

第6章　数据链中的信息融合技术

数据链被称为战斗力的倍增器，之所以能有这样的效果，是因为在数据链的支撑下可以构建全网统一的态势图，为分布式的作战指挥提供了基本信息保障。本章对 Link 16 数据链中的分布式航迹处理技术、参与平台自身定位技术以及武器协同数据链中的集中式传感器信息处理技术进行分析。这是对本书所讲述理论部分的实际应用，涉及传感器信息处理的各个方面。本章的最后介绍了态势信息质量的评估方法，具有一定的实用价值，可以指导传感器信息处理技术的应用开发。

6.1　战术数据链航迹处理技术

数据链是采用标准化的消息格式、高效的通信协议、保密抗干扰的数字信道构成的一种战场信息传输和处理系统，是传感器、指控系统与武器平台无缝铰链的重要手段。在网络中心战层级结构中，将构成信息网络的数据链系统划分为战术数据链和武器协同数据链。前者服务于战术级指挥控制层面，可以生成通用战术图(Common Tactical Picture, CTP)。后者服务于武器/火力控制层面，可以生成单一综合图(Single Integrated Picture, SIP)。战术数据链的典型代表是 Link 11 和 Link 16。Link 16 集相对导航、识别、监视、武器协同、保密话音和电子战等多种功能于一身，可以将数百甚至上千个终端连成一个统一的通信网络，现已成为美国陆、海、空三军及其北约盟国共同使用的战术信息处理与分发系统。与 Link 11 相比，Link 16 的设计理念超前，技术体制先进，实现了战术数据链从单一军种到三军通用的跃升，对联合作战的全面支持更具代表性。因此，本文针对 Link 16 的航迹处理技术进行分析。

能够为高机动性的部队提供可靠的战场态势感知能力是 Link 16 最突出的特点，这主要归功于两个方面：一方面，Link 16 采用联合战术信息分发系统(Joint Tactical Information Distribution System, JTIDS)作为通信接口设备，带纠错码的用户数据传输带宽达到 115kb/s，基本可满足大范围态势信息的交换需求；另一方面，Link 16 的网内成员能够利用反映自身位置、状态和身份的精确参与平台定位与识别(Precise Participant Location and Identification, PPLI)消息可靠地相互识别和定位。

在 Link 16 中，装备有 JTIDS 设备并且可以在链路上收发数据的平台称为参与单元或者接口单元，可分为两类：指控单元和非指控单元。指控单元具有指挥控制功能，一般配有传感器或情报源，可以周期地报告目标航迹，如预警机、指挥所等。非指控单元不具有指控功能，不能报告监视航迹，如战斗机、导弹艇等。所有参与单元都可以周期地报告 PPLI 消息。

接口单元从网络上接收其他单元的位置报告建立起的航迹称为远端航迹。指控单元利用本系统/平台或本地传感器探测的目标位置信息建立的航迹称为本地航迹。在联合作战背景下，目标和传感器的数量很多，各种情报来源也很丰富，为了能够利用有限的传输带宽在网内成员间分发大量的航迹信息，Link 16 采取了航迹报告职责（Reporting Responsibility，R2）策略生成统一的航迹。当接口单元持有某一航迹的最佳位置数据时，必须在其接口上持续发送（报告）该航迹数据，这一要求就是所谓的报告职责。为此，Link 16 引入航迹质量（Track Quality，TQ）衡量位置数据的优劣。航迹质量是目标位置信息可信度的一种度量，由航迹的报告单元在建立本地航迹时确定。

报告职责策略的具体方法是：每个参与单元单独处理本地情报源提供的数据生成本地航迹，同时计算该 TQ，经过航迹相关处理后，如果没有任何远端航迹与之相关，或者与之相关的远端 TQ 低于本地 TQ，则承担或者接替报告职责向网内报告该航迹。这个航迹处理过程十分复杂，涉及数据配准、航迹相关、航迹管理等多个环节。

从战术级指控需求角度，希望数据链生成的 CTP 能够做到航迹与真实目标一一对应，并且在所有网内成员间共享一致的航迹信息。实践中，数字滤波、数据配准或航迹相关等算法的不足，以及航迹管理、网络连通性等出现问题都可能导致指控单元无法确定是否已经给某目标分配了航迹号。一旦目标和航迹号之间的一一对应关系被破坏，CTP 就会变得混乱。经常出现的两种典型情况是多名（Dual Designation/Track Number）和重名（Duplicate Track Number）。多名是指一个目标被多个单元用不同的航迹号进行报告，重名则是指同一个航迹号被一个或多个单元用于报告多个不同的目标。

6.1.1　航迹消息

1. 航迹类型

Link 16 态势信息的主体是各种空中、水面、陆地目标的航迹。接口单元接收到的航迹主要有两类：一类是监视航迹，这类航迹是目标被监视类传感器或其他情报来源探测到的位置和属性信息通过具有报告职责的参与单元在网内通告监视类消息而形成的；另一类是 PPLI 航迹，这类航迹是由加装了数据链设备的我（友）方参与单元主动在网内通告 PPLI 消息而形成的。与监视类航迹相比，PPLI 航迹具有更精确的位置信息和准确的平台身份与状态信息，这是因为运动平台 PPLI 消息中的位置数据直接来自本平台的导航系统，而固定平台则采用事先精确勘定的位置数据。

2. 航迹信息

航迹信息不仅包含特定目标状态信息，还包含与目标相关的特征信息。航迹特征信息包括航迹环境、航迹/目标身份、敌我识别数据等信息。其中，航迹环境分为 5 类：空中、水面、水下、陆地和空间。航迹/目标身份分为 7 类：未决、未知、假定我方、我方、中立方、可疑敌方和敌方。

航迹状态信息包括目标位置、速度、航向的估计值以及 TQ。空间目标位置采用 WGS-84 坐标系直角坐标标定。其他目标以 WGS-84 为参考系采用经度、纬度、海拔高度三维坐标标定。速度是指地表投影速度。航向为运动方向与真北方向的相对角度。

3. PPLI 航迹

PPLI 消息报告接口单元的类型、标识和位置。PPLI 中的位置信息通过相对导航功能获得，定位精确度是相对导航测量/计算误差（包括时间、位置误差）、几何精度因子

(Geometrical Dilution of Precision,GDOP)和解算精度的复杂函数。在最优假设下,参与相对导航的平台定位标准差约 30m。所谓相对导航,是指 JTIDS 端机在周期地接收定位精度较高的端机 PPLI 消息的同时,通过精确测量到达时间(Time of Arrival,TOA)估计距离,再利用扩展卡尔曼滤波估计并修正平台导航系统(如惯导)的位置、速度和姿态误差,从而提高导航精度的一种方法。采用 GPS 辅助导航可大大提高平台本身的定位精度。所有参与单元都要周期地发送 PPLI 消息,周期通常为 12s。其他参与单元在一定时间内收不到某平台的 PPLI 消息将删除该航迹,如果是指控单元,则有可能需要用一个与之相关的本地监视航迹接替。

4. 监视航迹

所有指控单元都分配了专用的发送时隙,可以向网络内广播航迹数据报告。非指控单元可以接收态势感知信息,但不能发送。实时航迹消息的发送周期通常为 12s,非实时航迹消息的发送周期为 48s。需要注意的是,由于监视类消息没有时间戳,从获得本地航迹到向网络发送消息存在一定的时延,因此指控单元向链路发送航迹报告前要将位置外推到发送时刻。这一要求对接收端同样适用。换句话说,从本地航迹生成之后,到最终在态势终端上显示为止,任何环节都有可能引入时延,只要下游的数据处理对航迹位置精确性敏感,上游环节就必须进行航迹外推。

6.1.2 航迹处理流程

Link 16 航迹数据是指控单元的本地传感器数据、导航系统数据与来自网络的远端航迹数据综合处理的结果,涉及数据配准、航迹质量计算、航迹相关/解相关、报告职责交接等过程。航迹处理功能示意图如图 6-1 所示。

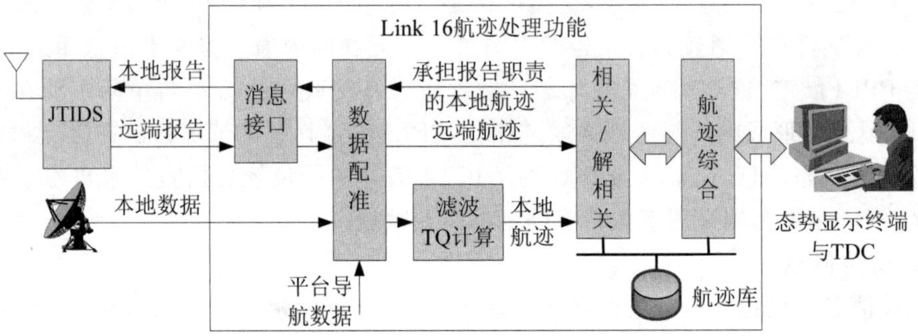

图 6-1 指控单元航迹处理功能示意图

本地传感器的数据经过数据配准、数字滤波后形成本地航迹。从数据链接收到的消息中提取的航迹信息经过数据配准后得到远端航迹。通过相关/解相关处理后可判定本地航迹和远端航迹的关联关系。不与任何远端航迹相关的本地航迹则由本单元承担航迹报告职责,向网内发送航迹消息。与远端航迹相关的本地航迹则需要依据航迹质量高低判定是否接替报告职责。航迹综合功能剔除冗余航迹后将数据送往态势显示终端进行显示。航迹数据协调员(Track Data Coordinator,TDC)的职责是监控航迹数据的交换过程和发出相关的操作指令,以协调解决多名航迹、重名航迹和其他异常情况,如已判定相关的航迹之间出现环境属性冲突或者身份冲突等。

6.1.3　数据配准

数据配准是本地和远端航迹位置数据之间相对校准的一种方法，涉及测量、转换、变换和位置数据调整。当不同的参与单元跟踪同一目标时，应通过数据配准，使得参与单元持有的本地航迹位置数据与远端航迹位置数据的系统误差降至最低。可以通过配准算法抑制或消除的误差称为配准误差。

1. 配准误差源

平台依据其接口特性和配置的不同，配准误差的类型和大小是有区别的。例如，精确勘定的静止参与单元较之导航能力受限的运动平台，PPLI 报告误差要小很多。配准误差源可分为 4 类，见表 6-1。

1）地理位置误差

地理位置误差与参与单元对自身位置的定位能力有关。Link 16 采用以 WGS-84 坐标系为基准的地理坐标，因此地理位置误差定义为参与单元报告位置和参与单元相对参考椭球的位置之间的差值，可以用经度、纬度、高度 3 个维度的误差表述。静止参与单元一般通过事先对站点进行勘测确定地理位置。运动参与单元地理位置从平台导航系统和辅助导航手段（如 OMEGA、TACAN、GPS 等）实时获得。

地理位置误差会影响 PPLI 消息中的报告位置和坐标变换公式中的平台坐标系中心位置。参与单元本地切平面坐标与地理位置坐标之间需要进行坐标转换。如果地理位置误差较大，不仅报告的航迹位置存在误差，参与单元对本地和远端航迹进行相关/解相关的结果也将严重劣化。

表 6-1　数据配准误差源列表

误　差　源	误差成因	说　　明
地理位置误差	平台相对于大地模型（通常为 WGS-84）的定位存在误差	表现为地理经度误差、地理纬度误差、海拔高度误差
传感器（校正与标度）误差	传感器测量系统校准不完善	表现为传感器方位误差、仰角误差和测距误差
数据处理误差	① 坐标系统； ② 变换和转换； ③ 采用的基本算法； ④ 航迹报告外推	这些误差与采用的数字滤波器、跟踪算法的实现方法、变换公式的计算精度以及航迹时空关系等因素有关
远端接口单元误差	远端单元的剩余误差	对每个远端单元以平均转换参数和平均旋转参数等指标反映的修正因子。可用这些因子修正从相应远端单元接收到的位置数据

2）传感器误差

无论是主动传感器，还是被动传感器，在操作使用过程中都需要进行传感器测量系统校准。通常，基本校准过程事先已经完成。然而，由于基本校准过程中的误差以及测量变量的随机性，如噪声漂移、折射率等的影响，传感器可能仍然存在明显的误差。

传感器误差可以用仰角误差、方位误差、距离误差表述。此外，参与单元对正北方向的定向不准会引入正北误差。不过，这种误差可以通过传感器方位误差校正得到补偿。

3）数据处理误差

采用的坐标系、坐标系变换/转换公式、数据处理的基本算法、测量数据从观测时刻向报告时刻外推计算等过程都会产生数据处理误差。

典型的参与单元坐标系（包括面向传感器的坐标系）都采用距离、方位、仰角 3 个维度。在切平面上建立的直角坐标系则采用东、北、天 3 个维度。地理系统一般使用 WGS-84 坐标系。为了完成目标跟踪功能，航迹位置数据要进行坐标变换，速度和航向也需要在不同的坐标系之间进行转换。这些变换、转换公式的具体实现如果不能满足精度需求，引入的误差将不能忽略。

此外，像正弦和余弦计算库函数等算法支持软件也必须满足精度要求。数据处理方案还要考虑航迹数据外推。空间数据必须具有时间属性，否则就失去了意义，为此每个参与单元都需要确保航迹位置与观测时刻准确关联。本地处理过程中可以给数据增加时间标记。时间标记和航迹外推可以解决航迹相关和解相关时位置数据的时间差异问题，但是外推也会引入误差。

4）远端接口单元误差

所有发出航迹位置报告的接口单元都存在上述几种误差。在理想配准的情况下，所有单元都能使这些误差达到最小，并且所有本地和远端位置数据之间的相对偏差都小到可以接受的程度。但是，具体实现时往往一个或多个单元配准的剩余误差会导致本地和远端位置数据之间的相对偏差仍然很大。对于一个特定的远端接口单元，可以通过观察本地航迹位置和远端航迹位置估计其误差。

2. 数据配准监视与调整过程

每个可以承担监视航迹报告职责的参与单元都具有周期性地完成数据配准的能力。数据配准调整过程的一般准则如下：①采用自动或人工的方法完成数据配准过程的监视和调整；②数据配准的监视和计算应尽量减少对系统工作的干扰；③数据配准监视和调整的结果应便于操作员评估。

简化的典型数据配准调整过程如图 6-2 所示。传感器系统的测距、方位和仰角坐标记为(R，AZ，EL)。(R，AZ，EL)数据在利用传感器配准结果进行修正后，转换为接口单元本地切平面直角坐标系坐标(X,Y,Z)，其中 X-Y-Z 轴构成东-真北-天右手系。对于 JTIDS 终端接口操作，(X,Y,Z)数据要在修正的平台中心地理坐标基础上变换为地理坐标(φ,λ,H)再发送到网络上，其中 φ 为纬度，λ 为经度，H 为高度。将从网络接收到的远端航迹地理坐标(φ,λ,H)变换为本地(X,Y,Z)坐标，变换过程需要用到修正的平台中心地理坐标和该远端单元的配准修正值。

3. 地理位置配准

地理位置配准定义为参与单元监视其所报告的地理位置数据，并用从主动参与 JTIDS 相对导航功能获得的信息周期地调整这些地理位置数据的过程。地理位置配准首先要求参与单元具有确定和维持其精确的经度、纬度、高度位置坐标的能力。通过主动参

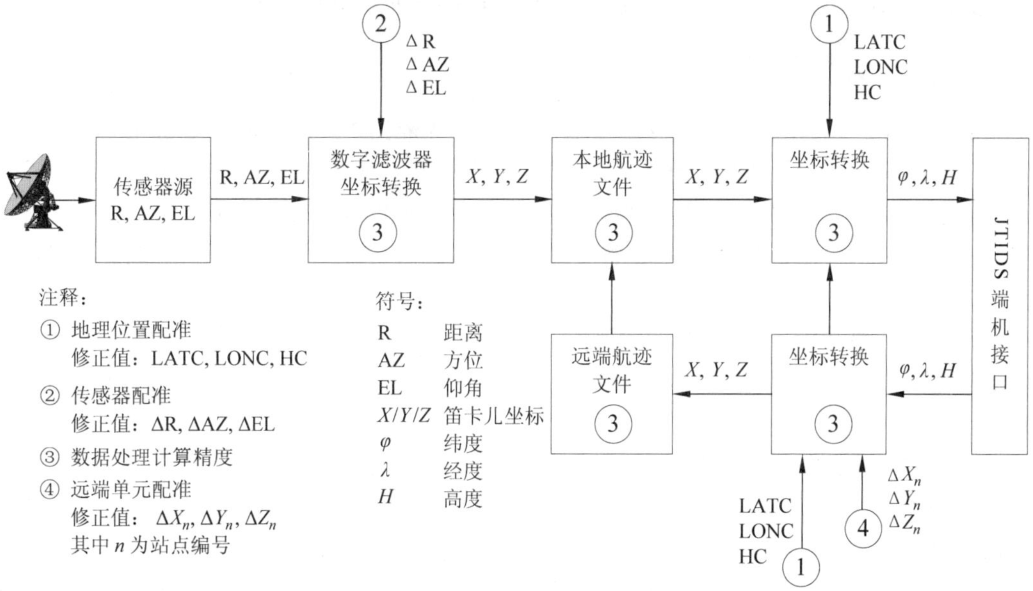

图 6-2　简化的典型数据配准调整过程

与相对导航功能，参与单元可以获得自身位置报告的高精度修正值。这些修正值以纬度修正值(LATC)、经度修正值(LONC)和高度修正值(HC)的形式提供给主机平台。主机平台需要周期地使用这些修正因子，以获得精确的单元位置坐标，并应用于坐标转换计算过程。

4. 传感器配准

传感器配准是确定并保持用于测量目标位置的传感器单元正确校准的过程，通过比较远端单元 PPLI 消息报告的地理位置和本地主动传感器探测到的该单元位置完成。这一过程要求每个参与单元周期地监视远端单元，并计算出修正变量：平均方位误差 ΔAZ、平均仰角误差 ΔEL、平均距离误差 ΔR。

确定传感器误差使用的统计方法需要考虑下列因素：①采样间隔；②确保数据可靠性所需的最少远端单元数；③PPLI 的位置、方位和时间质量值；④所选用远端接口单元的象限分布；⑤远端单元的最大和最小距离准则；⑥接收的 PPLI 消息和本地传感器数据中高度数据的可用性。

5. 数据处理的精度

数据处理的精度直接影响 PPLI 航迹、监视航迹和本地航迹的位置数据精确性，影响航迹信息质量。当进行本地和远端航迹相关/解相关处理时，接口单元必须确保对所有的航迹位置都进行了外推。此外，接口单元还要保证位置数据处理、坐标转换、速度/航向变换采用的各种公式运算符合一定的精度要求。

6. 远端接口单元配准

远端接口单元配准是指通过比较从指定远端接口单元接收到的远端航迹和本地数据，以此估计误差校正值，并用这些值修正从该接口接收到的位置数据的过程。每个承担航迹报告职责的接口单元应该监视从特定远端接口单元接收到的数据，定期执行远端接口单元配准过程,自动计算出平移、旋转配准误差和修正因子的平均值。

6.1.4 航迹质量计算

航迹质量(TQ)是参与单元确定报告责任的重要依据,也是航迹相关/解相关的重要参数。与每个 TQ 值关联的位置信息的可信度用位置精确度衡量,定义为在报告时刻实际的航迹位置以 0.95 的概率落入的区域面积。航迹消息和 PPLI 消息中均含有 TQ 值,用 0～15 的数值表示。数值 0 表示非实时报告值,1～15 表示位置数据可信度的不同程度,15 表示可信度最高。

计算 TQ 要考虑下列因素:①跟踪并报告航迹的传感器设计精度;②自最后一次传感器数据更新后过去的时间;③最新计算的航迹速度;④JTIDS 端机提供的平台当前地理位置质量。

1. 从方差/协方差到 TQ 转换

Link 16 标准规定,参与单元接收到的目标位置要投影到以本平台为中心的本地切平面,得到二维笛卡儿坐标(X,Y)。假定 S 是在报告时刻实际的航迹位置以 0.95 的概率落入的区域面积,X 和 Y 方向的位置方差和互协方差分别记为 σ_x^2、σ_y^2、σ_{xy}^2,则

$$S=-2\pi\ln(0.05)k(\sigma_x^2+\sigma_y^2)/(1+k^2)$$

其中,

$$k^2=\left[\sigma_x^2+\sigma_y^2+\sqrt{(\sigma_x^2-\sigma_y^2)^2+4\sigma_{xy}^2}\right]/\left[\sigma_x^2+\sigma_y^2-\sqrt{(\sigma_x^2-\sigma_y^2)^2+4\sigma_{xy}^2}\right]$$

利用上述公式计算出 S 后,可以依据表 6-2 确定航迹的 TQ 值。

表 6-2　航迹的分级表

TQ 值	区域面积 S/km²	TQ 值	区域面积 S/km²
0	非实时航迹	8	≤14.7
1	>9214	9	≤3.68
2	≤9214	10	≤0.0940
3	≤2294	11	≤0.0234
4	≤1468	12	≤0.0060
5	≤826	13	≤0.0013
6	≤367	14	≤0.00034
7	≤90.3	15	≤0.00010

Link 16 标准中并未说明上述公式的来历。如果假设 X 和 Y 方向上的误差符合正态分布,则可以推出概率为 0.95 的最小椭圆(以二维正态分布概率密度等高线为边界的椭圆)域的面积计算式就是公式的内容。因此可以断定 Link 16 航迹质量可信度计算式实际上就是在二维正态误差假设下概率为 0.95 的不确定性椭圆面积计算式。

一般来说,对雷达测距、方位、仰角估计误差作正态假设是合理的,但是雷达本地球坐标变换为直角坐标是非线性变换,因此计算 TQ 时的正态假设是否能够正确评价航迹的

可信度值得商榷。

2. 从 TQ 到方差/协方差的转换

获得的航迹数据中包含的是 TQ 值，但是在航迹关联/解关联算法中需要用到各坐标维度的方差。已知 TQ 时，在本地切平面直角坐标系中协方差矩阵按下式计算。

$$\boldsymbol{P}=\begin{bmatrix} S/18.8227 & 0 & 0 \\ 0 & S/18.8227 & 0 \\ 0 & 0 & \mathrm{Var}Z \end{bmatrix}$$

其中，S 是该 TQ 值对应的最大面积（通过 TQ 值查表可得），Var Z 的取值需要视目标航迹消息中的高度信息确定：如果不含高度信息，则 Var $Z=2294\mathrm{km}^2$；如果有高度信息，则 Var $Z=S/18.8227$。

由此可见，从 TQ 到方差的转换是比较“生硬”的，可能会对航迹相关判决产生不利影响。

6.1.5　航迹相关/解相关

一旦参与单元收到本地传感器目标报告，必须判断其他参与单元是否已报告过该目标，然后决定是否承担该航迹的报告职责。此外，每当参与单元接收到远端航迹报告，它必须判断该报告是否为目前已经跟踪的目标，决定是否发出航迹协调指令。这些判断都依赖于相关处理过程。在相关处理过程中，航迹要与其他所有邻近的航迹进行比较。这个过程可以自动完成，也可以由操作员手动执行。

1. 航迹相关

判决两条航迹是否相关时，适用的通用规则如下。

(1) 位置——两条航迹离得越近，相关性越强。对于空中航迹，位置的比较还包括高度比较。

(2) 敌我识别特征——敌我识别数据是很强的相关依据。一般来说，一个敌我识别代码唯一对应一架飞机，但有时会出现同一个代码分给多架飞机的情况。

(3) 运动——假如接收航迹与本地航迹以几乎相同的航向和速度运动，则它们具备极大的相关性。

(4) 其他数据——如航迹的身份、环境类型等。

在不超过两分钟的时间间隔内，参与单元会对本地担负报告职责的每条航迹进行自动相关检验。当参与单元收到一个新的远端航迹时，就会自动把这条航迹与参与单元的本地航迹进行相关检验。Link 16 标准中给出了空中和水面航迹位置、航向、速度、高度相关检验的判定公式。一旦判定相关时，系统自动把两条航迹的数据合并成一条航迹，根据预先确定的优选准则保留数据。即使决定丢弃本地目标航迹编号时，本地航迹位置数据仍然需要继续保留。

2. 航迹解相关

解相关是相关的逆过程。在两条航迹相关之后要定期检查，确定相关条件是否还适用，如果不适用，这两条航迹就要解相关。只要两条航迹分开超过某一距离，就会发生两条航迹的自动解相关。该距离可根据需要设置，通常是限制相关的距离加上一定比例的裕量。例如,如果在 20km 处限制相关并且裕量为 10%,那么自动解相关距离就是 22km。如果本地航迹敌我识别代码与远端航迹的不同,则会自动解相关。参与单元进行解相关处理后,要给新目标分配一个本地航迹号并承担报告职责。

6.1.6 报告职责

采用报告职责机制的目的是希望对一个特定目标有且仅有一个参与单元向网内广播其航迹消息。报告职责是保持清晰和明确战术图的关键。通常,承担某个航迹报告职责的参与单元(简称报告单元)应具有该航迹的最佳质量的数据,然而在实际操作中做到这一点并不容易,前提条件是各个单元都能准确地计算航迹质量并且正确地进行航迹相关判定。如果接口单元判断一个本地航迹与某个远端航迹相关,则称该航迹为共同航迹。报告单元需要周期地发出报告,以维持现有的航迹。

对于空中、水面航迹,报告职责规则如下。

(1) 第一个报告某航迹的参与单元具有该航迹的报告职责。

(2) 对于任何航迹,只有具有该航迹报告职责的单元,才能报告该航迹。

(3) 如果参与单元本地 TQ 值超过远端 TQ 值 2 个(含)以上等级,则承担该共同航迹的报告职责。

(4) 如果参与单元同时收到本地实时数据和远端非实时数据,则承担报告职责。

(5) 如果参与单元约 40s(120s)未收到空中/水面共同航迹的远端报告,则承担报告职责。

(6) 当参与单元收到关于本地共同航迹的“航迹作废”消息时,如果本地可以胜任报告职责,并且未收到远端报告,则接替报告职责并在下一个发送时机发送报告。接替报告职责之前,参与单元应对该航迹做一次相关检查。

(7) 如果不具有某非实时航迹报告职责的参与单元收到一条本地的非实时更新报告,则承担报告职责。

(8) 参与单元收到具有某共同航迹报告职责的参与单元发出的网络参与状态指示置为“不活动”“无线电静默”或者“战术数据系统故障”的 PPLI 消息,如果本地可以胜任报告职责并且未收到远端航迹报告,则承担报告职责并在下一次发送时机发送报告。

(9) 当参与单元具有某一空中、水面航迹报告职责又收到远端报告时,如果本地 TQ 小于收到的远端 TQ,或者 TQ 相同但是远端的平台地址大于本地平台地址,则放弃报告职责。

(10) 具有某航迹报告职责的参与单元保持该职责,直到依据上面的规则放弃,或者该航迹被丢弃。

对于陆地和空间目标的报告职责,美军标 MIL-STD-6016B 中尚未明确。

6.1.7 航迹协调

1. 多名处理

通用战术图维持清晰的最大障碍就是多名问题。产生多名的原因是未能准确地实现航迹相关,传感器探测精度低、数据配准出错、网络连通性差等多种情况都可能导致相关失败。指控单元入网或再次入网时，必须先对所有航迹进行相关处理之后才能报告航迹。出现多名问题时必须及时解决，更重要的是判断和纠正产生多名问题的原因。

防止出现多名的基本方法是前面讨论过的航迹相关算法。多名的识别和解决要求所有接口单元定期将远端航迹与本地航迹进行比较。这种比较过程与前面提到的航迹相关过程是一致的。一旦判断存在多名，则可以采用下列两种方法中的任何一种解决。

(1) 话音解决方法，即航迹数据协调员判断出现多名后，通过话音在多个报告单元间协调解决。

(2) 消息解决方法，一旦自动检测到多名，参与单元可以自动发出相关消息解决这一问题。当操作员发现多名时，也可以发出干预指令加以解决。

2. 重名处理

重名出现的概率远低于多名，但对重名的识别比较困难。导致重名的情况包括以下几点。

(1) 当两个目标会合随后又分开时，多个参与单元未能正确跟踪这两个目标。

(2) 人工分配的航迹号超出分配给本参与单元的航迹号块，且没有事先正确检查该航迹号是否可用。大多数系统都可以自动进行检查，但某些系统需要操作员人工干预。

(3) 指控单元之间的数据通信中断，导致无法把其他指控单元使用的航迹号考虑在内。

(4) 多个参与单元分配的航迹号块有重叠。

周期执行的解相关处理功能可以在出现重名问题时向操作员发出警告。只要在一个航迹号连续两次报告中检测到异常大的位置变化，就可以触发解相关处理。重名问题需要操作员用话音在发生冲突的单元间协调解决。当目标比较接近时，可能无法自动触发解相关过程，需要人工判断。

6.1.8　应用水平

1. 装备应用概况

Link 16 于 20 世纪 70 年代中期提出，直到 20 世纪 90 年代才形成初始作战能力，除了技术方面的原因外，美国海军和空军矛盾冲突导致研发初期牵头单位不断调整也是一个重要因素。在 20 世纪 90 年代末提出的网络中心战思想以及联合作战的军事需求推动下，Link 16 目前已经成为美军、北约及部分亚太国家和地区军队大量装备的主战数据链系统。根据《联合战术数据链管理计划》，2005 年美军约 2.1 万个安装数据链的平台中有 80%使用了 J 系列消息族。

随着应用的深入，Link 16 的一些局限性逐渐暴露出来，主要反映在以下几个方面：①系统吞吐率较低。在除组帧、纠错编码等开销后，单网的最大信息传输速率为 107.52kb/s；普通工作模式下，信息传输速率仅为 26.88kb/s 或 53.76kb/s。②系统为每个端机分配固定的传输时隙，无法满足端机传输速率、传输周期动态变化的要求。③网络规划技术复杂，过程烦琐冗长。据报道，专业网管人员制定一个网络规划，需要两周以上的时间。目前，Link 16 主要的技术升级措施集中在扩展链路吞吐量、动态分配时隙、改进网管和延伸通信距离等几个方面。

2. 态势感知与共享能力

早在1991年海湾战争,多国部队的误伤(fratricide)成为媒体关注的焦点。此后,美军一直非常关注战术数据链的态势感知和共享能力,尤其是目标的跟踪和身份识别的质量。但是,直到1999年的科索沃战争,战场态势混乱问题依然十分突出。

2000年2月28日至3月10日,美国和英国在乔治亚州萨凡纳共同组织了海军、海军陆战队、空军和陆军参与的全军战斗标识评估小组(All Services Combat Identification Evaluation Team,ASCIET)演习,其中一项重要内容就是分析Link 16中多名和破碎航迹问题的深层原因。演习中,按照实战条件部署了大量传感器系统,数据采集范围半径达到450km。总共50个参与单元通过Link 16网络报告位置和空中航迹,很多平台还加装了无线设备将平台真实位置向参与单元代理实时广播。演习区域临近几个主要的机场和航线,大量民航飞机为演习提供了“航迹负荷”。

从3月7日的演习数据中选取了100条最长的Link 16航迹进行多名航迹检验,其中61条始终保持唯一的JTIDS航迹号,18条航迹在任一时刻只有一个JTIDS单元负责报告,但是航迹号至少变化了一次,14条航迹由一个或多个单元以不同的航迹号同时报告,但是却对应相同的目标(有时甚至同一平台会分配两个航迹号)。

2001年,ASCIET的另一项测试报告称,“CEC对一个目标会产生1.06个航迹,而Link 16为1.35个,Link 11为1.5个”。此外,Link 16航迹的连续性也不好,平均航迹寿命只有2min,具体表现为航迹号持续变化,严重干扰了指战员的决策和判断能力。

鉴于以战术数据链为典型代表的联合数据网(Joint Data Network,JDN)生成的CTP质量远不如联合复合跟踪网生成的SIP,美国国防部依据互操作作战图族计划,开始转向SIP的研究,并着手由SIP向上延伸,以期提高CTP的质量。2000年年底,美国国防部成立SIAP(Single Integrated Air Picture)系统工程任务组,授权其“对现有JDN存在问题进行定位、甄别和提出修改建议,并确保这些修改能够向形成有效的SIAP能力过渡”。2002年,SIAP系统工程任务组汇总历次演习各单位(如陆军、海军、空军、海军陆战队、反导部队等)在Link 16互操作性方面出现的70多个具体问题,归纳了13个问题类,其中造成态势混乱的原因主要有指控系统与数据链系统缺乏公共时间参考基准,PPLI位置精度不高,数据配准、航迹质量计算和航迹相关等算法还需完善等多个方面。

6.1.9 小结

通过对战术数据链航迹处理的分析,可以得出以下结论:

(1) Link 16是美国及其盟国执行联合作战任务的主战数据链,可以将数百甚至上千个分布在战区内的终端设备连成一个统一的通信网络,具有相对导航、识别、监视、指挥控制和保密话音等功能,能够为高机动性的部队提供可靠的战场态势感知能力。

(2) Link 16的基本定位是战术信息分发系统,对各种平台和情报源的态势信息进行综合、分发和共享是其支持作战任务最基础、最重要的功能。尤其是我(友)方目标利用PPLI消息在全网共享自身的航迹和身份信息对于战术级的指挥控制有非常重要的意义。美军认为PPLI的身份标识比敌我识别器更加可靠,甚至有些机构建议“开发并在所有友方飞机上装备低成本的PPLI终端”。

(3) Link 16 可以被认为是一种分布式多目标跟踪系统，但是跟踪性能有限，这主要由两个因素决定：一是其应用定位在战术层面，对跟踪精度需求没有火控级那样迫切，配备的基本上是战术级传感器；二是由于传输带宽受限，Link 16 采取航迹报告职责策略选择性共享质量最好的航迹，并未真正实现分布式多传感器数据融合。

(4) Link 16 一直受多名航迹和航迹连续性差等问题的困扰，直接影响指挥人员做出正确的判断和决策。导致这一问题的深层次原因很多，例如，导航精度、数据配准算法、相关/解相关算法、航迹质量计算、时钟统一等方面都存在这样或那样的问题。美军仍在致力于提高 Link 16 生成的 CTP 质量，具体的工作主要集中在两个方面：一方面，通过改进 Link 16 本身的互操作能力，以提高 CTP 质量，即在报告职责机制基础上改进有关算法，并确保算法实现的一致性；另一方面，美军寄希望于实现 SIAP 能力，由 SIAP 向 CTP 延伸改善其质量。

6.2　联合战术信息分发系统中的平台定位

联合战术信息分发系统(JTIDS)是一个同步、时分多址、扩频通信系统，除了具有扩频时分多址(TDMA)通信和识别功能外，在标准的 WGS-84 地理坐标和一个相对栅格正切平面坐标系统中还能为网络内的用户端机之间提供被动的、高精度的相对导航。每个 JTIDS 端机都是一个精确同步用户网络的参与者，利用到达时间(TOA)测量和接收其他端机数据的方式，通过扩展卡尔曼滤波估计主机导航系统(如惯导)的位置、速度和姿态误差。

JTIDS 的导航能力来源于 JTIDS 端机对接收到的网络中其他端机的信号具有很高的 TOA 测量精度。这样，只在 JTIDS 端机计算机程序中增加一个软件模块即可实现相对导航功能，不需要额外的硬件。尽管处理过程只包括端机之间的相对距离测量，如果一些端机(如地面站点)能提供相应的地理位置信息，也可以获得绝对导航数据。JTIDS 的开发者一开始就设想到了这些导航能力，在选择关键部件(如端机时钟等)时已考虑其性能要求。

本节介绍相对导航(Relative Navigation，RELNAV)的原理、架构和软件功能，讨论观测模块、处理算法和重要误差源，并给出导航精度的仿真结果。

6.2.1　相对导航原理

在 JTIDS 相对导航的概念中，用户被动、有序地测量与网络中其他某些用户的距离，并据此使用多点定位法计算出自己的位置。JTIDS 是一个同步系统(全网基于一个时钟参考)，所有的终端都在指定的、已知的时隙传送数据。因此，如果用户与源保持很好的同步，3 次适合的测量就能得到三维位置。一旦用户发生了同步误差或者是时间偏差(常见误差)，一系列来自高精度时钟源的被动测距信号将持续更新位置及时间偏差(这种时间偏差纠正也叫被动同步)。因此，相对导航程序是一种伪测距，因为测量参照的是用户自己的时钟，而不是绝对时钟或往返时钟，用户时钟偏差是固定的。

所有的活动节点都定时地传送一个位置和状态数据(P-消息，如每 12s 一个周期)，包含源终端的位置、速度、航线及海拔，还有位置质量、时钟质量和相对栅格方位角质量（参照正北方位估计）。使用这些数据和恰当的源选择逻辑，根据源和用户终端的质量等级，用户终端选择所需的源，计算预测距离，与从到达时间获得的量测距离进行比较。使用用户 JTIDS 终端的递归滤波器（如卡尔曼），节点在一系列到达时间测量的基础上不断地更新它的位置、速度和时偏（参照系统时间）。在大多数应用中，来自惯性平台、多普勒雷达、空中数据系统、电磁读数、航向参考等传感器的航位推算数据用来推算滤波器更新中的到达时间导出数据和得到来自两种不同类型传感器的数据的最优融合。

为了保持扩展时间期间正确的系统操作，允许一些用户周期性地、少量地测试到时钟参考或是最高时间精度源的往返时间，因为这个过程固定地提供用户时偏的高精度量测。而且，有些用户可以相对频繁地测试往返时延。以这种方式，网络中的许多节点都保持了高精度的时间。这种层级结构将在后面详细讨论。

6.2.2 相对导航架构

相对导航操作可以在相对方格坐标中使用，即所有节点根据某一节点（被称为导航控制器）建立的坐标决定自己的位置；也可以在绝对、地理、地球坐标（经度和纬度）中使用。在这两种情况下，网络中的某个节点充当时钟参考，建立系统时间，拥有最高精度的时间。在相对方格坐标中，导航控制器有可能是一架飞机或是一艘轮船，建立起切面方格原始的正北方向，原点在假设稳定的海平面上（实际上，由于导航控制器的航位推算误差，方格的原点和正北方向可能慢慢移动）。网络中的所有节点根据这些坐标确定自己的位置。导航控制器具有最高精度的位置。在地理坐标中，具有高精度绝对位置信息的终端充当位置参考。在参考节点和导航控制器下面有两类用户：高级用户和普通用户。当高级用户（PU）的时间精度低于某一标准（终端滤波器设定值）时，可以利用一定周期的往返时间等保持时钟同步。具有超高精度的节点（相对较少）作为主要的导航参考。普通用户（SU）不能频繁测量往返时间，而且要具备完全被动地保持时钟同步和相对定位等的能力，即不用源测量往返时间。两类用户在终端滤波器估计精度的基础上划分。源选择算法可以建立在数据交换规则的基础上。例如，当高级用户数据交换规则和自己不一样时，普通用户使用具有高精度的位置和时间质量的普通用户作为源。这些规则用来防止用户的位置和时间误差不会因为使用低精度的源而相差太大。通过这种架构，在时钟参考、位置参考及导航控制器可见范围外的用户就可以通过与其他源（例如，在参考或其他高级用户可见范围内的高级用户）的被动测距进行导航。因此，尽管使用了高频段，JTIDS 相对导航网络的覆盖范围还是很好地拓展到视距范围外，如图 6-3 所示。图中，高级用户和普通用户间的单箭头指明了由高级用户设定的高精度引起的被动测距中 P 消息的传递方向。此外，假设右边的普通用户为完全被动模式（关闭无线电）。如果用户在位置参考的可见范围内，则它们可以通过地理坐标确认位置。图 6-4 表明了地理坐标、切平面方格相对坐标和载体航向参考坐标轴之间的关系。

图 6-4 中，载体的相对航向误差用 α 表示，真实的航向误差用 θ_A 表示，载体的真实航向用 θ_H 表示。在相对导航中，所有用户都试图将它们的 X-Y 航向参考轴与导航控制器建立的 U-V 坐标轴对准。如果有一个用户在绝对和相对坐标系中都确定了自己的位置，

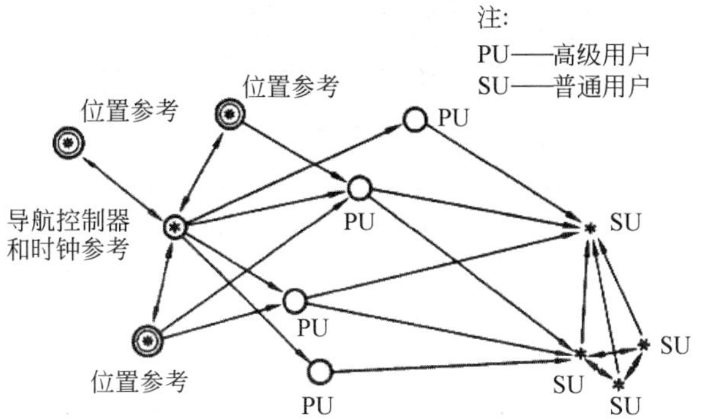

图 6-3　JTIDS RELNAV 结构

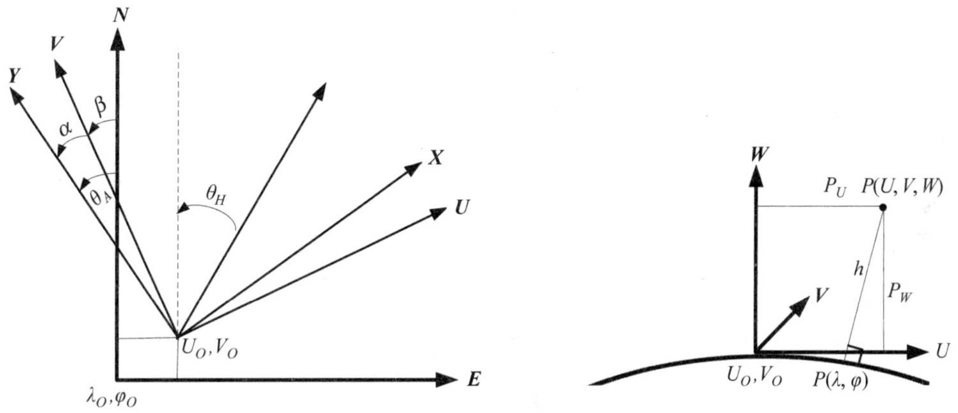

图 6-4　地理坐标系和相对坐标系的关系

注：N、E 是地理坐标的北和东

U、V、W 是切面笛卡儿坐标系的北、东和上

X、Y 是载体航向参考的北和东参考轴

那么它将应要求在两个坐标系中都传送自己的 P 消息——坐标偏移角 β 和两个坐标系的位置质量等级。最后，对于网络中的其他在位置参考可见范围外的用户来说，可以通过"直接获取"栅格原点(U_O,V_O)和坐标北方向确认在绝对坐标系中的位置。因此，双坐标操作(相对和绝对坐标系)在 JTIDS 相对导航中是可实现的。

6.2.3　相对导航软件的工作流程

相对导航函数是一个嵌入在 JTIDS 终端通信处理器程序中的标准软件模块，连接了信号处理器中的到达时延测量函数和通信处理器中的通信处理函数。相对导航函数的基本子函数有：①初始化函数；②源选择函数；③航位推算数据处理函数；④卡尔曼滤波器；⑤数据外推函数；⑥质量等级转换函数；⑦坐标转换函数。在没有任何航位推算数据的情况下，可以通过到达时延获取数据等实现相对导航。图 6-5 是一个典型的相对导航软件流程图。

在实际操作中，到达的 P 消息和到达时延的源数据由信号处理器接收，首先由通信

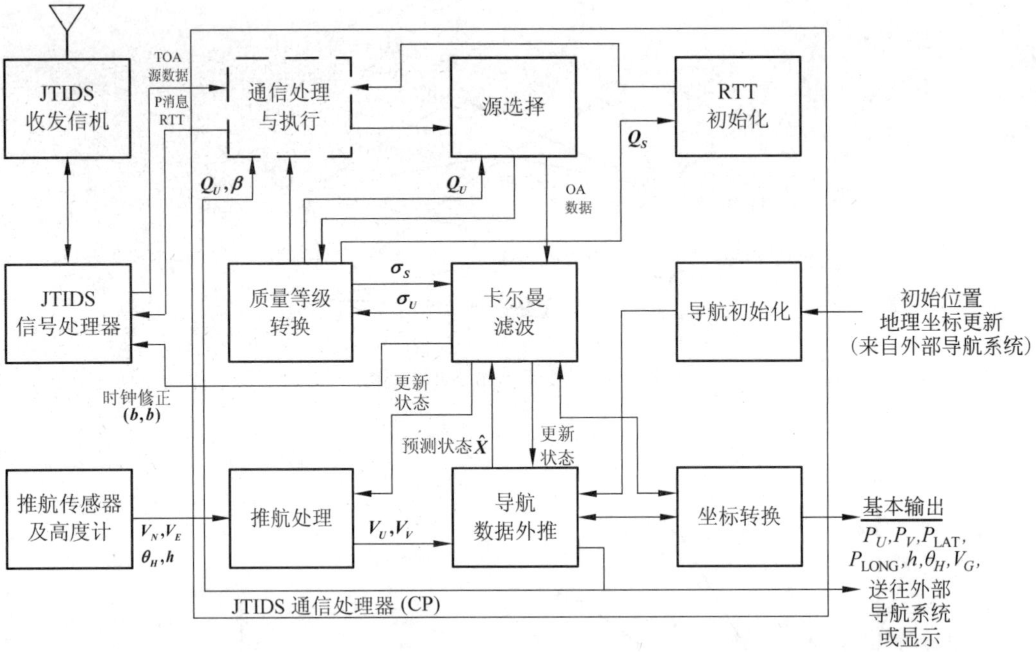

图 6-5　JTIDS RELNAV 软件流程图

处理器的通信处理模块处理，将源的质量等级与终端的质量等级进行比较，确定是否选择该源。已选源的位置和到达时延数据将递交给卡尔曼滤波器处理。在卡尔曼滤波器中，源等级也将作为方差用于处理，稍后将进行详细描述。滤波器使用到达时延测量与预测值不同的观察距离，用恰当的卡尔曼增益进行修正，加入预测状态向量，然后产生方差状态更新值。协方差矩阵在每轮滤波周期中都会以常规的卡尔曼方式进行更新。更新的状态很多可能是错误的(如空速刻度因素、航向误差、海拔误差)，传送给相应的航位推算处理和导航数据外推模块。理想情况下，每次到达时延的重新测量(利用所选源的 P 消息)都会带来一次滤波器状态更新，通常每几秒一次。在此期间获取的导航信息进行外推，以更高的数据速率读出，通常每秒几次，以此给用户提供所需速率。因为卡尔曼滤波器在笛卡儿坐标系中易于实现，及相对导航的双坐标可操作性，在数据输送给用户前需要坐标转换函数，如 U、V、W 对应的地球纬度、经度及海拔。航位推算数据由载体上的航向传感器接收，使用滤波器修正状态的最新估计进行处理，然后进行外推，以产生所需输出。外推值也用于产生预测状态。因此，航位推算不仅用于外推，克服了动态条件下不受欢迎的滞后误差，也从最优估计的角度与到达时延所得距离数据结合。外推导航数据与单元位置质量等级(由滤波得到的最新方差转化而来)一起放置于 P 消息中传送至终端的信号处理器进行传输。滤波器还产生时偏、频偏的更新数据，提供给信号处理器，用于修正终端的时钟。

6.2.4　相对导航的基本算法

基本的相对导航被动测距观测模型可以表示为

$$R_o = c \times TOA = R_c + c(b_t - b) + N$$

$$R_c = \sqrt{(X_t - X)^2 + (Y_t - Y)^2 + (Z_t - Z)^2}$$

这里，b_t 表示源端与系统时间的时间偏差，对源端和用户端来讲都是未知的，每个源在发送消息前都力争将时间偏差降为零；b 是用户（接收者）接收时间与系统时间的偏差。R_o 是到源点的观测距离；c 为光速；TOA 是根据用户自己的时钟观测到的到达时间；R_c 是计算的（预测的）到源点的距离；X_t、Y_t、Z_t 为源点（发送端机）的位置坐标；X、Y、Z 为用户（接收端机）的位置坐标；N 是量测噪声之和。相对导航滤波器包括时间偏差的更新。

因为通常接收方无法测量或估计 b_t，所以可以将其归到量测噪声 N，这样，观测模型改为

$$R_o = c \times TOA = R_c - cb + N$$

可观测的最基本的测量值就是 TOA，源点的位置坐标 X_t、Y_t、Z_t 可以从接收到的 P 消息中获得，需要估计的未知数包括用户的位置坐标 X、Y、Z 和时间偏差 b。如果没有噪声，接收 4 个点的 P 消息，就可以建立非线性方程组。

$$c \times TOA_i = \sqrt{(X_i - X)^2 + (Y_i - Y)^2 + (Z_i - Z)^2} - cb$$

解该方程组即可求得用户的位置坐标 X、Y、Z 和时间偏差 b。

但是，实际应用中，噪声（误差）是不可避免的。因此，方程组是一个非线性矛盾方程组，无法得到精确解，只能采用优化计算的方法，尽可能得到最优的近似解。对于这种形式的非线性矛盾方程组，常用的求解方法是最小二乘法，即求 X、Y、Z 和 b，使得 $f(X,Y,Z,b)$ 最小。$f(X,Y,Z,b)$ 为

$$f(X,Y,Z,b) = \sum_i \left(c \times TOA_i - \sqrt{(X_i - X)^2 + (Y_i - Y)^2 + (Z_i - Z)^2} - cb\right)^2$$

这样，将矛盾方程组求解转化为非线性函数最小化问题，可以利用高斯-牛顿法迭代求解，感兴趣的读者可以参考最优化理论的相关书籍。如果用户端机是静止的，利用多个观测值即可较精确地估计用户位置和时间偏差。但是，对于运动用户，X、Y、Z 本身又是变化的量，无法直接建立联立方程，需要估计用户的运动参数，将多个观测值等价地推算到相同的时刻，感兴趣的读者可以参考无线电导航或卫星导航的书籍。

这里主要介绍 JTIDS 中使用的扩展卡尔曼滤波法，该方法利用单个测量值序贯地进行滤波处理。这样，根据 TOA 观测序列递归地更新用户自身的位置、时钟偏差、偏差率和其他状态。为了计算卡尔曼滤波器的增益矩阵，需要将非线性的观测方程线性化。

将相对栅格坐标 x、y、z 和时间偏差 b 等状态变量写成矢量形式，记为系统状态 X，则观测距离 R_o 是状态 X 的函数，记为 $R_o = R_o(X) + N$。将 R_o 在 X 的期望值（预测值）$\hat{X}$ 处做一阶泰勒展开，可得

$$R_o(X) \approx R_o(\hat{X}) + \boldsymbol{H}(X - \hat{X}) + N$$

其中，$\boldsymbol{H}^{\mathrm{T}} = \left[\dfrac{\partial_{R_o}}{\partial_x}\right]\Bigg|_{X=\hat{X}}$ 为 R_o 的 Jacobian 矩阵。

记 $\widetilde{R}_o(X) = R_o(X) - R_o(\hat{X}) + \boldsymbol{H}\hat{X}$，则 $\widetilde{R}_o = \boldsymbol{H}X + N$。

例如，假设系统状态 X 仅包含其相对栅格坐标 x、y、z 和时间偏差 b，即 $\boldsymbol{X} = [b, x, y, z]^{\mathrm{T}}$，则

$$\boldsymbol{H}=\left[\frac{\partial_{R_o}}{\partial b},\frac{\partial_{R_o}}{\partial x},\frac{\partial_{R_o}}{\partial y},\frac{\partial_{R_o}}{\partial z}\right]\Bigg|_{\substack{x=\hat{x}\\y=\hat{y}\\z=\hat{z}\\b=b}}=\left[-c,\frac{\hat{x}-x_t}{R_C(\hat{X})},\frac{\hat{y}-\hat{y}_t}{R_C(\hat{X})},\frac{\hat{z}-\hat{z}_t}{R_C(\hat{X})}\right]。$$

这样,可以将观测模型近似为线性方程:

$$\widetilde{R}_o=HX_k+N$$

完成观测方程的线性化后,就可以建立基本的卡尔曼滤波方程:

$$X_k=\boldsymbol{\Phi}X_{k-1}+\boldsymbol{\Gamma}W$$

$$\widetilde{R}_k=\boldsymbol{H}X_k+V$$

这里,$\widetilde{R}_k=R_o(X_k)-R_o(\hat{X}_k)+H(\hat{X}_k)=R_o(X_k)-R_o(\boldsymbol{\Phi}\hat{X}_{k-1})+H(\boldsymbol{\Phi}\hat{X}_{k-1})$作为基本卡尔曼滤波的测量值,其中$R_o(X_k)$是$k$时刻的实际测量值,$\hat{X}_{k-1}$是$k-1$时刻的估计值;$\boldsymbol{X}$为总的状态矢量,如用户的坐标、速度、加速度等状态;$\boldsymbol{\Phi}$是状态转移矩阵;$\boldsymbol{\Gamma}$是系统噪声转移矩阵;$\boldsymbol{H}$为线性化的观测矩阵;W为系统噪声,其协方差矩阵为$\boldsymbol{Q}$;V是量测噪声,其方差为V_v,等于$\sigma_{\mathrm{TOA}}^2+\sigma_{\mathrm{jitter}}^2$,$\sigma_{\mathrm{TOA}}$是$TOA$测量值的标准差,$\sigma_{\mathrm{jitter}}$是发射机抖动标准差。

预测的协方差:

$$P_{P_{k|k-1}}=\boldsymbol{\Phi}P_{k-1|k-1}\boldsymbol{\Phi}^{\mathrm{T}}+\Gamma\boldsymbol{Q}\boldsymbol{\Gamma}^{\mathrm{T}}$$

增益:

$$K_k=P_{p_{k|k-1}}H_k^{\mathrm{T}}[H_kP_{k|k-1}H_k^{\mathrm{T}}+V_v]^{-1}$$

预测的状态矢量:

$$X_{p_{k|k-1}}=\boldsymbol{\Phi}\hat{X}_{k-1|k-1}$$

滤波输出的状态矢量:

$$X_{f_{k|k}}=X_{p_{k|k-1}}+K_k[R_O-\hat{R}_O]$$

滤波输出的协方差:

$$P_{f_{k|k}}=[I-K_kH_k]P_{p_{k|k-1}}$$

这里,$\boldsymbol{I}$为单位矩阵;$\hat{R}_O$是预测的距离。

$$\hat{R}_O=\sqrt{(X_t-\hat{X}_{k|k-1})^2+(Y_t-\hat{Y}_{k|k-1})^2+(Z_t-\hat{Z}_{k|k-1})^2}-b_{k|k-1}$$

实际使用中,滤波器利用所有状态的最佳估计和所有可用的导航数据预测 P 消息接收时刻的状态矢量$\boldsymbol{X}$和协方差$\boldsymbol{P}$,然后计算线性化观测矩阵$\boldsymbol{H}$。在滤波器进行预测的$(k|k-1)$点(即接收到新的 P 消息),在计算滤波器增益矩阵前,要将协方差矩阵$\boldsymbol{P}$增加源点位置协方差。然后计算滤波器增益矩阵,再用增益矩阵作为新息$(R_O-\hat{R}_O)$的权重,用加权新息更新状态矢量。最后,更新状态的方差矩阵。这样就完成了一个 P 消息在卡尔曼滤波器中的处理,更新了所有的状态。在需要读出和发送 P 消息,或者需要预测下一个 P 消息接收时刻的状态时,都需要利用这些已有的状态数据进一步外推位置、速度。

为了提高时间同步的精度,用户端机需要在特定的时间初始一个 RTT 消息。在 RTT 处理过程中,可观测的变量为TOA_{D}和TOA_{U}。其中,TOA_{D}为用户 RTT 询问消息到达授时端机的时间,授时端机在应答时告知用户端机;TOA_{U}为源端应答达到用户端机的时间。显然,用户和授时端机之间的相对时差是授时端机与用户端机之间TOA测量值之差的函数。如果授时端机是时间基准,测量的时差就是用户时差。同样,通过观测到的 TOA_D 和 TOA_U 之和可以得到与 RTT 应答的授时端机的距离。因为在标准的 JTIDS RTT 消息中不带有位置信息,除非用户知道授时端机的位置,否则到授时端机的距离通常对用户没有用。

除了基本的位置和时钟状态外,不同的应用会选择不同的状态变量构成状态矢量,状态矢量中元素的选择取决于最重要的输出变量、所用的坐标系、所需的精度、输出数据的速率和所用的平台类型等因素。所选取的状态矢量的大小还需要考虑端机所用计算机的处理能力和存储容量。

6.2.5 定位精度的影响因素及仿真分析

JTIDS 相对导航位置的精度是下列误差源的函数。

(1) TOA 测量误差。

(2) 用户和源端的相对地理位置。

(3) 源端的位置和时间质量。

(4) 传播延时。

(5) 平台导航传感器的特性。

(6) 计算误差。

(7) 端机的时钟特性。

(8) P 消息发送频度。

TOA 的测量误差取决于带宽、信噪比和 TOD 测量电路。

用户和源端的相对几何位置带来著名的几何精度因子(GDOP)效应。在静态条件下,GDOP 可以看成是用户和源端机之间测距误差的放大倍数,即测距误差对最终定位误差的影响程度。动态情况下,由于滤波器的处理,误差可以随时间减小。所用源端的位置和时间质量限制了最终的定位精度。然而,少部分单元频繁地交互 RTT,而其他单元无须频繁地交互 RTT,也可以维护全网较高的时间质量。平台所用的导航传感器的类型,如空速、多普勒或惯导,将影响整个系统的位置和速度精度。同样,用户的导航系统误差与源端(特别是导航控制器)的相关性也很重要。根据相关文献的结论,对于相对栅格导航,用户应尽可能使用相同的推航系统。

端机时钟的短时间稳定性也影响定位的精度,影响程度取决于 P 消息的数据更新率。大气中的电波传播异常和多径效应限制了最高精度。虽然可以对电波传播效果建模,但误差仍然难免。一般来讲,源端 P 消息更新率越高,用户的精度越高。最后,处理器的计算误差也是提高精度的影响因素,但以目前的数字处理器的水平,可以将其控制在所需范围内。

基于上述讨论的误差源的性质,在良好的条件下(如几何位置和源端质量)应该可以达到 100 英尺(1 英尺=0.3048 米)的圆误差概率(CEP)。

JTIDS 和 GPS 都是同步的、L 波段、高精度定位系统,有可能以某种形式实现互操作和系统集成,网络中少部分装有 GPS 的单元可以作为其他 JTIDS 相对导航用户的位置基准。各系统可以采用共同的时间基准,这有利于各系统的作战应用,只需将 JTIDS 的时间基准同步于 GPS 的系统时即可。装备 GPS 的 JTIDS 单元可以实现快速入网，高精度的时间同步可以提高相对导航的性能。另外，如果 GPS 由于干扰或其他原因出现故障，JTIDS 的相对导航也可以临时维持时间同步，提供精确的导航数据，便于 GPS 快速恢复。这样，GPS 的全球导航能力和 JTIDS 相对导航的战术能力可以互补，提高系统的整体能力。

由于相对导航的精度是几何位置关系和其他因素复杂的函数，所以只能采用计算机仿真的方式进行算法设计和性能评估。这里介绍的仿真算法只使用 TOA 数据研究网内单元之间交互的效果，滤波器的状态矢量中包括了加速度状态，突出了时钟特性的建模。

仿真程序要验证的算法采用一个 11 个状态的扩展卡尔曼滤波，加上了源点位置及方差。

基本状态矢量为：$\boldsymbol{X}^{\mathrm{T}}=[b,\dot{b},X,Y,Z,\dot{X},\dot{Y},\dot{Z},\ddot{X},\ddot{Y},\ddot{Z}]$

观测矩阵为

$$\boldsymbol{H}=[-1,0,(X-X_t)/R_C,(Y-Y_t)/R_C,(Z-Z_t)/R_C,0,0,0,0,0,0]$$

状态转移矩阵 $\boldsymbol{\Phi}$ 为

$$\boldsymbol{\Phi}=\begin{bmatrix} 1 & T & 0 & 0 & 0 & 0 & 0 & 0 & 0 & 0 & 0 \\ & 1 & 0 & 0 & 0 & 0 & 0 & 0 & 0 & 0 & 0 \\ & & 1 & 0 & 0 & T & 0 & 0 & T^2/2 & 0 & 0 \\ & & & 1 & 0 & 0 & T & 0 & 0 & T^2/2 & 0 \\ & & & & 1 & 0 & 0 & T & 0 & 0 & T^2/2 \\ & & & & & 1 & 0 & 0 & T & 0 & 0 \\ & & & & & & 1 & 0 & 0 & T & 0 \\ & & & & & & & 1 & 0 & 0 & T \\ & & & & & & & & \rho_1 & 0 & 0 \\ & & & & & & & & & \rho_2 & 0 \\ & & & & & & & & & & \rho_3 \end{bmatrix}$$

这里，$T=t_k-t_{k-1}$，ρ_1、ρ_2、ρ_3 是 X、Y、Z 方向的加速度系数。对于匀加速机动，其加速度保持不变，ρ_1、ρ_2、ρ_3 都为 1，设定不同的加速度系数可以建模变加速机动。

设系统噪声 $W=[W_1,W_2,W_3,W_4,W_5]^{\mathrm{T}}$。这里，$W_1$ 为时钟随机偏差噪声，W_2 为时钟频率噪声；$W_3 \sim W_5$ 为 X、Y、Z 方向的加速度噪声。将平台的位置噪声、速度噪声都用加速度噪声表示，系统噪声转移矩阵为

$$\boldsymbol{\Gamma}=\begin{bmatrix} 1 & 0 & 0 & 0 & 0 \\ & 1 & 0 & 0 & 0 \\ & & T^2/2 & 0 & 0 \\ & & 0 & T^2/2 & 0 \\ & & 0 & 0 & T^2/2 \\ & & T & 0 & 0 \\ & & 0 & T & 0 \\ & & 0 & 0 & T \\ & & 1 & 0 & 0 \\ & & & 1 & 0 \\ & & & & 1 \end{bmatrix}$$

系统协方差矩阵 $\boldsymbol{Q}$ 为

$$\boldsymbol{Q}=\begin{bmatrix}\sigma_{W_1}^2 & & & & \\ & \sigma_{W_2}^2 & & & \\ & & \sigma_{W_3}^2 & & \\ & & & \sigma_{W_4}^2 & \\ & & & & \sigma_{W_5}^2\end{bmatrix}$$

测量噪声模型 V_v 是一个标量，如下式

$$V_v=\sigma_{\mathrm{TOA}}^2+\sigma_t^2$$

这里，σ_{TOA} 是 TOA 测量噪声标准差；σ_t 是发射机抖动噪声标准差。

下面讨论测量噪声、等效噪声和仿真的初始条件。TOA 测量噪声的标准差假设为零均值正态分布的标准差，采用的端机时钟模型包括时间偏差和时钟速率偏差。所有这些模型都包含一个偏移误差和一个等效噪声。时间偏差的等效噪声是一个随机游走模型，主要由频率上的白噪声引起。时钟速率(频率)等效模型也称为漂移模型，根据经验观察为一个布朗运动模型。对于除网络定时基准以外的每个成员，初始时间偏差都在[0, 1.8]ms 范围均匀分布。初始时钟速率偏差为零均值高斯分布的随机数，其标准差为 10^{-8}s/s。时钟随机游走和漂移噪声都是基于测量的时钟数据。

初始条件的位置、速度和加速度误差根据端机的类型(地面和机载)和特定的用途而定。表 6-3 给出了初始方差的范围和机载端机的速度范围。机载端机假设以恒定的速度和 10000 英尺的恒定高度飞行。所有标准差的数值都给出了随机样本的标准差。

为了减少仿真的复杂性和开销，采用了一些简化条件，包括平面地球模型和恒定高度飞行。这些条件的简化可以采用笛卡儿坐标，Z 方向位置恒定，等于飞机的高度，Z 方向的速度和加速度都为 0。程序的定时设计完全遵循 JTIDS 的网络管理规则。例如，每个主动成员都在 12s 周期内随机地分配一个发送时隙，所有主动成员在每个周期都以相同的相对发送间隔时隙发送一个 P 消息，其相对发送时隙间隔与第一个周期指定的一样。每个发送的 P 消息都包括端机的 X、Y、Z 位置和其最新估计的位置协方差。在任务的前 2 个周期，所有单元与网络定时基准交互 RTT，以建立初始定时同步，确定定时偏差。然后，主动单元每 12.8 分钟(一个时元)进行一次 RTT，被动(无线电静默)成员不做 RTT。仿真场景包括 4 个地面站点(位置基准)，其中一个作为网络时间基准。其他地面站点都指定一个初始位置误差，利用其自身的滤波运算，位置误差会随着时间而减小。所有空中平台都指定初始位置、速度和加速度误差，每个成员都在接收到 P 消息以后更新其滤波器状态。

表 6-3　速度与初始误差条件

成员	速度	$\sigma_{X'}$	$\sigma_{Y'}$	σ_Z	$\sigma_{\dot{X}'}$	$\sigma_{\dot{Y}'}$	$\sigma_{\dot{Z}}$	$\sigma_{\ddot{X}'}$	$\sigma_{\ddot{Y}'}$	$\sigma_{\ddot{Z}}$
	英尺/秒	英尺			英尺/秒			英尺/秒^2		
$G1$	0	0	0	0	0	0	0	0	0	0

续表

成员	速度	$\sigma_{X'}$	$\sigma_{Y'}$	σ_Z	$\sigma_{\dot{X}'}$	$\sigma_{\dot{Y}'}$	$\sigma_{\dot{Z}}$	$\sigma_{\ddot{X}'}$	$\sigma_{\ddot{Y}'}$	$\sigma_{\ddot{Z}}$
	英尺/秒	英尺			英尺/秒			英尺/秒^2		
*G*2	0	10	10	0	0	0	0	0	0	0
*G*3	0	20	10	0	0	0	0	0	0	0
*G*4	0	100	100	0	0	0	0	0	0	0
*A*21	300	1000	1000	0	10	10	0	3	3	0
*A*24	300	1000	1000	0	10	10	0	3	3	0
*A*32	455	1000	1000	0	30	30	0	5	5	0
*A*23	300	1000	1000	0	10	10	0	3	3	0

仿真程序包括一个飞行轨迹程序，用于实施各种任务场景的飞行，包括“8”字形和圆形飞行模式。程序还包括一个“真实时间”模型，仿真实际的定时和时钟行为，用于比较滤波器输出的时钟估计偏差。仿真分析了宽基线几何和窄基线几何两种类型的场景。在宽基线几何场景中，空中平台具有良好的GDOP条件（图6-6），而窄基线几何场景中（图6-7），有些单元的GDOP很好，有些却很糟糕（静态GDOP接近200）。空中平台参与者可选择为完全参与交互（使用所有其他平台的P消息）和不参与交互（只使用地面站点的P消息）。选择较大的初始位置、速度和加速度误差，分别为1000英尺、30英尺/秒和5英尺/秒^2。对于宽基线场景（图6-6），无论是交互，还是非交互，相对导航卡尔曼滤波器对每个空中平台都得到了令人满意的高精度、收敛的时间和位置解，能够准确地跟踪误差和方差。例如，位置误差从1000英尺降低到小于50英尺，时间误差从1～2ms降低到小于10ns。表6-4给出了图6-6宽基线几何1个时元（12.8分钟）的仿真结果。

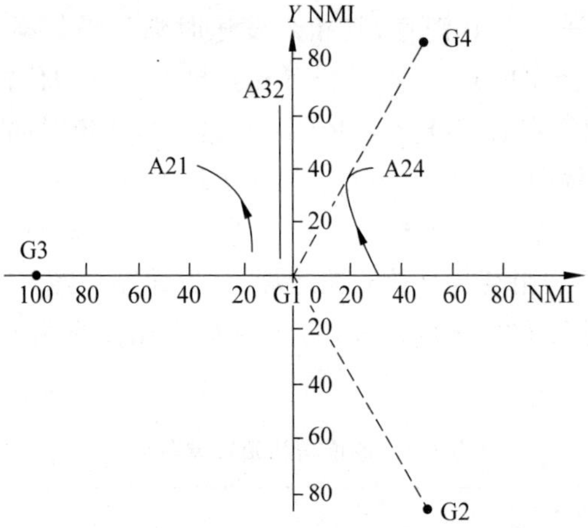

图6-6　宽基线几何场景（1个时元）

时元	误差/英尺		
	RMS X	RMS Y	CEP
1	164.9	121.6	169.1
2	139.2	53.1	113.4
3	333.5	41.7	235.0
4	153.1	41.8	114.9
总体平均	213.0	72.5	168.4

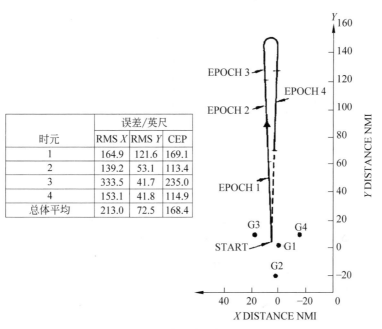

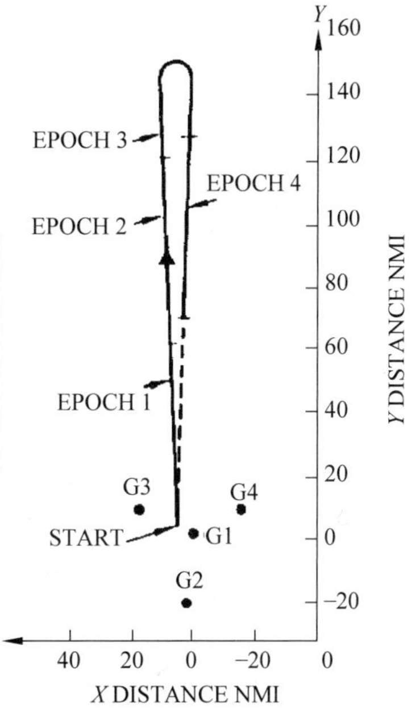

图 6-7　窄基线几何场景

表 6-4　宽基线几何性能(一个时元),误差单位：英尺

成员	非交互			交互		
	RMS X	RMS Y	CEP	RMS X	RMS Y	CEP
A21	56.7	63.2	70.8	53.5	56.6	65.0
A24	68.5	42.9	65.7	61.3	41.7	60.8
A32	43.6	32.0	44.6	46.8	31.4	46.2

经过几个滤波周期,未精确定位测量的地面站点也同样改善了其定位误差。窄基线几何(较差的 GDOP)非交互的节点也同样得到了收敛解。作为典型运用场景,仿真了 4 个时元(近 1 小时)的运行,因为在 4 个时元的航线中 GDOP 明显变化。对于最坏的几何条件,如图 6-8 所示,距源点群最大大约 150 海里(1 海里＝1.852 千米),而源点群为 20 海里的基线,所有定位圆误差概率(CEP)仍然小于 170 英尺。对于稍好(更典型)的 GDOP 条件,如图 6-9 所示,整个定位圆误差概率大约为 100 英尺。对于某个成员在整个任务过程中一直加速,并且除初始 RTT 外,完全以被动方式运行,其圆误差概率仍然小于 80 英尺,如图 6-10 所示。对于特别差的 GDOP 条件,如果空中平台一直使用其他单元的所有 P 消息,就会出现明显的发散。这说明了基于端机自身及源点的时间和位置质量分等级地选择源点的必要性,如前面所述,在相对导航算法中都应该实现分等级地选择源点。总之,仿真结果验证了 JTIDS 相对导航可以达到较高的精度。

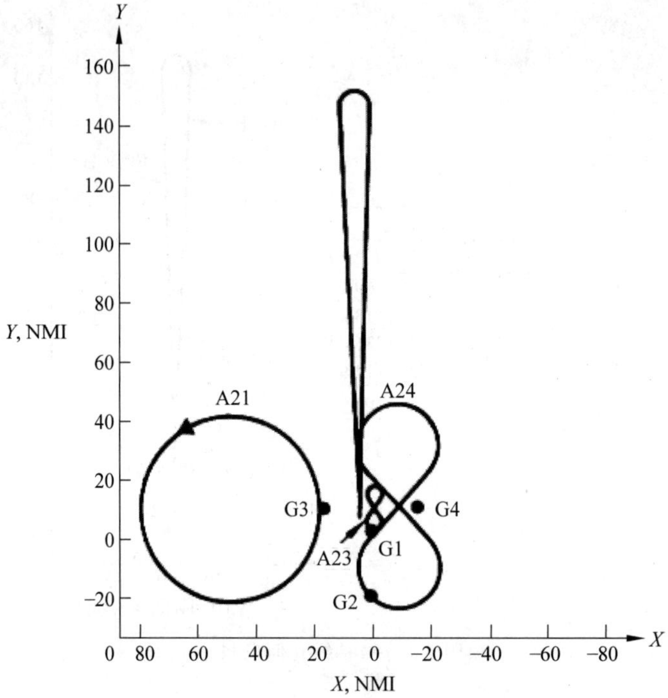

图 6-8　4 个时元窄基线几何场景

时元	误差/英尺		
	RMS X	RMS Y	CEP
1	78.2	83.5	95.4
2	74.1	101.9	103.8
3	52.1	141.5	114.2
4	48.9	93.2	83.9
总体平均	64.6	107.4	101.5

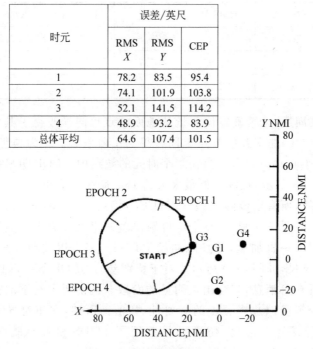

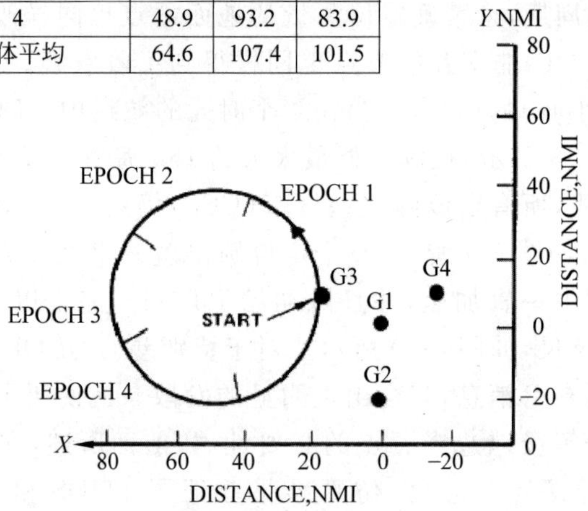

图 6-9　4 个时元窄基线性能

时元	误差/英尺		
	RMS X	RMS Y	CEP
1	84.4	108.6	113.9
2	54.7	41.8	56.9
3	54.4	44.9	58.6
4	56.9	49.4	62.7
总体平均	65.2	70.1	79.8

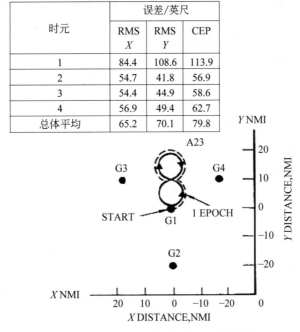

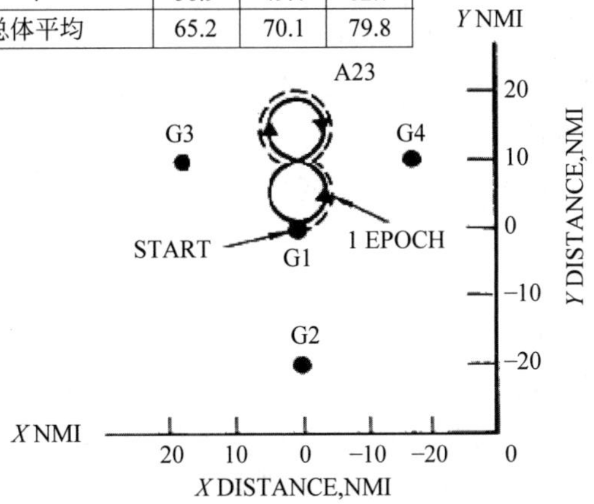

图 6-10　4 个时元全被动运行窄基线性能

6.3　武器协同数据链与单一综合空情图

按照网络中心战的划分，JCTN 的典型代表是协同作战能力（Cooperative Engagement Capability，CEC）、战术瞄准网络技术（Tactical Targeting Network Technology，TTNT）等系统。从数据链的定义看，CEC 和 TTNT 都满足数据链的基本构成要素和功能定位，也应归入数据链范畴。为了与服务于战术级指挥控制的战术数据链区别，我们把这类系统称为武器协同数据链。武器协同数据链是指利用强大的数据处理和网络传输能力，可对战术目标进行协同精确跟踪和打击的数据链系统。这里的“协同”包括两个方面：一方面是协同精确跟踪，即通过战场空间范围内的多个传感器之间的协调配合，实现对目标实时、火控精度的跟踪；另一方面是协同精确打击，即在统一的战术目的下，多个自动化武器系统协调一致地执行战术行动，对目标实施精确打击。由于 CEC 是美国海军为了加强海上防空作战能力研制的系统，而 TTNT 的基本定位是满足美国空军对地面时间敏感目标的适时打击需求，这就决定了 CEC 更强调对整个作战区域全面、精确的态势感知能力。因此，美军以 CEC 生成的态势图作为 JCTN 中 SIP 的范本。下面主要介绍 CEC 及其后继——单一综合空情图（Single Integrated Air Picture，SIAP）。

6.3.1　CEC

20 世纪 70 年代末，美国海军提出了针对沿海地区海军对空防御和对岸基敌方火力进行打击的作战模式，设想的作战环境是比较复杂的，包括敌我中各方部队、巡航导弹、弹道导弹、电子战和沿岸复杂地形导致的恶劣电磁环境，以及必须密切协作的大量联合作战部队及大量传感器和武器系统。作战部队和设施分布地域达到数千平方英里，传感器个数可能大于 50 个，需要协调的武器平台包括 20～30 个导弹发射架以及大量的拦截飞机。

针对这种军事需求，约翰·霍普金斯大学应用物理实验室提出了 CEC 概念，归纳了复合跟踪（Composite Tracking）、精确提示（Precision Cueing）和协调、协同作战（Coordinated, Cooperative Engagements）三大基本作战功能，并突破了其中的高速数据交换和数据融合处理等关键技术。CEC 实质上是一种分布的战区一体化防空系统。它利用高速通信链路把舰艇和飞机铰链起来，在网内成员间实时共享所有雷达传感器的探测数据，经融合处理生成相同、综合的态势图，从而实现最佳战术决策、快速指挥控制和有效协同行动。

1. 基本作战功能

复合跟踪实际上是集中式多传感器数据融合的直接结果，可实现对目标连续不间断的跟踪。CEC 的宽带通信网络速率达到 2～5Mb/s，可以在全部网内成员之间共享所有传感器的原始量测数据。高性能的处理器运行数据融合算法得到战区范围内所有目标的复合航迹，因此个别传感器在某个时段受到干扰或完全失效都不会影响目标航迹的连续性。

精确提示是 CEC 的另一种战术功能，目的在于扩大平台精确跟踪和锁定来袭目标的范围。对于舰队防空来说，一般需要平台的预警雷达先发现并跟踪空中来袭目标，当目标对本平台构成威胁时，才开启火控雷达，并根据预警“提示”的方位对目标进行扫描、精确跟踪和锁定。从发现目标到锁定的时间取决于预警雷达的扫描周期、跟踪精度，以及火控雷达的探测范围和捕获过程。采用 CEC 之后，平台可以在本地传感器尚未或者无法发现目标的情况下，利用网内共享的航迹为本地火控雷达提示目标方位，如果航迹数据达到火控精度，捕获目标的时间还可大大缩短。

CEC 的第三个战术功能是协同作战。由于 CEC 网络提供了精确的栅格锁定、很高的数据传输速率、极短的数据分发和处理时延，因此 CEC 单元可以在本平台雷达尚未捕获目标的情况下，利用从其他 CEC 单元接收到的火控雷达数据发射导弹并引导其拦截目标。这一作战能力称为基于外部数据的作战能力。这一功能常常与美国海军的标准-2 型导弹系列配合使用，可以利用舰艇外部来的数据实施中程和末端制导照射。

2. 系统组成

CEC 网络是一个网络化的感知和作战系统，其中任何一个探测平台或作战平台都是网络的一个节点，称为协同单元（Cooperative Unit, CU）。CU 由协同作战处理机（Cooperative Engagement Processor, CEP）和数据分发系统（Data Distribute System, DDS）组成，如图 6-11 所示。

CEP 用于处理本 CU 及其他 CU 提供的目标数据。每个 CEP 必须拥有与整个作战系统规模相当的处理能力和吞吐率。早期的 CEP 由 30 台摩托罗拉 68040 处理器通过一个总线结构集成起来协同完成处理工作。每个处理器至少要完成一项子任务，例如，航迹滤波、栅格锁定、传感器接口、协同作战支持以及 DDS 接口等作业。除了与 DDS 接口外，

CEP 还要与传感器系统、指控系统、武器系统直接连接。

DDS 采用相控阵天线和大功率行波管发射机，能够可靠、近实时地发送和接收数据。DDS 必须确保在极短的时间内可靠地传输数据，并且不能限制报告数据的更新率和容量。为了实现高效的数据传输、宽频带和精确定时等要求，需要为每台 DDS 终端配置相控阵天线与高功率的行波管发射机。在任一时刻，一对 DDS 单元只有在它们的相控阵天线波束相互照射时，才能相互交换数据，因此需要建设一个高度自动化的分布式 DDS 组网结构。

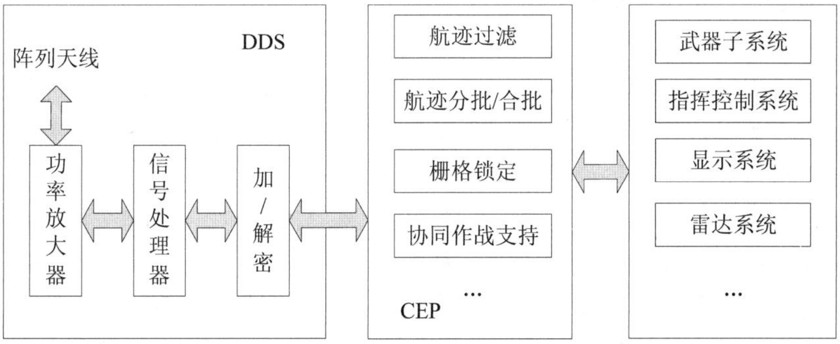

图 6-11 协同单元结构图

3. 发展应用情况

1990 年，CEC 进行了首次海上原型评测性实验。1996 年 9 月，美国安齐奥号和圣约翰角号巡洋舰在弗吉尼亚州沃洛帕斯岛的宙斯盾作战系统中心附近完成了两次独立的实战试验，CEC 的初步作战能力得到了验证。1999 年，海军在主战舰艇和 E-2C AEW 舰载机上加装 CEC 系统。2002 年 4 月，美国国防部认可将 CEC 舰载系统转入全额生产。2004 年，美国海军已经有 58 套 CEC 系统服役。2007 年 4 月，美国海军授予雷声公司价值 4800 万美元的两份后续合同，继续生产 CEC 设备，并提供技术支持。

随着美军以网络中心战思想为指导逐步建立和完善互操作作战图族，CEC 因其态势图的高可靠性和稳定性一度成为 SIAP 的典范，并准备向陆军和空军推广。但是，美国防御分析研究所通过试验和分析研究认为 CEC 要成为 SIAP 的通用解决方案还相去甚远，原因主要有两个：一是 CEC 受其技术体制的制约，网络规模存在瓶颈；二是 CEC 与 Link 16 的态势数据难以综合形成一致的态势图。美国国防部决定采取全新的 SIAP 解决方案。2003 年年底，美海军经过论证最终决定采用 SIAP 取代价值 10 亿美元的 CEC Block 2 升级方案。

6.3.2 SIAP 起源与需求

早在 1998 年的战区空中和导弹防御(Theater Air and Missile Defense，TAMD)的顶层需求文档(Capstone Requirements Document，CRD)中就将 SIAP 定义为“融合多个近实时和实时传感器数据的产物，可对监视区域内的所有空中目标生成共同、连贯和明确的航迹”。其需求可归结为提供全维监视覆盖；能够生成共同、连贯和明确的战场空情图；提供战斗单元标识；提供战术级情报数据交换 4 个方面。具体要求如下：①所有空中目标必须被检测、跟踪和报告；②每个目标必须有且只有一个航迹标识以及相应的属性关联；③系统可升级，数据可过滤；④可合并战斗单元识别系统输出的信息；⑤数据来自 JDN 和 JCTN，包括非实时数据和实时数据；⑥对于实时数据，延时不能超过 0.5s。

2000 年年底，美国国防部专门成立 SIAP 系统工程任务组（以下简称 SIAP 任务组），授权其"对现有 JDN 存在的问题进行定位、甄别和提出修改建议，并确保这些修改能够向形成有效的 SIAP 能力过渡"。美军认为 SIAP 支持网络中心战概念，通过它可以将部队单元连接成为一个虚拟网络系统执行多种作战任务，能够提升以下作战能力。

(1) 增强武器射手与相关指控节点之间的协同。

(2) 增强被检测的空中目标的作战标识。

(3) 利用目标标识、长期的航迹历史以及附加的关联数据，便于区分目标的优先级。

(4) 能够在关键决策节点上分布式地部署自动目标识别和交战辅助决策功能。

(5) 为对空作战管理提供增强的态势感知。

(6) 在传感器重叠覆盖区域提高对抗干扰、传感器损失和压制攻击的鲁棒性。

(7) 增强分散地联合执行区域防空计划。

(8) 可更灵活地部署武器和传感器。

(9) 便于在联合交战区域同时部署地(舰)空导弹和防空战机，扩展联合部队武器的最大杀伤范围。

(10) 发展综合火力控制概念，如使用远程传感器交战，在提供支援的传感器间交接导弹等。

1. SIAP 面临的挑战

从概念上说，COP 在 JPN 域中生成，主要内容是非时敏的战略计划数据，本质上是对联合部队司令员职责范围的完整描述。CTP 介于 JPN 和 JDN 之间，属于 COP 的一个子集，是"部队指挥员职责范围内单次作战战场空间的当前描述"。SIAP 则介于 JDN 和 JCTN 之间，属于 CTP 的一个子集，是 CTP 中的空情部分。

网络中心战和互操作作战图族的分层思想虽然可以对复杂问题进行功能解构，便于统一概念和分析研究，但也为工程实现带来了麻烦。首先是层次边界不可能划分得非常清晰。其次是层级之间的信息必须流动：一方面底层传感器信息需要"上传"，以满足不同层次的感知和决策需求，SIP 要向 CTP 延伸，同样 CTP 也要向 COP 延伸；另一方面，顶层作战计划指令需要"下达"到底层实现对武器/火力的控制，必须确保 CTP 与 SIP 中对战术目标的理解要一致。

1998 年之后，美军开始逐步按照网络中心战思想进行转型建设，很快发现 JDN 和 JCTN 之间的信息交换存在一系列问题。

(1) 消息格式和接口协议转换问题。Link 16、Link 11、CEC 通信接口类型和消息格式各不相同。Link 16 采用 JTIDS 和 J 系列消息标准，Link 11 采用 A 和 M 系列标准，而 CEC 使用由相控阵天线组成的 DDS 交换信息，有其独特的通信协议和消息格式。消息格式转换可能带来信息损失。

(2) 航迹关联问题。由于 JDN 和 JCTN 有各自独立的传感器和情报来源，因此 CTP 和 SIAP 中的航迹关联问题必须解决。解决航迹关联的首要问题是系统参考坐标中心对准和建立公共的栅格系统并不一致,如果能够使用 GPS,则问题可以大大简化,否则问题就非常麻烦。第二个问题在于 JDN 和 JCTN 的航迹信息差异很大,例如,Link 16 主要担负联合作战的指挥控制任务,受传输带宽限制,航迹的位置报告精度、连续性和实时性都不高,但是使用了大量的传感器维持正确的航迹身份标识;CEC 的主要特点是具有火控精度的目标跟踪能力,但监视范围基本局限于舰队防空区域,也不具有 Link 16 中丰富和可靠的身份信息,仅很有限地使用了雷达上的敌我识别器(Identification Friend or Foe, IFF)。直观的想法是,用 JCTN 高精度的航迹信息提高 JDN 的跟踪能力,同时把 JDN 的 ID 信息融入 JCTN 的航迹中。在这个过程中,正常的航迹关联和 ID 关联命令需要在两个网络中发布,而 ID 冲突、IFF 冲突等异常处理机制也需要仔细设计。

(3) 航迹信息过荷问题。JDN 的覆盖范围大于 JCTN,其发现和跟踪的目标比 JCTN 要多。由于 JCTN 采用对等模式在全网内共享所有传感器的原始量测,简单地将大量无关的 JDN 航迹数据引入 JCTN 会造成数据分发系统过荷。因此,网关必须根据不同的任务阶段,有选择地、自适应地转发与当前事件紧密相关的传感器航迹。例如,根据战斗机的信息交换需求(Information Exchange Requirement, IER)只传输感兴趣区域的数据,或者传输经过压缩的数据,甚至仅传输航迹的变化等。

(4) 其他方面的问题。例如,电子战(Electronic Warfare, EW)传感器或红外传感器划归 JDN,还是 JCTN? 武器控制问题到底归属 JCTN,还是 JDN? 等等。

2. SIAP 的进展

SIAP 在美国国防部相关部门推动下,至 2004 年大致经历了 3 个阶段。

Block 0 建立了 SIAP 基本的系统工程需求定义,并对联合数据网态势混乱的根本原因进行了分析。针对 Link 16 与军兵种指控系统之间互操作能力方面存在的主要问题,从需要解决的 30 个重要问题中选择了 4 个进行改进,作为实现 SIAP 系统工程过程的初步尝试。签署了航迹相关/解相关、身份标识分类和符号显示、身份标识冲突解决方法 3 个接口更改建议(Interface Change Proposal, ICP),并就编队跟踪和评估工程实现问题提出了修改建议。

Block 1 进一步提高联合数据网的效能,并提出 SIAP 的基准集成体系结构。SIAP 任务组汇总了历次使用 Link 16 的演习中在互操作性方面反映的 70 多个具体问题,归纳了 13 个问题类,提出的改进建议包括:进一步减少多名航迹、改进作战标识能力、改进数据共享、改进战区弹道导弹防御性能。针对 SIAP 的实现问题,提出了构建行为模型的概念,并确定采用灵活的模型驱动方法开发基准系统。

Block 2 着手解决 SIAP 能力在各种平台上集成与实现问题。关注的方面主要包括:确保主机实现的一致性、改进分布式数据库的一致性、减少网络时延、接入全球指控系统(GCCS)和地面系统、改进单个或多个部队的导弹防御能力等。

2003 年以前,SIAP 的研究工作主要集中在系统的互操作性方面。经过一段时间的探索,美军发现 SIAP 涉及的单位和系统众多,是一个非常复杂的“系统的系统(System of Systems, SoS)”项目,无法采用常规的研发模式,必须将工作重心转向系统工程过程(System Engineering Process),以保证整个项目进展的一致性。2003 年,SIAP 系统工程任务组更名为联合 SIAP 系统工程组织(JSSEO)。此后的工作主要分为两大部分:一部分是研究制定共同工程规范，主要由 JSSEO 以集成体系结构行为模型（Integrated Architecture Behavior Module，IABM）的形式发布；另一部分则是工程实现，即将符合 IABM 的软件向各军种平台整合。

所谓的 IABM 是一种与软硬件平台独立的对等（Peer）计算程序模型，采用模型驱动结构（MDA）和 xUML 语言对系统需求和功能进行形式化描述，是构成 SIAP 的通用软件规范。IABM 可以理解为一种计算机化的系统规范（Computerized Specification）或者可执行的体系结构（Executable Architecture），或者更通俗一点就是一种通用软件模具（Software Jig）。JSSEO 负责根据联合作战功能需求生成并下发 IABM。各作战平台依据各自平台的具体情况对 IABM 进行适当裁减，便可生成可执行代码，方便地集成到系统中。通过这种基于系统工程思想的软件开发方式，JSSEO 可以确保 SIAP 开发过程中软件高度的一致性、可维护性，并且可以缩短开发周期，降低控制成本。

IABM 分为核心层、选项层和适配层 3 个功能层次，可被视为一个联合作战涉及的所有功能的超集，如图 6-12 所示。核心层是所有系统实现都需要的通用功能。选项层的功能可以根据平台的具体情况进行取舍。适配层提供与各种传感器、武器、指控和通信系统的接口功能。IABM 可将每个平台都视为对等实体，数据通过 P2P 对等通信网络在平台间交换。IABM 能够保证各平台运行的数据融合算法是一致的，但是不能保证态势图的质量。确保 SIAP 质量的关键在于利用 P2P 对等通信手段共享所有传感器的原始量测。如果某些单元只能通过数据链互联，则生成的态势图一致性将得不到保证。

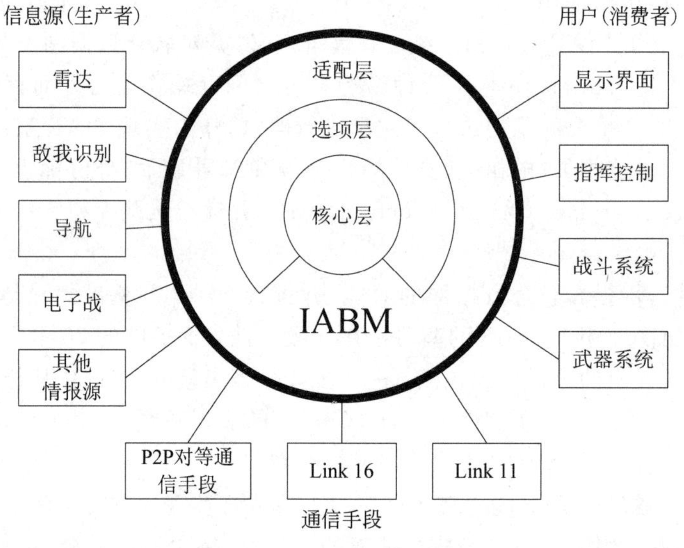

图 6-12　IABM 模型结构

IABM 提供的基本功能包括航迹管理、分布式资源管理、数据分发管理、联合指控、通用服务以及系统接口，如图 6-13 所示。JSSEO 在 2005 年美海军海上系统司令部进行了一项称为 Configuration 05 的计算模型演示，图中标出了每个基本功能模块中的具体项目，以及已经演示过的功能项目。

图 6-14 为 SIAP 在 Configuration 05 演示的 IABM 功能结构。

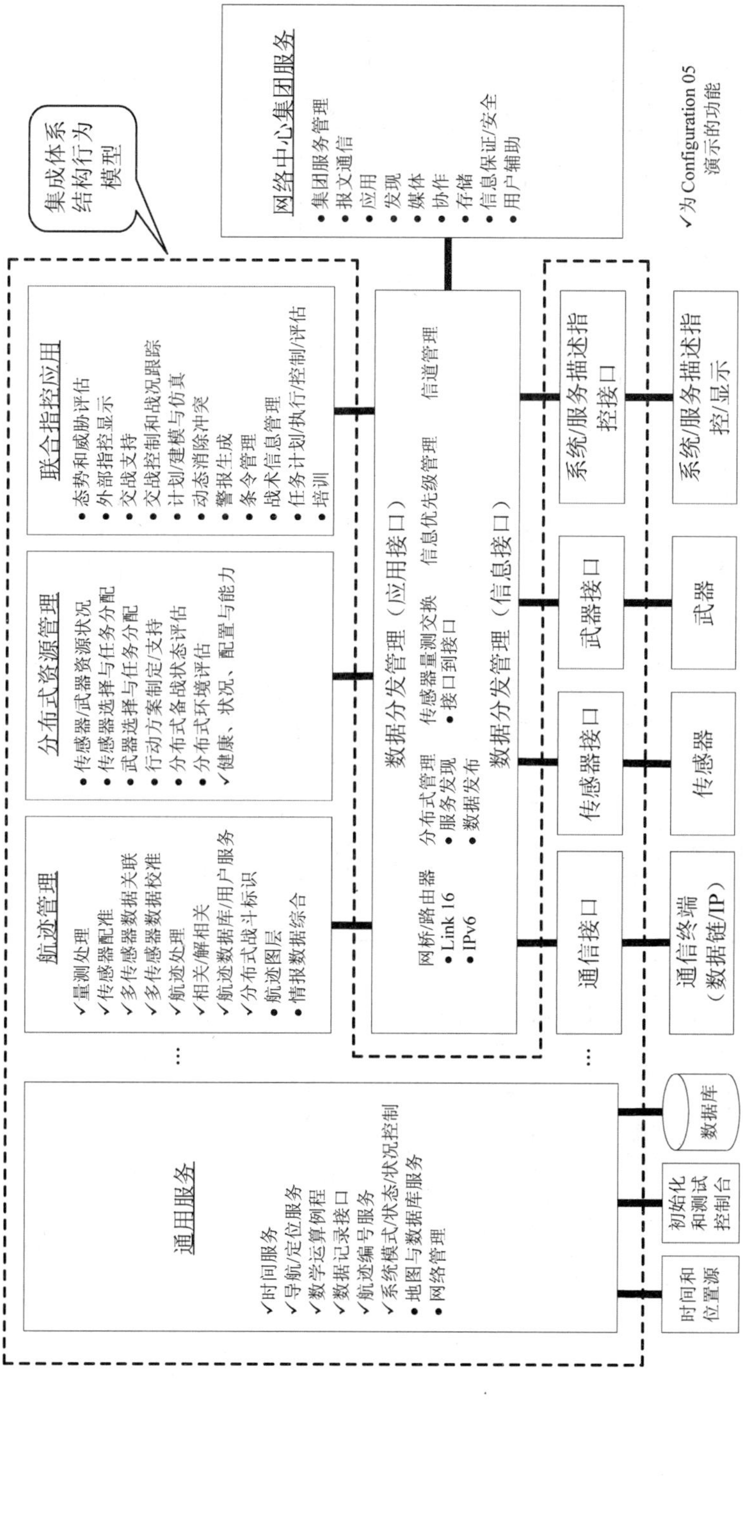

图 6-13　SIAP 对等功能框架

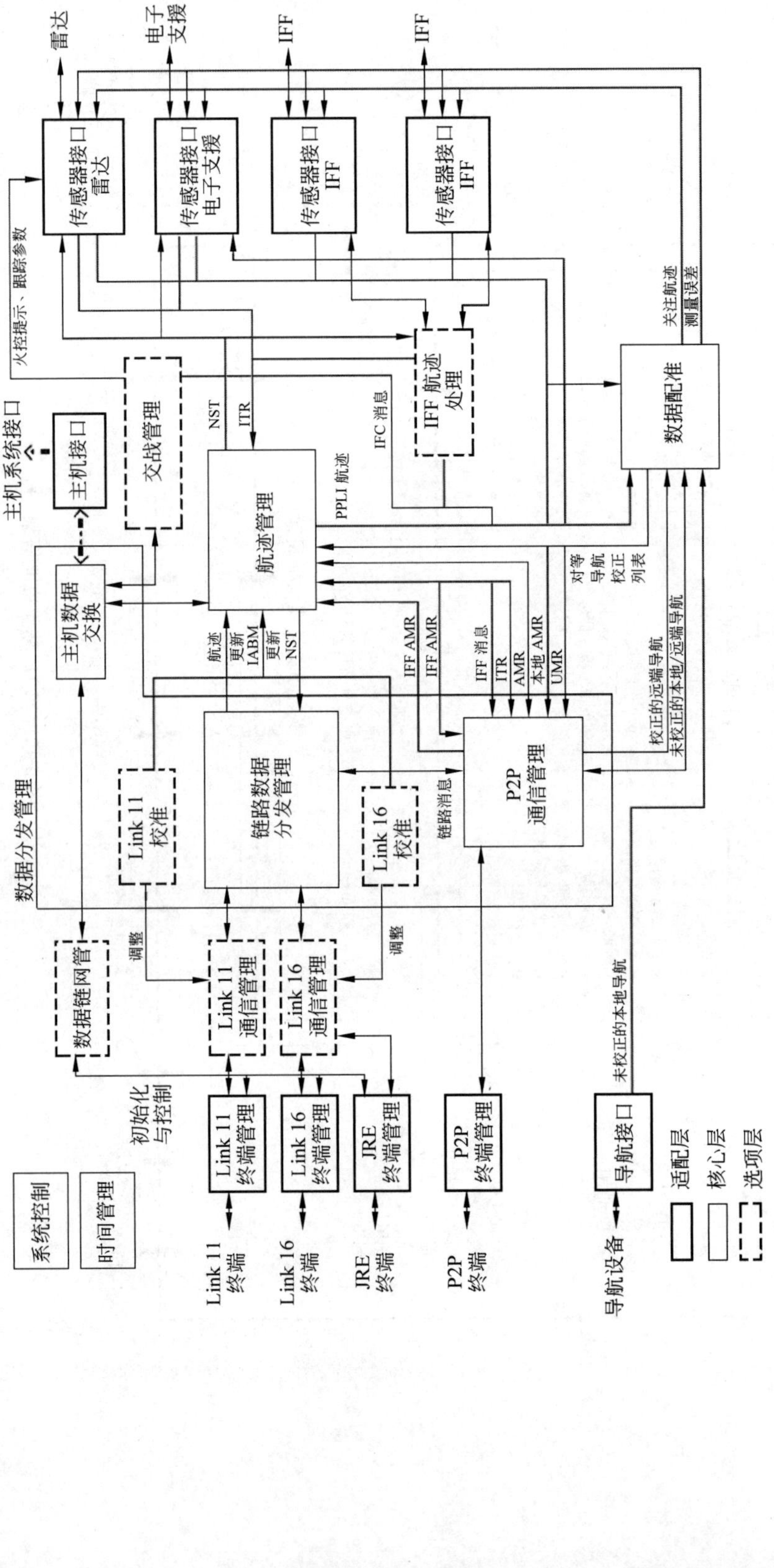

图 6-14　IABM 功能结构示例

从图 6-14 中可以看出，传感器接口模块接收全局融合航迹数据 NST(Netted Sensor Track)、远端未关联量测报告(Unassociated Measurement Report，UMR)和本地量测，执行数据关联过程，将本地量测数据分为已关联和未关联两类，向 P2P 通信管理模块发送本地关联测量报告(Associated Measurement Report，AMR)和 UMR，如果未关联的量测满足航迹起始准则，还要向航迹管理模块和 P2P 通信管理模块发送起始航迹报告(Init Track Report，ITR)。P2P 通信管理模块是一个核心层功能，不仅在全网共享所有传感器量测、平台导航及配准数据，还要汇总本地和网络的所有 AMR 向航迹管理模块转发。航迹管理模块接收数据链的航迹(含监视航迹和 PPLI 航迹)，以及 P2P 通信模块发过来的 AMR，执行融合处理过程生成全局航迹。全局航迹需要通过数据链系统在战区内分发，同时还要发送到传感器接口参与数据关联运算。数据配准也是核心层功能之一，需要用到本地 AMR、数据链的 PPLI 航迹、全网平台的导航数据进行综合处理。

在图 6-14 中，协同作战功能主要体现在交战管理模块。交战管理模块接收到指控系统发出的交战指令后，会向火控雷达注入目标的精确位置提示信息和其他跟踪参数，以减少火控雷达搜索时间。如果需要其他平台的协同配合，则还要向网内发出综合火力控制(Integrated Fire Control，IFC)消息。

3. 应用研发

2003 年年底，SIAP 取代价值 CEC Block 2 升级方案，并计划在 2009 年前实现美国国防部制定的目标。2005 年 10 月，基于 IABM 的概念演示取得成功。2006 年年底，洛克希德·马丁公司在集成了 IABM 的宙斯盾武器系统上成功模拟了导弹防御作战过程。这是通过集成 IABM 提供 SIAP 的武器系统导弹防御作战的首次演示。在这次演示中，SPY-1 雷达提供的 3D 航迹数据首先送给 IABM，然后进入宙斯盾开放体系结构(OA)的指控系统。2008 年上半年，雷声公司向美国国防部和陆军连续第九次成功演示了 JFires (Joint Force Interoperability and Requirements Evaluation SupraCenter)。JFires 是一个多战区、多业务的分析、演示环境和原型系统，采用了硬件在环(HWIL)和操作员在环(OITL)的仿真技术。目前，JFires 主要用于加速 SIAP、战斗标识(CID)和联合火力控制能力的研发。雷声使用其战术构件网(TCN)作为 SIAP 的技术框架，通过复合网络实现标识共享和属性关联，并关注一些新能力的研究，如基于网络的跟踪提示、传感器资源管理、联合火力控制能力等。

2011 年以前，SIAP 的研发工作一直由美军联合部队司令部(JFCOM)负责管理，曾预计 2012 年形成初始作战能力(IOC)。由于国防预算紧张，JFCOM 已于 2011 年 8 月被撤销，其工作移交给了几个战区司令部，目前尚未见到有关 SIAP 项目进展的相关报道。尽管 SIAP 从提出概念至今已过去十多年，研发进程却一推再推，这可能与 SIAP 本身存在的一些争议和具体技术实现难度有一定关系。首先，SIAP 或者武器协同数据链是否有必要扩大到整个战区范围，在当前通信网络带宽有限的背景下存在很大的争议。其次，技术上的难题也不少。例如，战场空间航迹数量庞大，采用对等计算模型的通信带宽如何保证？即便解决了通信的问题，算法的时空复杂性也不容忽视，必然要在性能方面做出一些折中。不过，随着新型高性能传感器和宽带无线通信技术的逐渐成熟，SIAP 体系结构设计的逐步深化，软硬件开发标准化程度不断提高，相信未来 SIAP 形成战斗力的速度会大大加快。

6.4 战场态势质量评估

目前针对多传感器数据融合已开发了大量的原型系统，这类系统已经变得更加成熟，并使用了诸如知识库专家系统、Dempster-shafer 证据理论、自适应神经网络和复杂的跟踪算法。

虽然已经有许多研究在研发和应用新算法和新技术，相对而言，对这些方法性能评估技术指标或者一个普遍问题各种方法优劣评估的研究却较少。系统的性能和效能问题是关键。首先，它在技术上确定一个算法或者技术，或者一组算法性能的优劣；其次，当系统执行作战任务时，它确定作为系统的一部分的技术对于系统成功执行任务所做的贡献。考虑数据融合处理评估时，要记住这些处理是作为系统的一部分，还是对系统的加强。换句话说，数据融合处理并不是在测系统；数据融合是系统的一部分，而非系统本身。从这个意义上讲，理解数据融合(DF)有助于有效提升系统整体性能。如果需要评估 DF 的有效性，就必须考虑其他相关的因素。一旦 DF 是系统的增强功效，那么将这些增强与一个公认的参照基准比较是十分重要的。这些观点将在下面的章节中具体阐述。

本章节讨论的是自动 DF 处理，并且这些处理都是通过软件实现的。所以请不要惊讶本章节关注复杂的软件处理，或者与复杂软件的测试和评估相似。

例如，第 1 级系统性能，主要关注传感器系统和 DF 算法用于判断评估或者推测目标位置、属性、平台或发射器身份识别等参数的优劣。可以利用特定的系统性能指标(MOPS)标识一个融合系统的性能，指标可能包括以下一个或多个。

(1) 检测概率——以范围和信噪比等参数的检测到目标的概率。

(2) 虚警率——噪声信号或者寄生信号被错误识别成有效目标的比率。

(3) 位置估计的精度——目标定位达到的精度。

(4) 识别概率——正确识别目标的概率。

(5) 识别范围——传感器与目标相距多远距离时，正确识别目标的概率超过预设门限。

(6) 发送到检测的时间间隔——目标发射信号与被融合系统检测到信号的时间间隔。

(7) 目标分类精度——多传感器数据融合系统正确地将某一目标划分成专门类别的能力。

上述性能指标(MOP)将融合处理作为信息处理过程，考察的是通过目标发射或反射的信号能量，推断目标方位、属性和身份的能力。MOPS 通常是几个尺度参数的函数，用来考量某一作战性能。

相反，效能指标(MOES)用于评估融合系统辅助完成某一作战任务的能力。MOES 可能包括以下一个或多个。

(1) 指派目标速度——系统确定并指派目标给武器系统的速率。

(2) 信息时效性——用于辅助决策的信息的时效性。

(3) 告警时间——用于告知用户危险或者敌人活动的时间。

(4) 目标漏检率——敌方编队或者目标逃避侦查的百分比。

(5) 反免疫力——融合系统避免因敌方反侦察手段导致系统性能下降的能力。

在更高层面上，作战效能指标(MOFES)衡量了整体军事力量完成任务的能力，典型的作战效能指标包括战损率、战斗结果和由这些变量构成的综合函数。在总体的任务含义中，诸如耗费、武器规模和武器组成等也可能包括在 MOFES 中。

本节采用自顶向下的方法介绍数据融合处理和系统测试评估的概念和方法，介绍一些可用于评估的工具，讨论有助于量化评估结果的系列评估体系。

6.4.1　数据融合处理的测试与评估

如前一节所述，数据融合处理往往是大型系统处理功能的一部分，因此数据融合处理的测试应当隶属于一个系统级测试。本章针对一般的数据融合处理建立了一个独立的、顶层的测试与评估模型。这个模型可以被看做后续具体讨论度量与评估问题的起点，因为它为讨论提供了视角和框架，并且它促使数据融合处理的设计者们制定一个实用而合理的测试与评估方法。

在本章的讨论中，正确理解测试与评估的区别很重要。它们的一个区别是测试是评估的基础。测试是为了证明或者反驳一个假设而进行的实验，这个假设考虑的是数据融合处理某一过程的特性。测试实际上是对数据融合处理动态功能乃至整个融合过程进行的必要实验。

评估的定义取自它的词根：价值。因此，评估也就是一个确定数据融合处理价值的过程。价值的测量需要在特定环境下，因此评估数据融合处理需要首先建立一个环境。

这里我们认为测试和评估需要如下 4 个组成部分。

(1) 一个基本原理，建立或者强调测试和评估应该遵循的特定观点。这个理念最简单的例子反映在测试和评估时的黑盒或白盒观点，分别对应从外部或者内部进行测试。反映此理念的另外一个观点是为项目研究和开发设立的目标。这个原理形成对环境的高层次描述，同时与项目目标紧密相连。

(2) 一套用于判定测试评估结果或推断质量和正确性的准则(criterion)。

(3) 基于准则的一套测量方法(measures)，以及这套方法依赖的一套度量标准(metric)。这样的一套度量标准可以在测试和评估试验中测量出来。

(4) 一个用于确定和指导满足以下条件的测试和分析的方法：符合基本原理；能对结果进行有效推断。

1. 评估环境的建立

国防系统价值的确定必须依据系统或项目的目标做出判断，在设计和开发国防系统时，工程处理使得许多目标发生了变化，有时目标被分解为功能和性能要求，有时为了与要求一致，将系统组成部分综合起来。然后在这个过程中，必须始终考虑项目目标，因为它建立了项目价值评判的环境。

因此，环境反映了项目或者数据融合处理要达到的目标是什么，也就是研究或开发的目标是什么，对于概念验证或者研制样机这一类的项目，项目的名称就反映了项目的目标。近年来，一些项目涉及系统“演示”或者“实验”的，这些词就反映了这些项目的目标。

测试评估活动必须发生一些转换，首先是将目标转换成遵循有关目标陈述的测试评估基本原理。基本原理主要确立了符合并可以转换成项目目标的测试与评估的观点，它确立了测试和评估过程中投资的目标。基本原理也为开发测试评估准则、定义有效的测试评估实例和条件提供指南。更重要的是，为评判测试结果和价值提供了一种表示满意范围的含义，从而用于指导测试评估过程中宝贵资源的合理分配。虽然测试和评估基本原理一般用非经济的术语描述，但实际上它建立了测试和评估过程中资金和资源分配的经济学基本原理。在当今的环境中，在整个系统工程方法和系统开发中都必须考虑经济可承受能力，因而在测试评估功能中应当包括投资度。

2. 测试评估原理体系

建立数据融合处理的测试评估原理体系也与建立数据融合处理的边界紧密相关。一般而言，对系统中的任何处理的测试和评估，都应该尝试尽可能长的、将处理操作与项目目标相联系的外推；也就是说，评估应尽可能将过程测试结果与项目目标联系起来。这首先要求了解数据融合处理的边界，其次是评估数据融合处理的结果和系统高层处理之间的关联程度；对于国防系统而言，就意味着评估数据融合结果与任务目标之间的关系程度。除了理论体系外，应该实施一些严格的测试。

(1) 经过融合处理的结果与不经过融合处理的结果。

(2) 作为传感器或者信息源数目的函数的结果。

上述两点与某类基准(baseline)的定义有关，基于这个基准就可以评估备选融合处理。也就是说，这些观点解决融合处理与什么比较的问题。如果认为融合处理的作用不大，就必须比较融合处理与未使用融合处理或基准的系统。比较的结果也是成本与效率折中方案的基础，基于这个基础就可以比较基准系统和融合处理增强系统的相对成本与其相对性能。

当然，也可以建立其他类型的基本原理，例如，

(1) 组织的：该基本原理检验数据融合产品给系统所属组织带来的利益，以及给为了某种意图或者目标所形成的更高级的组织带来的利益。

(2) 经济的：从某种意义上讲，该基本原理明确关注数据融合结果的经济价值，或者从更大的意义上说是成本，如武器消耗成本等。

(3) 非形式化的：该基本原理根据某些人工结果或期望结果衡量数据融合的效果。

(4) 形式化的：该基本原理采用适当的形式化方法评估，这些形式化方法可以证明或者严格验证项目的结果或者内部行为。

以上罗列的基本原理并不完整，但都具有代表性。毫无疑问，对这个问题作进一步考虑，将揭示许多其他观点。

1) 测试评估准则

一旦建立起基本原理，就可以构造一个框架，从中选择多种准则，共同提供评估的基础。在此阶段，理解准则的全部含义以及选择准则对后续关系的影响很重要。

每个准则都可以引申出如下功能完整的层次。

(1) 准则——一个用于判断或者制定决策的标准、规则或者测试，根据准则可以定义测量。

(2) 测量方法——准则的尺度，即准则中考虑的各个因素，最后定义度量。

(3) 度量——数据融合过程的属性、参数或者处理结果，它们易于考虑和直接量化或者能够明确定义，它们与测量方法有关，并且是可观测的。

每个度量、测量方法和准则都有一个必须考虑的取值范围，而且这个数值范围往往是不一致的。因此，为了整合完全不同的量纲，并为判断建立一个统一的定量参数，有必要采用某种规范化的品质因素(figure of merit)。

建立以上这些关系的一个原因是为了测试和评估过程所用逻辑的可追溯性，另外一个原因是需要对系统的预测行为进行评估，进而与实际的结果进行比较，这种预测必须是在度量层面上产生的，预测结果与实际度量构成比较和评估的基础。预测过程必须在功能上与该层次结果保持一致。对于第 1 级数据处理，在某种程度上常常基于分析预测性能期望。对于第 3 级和第 3 级处理来说，一般使用一系列启发式算法和相对复杂的推理，为达到精度可接受的度量预测能力，必须通过一系列探索性实验。如果不能做到这些，事实上可能会使测量和评估过程的总体方法无效，因为这里讲的基本可追溯性需求可能会变得模糊。

下面罗列了一些针对数据融合处理有代表性的准则，主要包括用于数据处理的第一级处理和面向符号的第 2 级和第 3 级处理的准则。诸如计算效率、实时性和适用性之类的准则适用于全部的级别。尽管如此，按照处理过程反映的是数值处理，还是进行符号处理，某些准则能够区分这些融合处理的过程。

还有一些考虑"对于各类软件，其好坏是由什么构成"等概念和基本原理的问题。这些问题或多或少地降低了测试和评估的复杂度。例如，可靠度与可信度问题，可靠性的测量通常是无类别的，也就是失效的类型，无差别。因此，可靠性测试往往得到的是不确定类别的无关紧要的失效可能性，或者更重要的可靠性测试并不能确定失效的严重性。这个观点源自一个理论体系，该理论体系忽略软件与软件格式书的一致性，这是美国国防部和它的承包商之间的通常做法。

对于复杂软件采用穷举法测试是不可取的，基于此可以断言：测试和评估可取的目标是软件的可信度。可信度可以定义为软件失效可能性的度量。因此，可以用一个产生所有严重错误出现概率的函数描述可信度特性。这个概率函数为评估可信度的置信区间提供了基础。如此，系统设计者/开发者可以在规定的概率界限内确保失效的级别不超过一定的严重级别。

2) 测试评估方法

这个测试评估框架的最后一个要素是测试与评估过程的方法要素。在这个意义上讲，方法意味着一系列活动，这些活动既是过程性的，也是分析性的，可以产生感兴趣的测量结果，同时提供基于测量和相关准则做出决策的机制。这个方法包含如下两个部分。

(1) 过程，它是度量收集的范例，是一个实验过程。

(2) 实验设计，用于定义测试用例、评估准则以及用于评估结果的分析框架。

实验的设计方面包括经典的形式化方法、统计试验方法。可能由于成本的限制，在数据融合研究文献中如果有，也很少采用这种形式化方法。但是，在阐述评估与测试项目中仍存在采样样本范围和置信区间等重要问题，因为与严格的实验设计形式化要求相比较，在没有精心组织的测试条件下取得如均值等测试结果可能没有多大统计意义。数据融合的结果中至少存在此类分析风险。

上述第二个方面涉及数据融合处理的测试和评估采用的基本观点：数据融合过程可以被理解为一个对随机变量进行处理的函数，其结果本身是随机变量的估计，并具有一定的统计分布。如果认同数据融合处理的输入本质是随机的这个观点，那么任何对随机变量的运算都会产生随机变量。可能有的人会提出数据融合处理独立于传感器系统，是确定的概率计算器，换句话说，就是一旦给定相同的输入，将产生相同的输出。在这种限制下，如果不考虑系统内部的其他随机因素，我们当然希望，一个数据融合算法在给定相同输入时产生同样的输出。因此有人提出在测试和评估处理中应该检验这种可重现性。De Witt 认为概率预测器的正确算法应适当包含诸如检验拟合度这样的随机方法。因此，我们主张对于采用恰当的、有代表性输入的测试与评估方案中，如采用蒙特卡洛实验、差分分析、分布的近似性和统计设计实验等方法，测试和评估技术应该考虑数据融合处理结果包含的随机特性。

3）测试评估的过程总结

本节提出了定义，分析了用于数据融合处理、数据融合系统测试和评估处理的框架。这里提出的很多原理和问题都来源于好的系统工程思想，促使数据融合研究人员关注对测试评估形式化方法的需求，从而量化或者评估数据融合处理对项目或系统目标的贡献。总体来说，这个框架与 C3 系统形式化、结构化的测试和评估方法一致。

此外，由于数据融合的第 2 级处理和第 3 级处理一般都包含知识库系统的运用，对此类系统或者处理的测试评估会遇到更多困难，也会使评估的方法更复杂，因为实际上测试的主体是人的推理策略，并非数学方法。知识库系统的测试和评估处理的方法，是对这里所提出框架的改进形式。数据融合领域的文献中很少有采用统计量化结果的形式化的测试评估研究。随着数据融合程序、算法和技术的成熟，这里提出的问题必须得到解决，并且将会提出数据融合处理测试与评估的指南和标准。这种努力的起点是测试和评估领域的综合观点——对数据融合的测试与评估处理就是这样的观点，它为数据融合的研究人员提供了分析的框架。

6.4.2　测试工具：测试平台、仿真和标准数据库

前面描述的测试与评估处理中包括确定评估数据融合处理采用的方法。一般来说，方法的确定要在成本和质量/逼真度之间进行权衡。在最近几年中，美国国防部已经具备了一定的用于研究数据融合各个组成部分的平台测试能力。总体而言，这些测试平台都与特定的项目和问题有关，并且除个别测试平台外，测试平台大都只支持参数级实验，不支持算法级实验。也就是说，这些试验平台和软件系统一样，是针对特定应用而设计的，可以通过改变控制参数研究相应效果，但是这些试验平台不允许替换整个跟踪算法。最近，一些新的测试平台设计已经在朝支持算法级实验上努力。建立支持算法级实验和算法替换的测试平台，可以为系统随时间的发展提供一致性基础，而且原则上这种测试平台在某些情况下可以由研究人员和开发人员共享。在国防研究预算紧张的时代，我们期待算法级共享测试平台成为数据融合领域的标准。

在测试数据融合算法时需要分析一个内在的难点，这是因为它从根本上起因于数据融合处理的复杂性：数据融合处理的复杂，可能会使通过实验改进对第一级处理不是最佳的数据融合处理的策略变得不可行或者负担不起。这个问题依赖于测试平台设计理论。即使在算法可替换的测试平台上，测试物也将在测试平台库中可用的环境算法的框架中测试。因此，使用独立的探测算法、特定跟踪初始化策略等可以测试一个跟踪算法。

决定测试物的粒度是数据融合测试平台设计者所要做出的一个很重要的设计决策。例如，即使测试平台有多种探测算法，也有可能因成本的限制而不允许进行组合最优测试。因此，考虑清楚和表达清楚测试和评估的原理、目标和目的，其重要性与这个问题显然密切相关。在很多现实情况中，很可能数据融合处理的测试和评估将支持一个满意的理论，也就是说，给予不断发展的足够好的解决方案，因为成本和其他实际限制将有可能禁止进行广泛的、大范围的、算法组合的测试。数据融合领域应该寻找的另一个目标是标准化的难题和相关的数据集。到目前为止，很少收集到感兴趣的目标的校准和同步数据。一些合同承包商已经投资于这样的数据收集，但是所收集的数据往往变为私人拥有。对这种情况的处理办法，一是将非标准化条件下搜集的单传感器数据人工加工合成为多传感器数据，二是通过应用高逼真度的传感器和现象模拟器。

有人尝试收集用于数据融合领域应用的数据。其中最早的是 1987 年的 DARPA HI-CAMP 实验，它在受限观测条件下，收集了大量美国飞机平台上的脉冲多普勒雷达和长波红外线数据。美国陆军也在 1989 年开展的多传感器融合演示的项目中收集了用于数据融合界应用的陆上实际的和校准的传感器数据。最近 DARPA 与美国空军研究实验室传感器理事会合作，在 MSTAR 项目中收集了一套地面目标的合成孔径雷达数据。然而，这种支持算法开发和数据融合系统原型的数据，其可用性极其受限，并且对数据融合界表现出严重的损害和成本动因。

与数据融合处理及其算法类似，支持数据融合研究和开发的工具集和数据集仅仅起步。目前正在设计的现代测试平台具有为科学实验提供灵活的算法级测试和替换能力，而且至少在数据融合界的某些子领域中可以使用；我们欣慰地看到，随着短期优先项目需求的满足，至少一些计划在更广泛的基础上共享算法级测试和替换能力。从长远看，国家将拥有这些能力。虽然传感器目标组仅代表特定的一些应用，但对学界来说，迫切需要来自这些真实传感器和目标的数据集。关注算法开发的项目，如果需要真实的数据进行算法验证，就要考虑额外的数据采集代价，因此在许多实际情形中多采用代表性的真实数据。更重要的是，数据集的可用性为应用多种解决方案和数据代表的通用的或基准的问题间的比较分析提供了一个自然的框架。这个比较分析为深入理解什么方法用在哪里、为什么、代价是什么，奠定了基础。

6.4.3　融合性与军事效能的关系

因为传感器和融合处理能够改善信息精度、时效性、内容，许多融合分析的一个主要目标是要确定其对军事效能的影响。这种效能必须被许多可测量的度量量化。对于常规战争，这种度量与之前提到的一样，可能是交战结果、交换比、总的参战目标等。由于改善信息与改善作战效能之间涉及许多因素，同时对其建模具有不确定性，因此将数据融合性

能与军事有效性关联起来是比较困难的。这些因素包括

(1) 累积的测量错误导致目标判断错误。

(2) 数据改善与人类决定改善之间的关系。

(3) 在自身兵力幸存基础上威胁评估改善的影响。

必须正确理解上述因素和数据融合性能与军事效能之间的层次关系，从而为研究人员设计量度和模型。换句话说，由数据融合技术带来的改善信息质量的价值与其在军事效能的影响之间存在很大概念上的差距，这种差距导致评估困难。

尺度参数直接定义数据融合系统元素的典型属性和特征，如传感器、处理器、通信信道。它们直接描述系统的行为和结构，应该被认为是典型的、可测量的确定值。

性能度量是描述系统重要行为属性的度量。性能度量往往是几个尺度参数的函数。用一个变量量化操作性能。例如，截获概率和探测概率是重要的性能度量指标，它们是传感器和具体信号处理操作、数据融合处理和被探测目标特性等多种尺度参数的函数。

效能度量是度量系统或重要军事功能成功实现的程度。典型的例子是目标漏检率和目标指派率。作战效能度量是用于量化军事力量完成任务能力的最高级别的度量。典型的作战效能包括减员、交战结果和这些变量的函数。为了评价整个任务，也可以在作战效能度量中包含除交战结果以外的因素。

检测概率 Pd 与任务效能联系起来度量是最高级度量。有些典型的度量，如杀伤力 Pkill、成本杀伤比、脱靶距离等，通过使用多计算机模型模拟作战双方的军事行动，用实际传感器数据驱动探测过程，可以得到这些度量。如前所述，在最低级和最高级度量中有很大概念上的差距。形成连接一点到另一点的运算需要大规模的分析、数据和参数、仿真工具等，所有这些都要求尽可能多的投资。

低层次测量的是利用多传感器产生目标信息的有效性，数据组合或融合本身的有效性和传感器特定探测处理的有效性，这点在之前已经提及。

航迹纯度、Mori 等人提出的度量 C 的概念，评估的是在给定航迹中相关测量正确的比例，因此可以用来估计关联、跟踪边界。这个度量不是明显依赖于探测性能，而是依赖于关联门限的设置，因此航迹纯度与探测处理的联系就很清楚了。

由 Bar-Shalorn 等人提出的系统操作特性(SOC)度量 d 和跟踪操作特性(TOC)度量 e 构成了将航迹初始化、SOC 和跟踪性能、TOC 与检测概率 Pd 和检测门限策略性能关联起来的数学基础。SOC 评估合成的航迹初始化逻辑，而 TOC 评估状态误差的协方差，它们都与单次扫描的检测概率 Pd 有关或者是 Pd 的一个函数。

由 Kurniawan 等人提出的度量 f，用公式规划最优的雷达传感器的功耗或脉冲管理策略。它将均方误差(MSE)作为可控参数的函数，提出了 MSE 半经验主义的表达方式，从而建立一个在 MSE 意义上的最优控制框架。Nagarajan 等人提出的度量 g 利用多种度量阐述了一个类似，但更正式的传感器参数控制原则。这两个方法都建立了度量与 Pd 门限间的关系，因此检测策略的性能能够与跟踪器处理的 MSE 关联起来，其方式与 TOC 方法没有什么不同。

Hashlanon 和 Varshncy 针对分布式二进制决策融合系统提出了度量 h，它基于全局最小概率误差。度量 h 使用 Blackwelll 法则将最小概率误差与各种直接影响检测过程的

统计距离度量关联，从而得到最优决策的公式表示。

前面提到的最低层次度量与检测过程密切相关。这些度量都是标准的概率测量 Pd 和 Pfa，对于环境存在杂波的问题，度量还包括杂波滤波性能度量集。后者有一个 IEEE 定义的标准体系，已经成为 AES 雷达工程组水面雷达小组研究的主题。这个体系包括

(1) 多目标识别(MTI)改善因子。

(2) 信噪比改善。

(3) 副干扰的可见度。

(4) 内部干扰的可见度。

(5) 滤波不匹配的损失。

(6) 干扰可见度影响因子。

在数据融合处理中，第一级的研究人员乐于定义和命名评估的测量和度量，特别是跟踪研究界提供了大量评估跟踪、关联和分配功能测量。美国致力于第一级处理的自动目标识别工作组(ATRWG)，也推荐了多种测量的标准。

为数据融合处理定义一套相对完整的度量方法时，主要难点显然在第 2 级和第 3 级处理中。准确评估一个态势或威胁的好坏是公认困难的，但肯定不是无法处理的。例如，类似于评估图像质量的概念是一个可能的候选方案。在这些级别上评估的一个复杂因素是最终的态势或威胁判定中包含人的数据融合，也就是说，自动数据融合结果最终由人工分析人员做出说明。因此，在许多数据融合系统中，人是最终的说明者或者作用者决策者。理解 MOEs 相互关系，需要理解一组将态势和威胁信息转换为最终交战结果的转换函数。通过自动数据融合处理，完成所有与融合有关的算法和符号处理；通过第 2 级和第 3 级的人机接口，完成与人的通信。假如给出对显示的自动处理结果的智能认识，人类必须通过考虑下列因素传递这个解释。

(1) 与给定任务的决策相关的决策要素。

(2) 考虑 C3(指挥控制)系统效能和通信合作，影响战场上部队兵力的部署。

(3) 采取的决策导致兵力部署变化，然后(随机地)产生一个交战结果，由此得到作战效能度量和结果。因此，如果人类决策的每一方面都形式化考虑，那么前面提到的概念上的差距就更远了。

(4) 另外还需要考虑一个重要方面：理想化的数据融合过程是作为一个动态自适应反馈过程实现的——也就是从某种意义上讲，在运行过程中有第 4 级处理，即过程优化。这种自适应可能包含自适应传感器管理，使一些智能逻辑能够动态改进数据输入质量，或者包含自适应算法管理，使算法可以按照某种最优或者接近最优的方式转化。因此，整个融合处理在运行时是不固定的，这就需要考虑时间效应。控制理论家在对特定的支持自适应逻辑或等式的控制规则进行评估时，就会谈论可选控制轨迹的评估。因此，数据融合处理分析人员需要用类似的方法思考，将性能和效能作为时间的函数进行评估。这就暗示需要一种关注同一任务的不同阶段，以及在每个时间阶段的优先目标的评估方法。加之融合处理评估的随机性，这样的时间依赖性将使合理方法的描述更加复杂。

6.4.4 小结

理解各种测量之间的关系是一个困难的问题,在此称为效能度量的相互关联问题。我们需要生产工具箱和测试平台,比较和评估测量是一个相当广泛的问题,而且它本身也呈现出挑战。

一方面,由于数据融合处理不断成熟和采用混合技术的需求,另一方面,国防研究预算的消减促使数据融合界必须考虑共享研究和开发资源策略。其中一部分资源包括标准化的测试实验平台环境,它不仅为数据融合方法和算法的测试提供了一个较为经济的基础,更重要的是为待测试的各种候选算法达到最优或者至少令人满意的性能提供了一种方法。然而,可共享的测试平台的一个重要的附件是整个评估方法的和测量体系的标准化。本章尝试提供了一些用于讨论上述重要问题的想法。

参 考 文 献

[1] 赵宗贵，熊朝华，王珂，等. 信息融合-概念、方法与应用[M]. 北京：国防工业出版社，2012.

[2] 韩崇昭，朱洪艳，段战胜. 多源信息融合[M]. 北京：清华大学出版社，2006.

[3] Waltz E, Llinas J. Multisensor data fusion[M]. New York: Artech House, 1990.

[4] Liggins M, David L, Llinas J. Handbook of multisensory data fusion: theory and practice[M]. 2nd ed. Boca Raton: CRC Press, 2009.

[5] 刘熹，张寒，刘海燕，等. 战场数据融合概述[J]. 军事通信技术，2012，33(4)：80-86.

[6] 刘熹，张寒，刘海燕，等. 互操作作战图族[J]. 军事通信技术，2012，33(4)：87-92.

[7] 李海源，覃光成，吴泽民，等. 基于预测的战场态势感知信息分发机制[J]. 军事通信技术，2010，31(1)：1-6.

[8] 覃广成，尹浩，陈强，等. 面向价值的战场信息处理和信息分发[J]. 通信学报，2011，32(3)：60-69.

[9] 赵宗贵. 信息融合技术现状、概念与结构模型[J]. 中国电子科学院学报，2006，1(4)：1-8.

[10] Endsley M R. Design and evaluation for situation awareness enhancement[J]. Proceeding of the human factors society 32nd annual meeting, Sanloa Monica, 1998(2): 97-101.

[11] Bedny G, Meister D. Theory of activity and situation awareness[J]. International Journal of Cognitive I-egonomics. 1999, 3(1): 63-72.

[12] Smith K, Handcock P. Situation awareness is adaptive, externally directed consciousness[J]. Human Factors, 1995, 37(1): 137-148.

[13] Llinas J. An introduction to data and information fusion[EB/OL]. http: //www. info. fusion. buffalo. edu /tm/Dr. Llinas. 2001.

[14] Skolink M. 雷达手册[M]. 北京：电子工业出版社，2004.

[15] 张锡祥. 现代雷达对抗技术[M]. 北京：国防工业出版社，1998.

[16] 孙仲康，周一宇，何黎星. 单多基地有源无源定位技术[M]. 北京：国防工业出版社，1996.

[17] 汪玉，姚耀中. 世界海军潜艇[M]. 北京：国防工业出版社，2007.

[18] 于永生. 多雷达数据融合的研究与实践[J]. 电子科学技术评论. 2005, 2(2): 27-32.

[19] 张贤达，保铮. 通信信号处理[M]. 北京：国防工业出版社，2000.

[20] Roy R, Kailath T. Estimating of signal parameters via rotational invariance techniques[J]. IEEE Trans. on Acoustics Speech, Signal Processing, 1989, 37(7): 984-995.

[21] Kumaresan R, Tufts D W. Estimating the angle-of-arrival of multiple plane waves[J]. IEEE Trans. Aerospace Electronic System, 1983, 19(1): 135-139.

[22] Barael A J. Improving the resolution of eigen-structure based direction finding algorithms[C]. ICASSP 1983, Boston, 1983: 336-339.

[23] 王永良，陈辉，彭应宁，等. 空间谱估计理论与算法[M]. 北京：清华大学出版社，2004.

[24] Zhang X D, Liang Y C. Prefiltering-based ESPRIT for estimating parameters of sinusoids in non-Gaussian ARMA noise[J]. IEEE Trans. Signal Processing, 1995, 43(1): 349-353.

[25] Chan Y T, Ho K C. A simple and effient estimator for hyperbolic location[J]. IEEE Transaction on aerospace and electrnic system, 1994, 42(8): 1905-1915.

[26] 费史，王福保. 概率论与数理统计[M]. 上海：上海科学技术出版社，1962.

[27] 盛聚，谢式千，潘承毅. 概率论与数理统计[M]. 3 版. 北京：高等教育出版社，2004.

[28] Bar-Shalom Y, Li X R. Estimation and tracking: principle, techniques and software[M]. New York: Artech House, 1993.
[29] Chang C B, Athans M. State estimation for discrete system with switching parameters[J]. IEEE transaction on Aeorspace and electronic systems, 1978, 3(4): 418-425.
[30] KalmanR E. A New Approach to Linear Filtering and Prediction Problems[J]. Journal of Basic Engineering, 82 (Series D): 35-45.
[31] Aderson B D, Moore J B. Optimalfiltering[M]. New Jersey: Prentice-Hall, 1999.
[32] Mohinder S G, Angus P A. Kalman filtering: theory and practice using matlab[M]. New York: John Wiley and Sons, 2001.
[33] Julier S, Uhlmann J, Durrant-Whyte J H. A New Method for the Nonlinear Transformation of Means and Covariances in Filters and Estimators[J]. IEEE Transaction on automatic control, 2000, 45(3): 477-482.
[34] 胡振涛,潘泉,杨峰. 基于广义 UT 变换的交互式多模型粒子滤波算法[J]. 电子学报,2010, 38(6): 1-7.
[35] Arulampalam M S, Maskell S, Gordon N, et al. A Tutorial on Particle Filters for Online Nonlinear/Non-Gaussian Bayesian Tracking[J]. IEEE Transaction on signal processing, 2002, 50(2): 174-188.
[36] 程水英,张剑云. 粒子滤波评述[J]. 宇航学报,2008,29(4): 1099-1111.
[37] 夏楠,邱天爽,李景春. 一种卡尔曼滤波与粒子滤波相结合的非线性滤波算法[J]. 2013, 41(1): 148-152.
[38] Shafer G. A mathematical theory of evidence[M]. Priceton: Princeton Univeristy Press, 1976.
[39] Dubios D, Prade H. A survey of belief revision and updating rules in various uncertainty models[J]. International journal of intelligent system, 1994(9): 61-100.
[40] Yager R. On the dempster shafer framework and new combinaition rules [J]. Information sciences, 1987, 41: 93-137.
[41] Lefevre E, Colot O. Belief fuction combination and conflict management[J]. Infromation fusion, 2002,3(3): 149-162.
[42] 张兵,陆焕章. 多传感器自动目标识别中的冲突证据组合方法[J]. 系统工程与电子技术,2006, 28(6): 857-860.
[43] Bar-Shalom,Li X R, Kirubarajan T. Estimation with Applications to Tracking and Navigation: Theory Algorithms and Software[M]. New York: John Wiley and Sons, 2001.
[44] Bar-shalom, Blair W D. Multitarget-multisensor tracking applications and advances Volume Ⅲ[M]. Artech House: Boston London: 2002.
[45] 韩崇昭,朱洪艳,段战胜. 多源信息融合[M]. 北京:清华大学出版社,2006.
[46] 周宏仁,敬忠良,王培德. 机动目标跟踪[M]. 北京:国防工业出版社, 1991.
[47] Singer R A. Estimation optimal tracking filter performance for manned maneuvering targets[J]. IEEE Transaction on aerospace and electronic system, 1970, 6(4): 473-483.
[48] Joint Chiefs of Staff. Global command and control system common operational picture reporting requirement[R]. Washington USA: Joint Chiefs of Staff, 2003.
[49] Carlson B D, Evans E D, Wilson S L. Search radar detection and track with the hough transform: part Ⅰ system concept[J]. IEEE Transaction on aerospace and electronic system. 1994, 30(1): 102-108.

[50] Xu L, Oja E. Randomized hugh tansform: basic mechanism, algorithms, and computational complexities[J]. CVGIP: Image Understanding, 1993, 57(2): 131-154.

[51] 曲长文,黄勇,苏峰. 基于随机 Hough 变换的匀加速运动目标检测算法及性能分析[J]. 电子学报,2005, 33(9): 1603-1606.

[52] Mahler R P S. Statistical multisource-multitarget information fusion[M]. Boston London: Artech House, 2007.

[53] 吴泽民,张磊,刘晗,等. 基于随机 Hough 变换的三维集中式航迹起始算法[J]. 电子学报,2013, 41(5): 480-487.

[54] Bar-shalom. On the track-to-track correlation problem[J]. IEEE transaction on automatic control, 1981, 26(2): 571-572.

[55] Bar-shalom, Chen H. Multisensor track-to-track association for tracks with dependent errors [J]. Journal of advances in information fusion, 2006, 1(1): 3-13.

[56] 石玥,王钺,王树刚,等,基于目标参照拓扑的模糊航迹关联方法[J]. 国防科技大学学报,2006,28(4): 105-109.

[57] 吴泽民,任姝婕,刘熹. 基于拓扑序列法的航迹关联算法研究[J]. 航空学报,2009,30 (10): 1937-1943.

[58] 吴泽民,蒋叶金,任姝婕. 航迹拓扑序列的 SVD 相关匹配算法[J]. 系统工程与电子技术,2011, 33 (8): 1881-1884.

[59] Zhou Y F, Leung H, Patrick C Y. An exact maximum likelihood registration algorithm for data fusion[J]. IEEE transaction on signal processing, 1997, 45(6): 1560-1573.

[60] Zhou Y F, Leung H, Blanchette M. Sensor alignment with earth-centered earth-fixed (ECEF) coordinate system[J]. IEEE Transaction on aerospace and electronic system, 1999, 35(2): 410-418.

[61] 吴泽民,任姝婕. 雷达时差和系统误差的联合估计方法[J]. 兵工学报,2011,32(7): 847-852 .

[62] 吴泽民,任姝婕,刘熹. 雷达系统误差的协同配准算法[J]. 兵工学报,2008,29(10): 1192-1196.

[63] Regazzoni C S, Fabri G, Vernazza G. Advanced video based surveillance systems[M]. Holland: Kluwer Academic Pub, 1999.

[64] 徐立中,李士进,石爱业. 数字图像的智能信息处理[M]. 北京: 国防工业出版社,2007.

[65] Dalal N, Triggs B. Histograms of oriented gradients for human detection[C]. Proceedings of IEEE conference on computer vision and pattern recognition, 2005, 886-893.

[66] Yanni P. Rosetta: a high speed information processor for the joint composite tracking network and the joint data network[C]. Simulation Interoperability Workshop, Fall 1999.

[67] Bruhn A, Weickert J, Schnorr C. Lucas/Kanade meets Horn/Schunck: combining local and global optic flow methods[J]. International journal of computer vision, 2006, 61(3): 211-231.

[68] 许东,安锦文. 一种基于光流拟合的航迹视频图像全局运动估算方法[J]. 航空学报, 2006, 27(1): 94-97.

[69] Harris C,Stephens M. A combined corner and edge detector[C]. Proceedings of 4th Alvey vision conference, 1988: 147-151.

[70] 蔡红苹,雷琳,陈涛,等. 一种通用的仿射不变特征区域提取方法[J]. 电子学报, 2008,36(4): 672-678.

[71] Zhang J G, Huang K Q, Yu J N, et al. Boosted local structured HOG-LBP for object localization [C]. Proceeding of IEEE conference on computer vision and pattern recognition, 2011: 1-8.

[72] Ojala T, Pietika T, Topi M. Multiresolution gray-scale and rotation invariant texture classification with local binary patterns[J]. IEEE transaction on pattern analysis and machine intelligence,2002,24(7): 971-987.

[73] Tuzel O, Porikli F, Meer P. Region covariance: a fast descriptor for detection and classification [C]. Proceedings of the European conference on computer vision, 2006: 589-600.

[74] Lindeberg T. Scale-space theory: A basic tool for analysing structures at different scales [J]. Journal Applied Statistics, 1994, 21(2): 223-261.

[75] Babaud J, Witkin A P, Baudin M, et al. Uniqueness of the Gaussian kernel for scale-space filtering [J]. IEEE Transactions on pattern analysis machine intelligence, 1986, 8(1): 26-33.

[76] Lowe D G. Distinctive image features from scale invariant key points[J]. International journal of computer vision, 2004, 60(2): 91-110.

[77] 韩光,赵春霞,陆建峰,等. 面向彩色图像的尺度和旋转不变性特征提取方法及应用[J]. 中国图像图形学报, 2011, 16(3): 398-405.

[78] 杨涛,张艳宁,张秀伟, 等. 基于场景复杂度与不变特征的航拍视频实时配准算法[J]. 电子学报, 2010, 38(5): 1069-1077.

[79] 赵理君, 唐娉, 霍连志, 等. 图像场景分类中视觉词包模型方法综述[J]. 中国图像图形学报, 2014, 19(3): 333-343.

[80] Lampert C H, Nickisch H, Harmeling S. Attribute-based classification for zero-shot visual object categorization[J]. IEEE Transactions on pattern analysis machine intelligence, 2014, 36(3): 453-465.

[81] Huang T, Russell S. Object identification: a Bayesian analysis with application to traffic[J]. Artificial intelligence, 1998, 103(2): 77-93.

[82] Khan J F, Alam M S. Efficient target detection in cluttered FLIR imagery[C]. Proceedings of SPIE, 2005: 39-53.

[83] Fergus B, Li F F, Perona P, etc. Learning object categories from Internet image searches[J]. Proceeding of IEEE, 2010, 98(8): 1453-1466.

[84] 曾接贤, 付俊, 符祥. 特征点和不变矩结合的遥感图像飞机目标识别[J]. 中国图像图形学报, 2014,19(4): 592-602.

[85] 刘倩, 侯建华, 牟海军, 等. 联合生成和判决模型的目标检测和跟踪[J]. 中国图像图像学报, 2013, 18(10): 1293-1301.

[86] Lucas B D, Kanade T. An iterative image registration technique with an application to stereo vision[C]. Proceeding of international joint conference on artificial intelligence, 1981: 674-679.

[87] Comnaniciu D, Ramesh V, Meer P. Kernel-based object tracking[J]. IEEE transaction on pattern analysis and machine intelligence, 2003, 25(5): 564-577.

[88] Khan Z, Balch T, Dellaert F. An MCMC-based particle filter for tracking multiple interacting targets[C]. Proceedings of European conference on computer vision, 2004: 279-290.

[89] 赵玲玲,马培军,苏小红. 一种快速准蒙特卡洛粒子滤波算法[J]. 自动化学报,2010, 36(9): 1351-1356.

[90] 刘熹,吴泽民,张磊,等.战术数据链航迹处理.军事通信技术,2013, 34(1): 77-86.

[91] 刘熹,吴泽民,张磊,等. 武器协同数据链与单一综合空情图. 军事通信技术, 2013, 34(1): 87-95.

[92] Department of Defense. MIL-STD-6016B—2002 Tactical data link (TDL) 16 message standard

[S]. Falls Church USA: Military C2 Standards Division, 2002.

[93] 梅文华，蔡善法. JTIDS/Link16 数据链[M]. 北京：国防工业出版社，2007.

[94] Single Integrated Air Picture System Engineering Task Force, Single integrated air picture (SIAP) attributes version 2.0[R]. Arlington USA: SIAP SE TF, 2003.

[95] 陈晖. Link-16 数据链发展述评[J]. 空军装备研究，2009，3(3)：62-65，69.

[96] Fried W R. Princple and simulation of JTIDS relative navigation[J]. IEEE transaction on pattern analysis and machine intelligence, 1978, 14(1): 76-84.

[97] 武楠，王华，匡镜明. JTIDS 相对导航性能分析和仿真[J]. 系统工程与电子技术，2005，27(3)：474-478.

[98] Friedman N. The naval institute guide to world naval weapon systems (fifth edition)[M]. Annapolis USA: Naval Institute Press, 2006: 111-112.

[99] Single Integrated Air Picture System Engineering Task Force. Single integrated air picture (SIAP) block 1 issues[R]. Arlington USA: SIAP SE TF, 2002.

[100] Applied Physics Laboratory. The cooperative engagement capability[J]. JOHNS HOPKINS APL TECHNICAL DIGEST, 1995, 16(4): 377-396.

[101] Department of Defense Report to Congress, Network centric warfare[EB/OL]. [2001-7-27]. http://www.dodccrp.org/ncw.htm.